魏徵

魏徵
和皇帝讲道理

余耀华 著

华文出版社
SINO-CULTURE PRESS

图书在版编目（CIP）数据

魏徵：和皇帝讲道理 / 余耀华著. -- 北京：华文出版社，2016.11
　　ISBN 978-7-5075-4472-5
　　Ⅰ.①魏… Ⅱ.①余… Ⅲ.①魏征（580-643）- 生平事迹 Ⅳ.①K827=421

中国版本图书馆CIP数据核字（2016）第257250号

魏徵：和皇帝讲道理

著　　　者：	余耀华
出版策划：	李金水　　蔡荣建
责任编辑：	胡慧华　　王思惠
出版发行：	华文出版社
社　　　址：	北京市西城区广外大街305号8区2号楼
邮政编码：	100055
网　　　址：	http://www.hwcbs.com.cn
电　　　话：	总编室 010-58336239　　发行部 010-58336267　58336266
	责任编辑 010-58336197
经　　　销：	新华书店
印　　　刷：	固安县保利达印务有限公司
开　　　本：	710×960　1/16
印　　　张：	25.5
字　　　数：	430千字
版　　　次：	2017年1月第1版
印　　　次：	2017年1月第1次印刷
书　　　号：	ISBN 978-7-5075-4472-5
定　　　价：	39.80元

版权所有　侵权必究

代序：帝师、镜子

贞观之治树丰碑，千古诤相唯一人。
辅佐明主成伟业：屡屡逆龙鳞，致君逾尧舜。
家事国事天下事，事事谏君皆谨慎。
举杯问盏论古今：悠悠五千年，谁能及魏徵？

在漫长的中国古代社会，"贞观之治"一枝独秀，著名的"文景之治"、"汉武盛世"、"光武中兴"、"开元盛世"、"康乾盛世"都无法与之比肩。

人们提及祖宗盛业，习惯上总说"周秦汉唐"，可无论是看政治修明、文化繁荣，还是看经济发达、生活富庶，周、秦、汉三代虽然各有足以自豪的历史记录，但综合指数与大唐帝国相比，就不免自叹弗如。

毫不夸张地说，由"贞观之治"所形成的大唐鼎盛局面，以及后来居上，一步一个新台阶的武则天统治时期和由唐玄宗开创的"开元之治"，唐帝国的三大步把中国古代文明推向最辉煌的顶峰，"会当凌绝顶，一览众山小"。当风流倜傥的唐明皇放眼神州大地时，他真切地感受到了"普天之下，莫非王土；率土之滨，莫非王臣"的尊严和威风。但他不能忘记、也没有理由忘记：这份壮丽河山，是老祖宗传给他的。

无论是武则天半辈子伟业，还是唐明皇数十年丰功，都有赖于唐初李世民的立国之本、开国之基、治国之策，即"贞观之治"的超级经营和创造。"贞观之治"的缔造者名义上是唐太宗，实际上却是贞观时期一大批杰出的名臣。历史不会忘记这群璀璨的明星，不会忘记房玄龄、杜如晦、长孙无忌、李靖、李勣、虞世南等名垂凌烟阁的功臣，历史更不会忘记当时一位政治舞台的主角，堪列名于中国历史最杰出的政治家行列的人物——魏徵。

从历史影响上说，魏徵是大唐天宇上列斗群宿中最最明亮的一颗星，他的光芒照亮了大唐的每一个角落，照亮了封建帝王时代的漫漫夜空。这光芒，在人民的眼里，甚至可以把封建史家们心目中的太阳——唐太宗，也比得黯然失色！

中国古代堪称帝师的人不少，如吕不韦、李斯、张良、陈平、霍光、萧望之、诸葛亮、崔浩、赵普、刘伯温、张居正、翁同龢等，可无人能及魏徵。

李世民说，他对魏徵"敬之重之，同于师傅，不以人臣处之"。他有一句名言："夫以铜为镜，可以正衣冠；以古为镜，可以知兴替；以人为镜，可以明得失。"当魏徵撒手西去时，李世民痛哭流涕，悲怆地说："今魏徵殂逝，遂亡一镜矣！"

历史有太多的辉煌，太多的壮丽，太多的荣耀，太多的丰功，如今都已化为泥土，融入大地。那么，有什么不朽呢？只有一样，那就是——精神。

魏徵，精神不朽，光耀千古；因为精神的力量，掀动了太多的历史书页。

魏徵，镜子；镜子，魏徵。

魏徵，帝师；帝师，魏徵。

目 录

第01章　道观话天下　/　001
第02章　失意瓦岗寨　/　009
第03章　访主长安城　/　018
第04章　战争尚未结束　/　022
第05章　安抚山东　/　028
第06章　黎阳城之战　/　035
第07章　阶下囚　/　041
第08章　太子府幕僚　/　047
第09章　宫闱乱　/　052
第10章　一条妙计　/　059
第11章　李世民死里逃生　/　066
第12章　大变局　/　073
第13章　李世民渎伦　/　081
第14章　君臣世纪之会　/　086
第15章　出使安抚河北　/　094
第16章　凯旋归来　/　100
第17章　痴男怨女　/　107
第18章　魏徵骂皇帝　/　113
第19章　贤皇后求旨　/　118

第20章 三千怨女获自由 / 125

第21章 纹坪论道 / 131

第22章 论教化 / 138

第23章 贞观决策 / 144

第24章 不愿做忠臣 / 150

第25章 一言胜似十万兵 / 156

第26章 掣肘 / 163

第27章 玩物丧志 / 169

第28章 羞辱贪官 / 174

第29章 诤臣缘何也缄口 / 180

第30章 善恶之论 / 185

第31章 奉命赈灾 / 190

第32章 微服私访 / 196

第33章 测字戏贪官 / 203

第34章 抓了一个贪官 / 209

第35章 廷议抗争 / 215

第36章 追诏书 / 223

第37章 管了一件闲事 / 231

第38章 怒斥奸佞 / 238

第39章 论史说古今 / 244

第40章 妙喻谏封禅 / 250

第41章 醴泉铭 / 256

第42章 丹霄楼之宴 / 263

第43章 嫁公主皇帝不自由 / 268

第44章 谁有怨气 / 272

第45章 天灾之兆 / 279

第46章 巧断案 / 284

目 录

第47章　圣人请自择 / 290

第48章　封驳诏书 / 295

第49章　辞职 / 303

第50章　兰亭序之谜 / 309

第51章　梁上君子 / 315

第52章　皇后临终箴主 / 321

第53章　巧谏 / 329

第54章　皇子也害民 / 334

第55章　拜师礼 / 341

第56章　赋诗西苑楼 / 346

第57章　居安思危 / 352

第58章　武则天进宫 / 357

第59章　君王赐佩刀 / 363

第60章　透过现象看本质 / 369

第61章　皇储之争 / 374

第62章　谁来做太子师 / 381

第63章　一代帝师 / 387

第64章　凌烟阁挂像 / 393

第01章　道观话天下

隋朝末年，隋炀帝杨广暴政虐民，激起天怒人怨，天下英雄豪杰，为了推翻隋朝暴政，纷纷揭竿而起，农民起义风起云涌，隋王朝江山，陷入风雨飘摇之中。无数仁人志士遁迹名山大川，伺机而动，静候时局的变化。

终南山脚下有座黄龙观，依山而建，门前有块平地，四周生长着四季常青的翠柏，平地前面是一个小山坡，坡上荆棘丛生，坡下一条小溪顺着山势蜿蜒而下。溪流中常见螃蟹、乌龟从石缝中钻出来，爬到石头上肆无忌惮地晒太阳，大鲵在溪水中游动，不时发出小儿哭泣般的声音，引来路人驻足。

青山绿水、鸟语花香，构成一幅人与自然和谐相处的美好场景。

黄龙观其实就是三间茅屋、一座小院，同散落在终南山各处的小道观没有什么区别。黄龙观观主道号逸尘子，自称逸尘居士，带着两个徒弟，在此筑庐而居，诵经炼丹。

这一天，逸尘子拿着几卷经书来到十方院的藏经阁。藏经阁当值老道微笑问道："师弟又要换书？"

逸尘子将手中经书递还给当值老道："师兄，请将《太平经》《紫微斗数全书》《五术概要》《太上感应篇》取来。"

"师弟如此用功，想成为一代宗师呀？"老道边说边走到藏书架前。

"道家经典博大精深，贫道筑庐终南山，穷数载时间，也只是略知皮毛，难悟精髓，实在是惭愧呀！"逸尘子叹道。

老道从书架上取出逸尘子要的几本典籍，在簿册上登记后递给逸尘子道："但愿道家理论能在师弟的手中发扬光大。"

逸尘子拿过书，告别老道，出了藏经阁，穿过长廊左转而去。

恰好此时有两个人从右边长廊过来，同逸尘子擦肩而过。两人刚到藏经阁门前，藏经阁当值老道说："施主，这里是藏经阁，外人不得入内。"

"在下元宝藏，从武阳郡来，向道长打听一个人。"来人自我介绍。

"打听谁？"藏经阁老道问。

"此人是在下儿时同窗好友，内黄人，姓魏、名徵，在终南山出家修道。"

"施主说的是俗家姓名，不知法号如何称呼？"老道问道。

元宝藏道："不知法号。"

老道一揖道："贫道只知法号，不识俗家姓名，实在难以奉告，请到别处打听吧！"

元宝藏失望地告别老道，带着随从转向别处。

逸尘子正在静室中研读经书，时而写上几笔，时而又陷入深思……只见他放下手中经书，起身走到窗前，面对窗外的青山绿水、苍松翠柏发呆。突然，逸尘子对外喊道："来人。"

"师傅，有何事？"小道童应声而入。

"磨墨，拿纸笔。"

小道士忙取来笔墨纸砚，将纸铺在桌子上，然后站在一边研墨。

逸尘子在窗前来回走动，突然停住脚步，来到桌边，提笔饱蘸浓墨，运笔如飞，一挥而就，写下一篇《道观内柏树赋》：

览大钧之播化，察草木之殊类。雨露清而并荣，霜雪茫而俱悴。唯九九之庭柏，禀自然而醇粹。涉青阳不增其华，历元英不减其翠。原斯木之攸挺，植新甫之高岑。干霄汉以上秀，绝无地而下临。笼日月以散彩，俯云霞而结阴。迈千祀而逾茂，秉四时而一心。灵根再徙，兹庭爰植。高节未彰，贞心谁识。既杂沓乎众草，又芜没乎丛棘。匪王孙之见知，志耿介其何极？若乃春风起于蘋末，美景丽乎中闉。水含苔于曲浦，草铺露于平原。成蹊花乱，幽谷莺喧。徒耿然而自抚，谢桃李而无言。至于日穷于纪，岁云暮止。飘蓬乱惊，愁云迭起。冰凝无际，雪飞千里。顾众类之飒然，郁亭亭而孤峙。贵不移于本性，方有俪乎君子。聊染翰以寄怀，庶无亏于善始。

《道观内柏树赋》的字里行间，透露出一种不甘沉沦，不愿碌碌无为虚度一生的雄心壮志,希望有朝一日能摆脱丛棘,屹立于高峰之上,绝壑之畔,笼日月,带云霞!

　　这分明是仁人志士怀才不遇时所发出的感慨,哪有一点修道之人遁世避俗的踪迹。看来,逸尘子并非诚心修道之人,他与尘世仍有未了之缘……

　　夜已深,林中的鸟儿停止了歌唱,草丛中不知名的小虫却在不停地鸣叫。逸尘子独自一人坐在道观后的山坡上,仰望夜空,一动不动。天空阴云密布,星星裹在云雾里若隐若现。子时刚至,天空刮起一阵狂风,驱散了阴云,夜空豁然开朗,群星呼之欲出,分外耀眼。却见三垣的紫微帝星光线暗淡,摇摇欲坠,恰在此时,忽然出现一阵流星雨,逸尘子见状,惊异不已,却又难悟其中奥秘。

　　逸尘子满腹狐疑地回了黄龙观,倒在床榻上,很快进入了梦乡……
　　忽听有人唤道:"逸尘子,天下大乱,你还睡得如此安稳?"
　　逸尘子听到叫声,翻身起床,一跃身飘然出窗,只见一位仙风道骨、胡须如银、手握拂尘的老道立在山巅之上向他招手。逸尘子纵身来到老道身边,老道一抖拂尘,驱散环绕在山腰间的浮云,顷刻间,数百里之遥的广袤大地尽收眼底:洛阳城中皇宫里,昏君杨广骄奢淫逸,声色犬马;洛阳城外,无数穷苦百姓扶老携幼,流离失所,惨状目不忍睹。
　　老道再抖拂尘,浮云仍然环绕山腰,白云下什么也看不见。
　　"逸尘子,都看见了?"
　　逸尘子叹了口气,算是回答。
　　"隋朝气数已尽,真龙天子即将出世,此时不下山,更待何时?"
　　"敢问道长,仙号怎么称呼?"逸尘子问道。
　　"贫道太上老君是也!"
　　逸尘子惊问:"真龙天子应在何人身上?老君可否指点一二。"
　　"枯木逢春啊!"
　　"老君说的是?……"逸尘子狐疑地问。
　　"天机不可泄露,道友慧根颇深,到时自会悟出其中奥秘。"
　　"弟子失言了!"逸尘子揖首。
　　"道友下山之际,本星君送道友四句谒语。"
　　逸尘子恭敬地说:"老君请讲!"

太上老君一脸肃容地说：

玄武一变定乾坤，贞观盛世显太平。
谏诤方能保国昌，莫做忠臣做良臣。

逸尘子稽首礼拜："弟子领教了！"

太上老君拂尘一抖："去吧！"

逸尘子突然从山巅之上跌下来，惊叫一声，猛然惊醒，原来是南柯一梦。

逸尘子想到梦中情景，再也睡不着，披衣下床，推开窗门，仰望夜空，天空仍然是群星闪烁。他站在窗前，久久地凝视着夜空，仿佛要将天上的星星看透。

逸尘子正在静室诵经，忽听小道童来报，说有客来访。道童尚未离去，来客却已进了静室，进门就说："道长别来无恙？"

道童脸露不愉之色："施主，静室乃观主修道之所，你怎么……"

"施主是？……"逸尘子觉得来者面善，大脑里紧张地搜索着，"元宝藏？你是元宝藏？"

"哈！哈！哈！记性还不坏，我就是元宝藏。逸尘子、魏徵，你害得我好找！"这一道一俗、两个昔日的同窗好友，紧紧地拥抱在一起。

"你怎么找到这里来了？"逸尘子问道。

"我来终南山已有三天，找遍了山中大小道观，无人知晓魏徵其人，幸好遇上紫微宫玄静道长，才找到黄龙观。"

"除了玄静道兄，还真没有人知道贫道的俗家姓名。"逸尘子说。

道童见来人同师傅熟稔，知趣地退出静室，沏好茶端上来。

元宝藏坐下后端起茶杯呷了一口道："玄静道长托我给你带个口信。"

逸尘子倾身问道："什么口信？"

元宝藏道：

本当不理凡尘事，欲脱三界修吾心。
树欲静而风不止，先度众生再修性。

"嗯！知道了。"逸尘子问道，"一别多年，你在哪里高就？"

第01章 道观话天下

元宝藏的随从说:"家主人是现任武阳郡丞。"

"啊!仁兄终于有所作为了。你不在武阳郡坐衙,到此何干?"逸尘子不解地说。

元宝藏说:"世事混沌,甚觉迷茫,求隐世高人指点迷津。"

"什么隐世高人,有话就说,何必故弄玄虚。"逸尘子十分干脆地说。

"杨广昏庸无道,天下民不聊生,我虽为隋朝臣子,却不能为武阳郡的百姓造福,甚感羞愧。今有瓦岗寨李密遣使传书,劝我投奔瓦岗义军,举兵反隋,去与不去,请为我一决。"

魏徵看着元宝藏,笑而不答。

元宝藏起身一揖道:"请魏徵兄教我!"

"为施主决,何尝不是为贫道决!"逸尘子打起了禅语。

元宝藏问:"你说的是?……"

"贫道夜观天象,隋朝气数已尽,天下即将改朝换代。杨广杀兄、弑父、淫母,荒淫无道,丧尽天良。此等昏君,人人得而诛之。"逸尘子愤愤地说。

元宝藏问道:"沧海横流,谁主沉浮?"

逸尘子手抚胡须,若有所思地说:"河北有窦建德为王;山东有刘武周称霸;河西有李轨兴兵;瓦岗寨有李密高举义旗;太原有李渊父子起兵;洛阳有王世充虎视眈眈。神州板荡,群雄逐鹿,谁能问鼎天下,至今还未见分晓。"

"以魏兄之见,群雄逐鹿,谁能脱颖而出?"

逸尘子若有所思地说:"世事变幻莫测,谁敢断言?我如果有先知之明,用得着诡为道士,隐身于终南山吗?"

"魏兄属意纵横,见解必定独到,请不吝赐教,以馈我多日寻兄的苦心。"

"民间盛传的图谶之说,你可知道?"逸尘子见元宝藏摇头示意,继续说,"大凡改朝换代,总有图谶、偈语之类的东西流传于世。"

"魏兄不要打哑谜了。"元宝藏催促地说。

"图谶之说最早出现在大业九年,当时杨广正在征讨辽东,有个叫安伽陀的方士,自称知晓图谶,他向杨广进言说李氏当为天子,劝杨广杀掉所有姓李的人,以绝后患。"

元宝藏点点头,两眼看着逸尘子。

"杨广在征讨辽东的战事未定之时,仓促班师,据说与安伽陀进言图谶之事有关。杨广回朝之后,借故诛杀了上柱国李敏、李浑及族人三十二人之多,这就是轰动一时的诛李事件。"

"李敏、李浑成为谶语冤魂。"元宝藏道。

"诛李事件震动朝野，'李氏当兴'的谶语更是广闻天下。李轨为河西诸胡所推，很大程度上得益于'李氏当兴'的谶语。'李氏当兴'的谶语只是一个借口，想夺取天下才是真。"

"他们欲借谶语之说而博取更多的支持者，是吧？"元宝藏问道。

"这就是统治术，也是南面之术中的'主运'之说。蓄意制造一种假象，使天下人相信，朝代的更替是上天的安排，新天子出世是应天命而生，无可置疑。"

"啊！原来是这么回事。"元宝藏叹息地说。

"围绕着'李氏当兴'的谶语，瓦岗的李密、太原的李渊都做足了文章，故而衍生出两个不同版本的民间歌谣。"

"哪两种歌谣？"元宝藏问道。

逸尘子道："一为《桃李章》，歌词是：'桃李子，皇后绕扬州，宛转花园里。勿浪语，谁道许！'"

元宝藏问道："何解？"

逸尘子道："桃李子，指逃亡者李氏之子；皇与后，即指君王；宛转花园里，指天子（杨广）在扬州无还日，将转于沟壑；莫浪语，谁道许，暗示一个'密'字。"

"啊！原来如此。"元宝藏惊叹地说。

"李密主权瓦岗，瓦岗寨声势如日中天，成为各路英雄辐辏之地，恐怕与此谶语大有干系。"逸尘子分析说。

"啊！"元宝藏惊叹一声。

逸尘子接着说："另一首是《桃李子歌》，歌词是：'桃李子，莫浪语，黄鹄绕山飞，宛转花园里。'"

元宝藏问道："这又如何解释？"

逸尘子道："这里的'李'，当然是李姓，'桃'当做陶，是'陶唐'的意思，陶唐是上古的帝王，恰恰李渊在隋朝被封为'唐公'，此版本在山西民间流传甚广。据传，这是李渊的谋臣刘文静的杰作。"

"如此说来，三李鼎足，要变成二李相争了。"元宝藏说。

"近来还有一首童谣流传甚广。"

元宝藏问道："什么童谣？"

逸尘子说道：

琼花等时开，杨花逐水来。

飘飘何所似，夕照影徘徊。

西山雨露近，洪荒平野陔。

二九郎君至，天下乐悠哉。

"此童谣又作何解释？"元宝藏问道。

"琼花不知所指何物，大概是指眼前的妖孽，日后的祯祥吧。杨花逐水，荡而忘返，指杨氏气数而言。夕阳影照，喻言不久，即隋朝气数已尽。西山雨露，言山西有兴王之兆。洪荒，暗示一个'太'字，平野乃'原'字。此句暗指山西太原。二九，指的是十八，郎君即为子，隐藏一个'李'字。天下乐悠哉，意即李氏若出，天下必安。"

"啊！"元宝藏惊叹道，"魏兄认为谁将君临天下？"

"天机难测啊！"逸尘子摇摇头。

元宝藏道："天下纷争，群雄并起，正是大丈夫建功立业之时，魏兄为何隐而不出？"

逸尘子叹了口气："寻寻！觅觅！觅觅！寻寻！不知命主在何方！贫道何尝不是在等待时机啊？"

"魏兄如果没有去处，不如随在下到武阳郡去，暂任书记之职，做些笔墨之事。在下自知才疏学浅，不是雄霸一方之主，但你可以在武阳郡暂时栖身，然后再图进取，不知意下如何？"

"这……"逸尘子有些犹豫。

"这是我的一片诚意，请魏兄不要推辞！"

"一旦投身其中，到时可就身不由己！"

"魏兄等的不就是这一天吗？玄静道长早已有言。"

"玄静道友如何讲？"逸尘子关切地问。

元宝藏模仿玄静道人的口吻说："逸尘博今通古，素有大志，绝非池中之物，他日必是国家栋梁。"

"知我者，玄静道长也！"

元宝藏惊喜地说："魏兄愿意下山了？"

"我须先回内黄老家一趟，将妻儿安顿好。"

元宝藏叫随从取下肩上的包裹，从中取出两锭金子放在桌子上："随身所带不多，带回去权作安家之资。"

"这就不必了！"逸尘子推辞道。

"值此兵荒马乱之际，如果不将家小稍作安顿，你能安心于国事吗？"

逸尘子见元宝藏态度诚恳，说道："那就恭敬不如从命了！"

"我先回武阳，静候魏兄大驾光临！"元宝藏起身告辞而去。

后人有七绝诗咏叹魏徵下山还俗：

潜伏修道已数年，纵观天下心未闲。
静候时局起变化，闻雷一响即冲天。

第02章　失意瓦岗寨

魏徵离开终南山，回内黄老家小住数日之后，装扮成游方道士，告别妻儿，奔赴武阳郡，踏上了他搏击人生的第一步。此一去，有分教：

　　　　长安城入阁拜相，金銮殿铁骨诤臣。
　　　　佐圣主开创盛世，凌烟阁画像传承。

隋大业十三年（617年）秋，时年三十八岁的魏徵，风尘仆仆地前往武阳郡投奔元宝藏，走到武阳郡近郊的提盘镇，肚子饿了，人也显得十分疲惫，他不想如此狼狈地去见元宝藏，决定先找个地方填饱肚子再说，抬头一看，见街头有个客栈，牌匾写着"朋来客栈"，看里面倒也干净，迈步走了进去。

店小二见有客人来，连忙上前招呼："道长请了，是住店？还是用餐？"

"用餐！"

"道长这边请！"店小二将魏徵引至一张空桌前，扯下肩上的长巾麻利地将凳子抹了抹，"道长请坐，要点什么？本客栈有家酿纯谷酒，如此兵荒马乱之际，上好的纯谷酒可是难找哟！"

魏徵顺手将布幡靠在墙边，随手取下肩上的包袱放在桌上说："来一角纯谷酒，一碟臭豆腐，一盘卤牛肉，再来一盘小菜，一斤米饭。"

店小二将手中的长巾向肩上一搭："好嘞！一角纯谷酒，一碟臭豆腐，一盘卤牛肉，一盘小菜，一斤米饭。道长请稍候，马上就好！"

魏徵要的菜很快就上来了，他一个人就着几碟小菜，自斟自饮起来。正在这时，突听店小二同客人吵起来，抬头一看，同店小二争吵的汉子身高七尺有余，生得虎背熊腰，脸如黑炭，一双豹眼，两道浓眉，头扎武生巾，身着黑色长衫，长衫的一角拉起来扎在腰间,脚登千层底的步云靴,桌子上放着一柄铁槊。魏徵心里暗暗叹道:"好一员虎将!"

只听店小二说道:"壮士,请付账!"

"付什么账?"黑面大汉瞪大眼睛问道。

"壮士刚才吃了两碗牛肉面,十文钱!"店小二理直气壮地说。

"牛肉面我是用肉包子换的呀!"黑面大汉瓮声瓮气地说。

"那你就给包子钱!"

"怎么的?欺负俺外乡人是不是?包子我没吃呢!给什么包子钱?"黑面大汉两眼瞪得比牛眼还大。

"那你就给牛肉面钱!"店小二说。

"牛肉面是包子换的。"黑面大汉坚持说。

柜台内的老板知是一个吃白食的,一拍台面,大声吼道:"哪来的浑小子,敢在提盘镇撒野?伙计们,抄家伙!"

黑面大汉迅即伸手取过桌上铁槊,大声吼道:"怎么?想打架?俺的铁槊正等着开荤呢!"

眼看一场打斗就要发生,魏徵站起来说:"且慢!"

"道长有何话说?"掌柜问道。

"这位壮士的面钱记在贫道账上,贫道付账就是。"

"既然道长付账,那就给道长一个面子。"掌柜的看到五大三粗、身如黑塔似的黑面大汉闹事,本来心里早就有些发怵,只是箭在弦上,不得不发,如果忍气吞声地让这浑小子给讹了,那今后的生意还能做?只得硬着头皮,装腔作势一番。见道人出来调解,正好借坡下驴,"伙计们,没事了,各人忙去!"

魏徵手一招:"壮士,过来坐!"

黑面大汉有点不好意思地走过来:"道长,怎么称呼?"

魏徵一揖道:"贫道逸尘居士!"

"在下与道长素昧平生,为何要帮在下解围?"黑面大汉问道。

"四海之内皆兄弟也,壮士何必有此一问,不知壮士尊姓大名!"

"在下复姓尉迟,单名一个恭字,字敬德,朔州善阳人氏。俺不是存心讹诈,三天没有吃饭,实在是饿昏了。"尉迟恭有些不好意思地说。

"如此说来,两碗面也只够塞牙缝了?"魏徵转身对店小二说,"小二,再加一盘卤牛肉,一盘红烧蹄花,一碗猪肝汤,两角酒,三斤米饭。"

店小二很快就将饭菜端了上来，摆上一只空碗，打来两角酒。

魏徵伸手将两角酒全倒在碗里："壮士请用！"

尉迟恭憨厚地笑道："又要道长破费了！"

"不必客气，先填饱肚子再说！"

"那俺就不客气了！"尉迟恭说罢，将手中铁槊放在桌上，端起酒碗，仰面张口，咕嘟咕嘟，满满一碗酒，一饮而尽，然后拿起筷子，狼吞虎咽地吃了起来。魏徵拨了几口饭，坐下来看尉迟恭吃饭，越看越喜欢，心想：如此一员虎将，恐怕是万人不敌，不知他意欲何往。见尉迟恭席卷残云般将桌上的酒、饭、菜吃了个一干二净。问道："够了吗？不够再加！"

尉迟恭一拍肚子："饱了！"

"壮士意欲何往？"

"俺到高阳去。"

"为何要到高阳去？"

"俺有个朋友在刘武周手下当了一名千总，他劝说俺到刘武周那里去从军，还给一笔钱安顿了俺娘。"

"啊！原来是这样，贫道看你相貌奇特，骨骼不凡，他日必是国家栋梁之材。"说着从怀里掏出三串铜钱递给尉迟恭道，"到高阳还有几天路程，没有盘缠会寸步难行，你将这点钱带着路上用。"

"俺白吃了你一顿，怎么还能要你的钱？"尉迟恭推辞道。

"拿着吧！一文钱逼倒英雄汉，忘了刚才的事情吗？"

"俺娘说了，受人点滴之恩，必当涌泉相报，道长，算俺欠你个人情，有机会俺一定要报答你。"尉迟恭真诚地说。

"小事一桩，不必言谢，更不用说日后图报之事。"

"道长怎么称呼，俺要记住你的名字。"

"贫道逸尘子，姓魏，单名一个徵字，目下要投奔武阳郡。"

"俺走了，今后有事，道长只需报一声逸尘子或魏徵就行，俺听你的。一饭之恩，终身不忘。"说罢一抱拳，伸手抓起桌上的铁槊起身就走。

"壮士好走，贫道不送，凭你一身武艺，将来前途不可限量，遇事一定要小心哟！"

"知道了！"话刚说完，人已离去，一看就知道是个豪爽的汉子。

魏徵看着远去的尉迟恭的背影，自言自语地说："好一员虎将。"

元宝藏从终南山返回武阳郡，听从魏徵的建议，举兵反隋，投靠瓦岗寨义军之后，兵马仍驻扎武阳郡，同瓦岗寨遥相呼应。

魏徵来到武阳郡，元宝藏大喜过望，毫不犹豫地委以书记之职，执掌武阳郡文案。

魏徵本是博古通今的鸿儒，身怀文才韬略，区区文案之事，只是信手拈来。特别是与瓦岗寨李密的往来书信，更是尽展平生所学，税粮禀报，军事谋略，常常都有独到见解，篇篇皆锦绣文章。

瓦岗寨李密也非等闲之辈，文韬武略过于常人，他每次阅读武阳郡的信函，总是为其优美流畅的文笔，独到的见解所折服。初时因军务繁忙，不曾特别留意，时间长了，印象便逐渐深刻起来，竟有一识庐山真面目之念。这一天，他叫来右武侯大将军、东海郡公徐世勣。对他说道："徐将军，劳烦你到武阳郡走一趟。"

"有何事，主公只管吩咐。"

"你到武阳郡去巡视军事布防以及粮食储备情况。"李密吩咐道。

"末将遵令！"

"还有一件事。"李密补充说。

"什么事？"

"武阳郡送来的信函，文采与见解均有独到之处，你顺便考察一下，看是谁执掌文案，我很欣赏此人，欲收为己用。"李密说。

"好！末将一定办好这两件事。"

徐世勣，字茂公，山东曹州离狐人氏，家道殷实，积粟常数千钟，乐善好施，颇有善名。徐世勣自小曾师从于一游方道人，精通易学，深通兵法。大业年间，翟让在瓦岗寨起兵反隋，十七岁的徐世勣赴瓦岗寨投奔翟让。李密亡命雍丘，徐世勣与浚义王伯当商议，共同劝说翟让，推举李密为瓦岗寨之主。李密称号立国，是为西魏。此后，徐世勣曾设计大破隋将王世充，深得李密器重，被李密封为右武侯大将军、东海郡公。

徐世勣奉命赴武阳郡，不带兵马，也不带随从，脱去戎装，换了一身道服。只见他头扎诸葛巾，身着紫褐、紫皱青裹，下着青裙、脚穿一双千层底的方口

第02章 失意瓦岗寨

步云靴。将应用之物打了一个包裹，斜背在肩，装扮成游方道士。单人独骑离开瓦岗寨，向武阳郡进发。

这一天，元宝藏接门人报，有一游方道士求见，说是从瓦岗寨来。听说瓦岗寨来人，元宝藏忙叫请到会客厅，他自己先到会客厅等候。

徐世勣迈步跨进会客厅时候，元宝藏热情地迎上前去。来者揖首道："将军是武阳郡丞元宝藏？"

"正是，不知道长如何称呼？"

"贫道是魏王驾前右武侯大将军、东海郡公徐世勣！"

"啊！"元宝藏高兴地说，"久闻徐将军智勇双全，今日一见，果然名不虚传。"

徐世勣落座，元宝藏试探地问："将军乔装而来，一定有所教益？"

"乔装并无他意，只是来去自由而已。"

"将军到此，不知有何差遣？"

徐世勣道："一是巡察军事布防，二是要见一个人。"

"将军稍事休息，军情下官稍后呈上。不知将军欲见何人？"

"武阳郡同瓦岗寨往来的书信，何人捉刀？"

元宝藏立即紧张起来，不安地问："怎么？信函出了问题？"

"郡丞不要紧张，只是想会会这个捉刀人。"

元宝藏对侍从说："快去，请书记官来。"

徐世勣将椅子挪了挪，倾着身子道："郡丞可否介绍一下，武阳郡的文案何许人也？"

"这可是我从终南山请来的一位隐世高人！"元宝藏神秘地笑了笑。

"愿闻其详！"

"此人博览群书，广见博识，素有大志，少孤贫，不事产业，诡为道士，精通易学，测字问卦，有鬼神莫测之功。"

徐世勣笑了笑："郡丞是在吊本将军的胃口呀？"

"此话怎讲？"

"你将此人奉为天神，说了半天，还没有说他到底是谁呀！"

"此人道号逸尘子，自称逸尘居士。"

"郡丞说谁？"徐世勣赶忙问了一句。

"逸尘道长呀！"

"哪个逸尘道长？"

"逸尘道长乃相州内黄人氏，俗名魏徵，字玄成。"

"原来是他！武阳郡的文书都是他做的？"

"正是，将军同逸尘子有旧？"

"何止有旧，我对逸尘子当以师礼事之！"

原来，徐世勣曾师从一个游方道士，此道士与逸尘子关系甚密，两人常在一起谈经论道。徐世勣在一旁聆听，受益匪浅。徐世勣每遇逸尘子，总要以师礼事之，逸尘子执意不受，坚持以道友相称。逸尘子很喜欢徐世勣，每有闲暇，常对他指点一二，徐世勣的易学之术，多得益于逸尘子，逸尘子对于徐世勣，虽没有师徒之名，却有师徒之实。

正在这时，魏徵兴冲冲地来到会客厅，徐世勣赶紧站起揖首道："师叔别来无恙！"

魏徵突然看见徐世勣站在面前，惊喜地说："怎会是你？"

"师叔一向可好！"

"去、去，谁是师叔，称道友！"魏徵满脸不屑。

徐世勣冲元宝藏做了个鬼脸，揖首道："是，称道友，贫道差人到内黄打探道友消息，无功而返，原来道友来了武阳郡？"

魏徵问道："在哪里高就？缘何到此？"

"瓦岗寨乃贫道栖息之所，奉魏王之命，来此寻访武阳郡往来书信的捉刀人！"

"哈！哈！远在天边，近在眼前，贫道便是，不知有何指教？"魏徵故作轻松。

徐世勣不回答魏徵的话，却对元宝藏道："将军，逸尘子这个人，瓦岗寨要了！"

"逸尘道长终非池中之物，本郡丞没有要他久留武阳郡的意思。"

徐世勣又对魏徵道："请道友收拾行装，待我料理完武阳郡之事，一同到瓦岗寨去。"

魏徵说："要走也不急在一时，徐将军总得在此小住几日，也让贫道略尽地主之谊吧？"

"好，那就恭敬不如从命！"徐世勣笑着答应了。

徐世勣办完武阳郡的军务，便和魏徵一起从武阳郡出发，两人均一身道装，各骑一匹骏马，出了城门，不约而同地在马屁股上狠抽一鞭，一路向瓦岗寨急驰而去。

魏徵随徐世勣来到瓦岗寨，李密封他为元帅府文学参军，掌管军中文书。

魏徵初来瓦岗，以为李密能重用自己。便将研究天下局势的心得，先后写成十篇奏议呈送给李密，十篇奏议充分阐述了他对时局的看法和应对之策。

李密是一个自视很高之人，根本就没有把魏徵放在眼里，只是礼貌地夸奖了几句而已。

李密欣赏魏徵，只是一种大英雄对小文人的赏识，并未将魏徵视同一个共图大业的伙伴，甚至连谋士、幕僚的级别都不够，任命魏徵一个小小的文学参军，便是很好的说明。

魏徵见自己废寝忘食写出来的十道奏议送出去后，如泥牛入海，意识到自己在李密心中的分量微不足道。生性耿直而好强的他并不气馁，更没有灰心，大丈夫欲成就一番事业，就得付出比常人更多的努力。他要用真才实学去为自己赢得机会。直陈己见不行，那就退而求其次，采取迂回的办法，间接地传递自己的政治主张。

大业十四年（618年）三月，宇文化及在江都发动政变，杀死隋帝杨广，自封大丞相，拥秦王杨浩为帝，并率领隋朝残部十万余众北上，欲打回东都洛阳。已在洛阳称帝的越王杨侗深恐皇位被宇文化及抢走，而王世充与瓦岗义军交战又屡吃败仗，腹背受敌，难以与宇文化及争锋。杨侗接受大臣元文都的谋略，对李密许以高位，秘密诱降，条件是击退叛贼宇文化及。

李密同宇文化及决战于黎阳、童山，一举击败宇文化及而欲向杨侗邀功时，洛阳城中的王世充却杀了元文都，执掌朝中大权。王世充屡败于李密，恨透了李密，执掌朝政后，李密入朝执政的美梦就破灭了。

瓦岗军在李密的率领下，夺取洛口、回洛和黎阳三大粮仓，开仓济贫，得到广大民众的支持，一时声威大振，乘势举兵攻打洛阳城。

困守洛阳的王世充调兵遣将，与瓦岗军在洛阳周围展开拉锯战，双方损失惨重。王世充欲乘李密兵力疲惫之机，大举进攻瓦岗军。他集结二十余万大军，气势汹汹地扑向瓦岗军，两军汇聚于洛口，决战一触即发。

李密在瓦岗寨议事堂召集众将商讨破敌之策。魏徵深知，此战成败关系到瓦岗军的前途与命运，苦于自己职位低微，没有资格参加会议，只好耐心地在军帐外等候消息。中途休会期间，元帅府长史郑颐走出议事堂进入偏厅休息，魏徵跟进去问道："长史，决战方案定了吗？"

"争论激烈，意见各异，尚未作最后定论。"郑颐随口而答。

"卑职有个建议，欲向长史进言，请达知魏公如何？"魏徵诚恳地说。

郑颐心里想，议事堂众将军尚且争论不休，你一个小小的参军有何高见，又一想，反正是无事，听听又何妨，于是手一挥："请讲！"

魏徵连忙将自己深思熟虑的想法和盘托出："此战的最佳选择就是不战！"

"兵临城下，箭已上弦，你以为是游戏呀？"郑颐原本是隋朝的监察御史，投降李密后很受重用。他根本没有将一个刀笔小吏放在眼里，见魏徵不知轻重地说出此话，鄙夷地看着魏徵。

魏徵从郑颐的眼神里读出了他心中的内容，但为了瓦岗军的前途，他也顾不了这么多，继续说："王世充粮草短缺，不宜久战，卑职说的不战就是打持久战，打防御战，以避敌之锐气。相持日久，王世充粮食耗尽必当自退……"

"够了、够了！"郑颐粗暴地打断魏徵的话头，不屑一顾地讥笑道，"这不过是老生常谈而已！你以为自己读了几本书，就是谋略家了？一个刀笔小吏，懂得什么？"

魏徵大声驳斥道："此乃奇谋妙策，怎么能说是老生常谈？"

"瓦岗寨战将如林，谋士如云，还轮不到你一个小小参军说话！"郑颐喝止了魏徵，起身返回议事堂。

魏徵见自己的计谋没有引起郑颐的重视，非常失望，但又心有不甘，他决定独闯议事堂。

议事堂里，大家争论不休，李密正准备下令，魏徵大步闯进议事堂，大声说："魏公，卑职有话要说！"

议事堂与会的徐世勣、王伯当、秦琼、程咬金、郑颐等众将惊疑地看着魏徵。李密见一个小小文学参军竟敢擅闯议事堂，心里已是不快，说道："魏徵，这里是议事堂，军机重地。"

魏徵当然明白李密的言下之意，但他更知道，如果此时不说，将永远没有说出自己谋略的机会，他站在议事堂中间，大声说："卑职知道这是议事堂，卑职也知道自己没有资格在这里说话，但为了瓦岗军的前途和命运，哪怕是触犯军规，卑职也要说。"

"你……"李密正欲发火。

徐世勣适时地站起来说："魏公，让他说说又何妨？"

魏徵见李密未出声，乘机说道："卑职认为，瓦岗军虽然打了几场胜仗，但将士伤亡也很惨重，立功将士也未论功行赏，严重地挫伤了将士们的积极性。众将士都有厌战情绪，士气低落，军威不振。王世充军兵乏食，不宜久战，志在速战速决。他们的士兵也深知此理，视此战为生死之战，三军用命，抱誓死一战之决心，军势正盛。举瓦岗疲惫之师，与王世充亡命之旅决战，实在令人担忧。兵法云：避其锐，攻其虚。目前，瓦岗军最好的办法，就是挖沟筑垒，打持久战和防御战，以避敌之锐气。相持日久，王世充粮食耗尽必当自退，到时瓦岗军倾巢出动，乘机追击，必可大获全胜。"魏徵也不就座，站在议事堂中央，一口气说出了自己的谋略。

在场众人听到魏徵的发言，交头接耳，议论纷纷。李密根本就听不进魏徵的意见，傲慢地说："王世充乃手下败将，不足为虑，瓦岗军此仗要速战速决，一举全歼王世充。"

"骄兵必败，穷寇勿追，魏公切不可犯兵家之大忌呀！"魏徵大声说。

"魏徵，大战在即，你一个小小的参军，竟敢妖言惑众，乱我军心？再敢多言，定当军法从事。"李密怒气冲冲地指着门外怒吼，"出去！"

魏徵退出议事堂后已是心灰意冷，自己一番高见不但没有引起李密的重视，反而还受到鄙夷和奚落，他仰天长叹道："竖子不足与谋！瓦岗寨大势去矣！看来《桃李章》也是虚言，此处不是久留之地，寻寻、觅觅，觅觅、寻寻，真命天子到底在哪里？"

魏徵连夜打点行囊，留下一封书信，离了瓦岗寨，再次踏上了寻觅明君之路。

此后，李密率大军驻扎偃师城北，列营而不设垒，同王世充展开决战。王世充采用火攻，偷袭瓦岗军，大获全胜。闻名天下的瓦岗军从此作鸟兽散。李密带着残兵败将投降了唐朝李渊。此是后话。

后人有诗叹魏徵于瓦岗寨愤然离去：

满腔热情投瓦岗，频上奏议出良策。

怒闯大堂献奇计，李密不识济世才。

第 03 章　访主长安城

武德元年（618 年），魏徵愤然离开瓦岗寨，重新踏上了寻觅明主之路。

一路走来，听路人纷纷传说，瓦岗寨已被攻破，李密率残部入长安降唐。他心里惦记着徐世勣、秦琼、程咬金等人的安危，打听无门，只好在心中祈祷，求上天保佑他们平安无事。

长安城朱雀街东面、靠近东市的亲仁坊，有家"蘸露茶楼"。往日里，蘸露茶楼的生意也很平常。不知什么原因，最近一段时间，茶楼的生意特别火，宾客满座，车马盈门。有不明究竟的好事者前去打探，原来蘸露茶楼最近来了一位号称逸尘子的测字问卦道士，这位道士测字问卦异常灵验，来茶楼测字问卦者络绎不绝。茶楼本是做生意的地方，测字问卦的人占个座位不喝茶，等着测字问卦总觉得有些于情不合，于是，大家坐下来后，便叫一杯茶，有的还添上几碟瓜子点心什么的，使得蘸露茶楼的生意特别兴旺。

茶楼老板是个做生意的行家，开头一些日子，逸尘子借茶楼的座位给人测字算卦，不但要收他的茶水钱，还要收他的座位钱，说是利用茶楼的家什、场地测字问卦，就得缴费。逸尘子并不计较，反正卦摊的生意挺旺，缴点钱也无所谓，且利用别人的茶楼，给点钱也是应该的。后来，茶楼老板见测字先生给茶楼带来生意无限，茶楼一天的进项，可抵以往旬日的收入，乐不可支。他不但免去了测字道士的座位钱，而且连茶水钱也免了，不仅如此，还专门腾出一个小包间，无偿地给测字的道人使用，逸尘子也是乐而受之。

这一天，皇城朱雀门内走出两个年轻人，走在前面的年约三十岁，紧随其后的是一个十六七岁的青年。两人出了朱雀门，沿着朱雀街一直向西走，走到

第03章 访主长安城

亲仁坊时,后面的青年手握折扇向左一指道:"从这里进去就是亲仁坊,蘸露茶楼就在亲仁坊。"

前面的人也不说话,向左一拐,走不多远,后面的青年手一指道:"就是这里!"

前面的青年抬头一看,见临街果然有一家茶楼,他一收折扇,轻声对身边的青年说:"四弟,等一会你不要多说话,知道吗?"

"知道,我听太子的!"

"什么?"前面的青年停住脚步,眼睛直视着后面的青年。

后面的青年有些胆怯地说:"说错了,听大哥的!"

原来,此二人大有来头,前面的那位,是大唐皇帝李渊的大儿子、太子李建成,跟在后面的是李渊的四儿子、齐王李元吉。李元吉闻知蘸露茶楼有位叫逸尘子的道士测字问卦非常灵验,建议太子哥哥前来算一卦,看何时能登上皇帝的宝座。太子李建成可不这样想。太子登基,这可是天家秘密,能轻易地问于一个游方道士吗?不过,他倒也想看看这个老道到底是何许人也。

两人进了蘸露茶楼,见里面宾客满座,连个空位子也找不到,李元吉皱起了眉头。茶楼老板眼观六路,耳听八方,见进来的两位公子衣着华贵,特别是李元吉手中折扇上挂着的那个玉坠,是价值连城的宝贝,凭他的经验,这两位公子绝非等闲之辈,连忙上前招呼道:"二位公子,是品茗还是测字问卦?"

李元吉随手塞去一串铜钱:"测字问卦,我可没时间等!"

一串铜钱可非小数,市价可易米一石。这还是在兵荒马乱之际,若在正常年头,可易米十石。掌柜见来人出手大方,二话不说,连忙将他们带到逸尘子的包间门口,伸首向里一看,见一位客人正欲起身离去,掌柜连忙向众人一揖道:"各位君子,这两位公子是本茶楼的贵宾,有急事找逸尘子道长,欲占个先,请各位多多包涵!"他也不管众人答应不答应,将李建成、李元吉请进了包间。

李建成走进包房,举目一看,见逸尘子头带诸葛巾,身着道士长衫,长须如墨,慈眉善目,眼光平和,果然仙风道骨。

逸尘子见两人相貌堂堂,衣着华贵,不由眼前一亮,心想:来长安城测字问卦多时,无人能及此二人,真乃是大富大贵之相。他不露声色地欠了欠身子道:"二位公子请坐!"

李建成接过茶楼掌柜送来的上好茶杯,顺手放在茶几上,待掌柜出去并带上了房门，才开口道："道长怎么称呼？"

"贫道逸尘子！"

"一向在哪里传经布道？"

"四海漂泊，居无定所！"

"听说道长测字问卦颇为灵验，可有此事？"

逸尘子听了，心里想，此人说话怎么这么冲，如同审讯一般，平常之人，哪个承受得了！但逸尘子毕竟是逸尘子，他可是道行高深之人，涵养极深，尽管对来人心存不满，但面上并没有表露出来，淡淡地一笑道："测字问卦乃为易学，易学博大精深，奥妙无穷，贫道也只是略知皮毛而已，灵与不灵，就要看施主有缘无缘了！"

李建成点点头："嗯！回答得果然滴水不漏！"

"二位公子到此，不会是来同贫道谈经论道的吧？"

李元吉坐了半天，还是忍不住，开口道："我大哥是来测字问卦的！"

李建成向他横了一眼，李元吉马上住了口。

逸尘子道："既然是测字问卦，那就请写个字来。"说罢推过纸、笔。

李建成身子不动，眼光瞟向窗外，见街对面的隆德酒楼宾客满坐，酒宴正酣，提笔顺手写了一个"宴"字。

逸尘子看到这个字，心里狂跳不已，心想，幸亏此人写的是一个酒宴之"宴"，而非晏子之"晏"，若写成晏子之"晏"，则就叫本居士为难了。

原来，晏与宴虽同音，但此"晏"非彼"宴"，二字笔画虽然完全一样，但上、中、下三部的搭配却完全不同：晏子的"晏"，日字在上，酒宴的"宴"，日字在中间，位置不同，含义却有天壤之别。就拿"晏"字来说，一个"日"字高高在上，中乃官字头，下乃安字尾，官字头乃官府中人，安字尾则暗示长安的安，长安乃大唐帝都，帝都的官府中人，必定皇室中人，而一个"日"字高高在上，不是皇上又能是谁？你说要真的写了晏子之"晏"，逸尘子还敢测吗？

李建成放下笔，推过所写的"宴"字道："就测这个字！"

逸尘子含而不露地问："请问公子要问何事？"

李建成心里想，问将来，看不见，摸不着，测字先生信口开河，说得天花乱坠也无从知道真伪；问富贵，自己是天字第一家，谁人能及？那就问过去之事吧！过去之事，看得见，摸得着，我看他怎样捣鬼。想到此，他手一挥道："就问出身吧！"

逸尘子将桌上的"宴"字端详一会，抬头看看李建成，说道："公子乃官府中人，且还与皇室沾亲带故。"

　　李建成面露惊讶之色，但也只是一闪而过，他不露声色地问："何以见得？"

　　"'宴'字，上为官字头，则公子乃官家之人，下为安之尾，安乃长安之安，长安乃大唐帝都，因此，贫道测定，公子乃皇室中人。"

　　实际上，逸尘子还留了一手，你看"宴"字中间的"日"字，被一个官字头盖住了，是个难以出头之"日"，人无出头之"日"，其后果也就可想而知了。但这一点逸尘子却隐而未道，原因很简单，怕扫了两位公子的雅兴，且这两位公子绝非善者，得罪不起，遇事还是留条后路为好。也幸亏他留了一手，否则，凭齐王李元吉那专横跋扈的性格，说不定立马就会要了他的性命。

　　李建成点点头："嗯！道长果然名不虚传，请问道长，哪里人氏？该怎么称呼？"

　　"贫道乃相州内黄人氏，姓魏，单名一个徵字，字玄成。"

　　"你就是瓦岗寨那个擅闯议事堂的文学参军魏徵？"

　　"正是在下！"

　　"先生既有经天纬地之才，为何不替朝廷效力，而要做一个游方道士浪迹江湖？"

　　"贫道也想效命朝廷，只是进身无门。"

　　"道长如果愿意，本公子替你引见。"

　　"公子是？……"魏徵问。

　　"他就是大唐太子。"李元吉终于还是忍不住，亮了身份。

　　李建成向李元吉横了一眼，怪他不该多嘴。魏徵听说眼前这位就是皇太子，想到刚才测字的情景，心里想，怎么堂堂的皇太子，竟无出头之日呢？难道说李渊以后，继承皇位的另有其人？那这个人又是谁呢？现在太子答应引见，这不正是自己来长安的目的吗？也不由他多想，答道："若能得到皇太子引见，贫道当然求之不得。"

　　"既然如此，明天早朝以后，你到朱雀门等候，我派人来接你。"李建成说罢，转身出了蘸露茶楼。

　　后人有诗戏叹逸尘子测字算卦：

　　　　　破布衫儿破布裙，逢人惯说会烧银。
　　　　　何不烧了自己卖，闹市街头卖与人。

第04章 战争尚未结束

瓦岗寨旧将秦琼，字叔宝，山东济州历城人，善使一双铁锏，有万夫不当之勇。程知节，本名程咬金，山东济州东阿人，少骁勇，使一柄开山大斧。两人自小一起长大，穿开裆裤的儿时朋友。在瓦岗寨攻城拔寨的时候，都是威震敌胆的虎将，被人称之为济州双雄。瓦岗寨兵败之后，两人被王世充围困，无奈之下，只好暂时归顺王世充。王世充很看重他们，授秦琼龙骧大将军、程咬金参将之职。

王世充本是隋朝江都通守，隋炀帝被杀后，他在东都洛阳立杨侗为帝，自封洛阳王。实际上，杨侗只是一个傀儡，所有军政大权都在王世充的掌控之中。偃师一战，王世充击败瓦岗军，更是大权独运，成为洛阳城实际的主子，废杨侗自立只是迟早之事。

秦琼认为王世充阴险狡诈，反复无常，虽为一代枭雄，并不是可奉之人，他找到程咬金，对他说："王世充气度浅狭，阴险狡诈，反复无常，说话就发咒誓，像个老太婆一样。军势虽然很强大，终究难成大事，充其量只能算一个乱世枭雄。良禽择木而栖，良臣择主而事，给王世充卖命，不值！"

"大哥意欲何往？"程咬金问道。

"太原李渊已在长安城开朝立国，自称唐朝。唐朝声威如日冲天。纵观天下英雄豪杰，难有与其争锋者。"秦琼看了程咬金一眼说，"我们辞别王世充，西行入关，投奔唐朝去。"

程咬金道："王世充不答应又该如何？"

"先知会手下兄弟，做好准备，恃机而动。"

"好，王世充若要强留，我们就硬闯，杀他个痛快！"程咬金摩拳擦掌。

这一天，王世充率兵出城，行军途中，程咬金与秦琼乘机靠在一处，兵至九曲，

第04章 战争尚未结束

两人策马逼近王世充,扼住大道,坐在马上抱拳一揖道:"洛阳王慢行!"

"二位将军有什么事吗?"王世充惊异地问。

程咬金道:"秦琼、程咬金不才,决定就此辞别。"

王世充道:"二位将军为何要离我而去?难道王某薄待二位不成?"

秦琼回答说:"蒙公不弃,偃师一战后收留我等,你待我等不薄,本当报公知遇之恩。但你生性狐疑,左右又多为煽情蛊惑之士,我们都是一介武夫,只知道在战场上冲锋陷阵,不善于阿谀奉承,这里不是我们托身之所,故欲就此别过。"

王世充从内心爱惜秦琼与程咬金,舍不得二人离去,本想强留,又惧二人英勇神武,单打独斗,手下众将无人能敌,且他们身后还有数十名勇士严阵以待,虎视眈眈,自己与他们近在咫尺,若骤然动手,定当涉险。正在王世充犹豫不决之际,秦琼说道:"如果没有什么话说,我们就此告辞!"两人坐在马上一抱拳后欲离去。

"慢!"王世充道。

秦琼、程咬金紧了紧手中兵器,问道:"还有什么事吗?"

"人各有志,不可强求,只叹我王世充无德无能,难以留住二位将军。既然将军欲另谋高就,王某有薄礼相赠,以表寸心。"王世充手一挥,"来人!"

秦琼、程咬金及其身后数十骑勇士以为王世充要发难,正准备硬闯,不想王世充对左右说:"取钱币五十万,赠二位将军以作川资!"

"多谢洛阳王,川资我等尚不缺乏,就此别过,后会有期。"秦琼、程咬金马上一抱拳,勒转马头,带领数十骑瓦岗旧部,拍马狂奔而去。

王世充手下众将见秦琼、程咬金如此气傲,欲挥师拦阻,王世充摇摇手道:"他们二人都是虎将,既然去意已决,绝难回心转意,若作困兽之斗,我等都很难全身而退,让他们去吧!"

秦琼、程咬金等人,一口气跑出数十余里。程咬金回头看,见无追兵,瓮声瓮气地说:"大哥,没事了,王世充怕了我们,没有追兵。"

"前面有片树林,到那里休息一阵再作打算。"秦琼说罢,拍马率先向树林驰去。

大唐皇帝李渊的次子,是太穆顺圣皇后窦氏于开皇十八年(599年)生于武功郡别馆,此子诞生之时,有二龙嬉戏于馆门之外,三日后方离去。李府上下惊异不已，都言此子日后必当大富大贵。此子四岁时，李渊迁岐州署职。有一天，家人来报，说门外有一书生求见，李渊不知所以，吩咐家人将书生带到客厅相见。书生到客厅落座奉茶后，李渊问道："先生驾临寒舍，不知有何见教？"

书生道："学生途经岐州，路过贵府，偶窥贵府有一股祥瑞之气，十分好奇，欲进府详查，以解心头之惑，以至惊动大人，请多多见谅。"

隋朝年间，道教盛行，道士们除设炉炼丹以求长生不老之外，也以易学之术游走江湖，看风水、相面、测字、算卦。李渊颇信其道，听书生说府上有祥瑞之兆，内心也觉惊奇，问道："先生进宅，可瞧出端倪？"

书生面对李渊，端详了一会道："公头发稀疏而颜色黑亮，额头丰润而宽广，天中、天庭无瑕，日月角突起，是贵人之相，额头有王字纹，他日定能飞黄腾达。"

"真有此事？"李渊有些不相信。

书生指着李渊身边的次子讨好地说："公乃贵人之相，此子更是贵不可言！"

"何以见得？"

书生看着李渊的次子道："此子有龙凤之姿，天日之表，年至二十，必能济世安民，位至九五之尊，乃太平天子。"

李渊听到此话，惊得目瞪口呆，等到醒悟过来时，书生已不辞而去。李渊大叫："快来人。"

"老爷有何吩咐？"几名家丁立即跑了过来。

"快、快，将刚才的书生拿下，绝不可让他活着离开岐州。"

李渊派出的人四处追赶，找遍了岐州城，不见书生踪影，到城门查询，四面守城军士都说没有见此人进出城。书生就像从人间蒸发了一样。李渊其实很相信书生之言，惧怕书生将相面之言泄露出去，才起了杀人灭口之心。他见没有抓到书生，以为是神来指点，对书生之言更是深信不疑，依白面书生"济世安民"之言，将次子取名为李世民。

李世民自幼聪颖过人，有睿智，十余岁时，便已熟读兵法，处事果断而不拘泥于小节，常有出人意料之举。大业十一年（615年），隋炀帝兵困雁门，年仅十六岁的李世民应募勤王，因战功显赫而崭露头角。大业十三年（617年），李渊被任命为太原留守，李世民跟随父亲来到晋阳。这时隋朝已衰，天下大乱。李世民广交天下英雄豪杰，招兵买马，协助父亲举兵反隋。于大业十三年十一月攻克长安。

李渊有四个嫡子，三子元霸早丧，长子建成、次子世民、四子元吉。在李渊眼中，次子世民胜过乃兄，太原起兵时，他曾与世民面约，许诺若得天下，立世民为太子。攻克长安，建朝立国，李世民的功劳最大，将佐中有人奏请立次子李世民为太子，李世民固辞不受，这才立李建成为太子。

李建成性好酒色，喜游猎，李元吉酷似乃兄，有过之而无不及，李渊屡加训斥，且有易储之意。使得李建成惶恐不安，常与李元吉密谋，共同排挤李世民。其兄弟之间的污垢，暂且不提。

这一天，李世民带领房玄龄、杜如晦及秦王府众将，从延兴门出城，要到长安城东十里的凤凰岭狩猎。行至途中，忽见前方尘土飞扬，有人指着前方说："秦王你看，前面有数十骑人马疾驰而来。"

李世民抬头一看，见远方一队人马奔驰而至，马蹄过处，尘土飞扬，赶忙勒住马缰，众将见有兵马到来，纷纷向李世民的身边靠拢。来人见有人扼住大道，放慢了脚步，走到距李世民一箭之地，勒马停了下来。

小队人马中，有两骑并排走在前面，左边一人头带古铜色军盔，身披金色铠甲，胯下黄骠马，马鞍上挂着一双铁锏，脸色泛黄，威风凛凛；右边一位，手持一柄开山大斧，浓眉大眼，腰粗臂圆，一看就知是一员虎将。

李世民心中暗暗赞叹道："好威武的两员虎将！"看兵器、相貌，似曾相识，却又想不起来在哪里见过。

房玄龄见李世民两眼眨也不眨地看着迎面的双骑，问道："秦王可识此二人？"

"似曾相识，却又未曾谋面，好一双虎将。"

房玄龄手一指道："此二人乃济州双雄，左边的那位，金铠甲、黄骠马，一双铁锏鞍上挂，这是武林人士公认的金字招牌，若猜得不错，此人必是秦琼，秦叔宝；右边的那位，一柄开山大斧天下闻名，定是秦琼的老乡，济州东阿人程咬金无疑。"

李世民惊喜地道："真是他们二人？"

"是与不是，马上就知分晓。"房玄龄肯定地说。

李世民大叫："房玄龄，快，拦住他们，以礼相待。"

房玄龄打马上前，问道："请问将军尊姓大名？"

秦琼马上一抱拳："在下济州历城人氏，姓秦，名琼，字叔宝！"

"我乃济州东阿的程咬金！"程咬金瓮声瓮气地说。

李世民哈哈大笑："果然是济州双雄。"

秦叔宝被李世民笑得有点莫明其妙，抱拳问道："不知各位怎样称呼？为何发笑！"

房玄龄伸手一指李世民："此乃大唐秦王李世民。"

秦琼听说是秦王李世民，连忙抛蹬下马，单膝着地一抱拳："山东历城秦琼参见秦王殿下！"

"程咬金参见秦王殿下！"程咬金跟在秦琼的后面单膝着地、抱拳。

李世民飞身下马，抢上一步左手扶起秦琼，右手拉起程咬金，高兴地说："二位快快请起，快快请起！"

秦琼、程咬金顺势站起，李世民继续说："久闻二位将军大名，如雷贯耳，自从瓦岗军溃败以后，本王一直在打听瓦岗寨众英雄的下落，不想在此碰上二位将军，真乃三生有幸！"

房玄龄也说："秦王素闻二位将军英名，派人四处打听二位将军的下落，苦于没有音信。二位将军一向可好？"

秦琼道："瓦岗军溃散后，我与咬金兄弟为王世充所擒，无奈之下暂时归顺王世充。王世充阴险狡诈，歹毒无信，实不欲为其卖命。"

"二位意欲何往？"房玄龄问道。

"闻太原唐公在长安建国，号唐朝，我等欲到长安投奔唐公。"程咬金直截了当地说。

房玄龄诚恳地说："秦王求贤若渴，常念叨二位将军，欢迎二位将军归我大唐，共图大业！"

李世民拱手道："二位将军若能归顺大唐，则是大唐之幸，请二位将军随本王进城，本王向父皇引见二位将军。"

"若秦王不弃，我等愿效犬马之劳！"秦琼、程咬金齐声说。

"好，欢迎二位将军归唐。"李世民接着对随行众人道，"大家刚才都听到了，这两位就是本王常在你们面前念叨的济州双雄秦琼、程咬金，今天他们投奔大唐，今后都要同殿为臣，大家互相认识认识。"

随行的杜如晦、长孙无忌等人等纷纷上前自我介绍。李世民也不狩猎了，调转马头，高高兴兴地返回长安城。

秦王李世民向父皇引见秦琼、程咬金，大唐皇帝李渊令秦琼、程咬金跟随秦王李世民。李世民对二人甚是礼待，拜秦琼为马军总管，镇守长安宫，授程咬金秦王府左三统军之职，同在秦王帐前效力。

后人有诗咏叹：

秦王狩猎收虎将，大唐江山添栋梁。
他日疆场建奇功，凌烟阁上挂画像。

第05章 安抚山东

李密兵败降唐之后,很多瓦岗旧部并没有降唐,如武阳的元宝藏、黎阳的徐世勣等仍然据守一方,山东一带实际上是一个群龙无首、动荡不靖的局面。此时(武德二年,619年),唐朝又在中原地区开辟了两个战场,一个战场在河北,此前,刘武周率兵南下同唐朝抗衡,先后击败李元吉、裴寂等唐将,几乎占领河东全境,关中为之震动。李渊惧其势猛,欲弃河东,谨守潼关西以避其锐。李世民金銮殿请缨,率兵东渡黄河,同刘武周决战于河北;第二个战场是太子李建成于司竹追剿群盗祝山海。

两个战场鏖战正酣,牵制了唐朝绝大部分兵马。齐王李元吉虽然没有上战场,但由于他刚被刘武周打败,元气未复,正在集结残部,修整兵马。可以说,李渊手中已是无将可遣,暂时还分不出兵力来解决山东的问题。

魏徵属意纵横,大局观很强,对于李渊面临的处境一目了然。他知道自己地位卑微,乃碌碌无为的无名小辈,根本入不了李渊的法眼,若想得到朝廷重用,非得要建立异乎常人的功业不可。思之再三,魏徵于武德二年(619年)八月,主动向李渊上疏,请求出使安抚山东。他在奏折上写道:臣初附大唐,身无尺寸之功,今山东形势动荡不靖,不容乐观,臣特请命,愿替朝廷出使,安抚山东,为朝廷争得喘息之机。武阳郡之元宝藏同臣私交甚深,臣愿前往说之来降。黎阳乃中原之粮仓,隋朝灭亡,粮仓为瓦岗军所得,瓦岗溃败后,李密率残部降唐,黎阳却无所损,黎阳守将徐世勣通易学,善兵法,是一名不可多得的将才,臣与他乃是旧识,欲亲赴黎阳,说徐世勣降唐,大唐若能得此良将,无异于汉高祖之得韩信。

李渊看了魏徵的奏折,问左右魏徵何许人,有知者说:"魏徵乃内黄人,在瓦岗寨时充文学参军之职。听说此人有胆有识,在瓦岗寨独闯议事堂,在李密召开的重要军事会议上自陈己见，被李密逐出议事堂。"

李渊见魏徵地位卑微，竟有如此胆识，立即传旨召见魏徵。

魏徵面圣之后，继续陈述他的观点。李渊虽然不识魏徵，但魏徵的建议倒是值得考虑。于是对魏徵说："朕命你为秘书丞，出使安抚山东。如果大功告成，朕将另有赏赐。你可愿意？"

秘书丞是五品秩，对于毫无背景的魏徵来说，能得此职位，并作为朝廷使节去安抚山东，当然是求之不得。他回到下处浮想联翩、夜不能寐、穿衣起床，备就文房四宝，写下一首《出关》的诗：

出关

中原初逐鹿，投笔事戎轩。
纵横计不就，慷慨志犹存。
杖策谒天子，驱马出关门。
请缨系南越，凭轼下东藩。
郁纡陟高岫，出没望平原。
古木鸣寒鸟，空山啼夜猿。
既伤千里目，还惊九逝魂。
岂不惮艰险？深怀国士恩。
季布无二诺，侯嬴重一言。
人生感意气，功名谁复论。

次日，魏徵仍然是一身道士装束，骑一匹骏马，只不过是手中少了一幅布幡，腰间多了一柄赤铜松纹古剑，俨然一副剑侠模样。由于君命在身，身上少了一些悠然，多了一份庄重。

这一天，魏徵走到东垣，已是人困马乏，见路边有一小店，勒住马缰，进店用餐休息。

魏徵落座后，向四周看了看，见右边一张桌子坐着三个人，边喝酒边高谈阔论，邻桌两个挑夫，一边喝酒一边听他们神侃，不时还插问几句。只听一人说道："老兄，我劝你前面就不要去了，还是回头走吧！"

那人反问："为什么呀？"

"紫荆山在打仗，不安全！"

"兵荒马乱的，天天都在打仗，咱们老百姓还要吃饭呀，总不能窝在家里不出门吧？"

"这次打仗可不一样！"

"谁和谁打？为什么不一样？"

"这次是秦王李世民同刘武周开战，酣战三天，未能分出胜负。"

"真的吗？"

"双方战将棋逢敌手，将遇良才，大战三天，杀得难解解分。"

旁边一位好奇地问："你亲眼所见？"

"当然是亲眼所见！"

"说来听听！"

刚才说话的人手舞足蹈地说："早上，我从山那边来，看见双方布阵叫战，躲藏在树林里动也不敢动。只见秦王阵中，一个手持开山大斧的大汉出阵叫战，说什么黑炭尉迟恭，你跟我出来，程咬金同你大战三百回合。刘武周阵中，一位手持长槊的黑脸大汉出阵相迎，也不答话，舞起长槊就刺。使板斧的大汉先还是虎虎生风，后来渐渐有些不支，正在这时，秦王阵中一位手拿双锏，骑黄骠马的黄脸大汉冲出阵，大叫：'尉迟恭休得撒野，秦琼来也！'"

"后来怎样？"旁听者紧张地问。

"黄脸大汉冲上去，换下使板斧的，同那个黑塔将军战在一处，黄脸大汉使了个泰山压顶，黑塔将军以霸王举鼎相迎，两马相交而过，黄脸大汉顺手来了个乌龙摆尾，黑塔将军回了招横扫千军，槊、锏相击，发出震耳之声，杀得天昏地暗，日月无光。双方战鼓齐鸣，杀声震天，都在为自己的将军摇旗呐喊，战至下午日薄西山，仍然是个不胜不败之势。"

"哎呀！真过瘾，我们也去看看！"

说话的人道："你好大的胆子，我昨天是碰上才观此一幕，你还要跑去看，不要命了！"

"那后来呢？"

"交战双方见天色已晚，各自鸣锣收兵，约定次日再战！"

魏徵听到此处明白了，秦王阵中的黄脸大汉定是秦琼无疑，使板斧的大汉便是程咬金了，至于对方阵中的尉迟恭，定是在提盘镇吃饭不给钱，还差点同人打起来的那个尉迟恭。心里明白，屁股就坐不住了。因为秦琼、程咬金都是瓦岗寨时的兄弟，瓦岗军溃散后，一直杳无音信，不想却投在秦王李世民帐下。提盘镇遇上的那个尉迟恭，当初没有看走眼，能同秦琼杀得旗鼓相当，果然是一员虎将。二虎相争，必有一伤，不管伤着哪位，岂不可惜？于是，他胡乱吃了几口饭，付了账，上马疾驰而去。

魏徵刚走近紫荆山，一名兵士拦住去路道："道长，前面在打仗，你还是绕道而行吧！"

"你是谁的部下？"魏徵问道。

"我们是秦王的军队！"

魏徵问道："阵前出战的可是秦琼秦将军、程咬金程将军？"

"正是他们，道长有何指教？"

魏徵说："贫道这里有封信，请你马上转交秦将军。"

"秦将军就在军帐中，道长亲自去见他不好吗？"

"军情紧急，贫道有急事要办，将此信交给秦将军就行了。"魏徵将信交给军士，叮嘱一句，"快去，不可误了军情。"然后拍马而去。

军士见道士行色匆匆，感觉事关重大，也不敢耽搁，火速将信送往中军大帐。

中军帐内，秦王李世民正同众将商议退敌之策："尉迟恭真乃虎将，然却为刘武周所用，真是可惜！"

"末将驰骋沙场，见过猛将无数，能如尉迟恭之神武者，实在少见，大战三日，只是平手，实无必胜的把握。"秦琼感叹地说。

"报秦将军，刚才有一道长叫小的给将军送来一封信。"军士随手递上一封书信。

秦琼接过信问道："送信的人在哪里？"

"已经走了！"

"为何不引来见我？"

"他说军情紧急，不能耽搁！"

秦琼一挥手："好，去吧！"

"谁来的信？"李世民关切地问。

秦琼边拆信边说："此人乃相州内黄人氏，姓魏，名徵，字玄成，自小出家为道，道号逸尘子，自称逸尘居士。魏徵广见博识，博古通今，少有大志，好读书，属意纵横。瓦岗寨时为文学参军，曾向李密献十策而未纳，后又擅闯议事堂自陈己见，遭李密呵斥，愤然而去，一直不知去向，不知为何出现在这里？"

房玄龄道："快看看信，到底说了些什么？"

秦琼持信念道："秦琼老弟：兄亦降唐，蒙大唐皇帝任命为秘书丞，今奉皇命安抚山东，从此路过。闻秦兄弟与敌阵尉迟恭大战三日，不分胜负。尉迟恭，虎将也，兄与他曾有一面之缘，欲前往说其降唐，若尉迟将军能听愚兄之劝而归唐，则大唐可兵不血刃而得一虎将。请休战一日，待兄前往敌营一试，成与不成，就看天数。"

李世民听到这里，高兴得大声说道："好！传令三军，休战一日，哨营加强警戒，敌营有何动静，随时来报，不可懈怠！"

魏徵将信交给唐营兵士后，拍马向对方军营走去，快到营前时，放慢马步，慢慢地向军营靠近，一个兵士大声地喝道："哪里来的道士，这里是军营，走远些！"

魏徵道："请问军爷，尉迟将军可在营中？"

"我就是将军的传令兵，有何事？"

魏徵说："请你通报一声，就说逸尘居士求见！"

传令兵看了魏徵一眼，说道："你等一下，见与不见，我可不敢做主！"

"军爷只管通报就是，如果尉迟将军说不见贫道，贫道就立马走人！"

魏徵只站了一会，就见尉迟恭一路大笑着出了军营："真的是逸尘道长来了，快请进！"

魏徵随尉迟恭进了中军帐，问道："将军今天要出战？"

"早就听说济州双雄武功了得，程咬金倒不怎么的，秦琼的武功，果然名不虚传，激战三日未分出胜负，今日一战，定要打败秦琼。"尉迟恭豪气万丈地说。

"今天打不成啰！"魏徵有点神秘地说。

"道长怎么知道？"

"你忘了本道长的神机妙算？"

"两军打仗也能够算，我不信！"尉迟恭摇摇头。

"报,唐军高挂免战牌!"话尚未说完,一名小校来报。

尉迟恭说:"哎哟!道长,你真的能掐会算呀?"

"贫道不但算出今天休战,同时还算出将军不日将有血光之灾!"

尉迟恭若无其事地说:"我辈整天都在刀光剑影之中,血光之灾在所难免。"

"话不能这样说,能避免,为何非要去死呢?"

尉迟恭道:"道长是说本将军的血光之灾可以化解?"

"就看你愿意不愿意了!"

"能够避免当然好,谁愿意同阎罗王打交道呀?"

"将军觉得刘武周怎么样?"

尉迟恭摇摇头:"不怎么样!"

"大唐李渊又如何?"

尉迟恭回答:"不好说。"

"为何不好说?"

尉迟恭说:"兵士们常在背后议论,说秦王李世民所领之师乃仁义之师,一统江山是迟早之事,我发现后杀了几个造谣惑众者,以后再也没有人敢说了!"

"人心所向,你杀得了吗?"魏徵问道。

尉迟恭说:"没有想这个问题,上阵杀敌,各为其主,竟说敌人是仁义之师,该杀!"

"良禽择木而栖,良臣择主而事。知道这个道理吗?"

尉迟恭问道:"你是说,一只好鸟,找一棵合适的树做窝;一个好臣子,找一个明君侍奉。是这个意思吧?"

"刘武周是明君吗?"

尉迟恭还是摇摇头:"不好说。"

"尉迟将军上阵杀敌,为了什么?"魏徵问道。

"建功立业,加官晋爵,封妻荫子,光宗耀祖呀!"

"假如说你跟着的主子连自己也顾不上,你还能够建功立业,加官晋爵,封妻荫子,光宗耀祖吗?"

"嗯!"尉迟恭点点头,"有道理!"

"目下正是改朝换代之时,天下群雄纷争,都欲一统江山,以贫道之见,刘武周乃草莽英雄,如何能成乱世之主?"

"那乱世之主又在何方?"

"李渊在长安开朝立国,号唐朝,军威正盛,天下英雄难有与其争锋者,贫道夜观天象,长安城气冲牛斗,紫微星若隐若现,种种迹象显示,真命天子当出在大唐李家。将军欲建功立业,加官晋爵,封妻荫子,光宗耀祖,此时不降唐,更待何时?"

"可此刻我同他们可是杀红了眼呀!"尉迟恭有些担心地说。

"这不是问题,尉迟将军愿意听贫道之言降唐吗?"

"我要好好想想!"

"机不可失,时不再来,识时务者为俊杰,请将军就此一决!"

尉迟恭坐在那里低头不语,魏徵一边品茶一边等着他决断,不一会,尉迟恭一拍大腿:"就这么定了,俺尉迟恭听道长的,降唐!"

"好,将军手下有多少兵马?"

"大概有八千人马。"

"将军带上你的八千兵马,马上出营归唐吧!"

"这样急?"

"既然主意已定,不可有半点拖延,如果走漏了风声,被刘武周得到消息,后果不堪设想,秦王李世民正在军营等候将军的音信。"

"你说什么?"

"唐军今天休战,就是等候将军拿主意,贫道早已是唐朝中人了。"

"怎么不早说,道长若说你已归唐,也不必多费口舌了,我马上传令拔营,同道长一同归唐。"

"贫道尚有要事缠身,不能与将军同往,替贫道向秦琼、程咬金问好就是,贫道去也!"魏徵说罢,离了军营,拍马绝尘而去。

尉迟恭归唐,秦王李世民大喜过望,引为右一府统军,成为秦王李世民手下一员虎将。在大唐屡建奇功,成为凌烟阁挂像的二十四位功臣之一。此是后话。

后人有七绝诗一首咏叹魏徵安抚关中,途中劝降尉迟恭:

御前请旨抚山东,临阵劝将归大唐。
初奉君命有建树,纵横谋略果非常。

第06章　黎阳城之战

  黎阳郡位于河南浚县西南，中原三大粮仓：黎阳仓、洛口仓、回洛仓都在黎阳，因而，黎阳成为兵家必争之地。当年李密率瓦岗军夺取洛口仓、回洛仓和黎阳仓，切断了隋军的粮道，使隋军陷入缺粮的绝境，加速了隋朝的灭亡。

  李密兵败降唐，瓦岗军土崩瓦解。徐世勣困守黎阳，黎阳成为诸路英豪馋涎欲滴的一块肥肉。何去何从，徐世勣一时拿不定主意，身边也没有能商量的人。

  这一天，徐世勣接报，说将军府外有一个道士求见，他心里想，能以道士身份求见者，只有几位旧友，难道是哪位故人到了不成？想到故人，心里就有一种渴望，连忙迎出帅府，远远一看，原来是魏徵来了，连忙大步上前："哈哈！原来是师叔到了！"

  "徐将军错了，贫道乃逸尘居士，不叫师叔。"魏徵逗乐地说。

  "逸尘居士也好，师叔也罢，反正都一样，来了就好！"

  "怎么样？将军企盼有人来吗？"

  "天天都在盼啊！"

  "将军为何有如此说？"

  徐世勣叫人牵过魏徵的马，拉着魏徵的手道："走，进府再说。"

  魏徵跟随徐世勣来进了将军府，落座之后，马上有侍从沏好茶呈上，魏徵边喝茶边说："当初李密若依贫道之计，瓦岗军也不至于落到今天这个地步。"

  "道友当时提出的持久战、防御战实乃上策，怎奈魏公不听人劝，避己之长而与困兽作殊死搏斗，实在是犯了兵家之大忌。"徐世勣对魏徵的话表示赞同。

  "贫道擅闯议事堂也是出于无奈，没想到李密如此刚愎自用，不但不纳良策，反而还将贫道逐出议事堂。贫道料定，李密实非乱世之主，瓦岗军必亡在此人之手，故此愤然离去。"

"悔不该当初到武阳郡将你引至瓦岗，致使你蒙受奇耻大辱，徐世勣深感愧疚！"徐世勣顺势一揖。

"错不在你我，何罪之有？将军不可以这样说。"

"千里良驹，本应驰骋于疆场，魏公却将你当成驴子，用来拉磨。我曾向魏公说过几次，他就是听不进去。只叫你做一个文学参军，实在是暴殄天物、屈杀英才。"徐世勣屏退左右，挪动坐椅靠近魏徵，话锋一转道，"黎阳现在成了没娘的孩子呀！"

"黎阳扼中原要塞，乃兵家必争之地。黎阳仓之粮，使多少天下英雄垂涎欲滴。将军可是处在风口浪尖之上，稍有不慎，便会船毁人亡。"魏徵提醒道。

"黎阳这艘船，漂泊于汪洋大海之中，没有爹、没有娘，不知该漂向何方？"

魏徵哈哈大笑："天上有北斗，地下有魏徵。不愁迷途之羔羊，找不到方向。"

"我就知道道长此时来黎阳，必有以教我。"正在这时，有人来报，饭菜已经备好，徐世勣说道，"一路劳顿，先用饭再说。"

夜色蒙蒙，天上繁星颗颗，山坡上，一对道士、两个好友，坐在一起促膝谈心，他们一个是黎阳守将徐世勣，一个是专程来黎阳劝说徐世勣降唐的魏徵。不知出于怀旧还是另有原因，徐世勣今晚居然也是一身道装。只听徐世勣问道："道友离了瓦岗后，栖身何处？"

魏徵没有正面回答徐世勣的问题，指着天空说："将军你看，紫微星若暗若明，真命天子不久必将归位。"

"真命天子出自何方？"

"贫道夜观天象，偶然发现，关中一带，红光直冲牛斗，有与紫微星会合之势。"魏徵一本正经地说。

"你是说天象所示，天子应出自于西方？"徐世勣问道。

"自隋末天下大乱以来，群雄并起，天下纷争，魏公李密起兵反隋，振臂一呼，四方响应，聚兵数十万众，势力遍及中原，破王世充于洛口，摧宇文化及于黎山，正欲西蹈咸阳，北凌玄关，扬旌瀚海，饮马渭川，瓦岗军却迅速由盛而衰。看来，朝代更替，天下归属，都是天数，非人力所能抗争。李密失败后一蹶不振，最后归附大唐，此乃天命所归。李密非等闲之辈，他之所以率部入关降唐，也是认为，自己并非真命天子，降唐乃是应天顺人。"

"魏公降唐，黎阳已失去根本，虽然黎阳仍在我的掌控之中，但整日里我是如临深渊、如履薄冰、如坐针毡。"徐世勣无奈地说。

"正因为有雄才大略的徐将军镇守黎阳，才使得军威正盛的王世充不敢贸然东进，占据河北的窦建德不敢挥师南下。黎阳去从，维系天下命运。将军可得早作决断。"

"依道友之见，我该怎么办？"徐世勣问道。

"实不相瞒，贫道离开瓦岗后，已归降大唐。秦琼、程咬金均已降唐，秦琼官拜马军总管，程咬金授秦王府左三统军，同在秦王李世民帐前效力。"

"真的吗？"

"不仅如此，我刚从武阳郡来，元宝藏听从我的劝告，也已经降唐。"

"啊！"徐世勣陷入了深思。

"良禽择木而栖，良臣择主而事。将军，当断不断，必有后患。"

"黎阳是魏公之黎阳，非徐世勣的黎阳。世勣只是代魏公镇守而已。我怎么能将魏公之黎阳献唐呢？"徐世勣思索地说。

"李密降唐，昔日魏公已不复存在，将军还何谈为魏公镇守黎阳？"

"虽说如此，我又岂能越俎代庖、借花献佛。盗亦有道，此非我等之道，我说得对吗？"徐世勣反问道。

"话虽不错，形势所迫，何去何从，绝不能再拖。"魏徵说。

"我欲将黎阳的军队、户籍、财产簿册，遗黎阳长史郭孝恪亲赴长安，交给魏公，请魏公自己献与大唐。"徐世勣说到这里，长长地松了一口气。

魏徵说："将军坚意如此，我也无话可说。"

第二天，魏徵辞别徐世勣，继续他的安抚山东之行，临行前对徐世勣道："徐将军，还有件事，不知你考虑过没有？"

"什么事？"徐世勣问道。

"黎阳仓的储粮，王世充、窦建德等人觊觎已久，若他们率兵来犯，强行夺粮，凭黎阳的兵力，很难抵挡得住。"

"道友的意思是？"徐世勣问道。

"大唐淮安王李神通的军队离此不远，他们正在为筹措军粮犯难，不如开仓放粮，接济淮安王。这样，既可助唐军一臂之力，又可解除黎阳仓储粮的后顾之忧。可谓一举两得。"

"是否等郭孝恪从长安回来之后再作处理？"徐世勣仍然有些犹豫不决。

"黎阳仓储粮的诱惑太大，若强敌来犯，黎阳必难自保，一旦破城，数万石储粮岂不是拱手送人？此事干系实在是太大了。"魏徵有些急了。

"未得魏公许可，擅自动用黎阳储粮，总觉愧对魏公。"徐世勣仍然很犹豫。

"将军以为愧对李密，我却以为大可不必。"

"理由何在？"徐世勣问道。

"李密降唐，瓦岗军已土崩瓦解，皮之不存，毛何附焉？此其一；李密弃你而去，已向大唐称臣，李密与将军已无君臣关系，将军念旧情，仍说黎阳是李密的黎阳，此是愚忠，此其二；将军已决意降唐，遣使长安，让李密亲自将黎阳献与唐朝，只是表明将军忠于旧主，不欲将献城之功据为己有，最终的结果，黎阳仍然要归属于大唐，此其三。有此三者，黎阳之粮供唐军用，实在是一件顺理成章的事情。将军何必还要犹豫？"

徐世勣想了想道："好，这件事就依你，开仓放粮。"

"我还要去安抚山东，顺道告诉淮安王李神通，请淮安王李神通亲自来黎阳，同将军共商开仓放粮济军的具体事宜，将军以为如何？"

"好，我在黎阳城，静候淮安王到来。"徐世勣爽快地答应了。

长安城的金銮殿上，李密手捧一摞簿册出班奏道："陛下，微臣有事要奏！"

"有何事，请奏！"

李密抬抬手中的一摞簿册道："这是黎阳的军队、郡县的户籍、版图、及资财簿册，现献给朝廷。"

近侍上前接过，放在李渊的龙案上，李渊略翻之后问道："怎么只有户籍、版图及财产簿册，没有奏折？"

"此是黎阳守将徐世勣遣使送至长安交与微臣，微臣仍原封不动地献给陛下，没有另外再写奏本。"

"这又是为何？"李渊问道。

"臣既已降唐，瓦岗寨的政权已不复存在，原瓦岗的属地理当归唐，故黎阳守将徐世勣送来黎阳的军队、郡县的户籍、版图、财产簿册，臣只需转呈给陛下即可。"

"徐世勣乃黎阳守将，既然情愿归唐，直接将这些献给朕即可，为何要假于你手？"

"徐世勣到底有何用意，臣不得而知，陛下欲知个中原由，可宣黎阳长史郭孝恪上殿问个明白。他正在殿外候见。"

"宣郭孝恪见驾！"李渊说道。

郭孝恪闻召进入朝堂，跪拜道："臣黎阳长史郭孝恪，叩见大唐皇帝，皇上万岁！万万岁！"

"平身！站起来说话！"李渊见郭孝恪站起后问道："郭孝恪，朕有话问你！"

"臣恭聆圣谕！"

"徐将军为何此时来降，个中原由你可知道？"

"徐将军是在大唐特使魏徵的劝说之下降唐的。"郭孝恪回答。

李渊惊喜地问："魏徵到了黎阳？"

"臣来长安时，魏徵尚未离去。"

"黎阳守将徐世勣为何不直接将黎阳献与大唐，而要上启李密，个中原由你可知道？"

郭孝恪回答说："徐将军说，黎阳非世勣的黎阳，是魏公的黎阳，他只是代魏公镇守黎阳而已，若要将黎阳献与大唐，也只能由魏公敬献。他不欲贪天之功据为己有。故令微臣将黎阳的军队、户籍、版图及财产簿册送来长安，上启魏公，请魏公李密自己献给大唐。"

李渊听到郭孝恪之言，赞赏道："战场上夸大战果冒功者有之，官场上弄虚作假欺上者有之，像徐世勣这样将一份天大的功劳拱手让人，朕还从未见过，徐世勣威德推功，真乃纯臣也！"

丹墀下群臣一阵骚动。

李渊稍顿后道："传朕旨意，授徐世勣黎州总管、上柱国，封莱国公，加授右武侯大将军，赐皇室之姓李，给田五十顷，豪宅一座，总河南、山东之兵以拒王世充。"

从此以后，徐世勣改称李世勣，后来秦王李世民登基做了皇帝，为避忌，又将李世勣的"世"字删去，改叫李勣，故史书记载只有李勣，而不言徐世勣、李世勣，原因就在这里。

后来，李勣在大唐屡建奇功，成为凌烟阁挂像的二十四位功臣之一。

"陛下，魏徵有一奏折，托臣转呈。"郭孝恪从袖中抽出奏折举过头顶。

近侍上前接过放在龙案之上。李渊拿过奏折看了一遍，击案而起："好！"

丹墀之下的群臣不知李渊为何如此兴奋，一齐投过疑惑的眼光。

李渊看了大家一眼，高兴地说："朕正在为淮安王李神通的军粮发愁，魏徵已商得黎州总管徐世勣同意，开黎阳仓粮以佐军用，朕真的没有想到，魏徵竟能立此奇功，真乃能臣也！"

李密自偃师战败降唐之后，李渊只授予他一个光禄卿的官职，现见旧部徐世勣比他的爵位还高，心里不平衡，加之降唐后备受冷落，遂生叛唐之心。他主动向李渊请命，欲率旧部往山东招抚旧属，李渊欣然同意。朝中大臣有劝谏李渊说："李密狡诈，反复无常，此乃放虎归山，此去必不返。"

李渊自信地说："帝王自有天命，非小人所能得，即使他叛唐，也难兴风浪，就让他去山东与群贼狗咬狗吧！我可坐收渔翁之利。"

李密与心腹王伯当、贾润甫仓促离开长安，果然在熊耳山被他人所杀，一代枭雄，就此烟消灰灭。这里略作交待，不再细述。

后人有诗咏叹魏徵黎阳劝徐世勣降唐：

魏徵黎阳做说客，世勣率部也归唐。
秦王帐前添虎将，神通军前喜获粮。

第07章 阶下囚

魏徵安抚山东之后，再次返回黎阳，已经是武德二年（619年）十月间了。此时的黎阳城大兵压境，夏王窦建德率数万大军将黎阳城围得水泄不通。

窦建德，贝州漳南人，其世代务农，少有胆气与勇力，讲义气，在乡间名声颇佳。当过里长，仗义疏财，也犯过法。他的乡亲孙祖安因盗羊之罪而惨遭县令鞭挞，孙祖安一怒之下杀了县令而起兵造反，其家属为官府所杀。窦建德愤然而起，带领二百多人举义旗，投奔高鸡泊起义军高士达。

大业十二年（616年），涿郡通守郭徇率兵征讨郭士达，郭士达自思武功、智略不及窦建德，推举窦建德为军司马总领兵权。后来，高鸡泊起义军的首领们，有的在与隋军交战中阵亡，有的在内部火并中死去，窦建德脱颖而出，受众人拥戴。

窦建德的军事才能，在义军中更是无人能出其右，由他指挥的战斗少有败绩，窦家军一时军威大振，起义军发展到十几万人，攻占了河北地区大部分郡县，他一跃而成为河北起义军的总首领。大业十三年（617年），在取得隋末农民战争中著名的河间"七里井大捷"之后，窦建德自称夏王，建国号为夏。

从此以后，全国形成三足鼎立之势：窦建德据河北乐寿，自号为夏国；王世充据东都洛阳，建国号为郑；李渊居关中于长安称帝，建国号为唐。

这是在隋朝灭亡以后逐步壮大起来的三股势力。

魏徵返回黎阳，正是两军对峙之时，他乘乱混入城中，李世勣见魏徵去而复返，高兴地说："幸亏道友有先见之明，发黎阳仓粮以供唐军，否则，一旦城破，黎阳三大粮仓的储粮都将为贼占有。"

魏徵关切地问："大兵压境，将军有何打算？"

李世勣忧心忡忡地说："以黎阳数千之军，怎能抵挡贼兵数万之众，世勣死不足惜，只是连累了黎阳城的百姓。"

"以贫道之见，既要作抗敌的部署，也要有撤出黎阳城的打算，唐朝欲一统天下，不在一城一地之得失，关键是要保存自己，消灭敌人，你看如何？"

"道友所言极是，就按这个意见安排。"

但是，局势的变化，远远超出了人们的想象。正当李世勣紧张部署战斗时，一名军士急匆匆地跑进来报告，说窦建德差来信使，正在城门等候，见是不见。

"既是信使，传他进来，看他有何话说！"

稍待一会，信使随军士进入，大声说："夏王信使，参见李将军。"

"夏王派你来黎阳，所为何事？"

军士从怀里掏出一封信函呈上："这是夏王给将军的信，请将军过目！"

有人接过信函转呈李世勣，李世勣接过看后，面色大变。

魏徵见李世勣神色有异，上前接过信函一看，原来是窦建德写给李世勣的一封劝降信，他在信中说：本王率数万之众，来攻黎阳弹丸之地，志在必得，将军若以黎阳数千兵马，与本王数万之众抗衡，无异于以卵击石……前些时，本王大军偶从山东曹州过，恰逢世伯李（徐世勣归唐赐姓李后，其父亦改姓李）盖老大人，本王已将其请在军中，礼遇有加，请勿挂怀。将军乃是孝子，一定知道个中利害。窦某素知将军宏韬伟略，乃不可多得之将才，欲与将军共图大业，救百姓于水火之中。坐军帐翘首以待，静候将军之佳音。

"将信使带下去，以礼待之。"魏徵对左右说，"大家且退下！"

魏徵见众人退下，移近坐椅，关切地问李世勣："将军有何打算？"

"窦建德乃一方枭雄，怎行此小人勾当，竟扣留家严作人质相要挟，真是卑鄙至极。家严年事已高，怎能受如此之罪？都是孩儿不孝。"李世勣说罢，抱头痛哭。

"将军不必过于悲伤，窦建德乃一方霸主，素闻此人有胆识，讲义气，不似一般毛贼，他所统领的军队，也算仁义之师。尽管将世伯扣作人质以要挟将军，这只是他攻城的一种谋略，我想世伯绝不会有性命之忧。"

"我又何尝不知道，但他这样做，实在是不仁道！"

魏徵分析说："从另一个角度看，也说明窦建德很在乎将军，不然，他何必费这么多手脚？以我之见，窦建德的建议倒真的可以考虑。"

"请道其详！"

魏徵说:"窦建德率数万之众进攻黎阳,以黎阳的兵力,根本就难以同窦建德抗衡,且他还以世伯为人质,就是要迫使将军就范。留着青山在,不怕没柴烧,我看不如乘机降窦建德,以图后进。这样,既可使黎阳百姓免受涂炭之苦,又可保世伯安然无恙。"

"世勣归唐不久,今又反投夏王,岂不成了反复无常之人?"

魏徵说:"大丈夫能屈能伸,若明知不可为而为之,乃匹夫之勇!"

"世勣若依计而行,道友将何去何从?"

魏徵说:"我回长安,将黎阳的情况向陛下禀报。"

李世勣叹了口气道:"也只好如此,一路保重,他日相见,后会有期。"

次日,魏徵辞别李世勣,仍一身道装,腰悬赤铜松纹古剑,出黎阳城西门,打马向长安方向驰去,不想刚出黎阳城,便被窦建德的军队发现,军士们一阵呐喊:"有人出城了,抓住他!"

魏徵听到喊声,在马屁股上连抽三鞭,欲冲出包围圈,窦建德的军士只是呐喊,并不上前拦截,魏徵以为他们只是喊喊而已,并不是真的要抓他,于是打马狂奔,也是一时大意,没有想到敌人还会使出另外的阴招来对付他,一路狂奔至一个山口,早已埋伏在山道两边的敌军突然拉起了埋在土里的绊马索,魏徵猝不及防,连人带马翻倒在地,两下伏兵尽出,长钩套索并举,将魏徵拖到一边,先取下他腰间的松纹古剑,然后将他捆了个结结实实,押至窦建德的中军帐。

窦建德见军士将一个道人五花大绑地送进中军帐,问道:"捆绑者何人?"

"此人乃黎阳城中跑出来的奸细,被小的们逮个正着。"军士回答。

窦建德对魏徵问道:"堂下何人?报上名来!"

魏徵不卑不亢地说:"贫道逸尘居士!"

"你就是那个劝说武阳元宝藏、黎阳李世勣降唐的说客,背叛瓦岗军的文学参军魏徵?"

"正是贫道!"魏徵不卑不亢。

窦建德见魏徵如此傲慢,不由大怒,喝道:"将此狂徒推出去斩了!"

突听一声大喝:"慢!"

窦建德举目看去,原来是侍御史张玄素,问道:"侍御史有何话说?"

"素闻魏徵广有所涉，学贯古今，足智多谋而又能言善辩，乃名士。其为李渊做说客，乃是各为其主，并无大错。夏王若杀之，天下人定以为夏王不能容人。请夏王三思。"

隋朝旧臣裴矩也说："夏王既想得天下，不可杀贤士。"

窦建德听了二人之言，马上换了一副面孔，离坐而起道："逸尘道长，窦某乃一介武夫，刚才多有冒犯，请不要见怪。道长若是不弃，留下来任中书舍人，与窦某共图大业，如何？"

"魏徵已是大唐之臣，尚无意弃唐而转投他人。"

窦建德听罢，只得说："将魏先生随身之物全部奉还，带魏先生下去休息！"魏徵接过剑和包裹，随军士出了中军帐。

太行山一处山谷里，满山遍野都是牛羊。在放牧的人群中，多了一位道士，每天一大早，这位道士同其他牧羊人一起，将羊群赶到山坡上，然后躺在树底下，欣赏着大自然的美好风光。这位道士不是别人，正是从夏王军前送来的逸尘子。

原来，夏王窦建德俘获魏徵后，封他为中书舍人，遭到魏徵的拒绝，窦建德既不想放魏徵归唐，也不愿背杀贤士的恶名，便将魏徵送到邢州太行山，充当牧羊人，等于是软禁山中。

魏徵刚到太行山时，这里的人对他看得很紧，时间一长，见他守规矩，逐渐放松了警惕。魏徵对周围的变化似乎并不在意，倒是一位操山东口音的老人引起了他的注意。这位老人成天一杆旱烟袋不离手，似乎总在想心事，从不主动与人打招呼。时间长了，魏徵同老人也慢慢熟了。一天，两人坐在山坡上，魏徵问道："听口音，老丈是山东人吧？"

"山东曹州离孤人氏！"

"怎么称呼？"

"姓李名盖。"

听说是山东曹州，又是姓李，引起魏徵的注意，因为李世勣也是山东曹州人，他有意无意地问："山东曹州有个李世勣，老丈可认识？"

"那是俺儿子，道长认识俺儿子？"

魏徵听说面前这位老丈是李世勣的父亲，惊异不已。原来窦建德将老人藏在这里，真是踏破铁鞋无觅处，得来全不费工夫，连忙说："原来是世伯，我是世勣的朋友魏徵。"

第07章 阶下囚

"你是世勣的朋友？怎么当了羊倌？我儿子还好吗？"

魏徵便将窦建德如何以老人为人质，迫使李世勣投降之事说了一遍。老人听后，捶胸顿足地说："窦建德真是卑鄙无耻，将老夫留在这里，原来是要挟俺的儿子，还说是为了保护俺。俺害了世勣呀！"

魏徵劝说道："老人家别激动，我们要想办法逃出去，这样世勣兄弟就没有后顾之忧。"

"好！俺听你的。"

魏徵与李盖认识后，表面上虽然没有什么变化，暗地却在留意牧场通往山外的路径，他知道，如果不尽快将李盖带离此地，李世勣就难以摆脱窦建德。

一天，魏徵悄悄指着山口对李盖说："山口出去便是邢州，再往南是邯郸，最近的警戒似乎不严，逃出去问题不是很大。"

"那俺们就走他娘的！"

"逃出去后，老人家要到哪里，是回山东老家，还是随我到长安？"

"俺回山东老家！"

"那就这样定了，逃出后，我们同行至邯郸分手，你回山东，我去长安。"

一个星高月明的夜晚，魏徵带上李盖，潜到马厩，牵了两匹马，沿着事先选择好的路线，悄悄地向东边的山口走去，出了山口，两人翻身上马，如离弦之箭，直射而出，顷刻间便跑得无影无踪。

且说李世勣投靠窦建德后，窦建德仍命他镇守黎阳，以抗拒唐军东进。窦建德撤离黎阳，李世勣虽曾向窦建德讨要老父，窦建德总是借故推脱。

武德三年（620年）七月，山东老家突然传来信息，说他的父亲在一位叫逸尘子道士的帮助下逃出太行山，已安然回家。李世勣得此喜讯，大喜过望，立即率部回归大唐。李渊念其忠，将他派到秦王李世民麾下听候调遣。

窦建德得此消息，叹息不已，有人建议说：李世勣既已归唐，留他父亲做人质也失去了意义，不如派人到邢州把他杀了。

窦建德道："李世勣本为唐臣，其不忘旧主，忠义可嘉，可惜此等忠义之士不能为我所用，其父何罪之有，为何杀之？传令，释放李世勣之父。还有逸尘道长,既然不能为我所用,也一起释放。"

此后,有人来报,说魏徵同李盖皆已离去,窦建德也未作何追究。

后人有诗咏叹:

> 黎阳遭陷沦为囚,太行山中牧羊人。
> 携带友父脱虎穴,欲回长安做唐臣。

第08章　太子府幕僚

　　武德四年（621年）三月，秦王李世民同窦建德决战于虎牢关，年轻的李世民凭借其卓越的军事天才，以少胜多，击败了兵强马壮的窦建德，窦建德本人也为唐军所俘，不久被杀。窦建德的几位文臣裴矩、张玄素等举夏国所有土地和传国玉玺，一并降唐。王世充见窦建德兵败，知大势已去，也投降了唐朝。至此，李渊基本上控制了全国局势，夺取了天下。

　　李世民率得胜之师回朝，长安城热闹非凡。李世民骑着高头大马，在秦琼、程咬金、尉迟恭、李世勣等几员大将和幕僚房玄龄、杜如晦的簇拥下，从明德门入城。他向身边的李世勣问道："李将军，可有魏徵的消息？"

　　"去岁黎阳一战，魏徵为窦建德所俘，窦建德曾授他中书舍人之职，后来一直都没有他的消息。前些时，老家来信，家严已回山东老家，助家严逃出窦建德掌控者，就是魏徵。"

　　"知道魏徵到哪里去了吗？"秦琼问道。

　　"家严在信中讲，魏徵带他逃出太行山后，取道长安了。"

　　"这个牛鼻子老道，劝俺归了大唐，他自己不知躲到哪里去了？"尉迟恭抱怨地说。

　　"听人说，他好像在开封一带出现过！"程咬金说。

　　"大家都留点心，一旦有了魏徵的下落，就赶快引来见本王。"

　　朝廷中，此时受李渊信任和重用者，大多是多年追随李渊左右的故吏旧友如裴寂、萧瑀、陈叔达和隋朝旧臣封德彝等。真正掌握大权者，除李渊外，当属太子李建成和秦王李世民。

　　李建成在长安辅佐李渊处理军国大事，李世民领兵在外征战，平定割据势力，功劳巨大，威望甚高。

李建成是长子，已立为太子，是皇位的继承人。

李世民是次子，有战功，也有野心，加之他富有极高的政治才能，也想当皇帝。

兄弟两为皇位暗暗较劲，且有愈演愈烈之势。双方阵线在宰相里面，裴寂、封德彝支持太子，萧瑀、陈叔达支持李世民。太子略占上风。但在人才储备上，李世民则要胜过太子一筹。

李世民平定窦建德，凯旋回京后，威望更高。李渊为了表彰李世民的战功，加封他为"天策上将"，位在王公之上，并领司徒，兼尚书令，开府置属官。李世民招揽文豪，共得一十八人，他们是：

房玄龄、杜如晦、虞世南、褚亮、姚思廉、李玄道、蔡允恭、薛收、薛元敬、颜相时、苏勖、于志宁、苏世长、李守素、陆德明、孔颖达、盖文达、许敬宗。

十八学士分成三班，轮流值馆，李世民只要有闲暇，便到馆同他们讨论文籍，彻夜不倦。历史上说的十八学士登瀛洲，便出自此典。

李世民疯狂地收罗人才，气势咄咄逼人，给李建成带来巨大压力，迫使他也格外地注意物色和收罗人才。恰在此时，一个重要的人物进入他的视线，他就是那个两年前奉旨安抚山东的秘书丞魏徵。

这一天，魏徵从明德门进入长安城，徘徊于朱雀街上，不知何去何从。自武德二年请命安抚山东至今，时隔两年有余，在此期间，他虽然助秦王李世民收降了尉迟恭，劝李世勣、元宝藏归顺了大唐，但其后很长一段时间内，他成为窦建德的俘虏，同大唐失去了联系，不知李渊是否还记得他这个去山东安抚的秘书丞。正在徘徊之际，恰巧李建成从朱雀门经过，李建成眼尖，一眼就看到了魏徵，老远就喊："那不是魏徵吗？"

魏徵见太子主动同自己打招呼，忙上前答道："魏徵见过太子！"

"父皇常念叨，怎么魏徵安抚山东，一去就是两年，你可是有功于大唐啊！"

"说来惭愧，真是一言难尽呀！太子还能记得魏徵，魏徵已知足了。"

"此处不是说话的地方，跟我回宫去吧！"

魏徵此时虽然落魄，但不糊涂，他对形势作了冷静的分析，决定还是追随太子。做此选择，理由有三：李渊年事已高，皇权易位将是不久之事，李建成已立为太子,是皇权的当然继承人,此其一;李世民手下虽骁将如云、谋士如林,但东宫与齐王府已联合,再加上李渊倾向于太子,两相比较,李世民仍处于劣势,此其二;李世民手下网罗有很多人才,自己身份卑微,实在难入李世民的法眼。此其三。

其实,他哪里知道,李世民也在到处打听他的下落,欲将其收为己用。

魏徵出身于封建士大夫家庭,自幼受到传统儒家思想的熏陶,他所认定的伦理道德是君君、臣臣、父父、子子。李建成是嫡长,立为太子,如果不出现大错,太子之位不会易主。擅言废立,是取祸之源,这是古代帝王谁都不敢轻易僭越的一道坎,李渊也不例外。尽管两年前他给李建成测过字,隐而未言的结果是难有出头之日,但他认为那只是碰巧而已,不足为凭。于是,魏徵决定跟了太子,身不由己地卷入了唐朝最高权力斗争的漩涡之中。

这场斗争,于武德四年(621年)正式拉开序幕。

魏徵进入东宫,李建成立即封他为太子洗马,主管东宫的经籍图书。

太子洗马是东宫属官,隶属于司经局,从五品。地位虽不高,但魏徵却已满足,对太子心存感激之情。何况自己位卑言轻,又是从敌对阵营中投降之人,能有讨价还价的余地吗?但他深信,凭自己的能力,一定会创造出机会。

他开始兢兢业业地做好自己的本职工作,将太子的所有图书分门别类地整理好,随时等候太子阅读和查询。很短的时间内,东宫图书馆便焕然一新。李建成喜欢上了这个窗明几净的图书馆,更喜欢上图书馆主人渊涵睿智的风度和深刻明智的谈吐。魏徵自知自己地位卑微,在太子面前没有说话的余地,他总是时刻调节好自己的心态,全身心地接待这位日理万机而又常常忧心忡忡的皇太子,随时准备回答他提出的问题。

李建成逐渐意识到,图书馆的新主人满腹经纶,博古通今,老成持重,思路严谨,学识渊博,总能够圆满地解答他提出的问题,他来图书馆看书,很多时候只是一个借口,真实意图是想向魏徵请教一些操纵时局的应对之策。每当此时,他总要巧妙地使用一些借口来掩饰他的真实意图,魏徵也故意装聋作哑,但解答却又极详极尽。一个特定的环境、一个突发的事件,打破了彼此之间的沉静。

武德五年(622年),窦建德的旧部刘黑闼卷土重来,攻城掠寨,很快攻占了定州、瀛州、洺州等地。半年之间，尽复窦建德原先的地盘。十月，齐王李元吉出兵河北，被刘黑闼打得大败而归。

魏徵敏锐地观察到时局的变化。

这一天，李建成同中舍人王珪一同来到图书馆，魏徵选择一个机会，适时进言道："太子殿下，魏徵有一言，不知当讲不当讲？"

"魏先生有话尽管说，何时变得如此客气？"

"殿下以嫡长居东宫为太子，既无为人所称道的功绩，又没有得到好的声望，秦王驰骋疆场，战绩显赫，威震四海，德布八方，实乃人心所向，殿下为何仍泰然处之？"

太子叹了口气道："我能怎么样，二弟手下，文有房玄龄、杜如晦等谋士，武有秦琼、程咬金、尉迟恭、李世勣、李靖等猛将，我呢？谁能助我？"

"太子殿下不可灭自家的志气，长他人的威风，眼下就有一个大好机会，就看太子殿下是否能抓得住！"

"什么机会，魏先生请讲！"

"窦建德残部刘黑闼卷土重来，齐王兵败河北，可有此事？"

"朝野上下都在议论，路人皆知。"

"刘黑闼是残兵败将，所率之众不足万人，加之粮草运输不畅，军队又是遭受重创后仓促集结，没有得到及时的休整，实在不堪一击，大军一到，必一击而溃，甚至有可能不战而擒。此乃天赐良机，机不可失，时不再来，殿下若请命出兵河北，讨伐刘黑闼，可获事半功倍之效。且还可乘机广结天下豪杰，团结山东英俊。"魏徵一口气说出了他对时局的分析。

王珪附和道："魏徵所言有理，太子殿下不可坐失良机。"

李建成果然被魏徵的说辞所动，拍案而起道："好，先生此计甚妙，我马上进宫，当面向父皇请缨。"

李渊准了李建成之请，并命他为陕东道大行台及山东道行军元帅，河南、河北诸州均受其节制，以齐王元吉为副帅，率兵三万，出兵河北征讨刘黑闼，魏徵也一同前往。

李建成所率三万唐兵同刘黑闼之军在洺水展开决战，情况正如魏徵所料，刘黑闼的部队由于军纪涣散，加之军粮供应不济，李建成一战而胜，生擒刘黑闼，

第08章 太子府幕僚

俘敌数千，李建成问魏徵："经此一战，山东局势稳定了吗？"

魏徵回答道："前破刘黑闼，魁首都悬名处死，妻儿老小都成了俘虏，虽有赦令，但杀戮太甚。刘黑闼之军，多为河北、山东子弟，经此一战，死伤惨重。唐军虽胜，却在河北、山东百姓心中埋下仇恨种子，侥幸活下来的残贼，仍然会啸集山林，同大唐作对，这也是窦建德败后，刘黑闼能振臂一呼，万众响应的原因。在这样的情况下，河北、山东还能安定吗？"

"如之奈何？"李建成问道。

魏徵说："唐军与刘黑闼在洺水一战，是以武力屈人之兵，殿下若想使河北、山东从此安定，必当屈人之心，而非屈人之兵！"

李建成点点头，表示赞同。

魏徵继续说："自隋末以来，战祸连年，民不聊生，百姓厌战情绪甚浓，都想有一个安定的生活环境。殿下要很好地利用人心思安的心理，释放所有俘虏，动之以情，晓之以理，缓解河北、山东民众的敌对情绪，这样才能使两地真正安定下来。此乃釜底抽薪之计。"

李建成采纳了魏徵的意见，释放了所有在押俘虏，并好言抚慰。百姓欣喜若狂，奔走相告。李建成没费多大工夫，便平定了河北，使唐朝在河北、山东一带的统治稳定下来。

洺水大捷的战报传到京城，朝野震动。李建成班师回朝之日，李渊命文武百官出春明门十里长亭迎接，李建成的声望陡增。

数日后，有人报秦王李世民，说太子请命出征河北，战后的战俘处置，都是东宫太子洗马魏徵一手策划的。

秦琼、李世勣等惊呼："怎么？魏徵去了东宫？"

秦王叹道："魏徵果然是奇才，可惜被太子捷足先登，不能为我所用。"

有诗为证：

太子平庸踏征程，魏徵献策稳贼心。
纵横谋略收奇效，羡煞秦王李世民。

第09章 宫闱乱

李渊晚年迷恋女色，在众多内宠之中，有张、尹二妃是从隋炀帝晋阳宫内入侍的二姝，这两个女人娇柔善媚，甚得李渊喜爱。张婕妤生子李元方，封周王，尹德妃生子李元亨，封酆王。李建成、李元吉谄媚妃嫔，平时经常给她们赠送一些礼品，特别是对尹、张二妃，更是曲意奉承，彼此之间的关系，也有些暧昧，这是唐朝深宫的隐秘。

李世民不屑内交，就是在路上遇到二妃，也不过一揖而已。所以宫禁里都夸赞建成、元吉为人和善，无人提及李世民。

这一天，李建成提一个大锦盒出东宫，前往父皇的寝宫，德妃的贴身宫女莲儿站在宫门口东张西望，太子上前悄悄地问道："父皇在吗？"

宫女回答："皇上在太极殿同群臣议事！"

"德妃娘娘在吗？"

"德妃娘娘在寝宫等候太子殿下！"

"你在此等候，若皇上回来，立即入内禀报，不得有误！"太子径直入宫去了。

"德妃娘娘，太子来了！"

德妃闻声一阵狂喜，不露声色地对身旁的宫女道："翠儿，你出去一下，本宫与太子有话要说！"

翠儿知趣地退出德妃的寝室，顺手将门带上。建成走近德妃，将手中的锦盒放在梳妆台上，一边拆锦盒的包装，一边说："德妃娘娘，看建成给你带来了什么！"

德妃满面春风地来到建成的身边，凑过来察看，满头青丝贴近建成的脸。

建成刚揭开锦盒,忽觉脸上痒痒的,一阵幽香夹杂着只有女人才有的体香扑面而来,一时有些心猿意马起来。

德妃见满盒的珠光宝气,惊喜地叫道:"哇!好漂亮呀!"

"娘娘戴上这些珠宝,更是光彩照人!"建成随手从盒中取出一枚龙凤呈祥的玉簪,"来,建成替娘娘戴上。"

德妃顺从地靠近建成,建成将手中的玉簪插在德妃的秀发上,退后一步,痴迷地端详着。德妃撒娇地说:"才几天未见呀?不认识了?"

建成猛然上前搂住德妃,嘴巴贴近德妃的耳朵,温柔地说:"你今天好美呀!"

德妃抿嘴一笑道:"你们男人都是一样的,看到漂亮女人,就像猫见到了鱼。"

建成抱起德妃走向睡榻:"看我这只猫今天怎样吃了你这条鱼!"

德妃嗔道:"你行吗?"

"行不行马上你就知道了!"

……

德妃理了理弄乱了的头发,扯了扯揉皱了的衣衫,喘息未定地说:"太子爷,今后这里要少来,免得给人留下话柄!"

建成气喘吁吁地道:"听说父皇欲废东宫、立秦王,有这回事吗?"

"皇上曾亲口对秦王说过此话,不过近来好像又没有提了,有消息我一定会通知太子殿下,你再到张婕妤那里去打听一下,看皇上在她那里有没有说过太子废立之事。"

"张婕妤那里自有元吉联络,只是你这里一定要盯紧些,找机会多在父皇耳边吹吹风,保得我的太子之位,也就保得你以后的荣华富贵。"

长安城东门外十里,有个地方叫马连池,马连池山清水秀,风土宜人,那里的土地,都是上等良田,特别是靠近山脚的数十顷土地,更是上等中的上等,因淮安王李神通战功卓著,秦王李世民将这片土地赏给了他。不知什么时候,张婕妤的父亲也看上了这片土地,特地进宫向女儿提起这件事,要女儿请求皇上将这片土地赏给他。张妃以为这只是小事一桩,叫父亲回去等消息。

这一天,李渊退朝回到寝宫,张婕妤亲自上前替他宽衣解带,挂好衣冠后,又将李渊拉到长躺椅上坐下,顺势偎依在李渊的怀里,撒娇地说:"皇上日夜操劳。可得注意龙体哟!"

老态龙钟的李渊伸手抱住温情脉脉的爱妃，忍不住亲了一口："知道了！"

张婕妤乘机道："皇上！"

"嗯！"

"臣妾有件事求您！"

"什么事？"

"长安城东门外十里的马连池，有数十顷良田，求您赐给臣妾的父亲吧！"

李渊不知道李世民已将这片地赏给了淮安王，随口答道："不就是几顷土地吗？朕赐给你就是了！"

张婕妤赶紧叫宫女拿来文房四宝，侍候李渊当场写下手诏。张婕妤欢天喜地收好手诏，屏退宫女，重新倒在李渊的怀中……

张婕妤的父亲拿着李渊的手诏找淮安王李神通索田，李神通怒斥道："这片土地乃是秦王赏给本王的，怎么能转让给你？"

"这可是皇上的手诏，你敢抗旨不成？"张婕妤的父亲扬了扬手中的圣旨。

"你算什么东西？竟敢以圣旨来压本王，本王在战场上冲锋陷阵的时候，你在哪里？"李神通也不是省油的灯。

"你敢轻蔑我，我要到皇上面前去告你！"张婕妤的父亲气急败坏地说。

"别以为你女儿得宠，你就能一手遮天。"

张婕妤的父亲拿着皇上手诏没要到土地，消息很快传进宫里，张婕妤在皇上面前又哭又闹，说马连池那片土地，是皇上赐给她的，秦王抢走了那片地，赏给了淮安王李神通，难道秦王之命高于皇上之圣旨吗？

"朕不是给了你手诏吗？"李渊不解地问。

"淮安王连皇上的手诏都不看，还出言侮辱臣妾之父。"张婕妤哭着说，"皇上，你可要替臣妾做主呀！"

李渊听罢大怒，立即传召李世民，大声吼道："马连池那片土地，是朕亲自下诏赐给张婕妤的父亲，你为何要将其夺走转赏给他人，难道朕的手谕还不及你一句话吗？"

李世民申辩道："父皇，赏赐有功之臣，儿臣有专处权，那片土地，儿臣早就赏给淮安王李神通，怎么能收回来再转赏他人？于情于理不合呀！"

李渊对身边的大臣裴寂道："世民长期典兵在外，已为儒生所误，今日之儿，已非昔时之子，朕的手诏，成了一纸空文。"

裴寂说道："淮安王是皇族，又有战功，况且他受赏在先，这件事怨不得秦王，臣恳请陛下成全秦王，另选一块地赐给张妃之父吧！"

李渊知道，淮安王李神通在战场上出生入死，战功显赫，不是一盏省油的灯，如果惹恼了他，到时恐怕不好收场，只好快快地说："看来也只好如此了！"

尹阿鼠是尹德妃的父亲，住在长安城安兴坊，他仗着女儿之势，恣意横行，街坊邻居畏之如虎。尹阿鼠扬言，他家是贵人之家，文武百官从他的门前经过，坐轿的要下轿，骑马的要下马，否则就是对贵妃娘娘不敬。虽然朝廷并没有这样的规定，但大家都想多一事不如少一事，懒得同他计较，每次从他家门口经过，都是坐轿的要下轿，骑马的要下马。时间一长，尹阿鼠竟然认为这就是规矩了。

这一天，秦王府幕僚杜如晦从安兴坊经过，由于在思考问题，走到尹阿鼠门前忘了下马，正好被尹阿鼠的几个恶仆看见，他们一拥而上，将杜如晦从马上拽下来痛打一顿。杜如晦被打得遍体鳞伤，右手的两根手指被打折了。

尹阿鼠得知杜如晦是秦王的幕僚，怕事情闹大了不好收场，连忙进宫找女儿。德妃埋怨道："有些事也该检点些，何必惹这些麻烦呢？"

"事已至此，女儿，你就帮帮父亲吧！"

"您赶快回家去，装成重伤卧床不起，一口咬定是杜如晦先动手打你，我再找皇上说理去。"尹德妃送走了父亲，立即吩咐宫女到宫门候着，皇上过来马上告诉她。

过了一会，李渊果然来了。

尹德妃立即坐下来，掏出手拍，一把鼻涕一把泪地大哭起来。李渊刚走进寝宫，听到德妃的哭声，赶忙过来问道："爱妃，何事哭得如此伤心，谁欺负你了？"

"皇上，打狗还得看主人呀！您要给臣妾做主啊！"

"别哭了，到底是怎么回事？"

"臣妾的父亲被人打伤了，卧床不起了，他可是国丈呀！"

李渊见尹德妃哭得如此伤心，不由火冒三丈，大声问："谁有这么大的胆子，竟然连国丈也敢打？"

"杜如晦！"尹德妃抽泣着说。

"杜如晦？"李渊问道，"杜如晦是谁？"

"秦王府的幕僚！"

"又是秦王？"李渊大声叫道，"来人，传秦王进见！"

李世民不知发生了什么事，慌里慌张地赶进宫，气还没有喘过来，李渊就大声责问："世民，你也越来越不像话了，竟然纵使手下人打伤德妃娘娘的父亲，欺凌朕爱妃的家人。"

"父皇，不是这么回事！"

"怎么不是这么回事，难道朕冤枉你不成？"

"这中间有些误会，责任在德妃娘家的家奴，不在杜如晦！"

"怎么？你还要为杜如晦辩护？朕命你亲自带杜如晦登门赔礼道歉！"

"父皇……"李世民痛苦地叫道。

尹德妃害怕秦王追究他娘家家奴打人的责任，故意恶人先告状，见目的已经达到，怕激起李世民的反抗而弄巧成拙，见好就收地说："皇上，登门致歉就免了吧！只要下不为例就行了。"

"还不快谢谢德妃娘娘！"

李世民忍气吞声地说："谢过德妃娘娘！"

"退下吧！"李渊手一挥，"以后好好地约束属下，别再惹朕生气！"

"儿臣遵旨！"李世民负屈地退下。

这一天，李渊在太极宫宴请诸王，他与建成、世民、元吉坐一席，各位小王爷坐一席，众嫔妃坐一席。李渊对各位皇子说："为父自太原起兵以来，沙场征战多年，创立大唐李家王朝，今天设家宴，就是要享受儿孙满堂的天伦之乐，大家不必拘谨！"

建成、世民、元吉先后站起来给李渊敬酒。李渊非常高兴，另一席上的几个小王不懂这些礼节，见父皇发了话，拿起筷子，专挑自己喜欢吃的菜抢着吃。

李渊见这群童抢食的情景，微笑着说："不要抢哟，慢慢吃嘛！"

嫔妃席中，以尹德妃、张婕妤最得圣宠，也属她们两人最活跃，时而离席向李渊敬酒，时而到小王席中去关照几声。

李世民见眼前情景，想到母后早逝，未能享受如此天伦之乐，一声叹息，情不自禁地眼泪就快流出来了，连忙掏出手帕，擦了擦眼睛。

李渊发现了这个细微动作，关心地问："世民，哪里不舒服？"

"没有！"

"为何伤怀？"

"孩儿突然想起母后，故而伤怀。"

尹德妃发现这边有异，早在留神细听，见皇上脸露不愉之色，连忙端起酒杯过来："秦王殿下，今天皇上高兴，何必要提伤感的事情呢？皇上，臣妾敬您一杯，祝皇上龙马精神，万寿无疆！"

李渊勉强喝了此杯，但兴头再也提不起来了，恰在此时，尹德妃的儿子元亨吃饱喝足之后也跑过来凑热闹，他双手捧着一杯酒走过来："父皇，儿臣也来敬您一杯！"

李渊看到乳臭未干的元亨前来敬酒，且又是尹德妃所出，爱屋及乌，笑着说："敬酒可得有个说法！"

"祝父皇福如东海，寿比南山！"

"好，这杯酒朕喝了！"

"父皇！"元亨接着说，"儿臣有个请求！"

李渊饶有兴趣地问："什么事？"

"请父皇不要废黜太子哥哥！"

此言一出，犹如一枚重磅炸弹投在一湖静水之中，在场的人全都愣住了。

太子建成同秦王世民正在为皇位明争暗斗，李渊为此事举棋不定，这是一个朝野皆知的事情，谁也不敢去捅这个马蜂窝。元亨不懂事，在此时说出这样一个敏感的话题，谁能不惊？

建成瞪着一双大眼，呆呆地看着父皇；世民装着什么也没有听见，若无其事地东张西望；元吉迫切地看着父皇，好像要听父皇马上说出来；李渊身为皇帝，却真的不知如何回答才好。

尹德妃一看事情要坏，飞快地向建成瞟了一眼，装做不高兴的样子对儿子元亨说："小孩子家，不要乱说话！"转过来又撒娇地对皇上道，"皇上，童言无忌，喝酒吧！"

李渊站起来，端起酒杯呷了一口，起身离席而去。

寝宫内，尹德妃、张婕妤围在李渊左右，她们见皇上余怒未息，张婕妤一边给皇上捶背，一边说："陛下赐家宴以享天伦之乐，秦王也是故意捣乱，早不哭，迟不哭，偏偏在这个时候掉眼泪，到底是什么意思呀？"

"还是建成懂事，总能迎合圣意，仁爱之心溢于言表。元亨是个小孩子，本不该在那种场合提太子废立之事，尽管时间不宜，地点不宜，但童言无忌，说的却是真心话。皇上万年之后，东宫慈爱仁德，必能照顾好我们，如果秦王得志，我们将会成为异类。"德妃说到这里，不由悲从心来，挤出了几滴眼泪。

张婕妤也跟着流泪，她们的悲伤，一半是担心皇上真的废了太子，他们失去了靠山，一半是故意做给李渊看，想以此打消皇上废立太子的念头。

李渊见两位宠妃如此伤心，也不由一阵黯然，宽慰地说："别伤心了，朕不考虑东宫废立之事，行了吧？"

尹德妃、张婕妤破涕为笑，一左一右依偎在皇上的怀里。

后人有诗叹二妃：

二姝妖媚惑君心，屡进谗言助建成。
欲图日后有福享，岂知天意不由人。

第10章 一条妙计

皇上不考虑废立之事的消息,很快就传到李建成耳里,尽管不用担心太子之位不保,但秦王的存在,总是一个威胁,他招集齐王李元吉及谋士中舍人王珪、太子洗马魏徵等人商量对策。

魏徵道:"殿下东宫之位虽暂时无忧,但秦王战功显赫,声望确实盖过太子殿下,朝野拥戴秦王者为数不少,殿下绝不能掉以轻心。"

"言之有理,以你之见,该如何处之?"李建成问道。

"釜底抽薪。"魏徵建议道。

"何为釜底抽薪?"齐王元吉不解地问。

"秦王之所以能屡建奇功,是因为文有房玄龄、杜如晦等谋士,武有尉迟恭、秦琼、程咬金、侯君集等骁将。釜底抽薪,就是削弱秦王府的实力,瓦解秦王府。这是第一步。"魏徵解释道。

"好!此计甚妙。"李建成击案而起道,"第二步又该如何?"

"擒贼先擒王,以绝后患。"魏徵果断地一挥手。

李元吉说:"秦王府的智囊团中,最重要的是房玄龄、杜如晦,如果将这两个人赶出了秦王府,世民定会乱了方寸。秦王府的武将中,以尉迟恭、程咬金、秦琼这几个人最厉害,要瓦解秦王府的阵容,要想办法除掉这几个人。"

经过密商,他们制定了一个釜底抽薪的具体计划。

一辆马车驶出皇城,车上载几口大箱子,箱子以铜皮包角,闪闪发亮,显得十分富丽,几名士兵手持兵刃紧跟其后。不难看出,车上装的是贵重物资。马车驶进大宁坊,在尉迟恭的宅邸前停住,一个押车的中年人对门前的家人说:"请通报尉迟将军,说有客来访。"

尉迟恭听了家人的报告，问道："什么人？"

"他们没有表明身份，只说有客来访。"家人回答。

"那就请他们进来吧！"尉迟恭说道。

"在下李志安，东宫千牛将军，受太子殿下所托，特来拜访尉迟将军。"来人递上一封信函，"这是太子殿下的信函，请将军过目。"

"本将军同太子素无来往，不知太子殿下派你来有何贵干，信就不看了，有事直说吧！"尉迟恭并没有接信。

李志安略一愣神，微笑着说："太子殿下素闻将军勇武，希望同将军结个布衣之交，并叫在下送来一车金银珠宝，略表寸意。"

尉迟恭不假思索地说："我出身微贱，天下丧乱之时，久陷逆地，秦王收留了我，并委以重任。知遇之恩，涌泉相报。至于太子殿下，敬德是无功不受禄，何必有此重赐？敬德若私许太子殿下，便是身怀二心，见利忘忠弃义之徒。如此之人，太子殿下恐怕也要看不起了。阁下还是原物带回吧！"

李志安见尉迟恭说得如此决绝，尴尬地告辞而去。

秦王府内，李世民问长孙无忌："房玄龄、杜如晦、尉迟恭，他们人呢？"

"不知道。"长孙无忌回答。

"派人去找一下，有事相商，叫他们速来秦王府。"李世民的话音刚落，门外传来尉迟恭的叫声："气死我了！气死我了！"

李世民问道："敬德，何事如此生气？"

"太子殿下竟然派李志安给我送来一车金银财宝，说是要和我结布衣之交。你说气人不气人？"尉迟恭哇哇直叫。

"敬德之心，坚如山岳，即使将金子堆积高至北斗，你也不会动心。其实，送来了，收下又何妨，不要有什么顾虑。你这次没有收，太子绝不会善罢甘休。"李世民看了大家一眼说，"看来，东宫又要出花样了。"

门外又传来程咬金的声音："我当秦王府的左三统军当得好好的，为何要我去做那个鸟康州刺史？秦王殿下，你不要我了？"

"咬金，怎么回事？大喊大叫的？"李世民问道。

程咬金正在回答，突然圣旨又到了：勒令房玄龄、杜如晦退出秦王府，以后不得与秦王府有任何瓜葛，违者以谋反罪论处。

这等于是将房玄龄、杜如晦、程咬金三人逐出秦王府。

李世民脸色凝重地说："山雨欲来风满楼啊！"

长孙无忌是李世民的内兄，他与房玄龄私交颇深，得知房玄龄被逐出秦王府后，对妹婿的处境很担忧，却又帮不上忙。这一天，他亲自去拜访房玄龄，想听听他对形势的看法。

房玄龄说："东宫与秦王府的矛盾已深，祸乱一触即发，你是秦王至亲，要劝秦王早作打算。"

"如何劝？"

"为周公礼，保全家国。"房玄龄看了长孙无忌一眼："存亡安危，正在今日。"

"我也有此意，只是不敢披露。"长孙无忌附和地说。

长孙无忌将房玄龄的话转告给李世民，李世民只是点点头，没有明确表态。

李建成的釜底抽薪计划初战告捷，擒贼先擒王的阴谋也在按部就班地进行。他私下将长安恶少二千余人召集起来，充实到东宫卫士队伍中去，驻扎在东宫长林门，号称"长林兵"。这群长安恶少假借太子的名义，在京城耀武扬威，横冲直撞，将长安城闹得鸡犬不宁，百姓见长林兵如见虎狼。建成又秘密派遣左虞侯可达志到幽州招募三百名突厥骑兵进驻东宫，密谋策划突袭秦王府。

东宫突然进驻三百名突厥骑兵，这不是一件小事，想不让外人知道，是一件很难的事情。有人将这件事密奏与李渊。

李渊大惊失色，急召建成入宫，责问他可达志带三百突厥骑兵进驻东宫是怎么回事。

李建成不以为然地说："正常的军事布防，父皇不必多虑！"

"什么？不必多虑？"李渊怒气冲冲地说，"朕再不多虑，京城就要被你闹翻天了。"

"父皇，儿臣确实没有做越轨的事情啊！"

"还敢说没有做越轨之事，长林门的长林兵是怎么回事？"

"父皇，那是别有用心的人，在父皇面前诬陷儿臣！"

"你是嫡长，理所当然位居东宫，只要你做事检点，还怕别人诬陷吗？"李渊越说越气。

"儿臣知道，但树欲静而风不止，儿臣又有什么办法？"建成狡辩地说。

李渊摇摇头："看来你真的不理解朕的一片苦心了，来人！"

一名近侍连忙上前答道："奴才在！"

"传朕的旨意，削去可达志一切职务，流放关外，永不调用！"

"父皇！"建成发出一声哀求。

"这件事到此为止，如果再说情，别怪朕不念父子之情。下去吧！"

李建成图谋突袭秦王府的事情败露后，不但毫无悔改之意，反而抓紧策划一个更大的阴谋。

华阴杨文幹素来凶残，李建成对他却另眼相看，提拔他为庆州总管，并密令杨文幹招募有作战经验的兵士送到京师，以备后用。

武德七年（624年）夏，李渊驾临仁智宫，命李世民与李元吉同行，留李建成在长安监国。

李建成认为这是一个大好机会，召李元吉到东宫密议，盼咐李元吉多带一些奇珍异宝，趁陪同父皇驾临仁智宫的机会，馈赠给众嫔妃，笼络她们，让她们在父皇身边探听消息。

"这件事好办！"李元吉拍着胸膛说。

"父皇与秦王同临仁智宫，是千载难逢的良机。"李建成做了一个砍头手势，"咔！明白吗？"

"尹德妃、张婕妤如何处置？"

李建成想了想道："玉石俱焚，留之不得！"

李元吉淫笑道："尹德妃乃天生尤物，殿下舍得下手吗？"

"你是舍不得张婕妤吧？"李建成回敬了一句。

太子与齐王在书屋的密谋，隔墙有人在听，这个人就是太子洗马魏徵。

魏徵偶出办事返回书屋，刚来到门口，听到太子同齐王在里面，犹豫了一下，恰在此时，太子与元吉的淫猥之言传入他的耳中，魏徵听到这里，不由从头凉到脚。他认为，太子与秦王之争，是天下之争，自古以来都是这样，无可厚非，而刚才听到的，则是儿子与父皇的嫔妃淫乱，这是乱伦。尽管他没有看到李建成用手做砍刀砍头的手势，但他预料，太子与齐王密谋，一定是要对谁下手，不由一惊，难道是要弑君不成？魏徵万万没有想到，太子与齐王竟然是这种大逆不道之人。难怪太子求测前程，写了一个"宴"字，形成难有出头之"日"之势，难道真是天数，想想他是名正言顺的太子，不说建什么丰功伟绩，只要他能洁身自好，就能顺理成章地继承皇位，之所以难有出头之日，原来是他自己的心魔作怪。天作孽，犹可恕，自作孽，不可活。这样无德无才的卑鄙无耻之徒，岂能君临天下？魏徵想到这里，悄然退出，内心已萌生退意。

李建成又密令郎将朱焕、校尉桥公山、庆州总管杨文幹秘密起兵，准备偷袭仁智宫。

朱焕等人知道，这次出兵，成功了，就是一步登天，失败了，就得入地狱。他们内心都很惧怕，走到豳州，事情已逐渐暴露。有个叫杜凤的宁州人，担心事情败露后会灭九族，骑快马赶至仁智宫，声称有紧急军情，请求面见李渊。

李渊在议事厅召见了杜凤。

杜凤进厅之后，跪伏于地，急促地说："皇上，郎将朱焕、校尉桥公山、庆州总管杨文幹起兵叛乱，带领数千精兵已逼近仁智宫。"

李渊闻言，脸色大变，大声问左右："杨文幹等人，是谁的部属？"

李世民说："杨文幹是太子的亲信！"

李元吉在一旁暗暗叫苦。只听高祖道："秦王听旨！"

"儿臣恭聆圣谕！"

"仁智宫的安全由你负责！"

"遵旨！"秦王退出议事厅，紧急调动御林军布防。

"司农卿宇文颖听旨！"

"臣恭聆圣谕！"宇文颖连忙跪下听旨。

"你火速赶到军前，召杨文幹等人入宫见朕。"

"臣遵旨！"宇文颖退出议事厅。

"笔墨侍候。"近侍连忙备好文房四宝，李渊提笔亲书手诏，写完后交给近侍道，"传太子建成来见！"

李渊作了这番安排后，才对近侍说："带杜凤到偏厅休息，待后听赏。"

李渊没有安排李元吉，他觉得杨文幹等人起兵叛乱，建成恐怕脱离不了干系，元吉唯太子马首是瞻，是否牵涉其中还说不定，由于有了这层顾虑，对李元吉便视而不见。

　　李元吉见父皇没有指派他什么任务，紧跟在宇文颖身后出了议事厅，赶上一步道："宇文大人，请留步！"

　　"齐王有何吩咐？"

　　"宇文大人请随我来，借一步说话。"

　　李元吉将宇文颖带到住所客厅，叫左右看茶，然后对宇文颖道："宇文大人稍坐片刻，本王去去就来！"

　　李元吉出了客厅，进入另一间偏房，草书了一封信函，叫来一名心腹道："快，骑快马送给杨文幹。"

　　他从偏房出来的时候，手里多了一个锦盒，笑着对宇文颖道："让宇文大人久等了。"

　　宇文颖有些坐不住了，站起来道："不知齐王叫卑职来有何事，卑职有圣旨在身，不能耽搁太久。"

　　李元吉将锦盒放在宇文颖面前道："些许薄礼，请宇文大人笑纳！"

　　宇文颖慌忙推辞道："有何差遣，齐王只管吩咐，卑职愿效犬马之劳，这些东西绝不能受！"

　　"宇文大人如果不受，就是拒本王于千里之外，本王还敢劳烦大人吗？"李元吉说这话的时候，虽然是笑容满面，实则是绵里藏针，要挟之意溢于言表。

　　宇文颖能听不出来吗？他敢不受吗？明知道这是一颗毒药，却还得满怀感激地咽下去，只好强装笑脸地说："那卑职就恭敬不如从命了！"

　　"宇文大人准备如何传旨？"

　　"齐王的意思是？……"

　　"杨文幹绝非谋反之人，此事恐怕有误会，大人前去，可安抚之，并告知，仁智宫绝非善地，有来无回，绝不可贸然应召，送肉上砧板哟！"

　　"卑职知道如何做了。"

　　"事成之后，太子殿下不会亏待你。"

　　杨文幹在钦差宇文颖到来之前，已接到李元吉的心腹送来的密信，知道此次行动被人告发，随后，宇文颖又带来李元吉的授意。杨文幹公然扯起反旗，同大唐为敌。

后人有诗一首,咏叹太子弑君:

太子谋逆欲弑父,齐王幕后又使奸。
图谋篡位情何急,留下憾事在人间。

第 11 章 李世民死里逃生

李建成虽身在长安，对仁智宫的情况却了如指掌，因为李元吉随时会派人将那里发生的事情告诉他。杨文幹行藏败露后，知道大势已去，李渊的手诏传至东宫，他已成了惊弓之鸟，惊慌得连接圣旨的勇气都没有，更不敢赴仁智宫。

幕僚师蓉劝道："既然事已败露，不如破釜沉舟，举兵起事，长林兵都是一些亡命之徒，上了战场，人人都是以一当十的勇士，天策兵也都是精兵强将，成功的机会很大。如果赴仁智宫，恐怕就凶多吉少了。"

詹事赵弘智却说区区长林兵，不是御林军和秦王铁骑的对手，莽撞行事，无异于以卵击石，他建议李建成前往仁智宫负荆请罪。虎毒不食子，去了一定不会有危险。

李建成采纳了赵弘智的谏言，轻车简从赶往仁智宫，不待通报，径入谒见李渊，跪地不起，叩头请死。

"逆子！"李渊怒斥道，"竟敢一而再、再而三地图谋不轨，是可忍，孰不可忍？来人，将这个逆子囚禁于暗室，派兵守卫，任何人也不许见。"

李渊处置完李建成，又接到杨文幹公然扯起反旗，攻陷宁州的消息，大惊失色，连夜率兵急奔十余里，逃至山中躲了一夜，天明后才返回仁智宫，问计于李世民。

李世民回答说："杨文幹，小人也，不足为虑，儿臣愿亲率兵马赴宁州讨伐此贼，必可一战而擒。"

"事涉建成，恐牵涉者众，叫朕如何是好啊！"李渊悲怆地说。

"待儿臣平定宁州之乱后，再从长计议。"李世民安慰道，"父皇也不必过于悲伤。"

"平定叛乱后,朕将立你为太子,入主东宫。"李渊伤心地说,"朕也不能效仿隋文帝诛杀亲生骨肉,废建成太子之位,封为蜀王,西蜀是个偏僻的地方,容易控制,如果仍然滋事生非,到时你也好应付。"

"谢父皇!如没有其他旨意,儿臣出征去了!"

李渊手一挥:"去吧!"

李世民辞出之后,表面上虽不露声色,内心却是乐开了花。东宫之位他觊觎已久,只是无从谋夺,现在建成自乱阵脚,给了他这个机会,想到班师之日,即是入主东宫之时,不由心花怒放,信心倍增。立即全身披挂,带领众将,亲自到校场点兵。

李世民率领三万铁骑,浩浩荡荡杀奔宁州,此时杨文幹的属下,也知道事情的真相,他们可不愿追随杨文幹反叛朝廷,于是反水杀死杨文幹。秦王铁骑刚到宁州,众将士便带着杨文幹首级,打开城门投降了。

李世民命令大军在城外安营,率千余名精兵进城拘拿宇文颖,并派人快马驰报长安,然后休兵三日,将宇文颖打进囚车,班师回朝。

李世民出征宁州,李元吉也没有闲着,他先是发动尹德妃、张婕妤等嫔妃向皇上说情,后又重贿左仆射裴寂、中书令封德彝,请他们劝说皇上不要废李建成的东宫之位。

封德彝本是隋朝佞臣,一张嘴能说会道,三言两语,竟然说得李渊回心转意,重新下诏召回李建成,复居东宫。将仁智宫谋反的惊天大案,说成是他们兄弟之间不相容,并归责于建成的下属太子中允王珪、左卫率韦挺、天策兵曹杜淹,将这几个人贬往西蜀的巂州。

在这次行动中,魏徵由于萌生退意,没有参与其事,躲过一劫。

李世民班师回朝之后,李渊对许诺易储之事只字不提。李世民知道情况发生了变化,却也无可奈何。

李建成虽然逃过一劫,重新入主东宫,但内心并无悔意,反而变本加厉,筹划更大的阴谋。

这一天,他来到司经局,问魏徵:"听说先生颇通岐黄之术,可有其事?"

"略知皮毛而已!"魏徵谦虚地说。

"是否有种药，能使人服后不致立死，但也活不过三天？"

"太子殿下所求之药，不能说有，也不能说无。"魏徵并没有给出肯定的答复。

"这又是为何？"李建成反问道。

魏徵解释说："天地万物，呈金、木、土、水、火五种属性，称之为五行，五行之间，既相生，也相克。相生，含有互相滋生、促进、助长之意，如木生火，火生土，土生金，金生水，水生木；相克，则含有互相制约、克制、抑制之意，如木克土，土克水，水克火，火克金，金克木，循环不断，生生不息。中药不同品种之间的关系有如五行的金、木、水、火、土，既相生，也相克，同样也是循环不断，生生不息。"

李建成问道："能配制成我说的那种药吗？"

"当然可以！"

李建成说："请先生速配一剂如何？"

"恕属下直言，此等药方不能传入他人之手，否则将贻害无穷。"

李建成说："既然如此，请您亲自配制一剂总该行吧？"

"剂量如何？"魏徵反问道。

"能调配几杯酒即可。"

魏徵一身便装来到长安城最大的药房百草林，走近柜台，递过药方说："掌柜的，配一剂药，碾粉末。"

药房掌柜接过药方看了一下道："此方相克生剧毒，没弄错吧？"

"知道！"魏徵说，"照单配药就是了。"

药房掌柜亲自照单配好药，又用铜钵将药碾粉末，包好后递过来，魏徵打开药包看了看，想了想："掌柜的，巴豆碾成末，同这剂药的颜色差不多吧？"

药房掌柜答道："颜色略浅些！"

"好！"魏徵说，"再配一副剂量相同的巴豆，碾粉末，包好即可！"

药房掌柜又按魏徵的要求，重新配了同剂量的巴豆，将铜钵抹干净，将巴豆碾成末，包好递过来。魏徵付了钱，提着药包，离开百草林。

李元吉亲自给秦王府送请柬，请秦王东宫赴宴，并说作陪的还有淮安王李神通。

第 11 章　李世民死里逃生

太子站在院子里冲着魏徵问："叫你配的药呢？"

"配好了。"

"拿来吧！"李建成补了一句，"快点。"

魏徵穿过长廊，在转角处碰到李元吉匆匆而来，随口问了一句："齐王，为何行色匆匆？"

"太子今晚要宴请贵客！"李元吉边走边回答。

"请客？"魏徵笑问道，"请谁呀？要齐王亲自跑前跑后！"

"秦王，还有淮安王。"李元吉说完，人已去远了。

魏徵听罢大吃一惊，原来毒药是给秦王准备的。过去，他也曾建议太子擒贼先擒王，除掉李世民，但自从那次无意间听到太子与齐王的谈话之后，他觉得太子与齐王二人心肠太狠，对太子能否成为一代明君心存怀疑。今天的宴会又将他推到一个十字路口。想到宴会，不由又想起太子问测之事。太子怎么总是与"宴"字有缘呢？难道他真是一个难有出头之日的"宴"字吗？如果真是这样，太子之位就另有其人了？这个人是谁，秦王？自己配药毒杀秦王，岂不是助纣为虐、逆天而行？魏徵犹豫了，直到取药的时候，还没有拿定主意。突然，他想到毒药出手的结局：如果毒杀了秦王，皇上一定要追查，以太子的为人，一定会将责任推到自己身上，说自己是毒杀秦王的凶手，自己将会成为替罪羊；如果秦王没有死，太子一定会说配药无效，误了他的大事。凭太子残忍的个性，一定不会放过自己。也就是说，无论结果如何，自己都难逃一死。想到这里，他毅然决然地将毒药放回原处，取出巴豆装进怀里。刚出门，齐王元吉迎面而来："魏徵，太子叫你拿的东西呢？"

"在这里！"魏徵将一包巴豆递上。

李元吉接过药包，转身就走。

魏徵知道没自己的事了，重新返回图书馆，站在屋中间，环视了一下这里面的一切。这里曾经是他的梦，他在这里为太子运筹帷幄，出谋划策，然而，命运总是在捉弄他，原以为自己找到了归宿，现在却又不得不离去。他将桌子上的几本书重新放回书架，将半掩的几扇柜门关好，取出文房四宝，匆匆地写了一封信放在桌子上，带上他自己的东西，出了东宫，消失在夜色之中。

东宫内，酒宴正酣，李建成殷勤地给李世民劝酒，他提起酒壶向自己的酒杯斟酒，壶嘴里只滴了几滴便干了，连忙喊道："添酒！"

有人应声从后面用托盘托着一壶酒上来，李建成接过酒壶，看了元吉一眼。元吉暗暗点点头。李建成先将自己的酒杯斟满，再把淮安王李神通面前的酒杯斟满，斟满李世民的酒杯后，准备敬酒。李元吉站起来说："慢！"

"怎么样？"李建成问道。

"二哥杯中的酒没有斟满！"

"我不善饮，不能再加了！"李世民推辞说。

李神通也帮助解围："秦王素不善饮，我看到此为止吧！"

李元吉伸手端起李世民面前的酒杯，一饮而尽，然后说："杯中之酒我替你喝干，再斟满行吧？"

李建成在李元吉喝酒的时候，很隐蔽地将酒壶盖子转了转。

原来，这是一个双层酒壶，外表看不出任何破绽，里面却是一壶装的两样酒，控制开关就在壶盖上，壶盖的把手对着壶嘴，出的是一种酒，将壶盖向右一转，壶盖把手的侧面对着壶嘴，倒出来的又是另外一种酒。当然，除了李建成和李元吉，谁也不知这个秘密。李建成给秦王斟满酒后，放下酒壶，端起酒杯道："最后一杯，干！"

"好，干！"李元吉带头一饮而尽。

李世民、李神通见此情境，只得端起酒杯，喝干了杯中酒。

李建成问道："二弟，还要点什么吗？"

李世民略显醉态地说："什么都不要，就是想睡觉！"

李建成冲着李元吉说："四弟，送二哥回府。"

"不必了，本王顺路送秦王回府。"李神通说。

"那就有劳叔父了！"李建成顺水推舟。

李世民在李神通的搀扶下回到秦王府，先是喉中作痒，后来竟然吐血数升，继而心胸绞痛，腹泻不止。想是药铺磨药之时，先前的毒药未曾去尽，后再磨巴豆，毒药、巴豆一起发作了。

李渊听说李世民在东宫饮酒回府后吐血、腹泻，先是敕文，说秦王不能饮酒，责备李建成不该请他喝酒。然后亲自到秦王府探视。

李世民免不了一番呜咽陈词，诉说被李建成所害。

"为父自晋阳起兵而得天下，你的功劳最大，本想立你为东宫之主，你当时固辞不受，这才立建成为太子，现在立储已久，不忍再变，但你们兄弟总是不能相容，同在京师，积怨已深，实在难以共处。"李渊想了想说，"这样吧，你去东都洛阳执大行台职，陕州以东，归你管辖，建天子旌旗，行梁孝王故事。"

李世民听罢泣诉道："此非儿臣所愿，儿臣实不愿远行，愿侍候在父皇身边。"

李渊劝说道："陆贾是大汉大臣，也曾轮流到几个儿子那里去居住，何况父皇已得天下，管辖东都、西京两个都城，朕如果思念你，可以到那里去和你相聚，何必如此悲伤呢？"

李世民泣诉道："儿臣不愿远离父皇。"

"这是权宜之计，你就顺了父皇之意吧！免得骨肉相残。"

李世民勉强受命，休养数日之后，病势渐愈，便召集僚属，整顿行装，专等明诏一到，即行陛辞启程。不料等了十几天，却没有任何消息。

原来，李建成听说李世民将要到洛阳去，心里非常不安，私下对李元吉说："秦王如果去了洛阳，得土地、军队，大权在握，如虎添翼，恐怕更难控制，实是放虎归山。如果将其留在京师，手上没有兵马，仅一匹夫而已，除去他也就不难。"

"太子殿下的意思是？……"李元吉问道。

李建成阴森地说："阻止秦王东去洛阳。"

寝宫里，尹德妃依偎在李渊怀里，有意无意地问："臣妾听皇上要命秦王东去洛阳，可有其事？"

李渊回答说："朕正有此意。"

"为什么要这样呢？"尹德妃反问道。

"朕能得天下，世民功劳第一，将洛阳赏给他，是对他的奖赏。"其实他真正目的是为了避免两个儿子互相残杀。

尹德妃惊讶地说："难怪外面谣言不断，原来真有其事！"

"你听到了什么？"李渊警觉起来。

"听说秦王自恃功高，不甘居太子之下，常有夺嫡之念。"

李渊专注地看着尹德妃，一言不发。

尹德妃继续说道："听说秦王手下那些人得知秦王赴东都，高兴得欢呼雀跃。"

"这又是为何呢？"

"秦王手下的兵将多是河南、山东人,听说回归故里,谁能不高兴?秦王此一去,恐怕不会再回来了。"

"这……"李渊似乎若有所思。

尹德妃体贴地说:"皇上要三思啊!"

李渊也是昏庸老迈,竟然被尹德妃的几句谗言所惑,将亲口许诺秦王镇守洛阳的话抛到九霄云外,诏书终究没有发出去。

后人有诗咏讽李渊:

轻率许诺屡食言,秦王受抑心失衡。
他日宫廷生剧变,昏庸李渊乃祸因。

第 12 章　大变局

李世民东宫赴宴中毒而归，秦王府上下一片震惊，由于智慧团的核心人物房玄龄、杜如晦被逐出秦王府，却没有人能拿出良策应对这种紧急情况。

李世民静养数天后，乘小轿夜至长孙无忌的府邸，秘密召见房玄龄、杜如晦，商议应对之策。

房玄龄态度鲜明地说："国家患难，古今相同，不是睿智圣明之主，就不能安辑祸乱。秦王您功盖天地，威镇寰宇，掌握着国家的命运，请早作决断。"

李世民仍然是犹豫不决。

房玄龄接着说："秦王如果不忍痛下杀手，那就退而求其次。"

"何为求其次？"

"静观其变，以静制动，以不变应万变。"

"杜如晦，你的意思呢？"

杜如晦道："我同意房玄龄的意见。"

李世民点点头："那就这么办吧！"

李建成见毒酒没有药死李世民，不知问题出在哪里，看了魏徵留下的信后，才知道是魏徵捣鬼，立即派人去追杀魏徵，可魏徵已不知去向。

恰在此时，北方边境突然传来警讯，突厥兵挥师南下，侵扰乌城。李建成得此警讯，眉头一皱，一条毒计又冒了出来。连夜进见李渊，奏称突厥犯界，边境告急，朝廷应立即发兵拒敌。

"派谁领兵出征为好？"李渊征询李建成的意见。

李建成不假思索地说："派齐王领兵出征，定能解此危难。"

"秦王府骁将众多，还是派秦王去的好。"李渊不赞成建成的意见。

"秦王近来身体不适，还是派齐王去，至于战将，请父皇下令，调秦王府的尉迟恭、秦琼、程咬金随军听调，这样一来，就可保万无一失了。"

李渊想了想，同意了李建成的建议。

"儿臣还有一事要奏。"

"什么事？"

"出师之日，在昆明湖为齐王饯行，以壮军威。"

"好！"李渊爽快地说，"朕率文武百官亲赴昆明湖，为齐王饯行。"

"这次突厥犯境，并非十万火急，就不劳父皇大驾了。由儿臣代劳，请秦王作陪就可以了。"李建成看了李渊一眼，问道，"父皇，您看如何？"

"好，就这样定了。"

"秦王殿下，突厥犯境，太子举荐齐王率兵出征，其中恐有阴谋！"长孙无忌说。

"有什么阴谋？"李世民问道。

"齐王出兵，为何要调秦王府的将佐？这不是釜底抽薪吗？"

"齐王出兵，为何要调征秦王府的人？"尉迟恭大叫着进来了。

李世民解释说："秦王府的将军，也是朝廷的将军，皇上下令遣将，说明秦王府的将军都是能征惯战之士，上阵不可或缺，出兵抗敌，是保家卫国，不是替齐王打仗，有什么不可以？"

"齐王出兵，调走了秦王府的战将，秦王身边就没有了帮手，听说出兵之日，还要请秦王赴昆明湖为齐王饯行，宴无好宴，秦王孤身涉险，可要三思啊！"尉迟恭着急地说。

"事情没有那么严重吧？文武百官都在场，难道太子真的敢下杀手？"李世民仍然不相信尉迟恭的话。

长孙无忌说："尉迟将军所虑不假，秦王如果不迅速采取行动，万一有所不测，社稷危矣。"

李世民叹道："危亡之机也是有目共睹，我虽然被猜忌，祸在须臾，但同胞之情不能忘，即使要动手，也让太子先动手，然后再以义讨之，你们以为如何？"

尉迟恭急了，顾不得礼仪，大声说："世人谁不怕死？但大家都以死效力秦王，这是上天的恩赐啊！大祸眼看就要发生，秦王却安然不以为忧，纵使不看重自己的身家性命，可社稷的存亡总不能不放在心上吧？秦王如果不采纳敬德的建议,敬德情愿逃亡荒野,落草为寇,不愿留在这里束手就擒,任人宰割。"

长孙无忌也说:"秦王如果不采纳敬德的建议,必败无疑。不仅敬德要离开秦王,我也要随他而去,不能为秦王效力了。"

李世民深深地叹了口气,摆摆手说:"二位莫急,我的意见也不可全弃,请你们再考虑考虑。"

尉迟恭大声说:"秦王今天处事如此犹豫不决,不是明智之举。况秦王府的八百勇士,全都已集合在府中,披坚执锐,刀出鞘,箭上弦,势在必行。秦王能够制止他们吗?"

李世民走出门,果然听到前院人声嘈杂,知道部将们已经集合了兵马,只等一声令下,即可上阵搏杀。其实,李世民并不是不想干、不敢干,而是欲擒故纵,要激起众人的义愤,以达到众志成城的目的。同时,他身边这些人,要么是文弱书生,要么是赳赳武夫,没有房玄龄、杜如晦在身边,心中也没有底。他重回屋内,对大家说:"以前带兵打仗,每一战,我都要听听房玄龄、杜如晦的意见,现在他们不在,我心里没底啊!"

正在这时,卫士来报,说外面有个自称王晊的人求见秦王。

李世民立即叫带到偏厅。原来,王晊是李世民安排在东宫的线人。

李世民进入偏厅不久,便急匆匆返回来,满脸怒容地说:"太子准备动手了。"

"何时、何地、如何动手?"长孙无忌紧张地问。

"昆明湖,为齐王饯行的时候下手。事成之后,太子进宫求内禅,然后立齐王为太弟。"李世民愤愤地说。

长孙无忌急促地说:"先发制人,后发制于人。二者必居其一,请秦王快作决断。"

李世民叹道:"骨肉相残,古今大恶,我也知道祸在旦夕之间,但还是想等他们先动手,然后再仗义出讨,这样才师出有名。"

尉迟恭赌气地说:"秦王如果不听我们的劝告,就请放我走。"

"敬德走了,我也不会独留。"长孙无忌与尉迟恭一唱一和。

"别急!"李世民摆摆手说,"让我静一静,好好想想。"

尉迟恭、长孙无忌看了李世民一眼,悄悄地退了出去。

李世民目送二人出门,心里格外烦躁,他知道太子与齐王在朝廷的党羽众多,父皇又明显地偏袒他们,如今他们步步紧逼,处处想置自己于死地,已被逼到了死角，如果不采取行动，非但自己身败名裂，死无葬身之地，妻子儿女、秦王府的众僚属也都要遭殃。先发制人，即使成功了，也要落个杀兄屠弟的恶名而遭世人非议，垂千古恶名。思来想去，进退两难。此时的他，特别想念房玄龄、杜如晦，房玄龄谋事谨密，杜如晦明敏果断，如果二人在，一定会为他设计一个周密的方案。他感觉很无助，头昏脑涨，只得再召集秦王府的幕僚一起商量。

长孙无忌率先发表意见："齐王凶恶乖张，终不会事奉太子。听人说，护军薛实曾对齐王说：'大王的名字，合起来可成为一个唐字，看来大王终究是要主持大唐的社稷。'齐王回答说：'只要除去秦王，取东宫易如反掌。'齐王与太子阴谋还没有成功，就有了取而代之的野心。这样的人，什么事他不敢做呢！秦王贤能，怎么能为信守平常人的节操，而丢掉国家大计呢！"

李世民仍然没有做出决定。

长孙无忌问道："秦王以为虞舜是什么样的人呢？"

李世民说："圣人！"

"假如虞舜在疏浚水井时，没有躲过父、弟在上面填土的毒手，早已化为井中之泥土；假如他在涂饰粮仓时，没有逃过父、弟在下面放火的毒手，早已化为粮仓之灰烬，还怎么能够使自己泽被天下，法传后世呢！虞舜在遭到父亲用小棍棒笞打时，便忍受下来，在遭到父亲用大棍棒笞打时，他便逃跑了，这恐怕是因为虞舜心里所想的是大事啊！秦王既知舜为圣人，为何又不能权宜从事呢？"

李世民对大家说："且卜一龟卦，看天意如何。"

有人取来龟壳，正准备起手占卜，门外突然响起了急促的脚步声，左武候长史张公谨直接闯了进来，上前一步，夺过占卜者手中的龟壳，弃之于地，大声说："古人有言：'有疑而卜'，卜筮之事乃为决嫌疑，定犹豫，今天之事，已是箭在弦上，不得不发，岂能以占卜定命运？如果占卜不吉利，难道就此罢手不成？"

"事情真的到了如此地步吗？"李世民问道。

张公谨着急地说："不但要行，且要快，再迟就晚了！"

李世民沉思了一会儿，一挥手，终于下定决心，命长孙无忌速召房玄龄、杜如晦来府议事。

长孙无忌来到房玄龄的府邸，正好杜如晦也在这里，二人见了长孙无忌，不约而同地问："秦王主意如何？"

"还是犹豫不决,秦王叫我来请二位进宫议事。"

房玄龄脸上露出失望之色:"皇上敕令,我们二人不得再侍奉秦王,现在私自去谒见秦王,犯的是死罪,必引来杀身之祸。请你禀报秦王,我们不敢奉命。"

"房玄龄、杜如晦难道要背叛我吗?"李世民听长孙无忌回报后大怒,摘下佩刀交给尉迟恭:"你带上佩刀去请他们,如果他们执意不来,砍下他们的人头来见我。"

房玄龄、杜如晦刚来到长孙无忌府门口,大门早已洞开,两人也不说话,直接进去,见到长孙无忌,紧张地问:"深夜相召,情况有了变化?"

"秦王意已决,准备采取行动,命你们二人火速前往秦王府议事,不得有误。"长孙无忌果断地说。

尉迟恭抖了抖手中的佩刀:"如果抗命不遵,杀无赦!"

"皇上有旨,我们不得擅入秦王府,这便如何是好?再者,四人一路同行,也会惹人注意。"房玄龄沉默了一下,决定化装进宫。

房玄龄、杜如晦二人换了一身道士服装,与长孙无忌一同进入秦王府,尉迟恭单独绕道回秦王府。

房玄龄进入秦王府,见了李世民,迫不及待地说:"秦王,事急矣,如果再不采取行动,社稷必危,周公圣人,岂无情于骨肉?但为社稷计,请秦王要大义灭亲。当断不断,反受其乱,自古以来,这样的事例还少吗?"

"秦王,当断不断,反受其乱呀!"杜如晦补了一句。

房玄龄见李世民还在犹豫,大声说:"秦王如果不听我等之语,我们就没有必要留在这里了,请秦王放我们走。"

"欲成大事,不可有妇人之仁。我等追随秦王,是认为秦王有王者之心,天命所归,如果再举棋不定,就冷了人心。"李世勣在旁边补了一句。

"你们真的要陷本王于不仁不义吗?"李世民冷静地看着大家。

"秦王所说的仁,是妇人之仁,实不足取。众位将军出生入死,追随秦王,都盼望秦王能位登九五,搏个封妻荫子的出身,如果再迟疑下去,必将任人屠戮了,请秦王三思。"杜如晦诚恳地说。

"好,先发制人。"李世民毅然决然地说,"大家坐下来,研究一下具体的方案吧！"

武德九年（626年）六月初三，金星再次白天出现在天空正南方的午位。太史令傅奕向李渊密奏："金星出现在秦地的分野上，这是秦王应拥有天下的征兆。"

李渊刚看完傅奕的奏章，李世民恰好进来了，他将傅奕的密奏递给李世民。李世民请屏去左右，轻声说道："父皇，儿臣得到密报，虽难以启口，却不得不说！"

李渊紧张地问："何事？"

"建成、元吉欲行不轨。"

"有这等事？"李渊大惊失色，一下子瘫坐在龙椅之上。

李世民哭着说："齐王出征突厥，是建成所荐，他们欲借饯行之机，密谋在昆明池对儿臣痛下杀手。恐还有不臣之心，请父皇明察！"

李渊咬牙切齿地道："朕明日召见他们两人，一定要穷究此事，如果属实，将严惩不贷。"

李世民应声而退，立即于半夜调兵，命长孙无忌等带领，埋伏在玄武门。

李世民向李渊密奏之时，张婕妤正躲在屏风后偷听，李世民退出后，张婕妤立即派人向李建成传递了消息。

李建成接到张婕妤的密报，急召李元吉到东宫商议对策。李元吉说："明日入朝，恐有不测，不如托病不去。"

李建成道："我们内有妃嫔暗通消息，外又掌控着御林军，秦王虽强，恐也无计可施，还是进宫谒见，乘机探听消息。"

"那就披挂入朝，命令长林兵随后接应，以防万一。"

六月四日，一大早，李渊将裴寂、萧瑀、陈叔达等人召集到太极殿，他要三人对六面，查证李世民所奏的事情是真是假。

李建成、李元吉并驾齐驱，走到临湖殿，听说皇上已召集裴寂、萧瑀、陈叔达、封德彝、宇文士及、窦诞等人临朝会审，知道情况很严重，不由大骇。突然，他们又觉得今天的临湖殿很怪异，静悄悄的，四周连个人影也没有。李建成勒住马，果断地对元吉说："快，勒转马头，退回去。"

两人刚勒转马头，准备向东返回东宫和齐王府，忽然"嘭"的一声响，玄武门的两扇大门突然关闭，知道中了埋伏，正在惊讶之际，忽听有人叫道："太子、齐王,为何不上朝?"

李元吉回头一看,说话的正是李世民。他知道已经面临生死关头,也不答话,从箭囊中取出弓箭,向李世民连射三箭,无奈内心恐慌,手忙脚乱,三箭都失了准头,最后一箭竟被李世民接住。李世民也取弓搭箭,大声地叫:"太子殿下看箭!"

李建成毫无防备,"嗖"的一声,铁箭正中咽喉,李建成一声惨叫,倒在马下。

李元吉顾不得李建成,拍马向门口冲去,不想尉迟恭挡住了去路,勒马返回,又同随后追赶的李世民撞个正着,两人一齐坠落马下。他伸手抢夺李世民手中的弓箭,突见尉迟恭跃马赶到,慌忙撒手,拔腿就跑。

尉迟恭张弓搭箭,大叫一声:"齐王看箭!"一箭中的,元吉当即倒地身亡。尉迟恭上前枭下首级,再到李建成的尸体旁,将首级枭下。忽然,玄武门外人声鼎沸,料知有变。

玄武门外围满了东宫、齐王府的人马,领头的是薛万彻、谢叔方、冯立,他们杀死了屯营将军,正准备攻打玄武门。恰在此时,秦王府的数百骑兵士赶到了。

尉迟恭跑上城楼,提着李建成、李元吉的首级大叫:"太子、齐王谋反,今已奉诏诛之,尔等如果继续违抗,视同谋反,格杀勿论!"

东宫、齐王府的人见到两颗血淋淋的首级,又听到尉迟恭的喊话,心惊胆战,发一声喊,顿时作鸟兽散。

李渊将裴寂、萧瑀、陈叔达、封德彝、宇文士及、颜师古等人召太极殿,见三个儿子久等不到,以为他们害怕来朝,乐得不管,匆匆宣布退朝,留裴寂、萧瑀、陈叔达、封德彝等待命朝堂,自己带上嫔妃到御苑海池中划船去了。

玄武门,李家三兄弟杀得天翻地覆,御苑海池中,李渊划船寻乐,玩得不亦乐乎。

李世民命尉迟恭进宫保护皇上,敬德擐甲持槊来到海池边。

李渊见尉迟恭全副披挂,惊问:"今日是谁作乱?你到这里来干什么?"

尉迟恭站在岸上,大声回答:"太子、齐王作乱,秦王举兵平乱,秦王担心惊了圣驾,特命臣前来护驾。"

李渊知道不是杀他的,心才安稳下来,命龙船泊岸。这时,裴寂、萧瑀、陈叔达等人也闻讯赶到了。李渊问道："太子和齐王在哪里？"

"太子、齐王在此。"尉迟恭将两颗血淋淋的人头丢到地上。

李渊见是两个儿子的头颅，失声痛哭，对裴寂说道："原以为他们兄弟不过是堂下之争，谁知今日竟刀兵相见，这该如何是好啊？"

裴寂也惊骇得说不出话来。

萧瑀和陈叔达说："太子、齐王，自太原起兵以来，未曾立有寸功，一个立为储君，一个封了王爵，不闻有何功德，反而要离间骨肉，以至祸起萧墙。秦王功盖天下，内外归心，为陛下计，请陛下立秦王为太子，委以军国大事。"

李渊见已成定局，只得顺水推舟地说："朕也有此意！"

尉迟恭说："陛下既有此意，请速降手敕，命军兵并受秦王节制。"

李渊对宇文士及说："士及，你速去拟诏，待朕还宫后再行发落。"

宇文士及领命而去，李渊带着众嫔妃，乘辇还宫去了。

后人有诗咏道：

尺布可缝谷可舂，如何兄弟不相容。
骨肉相残谁之过？皆因李渊太昏庸。

第13章　李世民渎伦

武德九年（626年）六月六日，玄武门巨变后的第三天，李渊临朝，命尉迟恭宣秦王觐见。

李世民进宫，伏地哭诉道："父皇，太子、齐王叛乱，为乱军所杀，儿臣不孝，没有保住他们的性命，致使父皇承受丧子之痛。"

李渊抚慰道："建成、元吉胆敢作乱，自是死有余辜，不过事关天家骨肉，朕也是悲痛万分啊！"

李世民道："这次祸乱，皆建成、元吉二人所起，请父皇下诏，赦免其他人无罪。"

李渊于是命宇文士及草诏，东上阁门，向天下宣布诏敕："凶逆大罪，仅建成、元吉二人，其余人等，一律赦免，概不追究。"

李渊大赦天下之后，册立李世民为皇太子，节制天下兵马，国事庶事，都交皇太子决断。

这个诏令下达之后，李世民虽然没有受禅，但已在行使皇帝的职权了。为示区别，此后历史上称原太子李建成为隐太子。

李世民入主东宫后，查出庐江王李瑗曾与隐太子李建成密通书信，于是命通事舍人崔敦礼，驰驿召李瑗进京对簿公堂。

李瑗是太祖的孙子，高祖李渊之从弟，例封王爵。崔敦礼到幽州见李瑗，只说是促令入朝，没有说是对簿公堂。李瑗做贼心虚，又受将军王君廓的怂恿，拘禁了崔敦礼，公然起兵反唐。

王君廓又借讨贼除恶之名，捕杀了李瑗，从牢中放出崔敦礼，将李瑗的首级送到京师。

朝廷下诏，升王君廓为幽州都督。

其实，王君廓怂恿李瑗反唐使的是阴招，李瑗真的反唐后，他却又借平乱之名，杀了李瑗，向朝廷邀功请赏。

李世民下令，凡牵涉到隐太子建成、齐王元吉、庐江王李瑗的人，不准讦告，违令反坐。如此广布恩泽，对政局自然会起到稳定作用。

李世民执掌东宫，发生了一件趣事，也算是唐朝一桩秽史。

杨氏是李元吉的妃子，年方二九，生得体态柔媚，面如出水芙蓉，腰似迎风细柳，在唐室王妃中，杨妃最美艳。杨氏平时同秦王妃长孙氏相处得不错，李元吉谋害李世民，她也曾暗中劝阻，只是李元吉不听劝告。李元吉被诛后，李世民斩草除根，将隐太子及元吉的几个儿子赶尽杀绝，但对其他人却不予追究。故玄武门事件，对杨妃本人并无损伤。杨氏正当花信年华，且又是一个妖娆的女人，元吉没了，她孤枕独衾，倍感寂寞，幸亏长孙氏念及妯娌之情，经常邀她过来坐坐，借以消愁解闷。

一天，两妯娌正在东宫闲聊，李世民回来了，杨氏起坐相迎，李世民坐定后，杨氏突然跪在李世民面前哭诉："太子殿下，请赐臣妾一死。"

李世民猝不及防，一时无所适从，长孙氏慌忙过来劝解，偏杨氏娇啼婉转，楚楚可怜。李世民虽然是盖世英雄，到了此时，也禁不住牵动情肠，面露凄怆之色，况且看到杨氏淡妆浅抹，秀色可餐，透出一股哀艳之态，更是令人魂销魄荡。李世民急切之间，只好离座而起，叫长孙氏将她扶起来。长孙氏好不容易将杨氏搀扶起来。

李世民安慰道："王妃休得过于悲怆，齐王谋乱，理应伏法，与王妃无干，世民在一日，当保王妃一日无事，休戚与共，忧乐同享，不必过于担忧。如果闲在府邸寂寞，可以搬到东宫来住，你们妯娌之间素无嫌隙，彼此相安度日，也免得我记挂。"

听话听声，锣鼓听音，杨氏从李世民的话里，似乎听到了某种许诺，心中大定。李世民又对杨氏宽慰一通，吩咐长孙氏好好招待她，然后起身离去。

太子妃长孙氏本性温和，事翁尽孝，相夫教子，尽守妇德。听到李世民的吩咐，总道是一件好事，且平时与杨氏相处得也不错，很乐意地劝杨氏搬到东宫来。

杨氏本是一个水性杨花之人，在李世民面前求死，只是在演戏，李世民请她搬到东宫来住，心里乐不可支，表面上并没有表露出来。

李世民对杨氏发出邀请，其实是别有所图，因为他对这位娇娇滴滴、袅袅婷婷的弟媳妇有了好感，特地安排人收拾一间净室给她居住，室内应用之物，都是他亲手安排，又密拨几名心腹侍女侍候。平日无事，李世民总要到杨氏卧室中闲聊，一来二去，渐渐地就不避嫌疑，引得耳鬓厮磨，两情入彀，侍候的宫女都是知情识意，在他们眉来眼去之时，也故意凑趣几句，益发牵动两人的情肠。

一天，夜已深，杨氏已经就寝，忽有宫女来报："太子驾到。"

杨氏听说太子深夜来临，又惊又喜，连忙披衣起床，双手拢了拢散乱的头发，匆匆出迎。

夜静更深，已是就寝之时，皇太子登堂入室，深宫孤女夜半迎客，其情其景，实在是令人想入非非。

杨氏满面春风地将李世民迎入卧内，由于是刚从睡榻上起来，鬓发略显零乱，一头秀发自然地披在肩上，睡眼蒙眬，实在是娇羞万分。杨氏娇滴滴地问道："殿下深夜到此，有何贵干？"

"怎么？王妃不欢迎吗？"

"哪里、哪里，妾心里正盼着太子殿下能常过来走走呢！"杨氏心里一阵慌乱。

"父皇召我侍宴，一时多饮了几杯，参议内禅事宜，此时方得脱身，一时兴起，倒想找个人聊聊，信步行来，不觉就到了这里，没有打扰你的春秋美梦吧？"李世民调侃地说。

"殿下真会开玩笑，妾身孤枕孤衾，正感寂寞，巴不得有个人说说话呢！"杨氏向李世民飞了个媚眼，满脸娇羞地说。

"啊！原来如此，寡人来此，倒可替你解解闷了。"李世民迎着杨氏火辣辣的眼光，并不回避。

"商议内禅之事，想必殿下即将位登九五，臣妾这里先恭喜了。"杨氏说到这里即跪伏称贺。

李世民趁几分酒意，伸手搀起杨氏，说道："尚未受禅，何贺之有，快快起来。"

杨氏顺势搭着李世民的手，半嗔半喜地站起来道："父皇膝下，就只有你这根独苗，不如趁早奏请父皇，禅位于你，他自己也落得个清闲。岂不是两全其美？"

"哈哈！看起来你比我还心急，别有所图吧？"李世民满脸含笑地看着杨氏。

杨氏含情脉脉地注视着李世民，略显忧伤说："我一个妇道人家，能图个什么？"

此时正为仲秋之时，皓月当空，清辉入窗，更兼银烛高照，如同白昼，在此光线下看人，更有一种迷蒙之感。

李世民注视着杨氏，但见她云鬓半卷，星眼微饧，穿一套缟素罗裳，不妆不束，越看越觉娇媚无限。

杨氏见李世民痴迷地看着自己，大胆地还之以笑。李世民抬头看看天上明月，挑逗地说："中秋将届，玉兔在辉，想嫦娥在广寒宫，定在企盼着团圆吧！"

杨氏凄婉地说："夜深人静，冷月无声，凄风瑟瑟，悲愁垂涕。"

"愁有何用？悲又何益？剪断那三千青丝，到凡尘中来。"李世民打趣地说。

"凡尘虽好，却无臣妾容身之地。"

侍奉宫女提醒道："太子殿下，王妃，怎么都站着说话呀！"

杨氏连忙歉意地说："太子殿下快坐，光顾说话，妾身倒忘了礼数。"

李世民指着夜空："王妃愿意一同赏月吗？"

侍奉宫女怂恿道："王妃不可扫了太子殿下的雅兴，厨下有现存的菜肴，我等马上去热了拿来。"

"妾身愿侍候太子殿下。"杨氏嫣然一笑，一语双关。

宫女们刚刚在临窗处摆好一乘小圆桌，厨下的菜肴便已端上，李世民率先坐在桌旁，邀杨氏入席。杨氏面有难色，宫女们推了杨氏一把道："王妃，总不能让太子一个人孤斟独饮吧？"

杨氏半推半就地坐在李世民对面的椅子上，相对而坐。侍奉宫女替二人斟上酒，两人便慢慢地品了起来。

酒为色之胆，色乃酒之媒，杨氏入席，尚有三分腼腆，及至酒过数巡，渐渐就把那羞涩之态抛在脑后，看着对面这位风流倜傥、英姿洒脱的储君，禁不住心猿意马，竟将七情六欲，一股脑儿暴露出来，此种情态，真是笔下难书。

李世民收留杨氏，要的就是这等模样，既然已勾起杨氏的情肠，他也就乐得享受，将那男子的阳刚之气充分地显露出来。

杨氏欲火中烧，要知道，元吉被诛后，她可是再未沾男人气了，且那元吉生来貌丑，怎及得风流倜傥的李世民十之一二？于是借着酒性，解开罗裳上面的两颗纽扣，故意使酥胸半露。

侍奉宫女知趣地撤去残肴，依次离去。卧室之内，只剩李世民与杨氏两人。

等到宫女们透过门缝张望，里面已是朱扉双掩，帘幕四垂，料知一对璧人，已在云雨之中，上演那龙凤配了。

这件事情如果出在百姓家，充其量不过是茶前饭后一个笑谈而已，但出在一代明君的身上，则不免就是瑕疵。放在典籍之中，就是秽史。

后人有诗咏叹李世民嫔御弟妇：

英雄好色似不讳，嫔御弟妇却不该。
堂堂一代圣贤主，渎伦伤化德甚衰。

第14章 君臣世纪之会

李世民决战玄武门,只是解决了夺取政权的问题,如何巩固政权,他心里并没有底。他要招揽人才,为即将位登九五、君临天下做好人才储备。于是下令将隐太子旧人王珪、韦珽、杜淹召回随朝听用。但他一直惦记着魏徵。玄武门之变不见太子洗马魏徵的人影,他命人四处打探,也没有魏徵的下落。

李世民派出打听消息的人回来禀报,说自隐太子设宴毒杀太子之后,魏徵就离开了东宫,至于其身在何处,谁也说不清楚。有人来报,说在慈恩寺发现了魏徵的行踪。

李世民欲亲自见识一下这个令他心仪已久的文士,换了一身便装,叫上魏徵的旧识李世勣,并令李世勣易容乔装成一个仆人。他要以一个陌生人的身份,考察一个真实的魏徵。

魏徵离开东宫,其实并未远去,人还在长安。他实在不愿放弃一生的追求而终老林泉,而是"愿事明主,进思尽忠,退思补过",干一番拯世济民的大事业。

大隐隐于朝,中隐隐于市,小隐隐于野。魏徵刚从东宫逃出,大隐没了指望,又不愿高卧东山,小隐也不是他的选择。于是,他选择了回归老本行,在慈恩寺旁摆了个卦摊,测字算卦。

李世民一身便服,李世勣脸上挂着胡须,两人悠然自得、一前一后地走出皇宫,出了朱雀门,沿着朱雀街径直向西而行,到保宁坊街道口,向左拐进入保敦巷,慈恩寺就在保敦巷。两人来到慈恩寺,站在那里东张西望,李世勣抬手一指道:"看,就在那里!"

李世民顺着手指的方向看去,慈恩寺门前广场东面靠近修政坊的拐角处,有一个卦摊，卦摊旁坐着一位四十开外的道士，尺余长的胡须垂在胸前随风飘动。秦王暗暗点点头，自语道：果然是仙风道骨。他走下阶梯，慢慢地向卦摊踱去。

魏徵虽然在东宫侍事四五年，但毕竟只是一个地位低微的管理图书的太子洗马，活动范围仅限于东宫书房，没有抛头露面的机会，虽然久闻秦王之名，其实并未谋面。

李世民踱过去，收起手中折扇，礼貌地问道："请问道长怎么称呼？"

"贫道逸尘居士，施主请坐，是测字还是问卦？"坐在卦摊旁的魏徵放下手中书，顺手将桌上的几枚制钱拨进抽屉内，起身揖首回答。

"闻道长测字问卦，神机妙算、鬼神莫测，特地前来见识见识！"李世民坐在卦摊前的凳子上，不温不火地说。

李世勣也在旁边找条凳子坐下。

"测字问卦，信则有，不信则无。"魏徵见来者出言不俗，谨慎地回答。

"道长是说，测字问卦乃江湖骗术？"李世民满脸含笑，问的话却如尖刃。

"施主此言差矣，测字问卦，乃为易学，蕴含着无穷的玄机，贫道自幼研习，也只识得冰山一角。人生于天地之间，周身透出一种无形之气，外行视而不见，内行则可通过这些无形之气，用易学原理，推知其富贵贫贱、吉凶祸福，虽不敢说一测一个准，却也十不离七八。"

"不足以信！"李世民摇摇头。

"相传孙膑求学于鬼谷子，有一天他们在山谷中对弈论道，鬼谷子见孙膑印堂发暗，面呈凶恶之气，惊异地说：'黑红之气缠于岳渎，此为珠玉陷于泥中，主身陷牢狱，恐有性命之忧。'孙膑后来果然遭难，几乎送掉了性命，最终髌骨被刳而终身残疾。"

"传说而已，不足为凭！"李世民仍然摇摇头。

"施主不是来测字问卦的，是来同贫道过不去的吧？"

李世勣同魏徵本是旧识，只是今天易容，魏徵一时未察，他见魏徵出言质问，担心弄成僵局，故意变音接口道："道长，刚才只是玩笑而已，我家主人是为测字问卦而来。"

李世民不满地看了李世勣一眼。

"施主既然是测字问卦，那就请出示一个字。"魏徵顺手推过纸、笔。

李世民右手提笔，左手在纸上抹了抹，看了魏徵刚才放入抽屉内的几枚制钱一眼，说道："道长适才将几枚制钱放入抽屉，我朝货币制度乃是'钱帛'兼行，就以'帛'字问卦吧！"话声刚落，一个大大的"帛"字跃然纸上，放下笔道，"就测这个字！"

魏徵问道："施主所问何事？"

李世民装着很轻松地说："就问前程吧！"

魏徵端详了一会，再将眼光移在李世民身上。

李世民随手潇洒地打开手中折扇，轻轻地摇起来，眼光平视着魏徵，一言不发。

魏徵面露诧异之色，接着收拾卦摊，准备离去。

"字还未测呢！为何离去？"李世勣惊异地问。

"不以真实身份见人，不测也罢。"魏徵边收拾边说。其实，从来人的气度、问测的字，魏徵已猜得来者身份，只是不想道破，借收摊之名，逼迫来者道出真实的身份。

李世民冷笑道："不能自圆其说，走为上计。"

魏徵停下手中的动作，反问道："施主真的要测？"

"当然！道长不会是担心少了卦资吧？"李世民手摇折扇，话虽不多，却有点咄咄逼人。

"普天之下，能有如此气度，以此字问测前程者，唯有一人。"魏徵说。

"谁？"李世民收起折扇，两眼逼视着魏徵。

"天下第一人！"

李世勣见魏徵说得如此透彻，迅速地向周围扫了一眼，见不远处有一个茶楼，牌匾上写着"茗馨茶楼"，伸手一指说："道长，借一步说话如何？"

魏徵收摊欲走，用的是欲擒故纵之法，要的就是借一步说话的结果，见李世勣如此说，当然是满口答应。

李世勣率先走进茗馨茶楼，对茶楼掌柜的说："掌柜的，给我一个包间！"

"好嘞！楼上天字号雅间正空着，客官楼上请！"

茶楼掌柜在前引路，李世勣跟在掌柜后面，李世民手摇折扇不紧不慢地跟在李世勣的后面，魏徵则将刚才李世民写过字的纸抓在手中，紧跟在李世民后面，一名茶房伙计顺手从茶炉里提起一壶烧沸了的开水跟上来，茶楼掌柜伸手推开天字号雅间的门，顺势移动脚步站到门边，抬手一伸："客官里面请！"

李世勣向旁边一让，李世民大大咧咧地走进天字号雅间，李世勣向魏徵做了个请的姿势:"道长请!"

魏徵也不推辞,跟在李世民的后面走了进去,李世勣跟在魏徵的后面迈步跨入,茶楼伙计提着茶壶跟进来问道:"请问客官,要什么茶叶?"

"去!我们只借个地方说话!"李世勣说。

"慢!就拿碧螺春吧!可不要陈茶!"李世民出言打断了李世勣的话,直接点了茶。

魏徵自从进了茶楼就一言不发,他正在考虑如何开口。

"道长请坐!"李世民做了个请的姿势,自己找个座位先坐了。

魏徵仍站着未动,李世勣也找位子坐下。

"客官真是识货,茗馨茶楼的碧螺春,是专门从江南采买回来的明前茶,放在地窖里恒温存放,总能保持明前新茶的一股清香之气!"伙计口里说话,手上没闲着,他麻利地摆好茶具,揭开盅盖放在茶几上,提起水壶,站在三尺开外,伸出茶壶的长嘴,正欲向杯中注水。

"等等!"李世民制止说。

"客官有何指教?"伙计不解地问。

"杯子里没有茶叶呀!"

伙计浅然一笑道:"客人有所不知,小的今天给您沏的是极品碧螺春,清明前头遍春茶,一亩茶场才采八两,忒娇嫩,沸水泡久了茶叶都溶化了,所以要先上水,后放茶叶。"伙计说完,分别向三个茶盅里注入沸水,放下水壶,拿来茶叶罐,分别向三个盅里放入一小撮茶叶,放好茶叶罐,来到李世民的身边说:"客官您看,极品碧螺春就是与众不同,茶叶经沸水浸泡,一片一片地沉入水底,再慢慢地张开,如雪花纷飞,茶汤碧绿,仿佛是早上刚从茶树上摘下来一般。"

李世民笑了笑:"到底是茶楼的伙计,说起来一套一套。"

"客官,这是茶道呀!"

"好!好!"李世民连说了两声好。

"客人还需要点什么?"

"不用了。"

魏徵见伙计出门了,随手将门推上,转身来到李世民的面前,推金山,倒玉柱地跪下,口中说道:"罪臣魏徵叩见太子殿下!"

李世民问道:"你我从未谋面,如何识破本太子的身份?"

"从您的气度,从您问测的'帛'字,罪臣知道是太子殿下驾到。"

"先生请起,坐下来说话!"李世民一抖折扇道,"为何有此之说,请道其详!"

魏徵在李世民身边的座位上坐下,将"帛"字放在茶几上说:"'帛'字,上面'白'字乃皇字头,下面'巾'字,乃帝字尾,皇头帝尾,定是皇帝大驾光临!太子殿下主掌东宫,执大唐军政大权,不日必登九五。"

魏徵说到这里,突然想起当初在终南山之时,梦中紫微星君之言。当时问真命天子是谁,他只说:"枯木逢春啊!"枯木逢春,不就是一个"秦"字吗?自己枉自测字问卦,居然连"枯木逢春"则为"秦"字也没有想到,太子原先是秦王,这"枯木逢春"不就暗藏一个"秦"字吗?想到这里,不由自言自语地叹道:"原来一切都是天意。"

"什么天意?"李世民问。

"贫道当年在终南山修道时,梦中曾问紫微星君,真命天子是谁,紫微星君说'枯木逢春','枯木逢春'是个'秦'字,任何测字者都能看出来,太子殿下本为秦王,'枯木逢春'不是太子殿下又是谁?"

"啊!"李世民惊叹。

魏徵接着说:"紫微星君当时还留给贫道四句谒语。"

李世民问道:"什么谒语?"

魏徵随口念道:

玄武一变定乾坤,贞观盛世显太平。
谏诤方能保国昌,莫做忠臣做良臣。

李世民道:"作何解释?"

"玄武一变定乾坤,贞观盛世显太平。"魏徵感叹地说,"玄武门之变,乃是天意,太子殿下将来一定能开创一个太平盛世。"

李世民听说玄武门之变乃是天意,心里的那种犯罪感似乎减了一分。

李世勣听到这里,笑着问道:"道友寻觅数年,明主是否找到了?"

魏徵听到李世勣的声音,猛然惊觉:"李世勣,原来是你?"

"不是我又能是谁?"李世勣揭去脸上的化装,哈哈大笑道,"咱们的事以后再说,接着你刚才的话说。"

魏徵接着说:"臣不识秦王,不知秦王有真命天子之相,但建成非主掌天下之人,却早有预知。"

"你给建成看过相?"李世民问道。

"武德二年,臣替他测过字。"

"结果如何?"李世民问。

"他以'宴'字问测,宴字上为'官'字头,下为'安'字尾,'官'字头自不用说,贫道测他为官家中人,安字尾的'安'字,则是帝都长安,帝都长安的官家人,定与皇室有所牵连,故此,臣就断定他乃皇室中人。"

"那又为何说他非真命天子?"李世民问。

"别忘了,'宴'字中间有'日'字,日被宝盖头盖住,乃永无出头之'日',太子永无出头之日,还能成为天子吗?"

"啊……天意使然!"李世民想到李建成并非真命天子,其玄武门之变后的负罪感又减了一分。后人有诗叹李世民此时之心情:

宫廷政变骨肉残,杀兄屠弟罪孽深。
惊闻魏徵道天意,负罪心理减二分。

魏徵轻声问道:"东宫设宴,殿下所饮之酒味道如何?"

李世民警觉地问:"酒中之毒是你所为?"

"如果换成砒霜,你说结果又怎样?"魏徵不正面回答。

"你是说?……"

魏徵轻描淡写地说:"太子本来叫臣为秦王配制三日即亡的毒药,臣也真的配好了,但臣临时又将毒药换成了巴豆,臣知道此事过后,东宫已无臣立身之地,留信一封,辞他而去,流落江湖。"

"寡人倒要谢道长的救命之恩了!"李世民站起来一揖。

魏徵谦恭地说:"臣为的是大唐社稷,不必言谢。"

李世民突然话锋一转:"魏徵,寡人虽读书不多,尚记得《论语》曾子有言:'吾日三省吾身,为人谋而不忠乎?'你身为隐太子谋士,到底是忠还是不忠?"

"殿下提曾子,一定知道曾子之师孔丘是鲁国人,孔丘周游列国,以图实现自己的理想,若要言忠,是不是孔丘呆在鲁国才能算忠?"

李世民心里暗暗吃惊，魏徵果然博古通今，能言善辩，心里对魏徵之爱意增了一分，略一思索，继续问道："如此说来，君臣之间岂不是什么也不存在了吗？"

"孟子说：'民为贵，社稷次之，君为轻。'春秋时齐国宰相管仲也说过：忠于社稷，高于忠于君王，社稷若亡，臣可以死，社稷若在，而只是君王死，无非只是难过而已。"

"隐太子已亡，你作何想？"李世民逼问道。

"隐太子已亡，但大唐社稷还在。春秋时齐侯曾问过晏子，怎样才能算是忠臣。晏子回答：社稷有难，君王出逃，臣不能跟着走。齐侯问：臣接受君王的封地、爵位、俸禄，危难之时，怎么如此报君恩，这算忠臣吗？晏子回答：君王若听忠言，社稷怎会危难？君王怎会出逃？不听忠言的君王，何必跟着他去死呢？"

李世民怒斥道："你的忠言，就是离间我们兄弟之情，劝说隐太子杀了我？"

李世勣听到此话，不由一阵紧张，害怕李世民一怒之下杀了魏徵。

魏徵从容答道："殿下与隐太子争，天下不得安宁，社稷不得稳定，为天下计，为社稷计，隐太子与殿下恐怕只有一人能活在世上。当初隐太子若能听从魏徵之言，不会有今日之祸。此所谓谋事在人，成事在天。从前管仲为公子纠臣，曾射中齐桓公带钩，各为其主，何必有此一问？"

李世民逼问道："建成被诛，你竟然还留在长安城，不怕死吗？"

魏徵不卑不亢地说："臣留在长安城，为的是做要社稷之臣。"

魏徵此番话，同《出关》诗中"纵横计不就，慷慨志犹存"之句如出一辙，抒发了他怀才不遇的感慨。

李世民虽心有所动，但仍然还想试一试："设若我只重用忠于我的忠臣，你将如何？"

"魏徵本来就没有打算要做太子的忠臣。"魏徵的回答更是出乎李世民的意料。

李世勣忍不住制止道："魏徵，你不想活了？"

"人生在世，谁不惜命？我当然想活。"

"既然如此，为何又不做忠臣？"李世民反问道。

魏徵回答道："自古治天下，靠的是良臣而非忠臣，尤其是当今，更需良臣治国。若无才，只守本分而尽愚忠，此非魏徵所为。"

李世民此时并不信任魏徵，但却觉得魏徵无私无畏，是个有肝胆、有气节的忠直之士。若对他不加诛责，好言慰之，收为己用，一定是一个不可多得的人才。释其罪，给以出路，还能向天下人展示我李世民的胸怀和气度。想到这里，他起身对魏徵说道："念你忠直坦荡，又非首恶，寡人不杀你，并任命你为东宫詹事府主簿。"

后人有诗叹李世民、魏徵君臣初会：

太子屈尊揽人才，茗馨茶楼访魏徵。
今朝大度释旧怨，他日朝堂添诤臣。

第15章 出使安抚河北

魏徵本是隐太子建成的旧属,玄武门之变后,乃是阙下待罪之人,李世民宽宏大度,不计前嫌,不但没有追究他的罪责,而且还委以东宫詹事府主簿之职,这虽然是个不到七品的小官,比在李建成手下的太子洗马之职还降了两级,但这毕竟是由李世民的政敌而变为同志,在性质上发生了根本变化。这一年,魏徵四十七岁。这是他人生的转折点。此后,他作为李世民的臣子,勤勤恳恳,兢兢业业,鞠躬尽瘁,将他的经天纬地之才,无私地奉献给一代圣君,辅佐李世民,缔造了一个大唐帝国的盛世王朝。

天下初定,政局未稳,李世民虽为此事纠心,却又一时苦无良策。魏徵属意纵横,是个大局观很强的人,他很清楚地看到朝廷政局潜伏着危机。但此时的他,如同当初在瓦岗寨一样,地位卑微,没有资格参加东宫朝政大事的决策,甚至连进言的机会也没有,他要寻找机会,使自己的想法达于上听。

这一天,李世民一个人坐在后花园的凉亭内发呆,魏徵在远处看了半天,估计李世民一定是在考虑什么问题而拿不定主意,慢慢地踱过去,轻声地叫道:"太子殿下!"

"啊!是魏徵,坐下来说话。"李世民指着旁边的条凳说。

魏徵坐下后单刀直入地说:"太子殿下是为政局不稳之事犯愁吧?"

李世民见魏徵一语道破自己的心事,心里暗暗吃惊,直言不讳地说:"确实如此,只是苦无良策。"

"隐太子与齐王旧属逃往河北,对政局的稳定是一种潜在的威胁。关东稳,则天下安。"魏徵果断地说。

这是魏徵归附李世民后首次出谋划策,而他的想法恰好与李世民不谋而合,李世民从心底赞叹魏徵看问题的政治眼光，一拍魏徵的肩膀："走，随我来。"

李世民将房玄龄、杜如晦、高士廉、长孙无忌等人召到东宫显德殿，商议当前局势，魏徵作为李世民的特邀代表，出席这次高级别的会议。长孙无忌进入显德殿，瞥了魏徵一眼，心里想：这不是隐太子的旧人魏徵吗？他有什么资格来参加这种会议？

李世民站起来指着魏徵介绍说："这是魏徵，东宫詹事府主簿，大家认识一下。"

魏徵站起来礼貌地向大家点点头，算是打了招呼。

"天下初定，政局未稳，各位有何良策，请大家畅所欲言。"李世民介绍了魏徵，直接将会议导入议题。

杜如晦率先说道："近闻隐太子及齐王旧部大多都流散在河北，惶惶不可终日，惟恐受到株连，为求自保，很多人啸集山林，欲与朝廷对抗。"

"若处置不当，可能会形成一次新的动乱啊！"长孙无忌对目前的形势很担忧。

魏徵见大家都没有说到点子上，插话说："流散在河北的隐太子及齐王的旧部，担心受到株连，这是人之常情；为求自保，心有所动，也在情理之中。太子殿下如果能向他们示以大公无私、不计旧怨的宽大胸怀，以仁德治天下，朝廷不废一兵一卒，河北之患可除。"

大家见魏徵竟然在这样的会议上发表意见，都投来惊异的眼光。

李世民问道："朝廷已颁布大赦令，向天下表明了态度，难道还不够？"

"当然不够，"魏徵断然说道，"必须进一步向他们示以诚意。"

"能有什么办法，才能使他们相信朝廷的诚意？"李世民问道。

魏徵说："派特使赴河北，行安抚之事。"

李世民看了大家一眼，见没有人提出异议，说道："魏徵的办法，我认为可行。大家看派谁为特使去安抚河北？"

房玄龄分析道："原秦王府旧人同隐太子及齐王属下有宿怨，恐怕都难当此任。"

杜如晦接着说："此人既要有苏秦出使六国行合纵之说的雄辩口才，又要与隐太子旧人有一定的关系，能说得上话。"

"这里恰好有这样的人。"李世勣兴奋地说。

"谁？"大家齐声问。

"魏徵！"李世勣回答。

听说是魏徵，谁也没有答腔，会议一时就冷了场。

魏徵是隐太子旧人，过去曾劝说隐太子杀秦王，此事大家都记忆犹新，派这样的人为钦差大臣，谁能放心？

"怎么不说话了？"李世民问道。

"安抚河北，可是国策，容不得半点闪失，不是心腹重臣，恐难当此任。"长孙无忌瞟了魏徵一眼。很明显，他是说魏徵不值得信任，不能当此重任。

李世勣站起来说："魏徵是隐太子旧人，同河北这些人容易沟通。且其属意纵横，能言善辩，智勇双全，武德年间曾出使山东，安抚李密旧部，经验老到，安抚河北，魏徵是最合适的人选。"

长孙无忌轻蔑地说："一个七品詹事主簿，能有多大能耐？"

魏徵站起来说："魏徵不宜于出使安抚河北。"

李世民正有意于魏徵，没有想到他主动请辞，不解地问："为什么？"

"安抚河北，应选派大臣前去才行，派一个小小的詹事主簿去行安抚之事，难以显示朝廷的诚意。"魏徵说出了他的想法。

"太子殿下，欲创千古帝业，须不拘一格用人才。"李世勣殷切地看着李世民。

"从大局考虑，魏徵是最合适的人选，至于职位低微，太子殿下可以考虑擢升使用。"房玄龄道。

"大家认为怎么样？"

李世民的问话有两层意思：一是派魏徵出使河北，大家有没有异议；二是房玄龄的建议，提拔任用魏徵。他见大家都未出声，点名问道："无忌，你说呢？"

长孙无忌从心里瞧不起魏徵，但见李世民心意已动，再持反对意见，恐怕要自讨没趣，赌气地说："太子殿下决定吧！我没意见。"

李世民当场决定："擢升魏徵为谏议大夫，朝廷钦差大臣、制使，安抚河北，招降、安抚隐太子及齐王旧部。"

魏徵见李世民提升自己官位，并任命为朝廷钦差大臣、制使，安抚河北，内心当然很振奋，他要借这个难得的机会，做出一番成绩，使这个未来的皇上对自己另眼相看，以实现他济世安民的宏愿，站起来说："河北、山东情况复杂，远离京城，安抚之事又是千变万化，太子殿下若委臣以钦差大臣出使河北，必须要给臣处置权。"

"好！准你所奏，委你为钦差大臣，出使安抚河北，听便宜从事。"李世民也爽快地准了魏徵的请求。

钦差大臣、制使魏徵与副使李桐客带着随从人等，从长安出发，经洛阳、安阳进入河北境内，这一天进入磁州境内，忽见前面一队唐军，押解着两辆囚车迎面而来，两队人马擦肩而过。走过一箭之地，魏徵忽然勒住马，大声叫道："慢！"

押解囚车的队伍听到有人叫喊，连忙停了下来，魏徵勒转马头，拍马来到车队旁边问道："囚车押的什么人？"

押车兵士不耐烦地说："你是谁呀？"

副使李桐客道："他是朝廷钦差大臣、安抚制使魏徵魏大人！"

听说是朝廷钦差大臣，一个小头目上前行礼道："千总胡思林，参见钦差大人！"

魏徵问道："囚车押的是何人？"

"前太子千牛李志安、齐王府护军李思行。他们从京师逃到河北，图谋叛乱，今押往京师，听候朝廷发落。"

魏徵对副使李桐客道："我等受命之日，太子说朝廷即颁大赦令，对隐太子及齐王旧人一律赦免，既往不咎，我等赴河北安抚，就是传达朝廷的旨意。这个时候将李志安、李思行等人押送京师治罪，隐太子及齐王府的旧人必将人人自危，他们肯定会认为朝廷说一套、做一套，这样，会坏了朝廷安抚河北、山东的大计。"

"魏大人欲作何打算？"李桐客问道。

"释放李志安、李思行，不加追究，不再问罪，若此，则信义所感无远不至，必能感化一大批仍在举棋不定的人归顺朝廷。"魏徵说道。

"太子只是命令我们安抚河北，并没有赋予我们释放人犯的权力啊！"李桐客说。

魏徵说道："如果不赦免这两个人，即使讲得再好，谁相信？安抚不能停留在口头上，如果这样，朝廷只需下一道诏令就行了，何必大老远地派我们跑到河北来。古时大夫出使他国，只要是有利于社稷，就可以自主决定，何况我等受命安抚河北，朝廷给了处置权，只要是行安抚之事，一切都可听便宜从事。"

"大人是隐太子旧属，放了他们，别人该怎么说？"李桐客说。

"怎么说？"魏徵反问。

"说大人徇私舞弊。"李桐客仍然不放心。

"不能为避嫌而误了国家大事，本官宁可承担责任，也不可废国家安定大计。"魏徵下令释放李志安、李思行，出具公函，让押送军士回去交差。

李志安、李思行走出囚车，来到魏徵马前："多谢魏大人不杀之恩！"

魏徵与李志安、李思行本是熟人，故直呼其名说："李志安、李思行，我这是依太子殿下、圣上之意办事，绝不是凭我们的私交释放你们，要谢，就谢太子殿下。"

"魏大人怎么到了河北？"李志安问道。

魏徵回答道："为尔等而来！"

"怎么是为我们而来？"李思行不解地问。

"你们这些人，流散在河北各州县，图谋暴乱，对抗朝廷，是也不是？"

"秦王入主东宫，已是储君，我们是他的敌人，他一定不会放过我们，与其任人宰割，不如拼死一搏，大丈夫死亦何憾，但求死得轰轰烈烈。"李志安说得很悲壮。

"朝廷不是颁发了大赦令吗？"魏徵反问。

"大赦令只不过是骗人的把戏，我们不是照样被抓起来，押送长安治罪吗？"

"今天我放了你们，何去何从，悉听尊便。"魏徵转头对李桐客说，"李副使，拿钱来。"

"要钱何干？"李桐客问。

魏徵指着李志安、李思行说："送他们作川资。"

"谢大人赠资之恩。"李志安接过钱，同李思行转身离去。

魏徵望着二人离去的背影，突然叫道："慢！"

"怎么，魏大人反悔了？"李志安回过头，惊疑地问。

"非也，我有个不情之请，不知二位是否愿意？"

"魏大人有话尽管说，若能办到，愿效犬马之劳！"

魏徵问道："二位将到哪里去？"

二人摇摇头说："不知道。"

"二位可否跟着我，助我安抚河北，功成之日，朝廷不会亏待二位。"魏徵诚恳地说。

第15章 出使安抚河北

"我们都是戴罪之身,能有何用?"

"你们都是隐太子、齐王旧人,若能现身说法,助我安抚河北,劝说隐太子及齐王旧属释去嫌隙而归附朝廷,定能起到事半功倍之效。功成之日,我定会向太子殿下保举你们。"

李志安不相信地问:"太子殿下能相信我们?"

"我也是隐太子旧人,现在不是成了钦差大臣吗?"

"好,我们愿意随大人前往讨个出身。"李志安、李思行两人很高兴。

魏徵将释放李志安、李思行的情况写份奏疏驰报朝廷。然后带着李志安、李思行到河北各地安抚,由于有李志安、李思行同行,极大地消除了隐太子及齐王旧属的顾虑,他们纷纷向朝廷投诚。河北一带局势很快便安定下来。魏徵圆满地完成了安抚河北的使命。

后人有诗咏叹:

> 初奉圣命抚河北,甘担风险释囚徒。
> 旧敌输诚皆受抚,稳定大局有良图。

第16章 凯旋归来

武德九年（626年）八月初八，李渊发内禅诏，自称太上皇，将皇位传给皇太子李世民。这一年，李世民二十九岁。

李渊虽然禅位，但却没有搬出太极殿，李世民不好勉强，便将东宫显德殿改作议政大殿。

这天晚上，李世民在显德殿新做的御榻席上，听房玄龄给他讲解一些做皇帝的礼仪。

房玄龄说："从明天起，太子就要君临天下，正式成为大唐第二代皇帝，群臣三呼万岁，称您为陛下、皇上，您也要改称朕。"

"以前做梦也想坐到这个位子上，真的坐上来，心里却有点茫然。"

房玄龄劝慰道："陛下身经百战，都能指挥若定，治理天下也和打仗一样，陛下一定能治理好天下。"

"打仗，朕不怕，手下的兵士，十万八万，心里总有个数，大约几时能结束战斗，心里也有谱。但自入主东宫两个多月以来，召见百官，接触政事，日理万机，总觉得忙不过来，治天下与打天下，完全不是一回事。"

房玄龄道："百官百僚，各司其职，犹如纲目，陛下只需掌控总纲，纲收目顺，纲举目张。"

"纲举目张，说起来容易，做起来多难呀！"李世民说，"朕过去打仗，骑在马上冲锋陷阵，路走错了，一收马缰，马上就可以调头。现在，马缰变成了天下之纲，而天下之事，如果错了，岂是一下子就能转过来的吗？"

"只要陛下继续重用秦王府旧人，治理天下，未必有陛下说得那么难。"

李世民有自己的想法，明知房玄龄话中之意，并不想反驳，顺着他的话说："这些年，你为朕网罗了不少人才，秦王府十八学士，个个都是俊杰。"

房玄龄有些得意地说:"谢陛下夸赞。以现在看来,杜如晦当得第一人才,案牍劳形,从无差错;武将中,尉迟恭……"

李世民打断房玄龄的话头:"你看魏徵如何?"

"陛下比臣更清楚,否则,陛下不会将安抚河北的重任委交给他。不过,依臣看来,此人有些卖直,哗众取宠,野心太大。"

"此话怎讲?"李世民惊问道。

"魏徵在茗馨茶楼与陛下的奏对,臣知道,确有卖直之嫌。这次出使河北,明知朝廷没有比他更合适的人选,却说自己官位太低,难以体现朝廷的诚意,明显是乘机要官!这不是野心是什么?"

"嗯!朕明白了。"李世民并没有说明白了什么。

房玄龄继续说:"依臣看,魏徵是个人才,但他跟过李密,顺过窦建德,效忠过隐太子,数易其主,虽可用,绝不可让其参与朝廷大政机要。"

"朕知道怎么做。"李世民仍然是不置可否。

武德九年(626年)八月初九,李世民即皇帝位。

这一天黎明,李世民先朝见李渊,接受御宝,然后返回东宫显德殿,南面升座,受文武百官朝拜。遣武德老臣左仆射裴寂于南郊设坛告天,宣告大唐第二代皇帝登基,下诏大赦天下;免除关内地区以及蒲州、芮州、虞州、泰州、陕州、鼎州六地两年的税收,其余各地免除徭役一年;民八十岁以上赐粟帛,百岁加倍。各种恩诏,一道一道地颁发下去。

次日,册立长孙氏为皇后,是为文德皇后。齐王妃杨氏,也被纳为妃嫔,宠幸甚隆。

李世民即位之时,魏徵尚在出使河北返程途中。这一天走近渑池县城,太阳已快落山,副使李桐客道:"魏大人,今日天将晚,是否就此投宿,明日再行赶路?"

"好,就在渑池住一宿,明天再走!"魏徵爽快地回答。

李桐客对随从道:"通知渑池县,替钦差大臣接风洗尘!"

"算了,算了,路过此地,没有具体的事情,就不必惊动地方了。自行找个客栈住一宿,明天一早继续赶路!"魏徵答道。

李桐客说道:"钦差过境,地方官员迎来送往是常例,魏大人何必委屈自己呢？"

"李大人此言差矣，钦差大臣过境，迎来送往，讲排场，比阔气，花的是朝廷的钱、百姓的血汗，铺张浪费，此风实不可长啊！"

"朝廷大员都如魏大人，何愁吏治不正？"李桐客微笑着对随从说，"就在渑池找个干净的客栈住一宿，不必惊动地方。"

渑池地处洛阳与京师长安之间，是河南以东地区到京师长安的必经之地，虽说只是一个县城，由于东来西去的商贾常在此驻足，繁荣程度不亚于大都市。魏徵一行收了钦差大臣的仪仗，进入渑池县城。只见街道两旁店铺林立，东来西去、南来北往的行旅、贩夫走卒穿梭其间，市场呈现出一派繁荣景象。走过几条街，李桐客手指前方说："前面有个客栈，过去看看！"

大家抬头一看，果见前面有一栋两层楼客栈，客栈门前挂着"渑池客栈"四个泥金大字的牌匾，显得倒也阔气。

魏徵一行住进渑池客栈，安顿好行李后，来到客栈酒楼，选了间临街雅座，点了菜，边看街景边喝酒，倒也别有一番情趣。忽闻隔壁雅间一个破锣嗓子说："吴兄，恭贺哟！成了皇亲国戚，今后有什么好处，可不要忘了兄弟们呀！"

"我们谁跟谁呀？今后有什么事，到宫里找我女儿去，宫里发一句话，还有什么事情办不成？"

"吴兄真是好福气呀！养了个漂亮女儿，新皇上登基，第一次选秀女就选上你的女儿，进宫同皇上睡一觉就会被封为贵妃，你就成了国丈爷，到时，渑池的县太爷也要巴结你了。"

魏徵听到这里，心里暗惊，他并不是吃惊太子即位，因为离京之时，皇上就已经颁了传位诏书，只是出于礼仪，房玄龄、杜如晦等一班谋臣建议李世民上本辞谢，只待高祖再下诏书，即可名正言顺继承皇位。因此，李世民即位是迟早之事，可新皇刚登基就忙着选秀女，恐怕不是个好兆头。

李桐客听到这里问道："皇太子即位登基了？"

魏徵掐指一算："八月、甲子，乃黄道吉日，新皇即位，选的应该是八月初九这一天，今天是十一日，新皇三天前即位，刚登基就大张旗鼓地选秀女，不知是何人的主意。"

"皇上登基，选秀女很正常，你没听见隔壁雅间已经在庆祝吗？"

魏徵叹了一口气："他们哪里知道，宫门深似海，女儿进宫，如同进了人间炼狱，是福是祸，谁又能知道？"

随从们听魏徵之言觉得奇怪，有人问道："平民百姓家，谁家不想自己的女儿能选进宫，一夜之间成了皇亲国戚，该是多大的荣耀呀！"

"那是他们不知个中底细，如果知道宫女的生活，大多数人都会改变主意。"

"真的吗？魏大人，你给我们讲讲宫女的事如何？"一名随从好奇地请求。

"不错，女儿进宫，若真的被皇上临幸，成了贵人，那当然是一人得道，鸡犬升天，但这样的机会太少了，后宫佳丽如云，仅仅靠端庄秀丽是不够的，非国色天香不足以引起皇帝的喜爱。绝大部分宫女从她入宫之日起，大都伴随着无聊与泪水活在宫中，直至老死于宫中。就这样了此一生，你们说能幸福吗？"

"啊！"大家发出一阵惊叹。

魏徵接着说："即便得到皇上临幸，也没有长期受宠的，一旦失宠，失望更胜于常人，汉成帝时的班婕妤，初进宫也得到宠幸，后来又来了一个叫赵飞燕的女子取代了她的位置，失宠后的班婕妤再也没有得到皇上的临幸，写了一首宫怨诗《怨行歌》，抒发'恩已断'的悲苦之情：

怨行歌

> 新裂齐纨素，皎洁如霜雪。
> 裁为合欢扇，团团似明月。
> 出入君怀袖，动摇微风发。
> 常恐秋节至，凉飙夺炎热。
> 弃捐箧笥中，恩情中道绝。

纨扇在夏天还是主人的宠物，到了秋天，就被主人抛弃了。借物喻人，揭示了宫女的不幸遭遇。"

大家听后发出一阵叹息。

魏徵问道："汉代的王昭君可是个大美人吧？"

有人回答道："王昭君是个绝世美人，匈奴王呼韩邪单于得到王昭君，便与西汉修好。"

"文人墨客形容王昭君，溢美之词算得上是登峰造极了。"李桐客道。

"怎样形容？"一位随从好奇地问。

李桐客清清嗓子道："桃红柳色，杏脸桃腮，不涂胭脂自红，不抹粉来自白，有沉鱼落雁之容。相传昭君出塞之时，一路行来，世人为其绝世之美而惊，水中的鱼儿沉入水底，天空的飞雁驻足枝头。"

一名随从听得入迷，口水流出尺余长也不觉，旁边一名随从在他的肩膀上猛拍了一下，打趣地道："想入非非了吧？"一句趣言，引来一阵哄堂大笑。

魏徵不紧不慢地说："你们知道王昭君为什么要出塞吗？"

"不知道。"大家说。

魏徵说道："耐不住寂寞！"

"耐不住寂寞？"大家惊异地问。

"王昭君本是一个宫女，选秀进宫后，在宫中默默过了五六年，汉元帝将她赠给呼韩邪单于之时，她未曾见过皇帝一面，宫里除了宫女就是太监，一个春情欲动的妙龄少女，过的却是尼姑般的生活，你说她能快乐吗？"

"不快活又能怎么样，深宫后院，她还能偷汉子吗？"一个随从的调侃之言，引来一阵笑声。

魏徵接着说："正是由于耐不住寂寞，王昭君主动要求远嫁匈奴，当她向元帝辞行时，才第一次见到元帝，元帝刘奭见这位绝代佳人时，眼睛都直了。"

"后悔了吧？"有人问道。

"何止后悔，简直是痛不欲生，后宫有如此绝代佳人，自己竟然不知，本想将王昭君留下，无奈已对匈奴许婚，如果悔婚，必将引发一场战争，送走王昭君之后，他马上传召宫廷画师。"

"为何要传召宫廷画师？"有人问。

"元帝后宫的宫女数以千计，分散在皇宫的每个角落，他根本就没有时间将每一个人看上一眼，便让画师给每个宫女描一幅画像，他再根据画像挑选美貌宫女侍寝。很多宫女为能使自己的像画得漂亮一些，纷纷贿赂画师，偏偏王昭君性格倔强，不去屈膝求人，恰逢给王昭君画像的画师毛延寿非常势利，见王昭君没有孝敬他，便将一个绝代佳人的像画得平淡无奇，于是，进宫五六年，王昭君从未获得与元帝见面的机会。"

"元帝召来毛延寿又能怎么样？"

一名随从做了个砍头的手势："咔嚓！是不是，魏大人？"

魏徵点点头说："你们愿意将自己的姐妹送到宫中去守活寡吗？"

这边在说宫女的凄婉人生，隔壁还有人在兴高采烈地庆贺女儿选上了秀女。

显德殿，朝议已毕，正准备退朝，忽有人来报，说魏徵出使河北回京，递牌子求见，正在殿外候旨。

李世民听说魏徵回来了，非常高兴，突然，他心里闪出一个奇怪的念头，强抑高兴之情，平淡地说："传魏徵觐见！"

"传魏徵觐见！"皇上身边的近侍拖着嗓子喊。

魏徵迈步进入朝堂，面对金銮殿上的李世民行叩拜之礼："臣魏徵叩见陛下，祝吾皇万岁！万岁！万万岁！"

"平身，站起来说话！"

魏徵站起来，偷偷地看了皇上一眼，见他面无表情，从脸上读不出一点信息，心里有些莫明其妙，心想，我出使凯旋归来，怎么连一句褒奖的话也没有，做太子时那么礼贤下士，当了皇上就变了吗？魏徵在胡思乱想，李世民说话了："魏徵，朕有话要问你，你可要如实回答。"

"陛下请讲，微臣知无不言。"

"你为何要释放李思行和李志安？"

"臣是奉旨安抚河北、山东的制使大臣，欲完成使命，必须释放这两个人。"

"为什么？"

"如果朝廷一边派钦差大臣前去安抚，一边又允许州县抓人，谁还相信朝廷安抚的诚意？"

"你难道不知道释放他们有包庇之嫌吗？"

"陛下既以国士之礼待臣，臣就当以国士之责报之，办事若畏首畏尾，不敢承担责任，将一事无成，臣不敢为避嫌而废国家之大计。况且臣在出使之前就已禀明，将在外，君命有所不受，陛下已给了臣便宜从事之权。"

李世民故意板着的脸完全松开了，高兴地说："说得好，魏徵果然不负朕望，河北、山东之行，化干戈为玉帛，功莫大焉！吏部堂官听旨！"

吏部尚书长孙无忌出班道："臣恭聆圣谕！"

"拟旨，擢升魏徵为尚书右丞，谏议大夫如旧。"

"臣遵旨！"

"封钜鹿县男的爵位。"李世民补充一句。

"臣谢主隆恩！"魏徵跪拜谢恩。

"爱卿旅途劳顿，一路辛苦了，还没有回家吧？"

魏徵说："没有复旨，不敢回家，臣昨晚歇在驿馆。"

"先回家去休息几天，朕还有事要找你。"

"臣遵旨！"

魏徵关东一行，立下汗马功劳，他与李世民之间的君臣关系也得到了改善，政治生涯步入了一个新的阶段。

后人有诗咏叹：

初奉圣命建奇功，朝堂奏对仍从容。
君王下旨赐升官，彼此旧怨尽消融。

第17章　痴男怨女

　　魏徵出使河北、山东回长安复旨，当堂受到李世民的褒奖，擢升为尚书右丞，心里高兴异常。退朝后，兴冲冲地出了皇城，归心似箭的向家里赶。

　　原来，魏徵归附隐太子后，便从内黄老家将妻儿老小接到京城，在长安城永欣坊购置了一处简陋的宅子，宅子虽然不宽敞，但总算在京城安了家。出使归来，他很想赶快回家，享受一家老小欢聚一堂的天伦之乐，转过朱雀门，低着头沿着朱雀街行走，刚走到兴道坊，突然从街道里走出一个挑担货郎，两人都没有留意迎面走来的人，直到撞在一起，才将两人的思路拉到现实中来。货郎见撞着一位朝廷官员模样的人，吓得连忙跪在地上，一个劲地赔罪。

　　魏徵将他拉起来，道歉地说："实在对不起，撞伤了你吧？"

　　"都怪小人有眼无珠，撞着大人，将大人的衣裳都弄脏了，小的该死！"货郎还是一个劲地赔罪。

　　魏徵温和地说："怪我正在低头想事，没有看到你，衣服弄脏了没关系，回去洗洗就干净了。常看见你在这里晃悠，找什么吗？"

　　"我在这里等一个人，已经等了九年，就是没有见上一面。"

　　"他是谁呀？在哪里，他知道你在这里等他吗？"

　　"她是我未过门的媳妇，叫婉娘，武德元年宫里选秀女，自那年一别，已有九年光阴，我天天都在这里等她，盼望有朝一日她能够出来。可怜人为黄花瘦，痴心等待婉娘归。风里雨里常相候，不知人影空徘徊。"货郎的眷恋之情溢于言表。

　　魏徵回味货郎刚才说的四句，竟是一首绝妙的七绝诗，字里行间，透出货郎的相思之苦，他看看眼前这位货郎，年约三十左右，但鬓发全白，联想到出使河北归来途中，在渑池酒楼见到的为女儿选秀女而摆酒庆贺的情景，心里有一种无法形容的难受，同情地说："小伙子，别等了，再去娶一房媳妇吧！"

货郎流着泪道："我们两人对着月亮发过誓，她说一定要为我生个儿子，我怎么能违背自己的誓言呢？我一定要等下去，总有一天她会出来见我的。"

魏徵无奈地叹了口气道："那你就在这里继续等吧！也许老天会被你感动。"

长安城内的永欣坊西北角有一处小宅院，院落二丈见方，院子的左边有一棵石榴树，树下有一眼井，一只木吊桶放在井沿的石板上。院落虽小，却打扫得干干净净，显得这家的女主人很会打理。

这就是魏徵在长安城的家，住宅的堂屋不足一丈见方，靠正面的墙边摆着一个餐桌，旁边放着两条木凳，靠左边墙边放着一架纺车，这是裴氏从老家带来的旧物。堂屋的右边是魏徵与夫人的卧室，左边是儿子的卧室，后边是小女儿的卧室，外加一个小厨房，屋里的家具摆设，与一般的百姓无异。

裴氏昨天已接到信，知道魏徵出使河北已经回京，只是没有复旨不能回家，昨晚住在京城驿馆里，今天上朝复旨后，便可回家。一大早，她便到东市买了卤牛肉、豆荚、青菜、豆腐和几条小鱼，一罐自酿翠涛美酒早早地就摆放在桌子上，估摸着夫君也快退朝了，她就在厨房里忙开了，一双儿女在旁边叽叽喳喳地说个不停，只听儿子叔玉道："俺娘偏心，爹不在家，就用萝卜、白菜打发我们，爹回来了就做这么多好吃的菜！"

"你爹出门在外，担惊受怕，你们在家舒舒服服，有萝卜白菜吃就不错了！"裴氏笑着说。

女儿雅惠打趣地说："哥，你就知道吃！"

"去、去、去，小丫头片子！"

雅惠跑到裴氏身边道："娘，哥又在欺负我。"

"谁欺负我的雅惠呀？"声到人到，魏徵已迈步进门。

雅惠迎上去撒娇地说："爹回来了，女儿好想你哟！"

叔玉在雅惠脸上点了一指道："羞也不羞！"

裴氏说："别闹了，雅惠，打水给你爹洗脸，玉儿，摆酒、端菜！"

一家人喝着自酿的美酒，高高兴兴地吃了顿团圆饭。饭桌上，魏徵将出使途中的趣闻逸事说给家人听，逗得他们不时发出阵阵笑声。

晚饭后，夫妻二人坐在石榴树下，魏徵向夫人谈起路上的所见所闻，先说了渑池县为选秀女摆宴庆贺的事情,接着又说了朱雀门前货郎等媳妇的事,说到动情处,夫妻二人为货郎叹息不已。魏徵问起朝廷选秀女,京城有何动静。

"说到选秀女,还真的有条新闻!"

"什么新闻?"

"保宁坊有家姓郑的人家,女儿年方二八,长得天姿国色,美貌绝伦,但已经许配给姓陆的人家,不知是谁从中捣鬼,将郑家女儿的画像送进宫里,皇帝一眼就看上了郑家的女儿,下诏将郑家女儿选进宫为妃子,听说过几天就要送进宫里。"

"郑家乐意吗?"

"不乐意又能怎么样,还得强装高兴呢!"

"真的有这种事?"

"不信你自己去打听!"

"好,我明天真的要去打听一下。"

郑仁基,原为隋朝旧人,隋朝灭亡后,归顺唐朝,在朝中做了一名七品小吏,郑家其他方面倒不足道,然膝下有一女翠娥,年方二八,生得貌若天仙,全长安城恐怕也难找出一个这样漂亮的小美人。更为难得的是,郑翠娥不仅人长得漂亮,且琴棋书画样样皆精,不知迷倒京城多少公子王孙,前来提亲的人踏破了门槛。由于郑仁基早就将爱女许配给城东的陆家,提亲者知道情况后,也就知难而退。唯有一人却不甘心,他就是朝中大臣、侍中高士廉的儿子高衙内,总是缠着父亲到郑家提亲。结果当然是可想而知,如果就此打住,也就相安无事,但高衙内心有不甘,欲要从中捣乱,认为郑仁基不将女儿嫁给我,陆家也别想得到这如花似玉的美人儿,他特地花重金聘一名画师守候在郑家门前窥视郑家女,给她绘了一幅画像。高衙内拿着画像对父亲道:"父亲你看,画上的美人就是郑家的女儿,一位绝代佳人,皇上登基,正在大张旗鼓地选秀女,父亲如果将这幅画像献给皇上,一定是大功一件。"

高士廉先是不同意,经不住高衙内百般纠缠,终于也有些心动,哪个臣子不想讨好皇上?若能讨得皇上欢心,加官晋级岂不是轻而易举之事?于是,他亲自将郑氏女的画像送进宫,交给外甥女长孙皇后,并对郑氏女夸赞一通。

长孙皇后见是舅舅推荐,极想玉成其事,就将郑氏女画像呈给李世民看,李世民本是性色之人,见到美女画,那有不动心之理,他私下对左右说:"后宫佳丽三千，无人能及郑氏女之貌美花容。"立即传下口谕，叫房玄龄拟旨，下诏将郑仁基之女聘为妃子。

有女被皇上看上，且还要选为妃子，这可是天大喜事，本该高兴才对，然而，郑仁基接圣旨却是愁眉不展，他是经历隋、唐两朝的老人，知道宫女的悲苦，皇宫里三宫六院七十二妃，还有数以千计的宫女，个个都是貌美如花，人人都企望皇上一亲芳泽。皇上也是人，即使天天服食豹骨虎鞭、鹿茸熊胆，再有龙马精神，也不能天天临幸美人。哪怕是得宠妃子，刚开始是如鱼得水，皇上的热情一过，水也就干了，离开了水的鱼还能活下去吗？因此，郑仁基接到圣旨后，心里是一百个不愿意，何况郑家女已是名花有主。心里不愿意，口中却不敢说，否则就是抗旨不遵，抗旨不遵可是要杀头的。

"是哪个杀千刀的，做这样的缺德事？明知我家女儿许配城东陆家，还要向皇上举荐。"郑仁基狠狠地骂，但骂归骂，圣旨还得遵行。

这一天，早饭刚过，保宁坊来了个测字问卦的道人，他好像不忙于做生意，转悠一会，干脆就在郑仁基家不远处找个地方坐下来，将测字的布幡靠在墙边，从包里取出一本书，悠闲自在地看了起来。郑仁基偶尔出门，见一个测字道人坐在门首，退回对仆人道："去，将那个测字的道人请到家中来。"

仆人来到测字道人身边道："道长，我家主人有请！"

测字道士合上书，抬头看了看仆人："你家主人在哪里？"

仆人手一指："前面那家就是！"

"好，前面带路！"道士将书装进包里，站起来取过靠在墙边的布幡，跟在仆人后面进了郑家门。

郑仁基见测字道士进门，忙上前招呼："道长请坐，不知如何称呼？"

"贫道逸尘居士！"道士打了个揖首。

逸尘居士刚坐下，仆人已沏好茶端上，他端起茶杯，揭开杯盖轻轻地吹了吹，呷了一口茶问道："施主是否有疑难之处？"

"是！"

"测字还是算命？"

"就测字吧！"

逸尘居士正准备从包中取纸笔，仆人早已送上文房四宝，郑仁基提起笔，饱蘸浓墨，想到女儿的婚事太不如意，于是就在纸上写了一个"如"字，放下笔，将纸递给逸尘居士:"就测这个字!"

"施主要问何事?"

"测婚姻!"

逸尘居士两眼注视着桌上的如字看了半天,摇摇头道:"这段姻缘恐怕不怎么如意吧!"

郑仁基紧张地问:"此话怎讲?"

"施主,你写的这个'如'字,左边的'女'字高,右边的'口'字低,男左女右,说明男家的势力大,女家的势力小,心里不愿意却还不敢开口说,你说是也不是?"

"道长说得太对了。"正在这时,郑夫人从里面走出来,递过五串铜钱,"道长,这是卦金,请收下。"

逸尘居士伸手提起一串道:"一串足矣!"

郑夫人强行将剩余的四串铜钱塞进逸尘子随身所带的布袋中,期待地说道:"请道长费心,仔细测算一下,此段婚姻结果如何?"

逸尘居士再看了看那个"如"字,再次摇摇头:"不好!"

郑夫人极度恐慌地问:"怎样不好?"

逸尘居士指着"如"字道:"'如'字由'女'、'口'二字组合而成字,本应是贴得紧紧的,而施主却将女字和口字写得脱了节,好像成了两个字,组合字测婚姻,两字组合紧紧地贴在一起,则表示百年好合,两字脱节,则有分离之意。"

郑仁基及其夫人听到逸尘子的解释,脸上的表情,不知是失望还是悲伤,半天也没有说一句话。

逸尘居士关心地问:"儿女婚姻是喜事,你们为何如此犯难?"

"不瞒道长说,本人姓郑,名仁基,在朝中是一个七品小吏,虽不富有,日子还过得去,家有小女,年方二八,早就许配给城东陆家,正准备择日完婚,不想又被一大户人家看上,这家大户的势力太过强大,大到我们根本就无反抗之力,如果小女到这家大户人家一切皆顺也就罢了,却又是一个分离之势。我夫妻二人膝下无子,唯有此女,若有个三长两短,我们二老还怎么活呀?"郑仁基无可奈何地说。

郑氏夫人在一旁不禁抽泣起来。

恰在此时,从里间走出一位妙龄少女,顾不得有外人在堂,轻移莲步来到郑氏夫人面前,拉着夫人的手道:"娘,别哭了,女儿死也不嫁,就守在你们身边!"

"儿呀!这可由不得你。"说罢,母女俩抱头痛哭。

逸尘居士劝道:"我看你们也不必过于悲伤,也许事情有转机也说不定!"

"道长有法可解?"郑仁基像遇到了救星,迫不及待地说。

"你写的'如'字,女与口分离,说不定这桩婚姻根本就成不了。"

"大户人家的诏书,不,聘书都下了,只等我们送女儿过门,怎么还能说成不了呢?"郑仁基无助地说。

"人算不如天算,也许是上天注定吧!"逸尘道长莫测高深地说。

"求道长指点迷津,帮我们渡过这道难关,我们一家向你叩头了。"郑仁基说罢,拉着妻女跪下向逸尘居士叩头。

逸尘居士忙扶起郑仁基:"夫人、小姐快快请起,贫道只是说人算不如天算,并未说能够帮你们解脱此难,我只是一个测字问卦的道士,并无通天本事。"

"道长是隐世高人,不然为何能测得如此之准,既然能一语道破天机,一定能帮我们化解此难!"郑仁基喋喋不休地说。

"你问,我测,游戏而已,不必当真,该怎样做你们还是怎样做,不要为我所左右,船到桥头自然直,到时或许真的会云开日出也说不定。"逸尘道长的话听起来句句是安慰,但句句又透出玄机,处处给人以希望,但又听不出他给了你什么保证。

"真的没有办法?"

"不能说没有!也不能说有!恐怕这要靠你们自己。"

"靠我们自己?"

"对,靠你们自己,如果你们能实话实说,事情恐怕还有转机。"

"我们敢吗?"

"那贫道就无能为力了!"

后人有诗咏叹魏徵微服私访:

乔装道士访仁基,探知选妃有隐情。
惹得朝堂骂皇帝,龙颜震怒罚诤臣。

第 18 章　魏徵骂皇帝

显德殿上朝议已毕，近侍大声宣布："朝堂议事已毕，各位大臣，有事且奏，无事退朝！"

魏徵手持笏板出班道："臣魏徵有本启奏！"

李世民道："魏卿有何事，请奏来！"

"陛下，朝廷是否颁诏广选秀女？"

"不错，朕是下了选秀女的诏令！"

"陛下初登皇位，天下未定，百废待兴，本应尽心尽力治理朝政，而此时却忙于选秀女、纳嫔妃，臣以为不妥！"

"历朝历代的皇帝，不都是三宫六院七十二妃吗？朕即位选秀女，你却认为不妥，是何道理？"李世民听魏徵说选秀女之事，心里有些不高兴了。

魏徵知道，劝阻李世民停止执行已颁布的圣旨，要担很大的风险，从李世民口气预料，此时的脸色一定很难看，为了不使李世民情绪影响自己进谏的决心，他低头看着手中的笏板说："臣不是说陛下不该选秀女，只是认为陛下刚即位，百废待兴，要办的事情多于牛毛，应该将精力放在治理朝政上。再说，后宫的宫女数不胜数，还要选秀女，如此奢侈，恐怕不是有德君王之所为。"

"魏徵，你给朕听着，选秀女是朕的家事，后宫有多少宫女，更不是你管的事，今天朝议讨论的是国家大事，你所说的事不在此讨论范围。"

魏徵仍然目视笏板，振振有词地说："皇帝无家事，陛下的一举一动都牵动着朝廷的每一根神经，打个喷嚏，长安城就要抖三抖，跺跺脚，天下也为之震动，何况选秀女这样的大事，天下已经闹得沸沸扬扬、鸡犬不宁。"

"简直是耸人听闻，一派胡言！"李世民斥责道。

"陛下为天下百姓之父母，抚爱百姓，当忧其所忧，乐其所乐。居住在宫室台榭之中，要想到百姓都有屋宇之安；吃着山珍海味，要想到百姓无饥寒之患；三宫六院七十二妃，前拥后抱，要想到百姓也应有家室之欢，是也不是？"

"对呀！朕正是这样想的！"

"陛下口上之言，与行动上似非一致。"

"魏徵，你放肆！"李世民大怒，他万万没有想到，魏徵竟敢在朝堂上公然指责自己。

"后宫佳丽数千，都是历年选秀进宫，她们中间许多人自进宫之时起，梦寐以求地想得到皇上的甘露滋润，然而，又有几个能与皇上有肌肤之亲？有的人不用说为皇上侍寝，甚至连见皇上一面的机会都没有，有多少美貌年华的青春少女，在宫中过着尼姑般的生活，将美好青春白白地葬送深宫大院之内。"

"这都是千百年来的祖制，非朕之错！"李世民辩道。

魏徵抗声答道："内宫佳丽如云，陛下却视而不见，还要搜罗天下美女进宫，将自己的荒淫建立在千百个家庭的痛苦之上，此种行径，同桀纣又有何异？"

此言一出，满殿文武大臣大惊失色，谁都知道，桀纣是中国历史上有名的暴君，魏徵竟敢当面斥责李世民为桀纣，那还了得？

果然，李世民一听此言，犹如电击，脸都气得变了色，咬牙切齿地狞笑道："好一个魏徵，果然是胆大，在你的眼里，朕成了昏庸无道、骄奢淫逸的桀纣之君？"

文武百官吓得目瞪口呆，魏徵对李世民的话听而不闻，对文武百官的表情视而不见，眼睛只盯着手中的笏板，目不斜视地继续说："臣当年追随隐太子，本就死过一回了，蒙陛下赦免，才留此残身。陛下既然封魏徵为谏臣，魏徵就得尽谏臣之责，如果明知陛下有过失而缄口不言，明哲保身，则有欺君之罪；如果直谏犯颜，又有逆鳞之过，是进则身死，退则心死。臣意已决，索性就尽言而死。"

"好，你就尽情地说吧！朕就叫你死而无憾！"

"郑氏有女，已许配城东陆姓人家，陛下一纸诏书，强聘郑氏女入宫为嫔妃，陛下虽贵为天子，难道就能夺人之妻吗？"魏徵果然是一吐为快，言词越来越锋利。

李世民气得暴跳如雷，狞笑道："好个臭道士，田舍翁，简直胆大包天，竟然当众辱朕？朕是昏君、朕是桀纣、朕是夺人妻的市井恶人……朕用不着你这位圣贤之臣，朕成全你，你就去做逢龙、比干吧！来人！将这个臭道士……"他本来想说拖出去斩了，突然觉得不妥，因为魏徵只是在朝堂上犯颜直谏，虽然是大不敬，但这是敢言直谏，并无死罪，真的拖出去斩了，这不是明摆着闭塞言路吗？今后谁还敢直言相谏呢？就在这一顿之间，他将刚要说出口的"拖出去斩了"改成："摘去魏徵的顶戴，将这个顽固不化的臭道士打入天牢，听候发落！"

群臣见李世民如此气势，不知所措，谁也不敢自触霉头出面劝止，几名侍卫听到皇上的叫声，一拥而入，欲架魏徵出殿，魏徵一甩膀子，跪下叩头道："臣谢恩！"然后起身，昂首挺胸走出显德殿。

古代皇上都自命为"真龙天子"，传说真龙喉下有块鳞，是龙的要害之处，触摸此处，叫做逆鳞或触龙鳞，逆鳞会引起龙的震怒，触鳞者也就性命难保。古代批评皇帝的过错就叫"犯龙鳞"、"逆龙鳞"或"触龙鳞"，这是很危险的。魏徵为了国家的长治久安和黎民百姓的安居乐业，甘冒"触龙鳞"之风险，这在一般人是难以做到。

房玄龄、杜如晦等正直之臣见李世民大发雷霆，心急如焚，本想出班劝谏，却又不敢贸然而动，眼睁睁地看着魏徵在几名侍卫的押送下走出大殿。

李世民逐出魏徵并将其打入天牢，心里觉得有些不妥，起身欲喊他回来，但终究还是没有说出口，气急败坏地大叫道："退朝！"

有诗为证：

宫掖美媛帝贪多，惹得魏徵逆龙鳞。
若无今朝骂皇帝，哪来诤臣万古名。

魏徵在朝堂上廷争抗谏一事，转瞬间在宫中传开了，宫女都知道皇上在盛怒之下将魏徵打入天牢，害怕退朝后的皇上将她们当成出气筒，人人都格外小心。当李世民从朝堂转回后宫时，沿途的宫女能够避让的都赶紧躲开，来不及避让的，远远地就跪在地下向皇上请安。

往日里，李世民听到宫女们声声入耳的请安声，心情格外舒畅，今天在朝堂上遭到魏徵的痛骂，心情不好，且起因又是为选秀女，不由对跪在回廊两边的宫女多看了几眼，这些宫女，有十三四岁的少女，也有三四十岁、脸呈皱纹的半老徐娘，环视四周，回廊里、假山后、人造湖边，到处跪的都是宫女，心里想，今天的宫女怎么这样多呀？尽管心中有这些想法，脸色却没有多大改变，余怒未息地向皇后的寝宫走去。

文德皇后长孙氏也知道朝堂发生争执之事，听宫女说皇上过来，早早等候在宫门迎接。长孙皇后见李世民满脸怒容，故意装做不知，既不问他为何生气，也不问他同谁生气，亲自上前替李世民脱去外套，宫女端来沏好的参茶，长孙皇后接过来，亲自送到李世民茶几上放好，温柔地说："陛下国事繁忙，实在是太辛苦了，先休息一下再说，我叫宫娥唱几段小曲散散心，好吗？"见李世民不置可否，回头对宫女们道："来，唱几段小曲，跳个舞给皇上散心！"

顷刻之间，乐声奏起，宫女们伴随着音乐翩翩起舞，唱起了一首杂曲：

迢迢牵牛星，皎皎河汉女。
纤纤擢素手，札札弄机杼。
终日不成章，泣涕零如雨。
河汉清且浅，相去复几许？
盈盈一水间，脉脉不得语。

轻盈的舞姿、如诉如泣的歌声，将牛郎织女的相思之情表现得淋漓尽致，李世民放下手中的茶杯，脸上怒容渐退，露出一丝笑容，杂曲终了，一名宫女又唱起陕北民歌信天游：

妹在崖上唱山歌，哥在崖下赶牛车。
阳婆婆爬到山梁上，哥哥接我来，哥哥接我来！

李世民虽不是陕北人，但大唐自高祖李渊武德元年建都长安至今已有十余年之久，这种地道的陕北民歌还是听得出来，他见唱歌的宫女年龄大约二十五六，眼角已出现鱼尾纹，唱歌时虽是满脸带笑，但从她的眼神中仍不难发现其中透出一股忧伤。歌声刚停，李世民问道："你是陕北人？"

"奴婢正是陕北人！"

"陕北民谣能唱吗？"

"能！"

"唱一首朕听听！"

唱歌的宫女向弹奏的宫女点点头，清了清嗓子，唱起了陕北民谣：

第18章 魏徵骂皇帝

哥是天上一条龙，妹是地上花一丛。
龙不翻身不下雨，雨不浇花花不红。

"嗯！字正腔圆，正宗的陕北味！唱得好。你叫什么名字？"
"奴婢琬娘！"
"进宫几年了？"
"奴婢是武德初年选秀入宫的秀女，至今已近十年。"
"见过隋炀帝？"
琬娘摇摇头。
"见过高祖？"
琬娘还是摇摇头。
"是陕北人？"
"老家在长安城西门外的十里坡。"
"家里还有亲人吗？"
"除了父母外，还有我最亲的人在等着我！"说到这里，琬娘眼里已饱含泪水，只是她强行控制着没有让泪水流出来。

正在这时，宫外又传来一阵幽怨的歌声：

庭院深深昼漏清，闭门春草共愁生。
梦中正得君王宠，却被黄鹂叫一声。

如果是在往日，李世民一定要拍手叫好，然而今天，不知什么原因，他仿佛被这动情的歌声所感染，停止了问话，静静地听着，宫女们害怕打扰这种情景，个个凝神闭气、木然地站在原地，静静地倾听着从宫外传来的歌声，歌声将她们带入一个向往的世界。

有诗为证：

掖庭佳丽多如云，深藏后宫倍思春。
帝王不是金刚体，何能眷顾众美人。

第19章　贤皇后求旨

长孙皇后见李世民火气渐平，漫不经心地笑问："皇上同谁生气呀？脸色都变了！"

李世民余怒未消，呼地一下站起来，怒气冲冲地说："气死朕了，总有一天，朕要杀了这个田舍翁！"

长孙皇后见李世民的火气未消，后悔不该在这个时候问这个问题，但她实在放不下，只好继续问道："谁惹皇上发这么大的火？皇上还要杀了他！"

"除了魏徵，谁还有这么大的胆子？"

长孙皇后装着轻松地笑了笑："皇上该不是又有什么地方不检点，被魏徵抓住辫子了吧？"

"他说朕不该选秀女，不该将郑氏之女选进宫来。"

"啊！"长孙皇后说，"这是后宫之事，他为何要管？"

"朕也说选秀女、聘郑氏女为嫔妃是朕的家事，叫他不要管。"

长孙皇后问道："他怎么说？"

"他说皇上无家事，皇上的每一件事都是国事。"

"嗯！"长孙皇后赞同地说，"魏徵说的似乎有道理。"

"如果就此结束倒也罢了，他却得寸进尺，竟敢在朝堂之上当着文武百官之面，公然骂朕。"

"魏徵骂皇帝？"长孙氏吃惊地问，"如何骂？"

"骂朕是商纣王，骂朕夺人之妻，骂朕昏庸无道！"

"臣子骂皇帝，胆子真的不小哟！"

"朕在他眼里成了什么人？昏庸无能、荒淫无道、生性残暴、强夺人妻、市井恶人、地痞流氓。"李世民一口气将魏徵骂他的话都说出来了。

第19章 贤皇后求旨

长孙皇后说："嗯，是骂得有点过分，皇上准备如何处置魏徵？"

"魏徵当廷骂朕，简直视朕如草芥，朕当然不会饶恕他，已将他打入天牢！"李世民得意地说。

长孙皇后听了李世民的话，一声不吭地转回卧室，李世民有些莫明其妙。

过了一会，长孙皇后穿着一身朝服，从里间走出来，来到李世民面前跪下拜道："皇上，臣妾执掌后宫，本不该过问朝政，现臣妾着朝服，以臣下身份恭喜皇上！"

"快起来说话，朕何喜之有？"李世民非常惊讶，欲扶起长孙皇后。

"让臣妾把话说完。"

"好！好！你说。"李世民也不坐，站在皇后旁边听她说。

"臣妾恭喜陛下得此良臣！"

"谁是良臣？"

"魏徵呀！"

"魏徵在朝堂上将朕骂得狗血淋头，不给朕面子，朕恨不得杀了他，他算什么良臣？"李世民怒气又起。

"臣妾听说主明则臣直，今魏徵耿直，正是由于陛下圣明之故，难道臣妾不该向陛下祝贺吗？"长孙皇后反问道。

"这样的人，不给朕一点面子，何贺之有？"李世民不依不饶。

"臣妾以为，皇上不但不能杀魏徵，而且还要奖励他！"

"什么？骂朕还要奖励，朕讨骂呀？"李世民吃惊地说。

"皇上想过没有？"

"想什么？"李世民反问。

"魏徵在朝堂上犯颜直谏，他能得到什么？"

李世民有点幸灾乐祸地说："惹朕生气，打入天牢，这就是他得到的。"

"既然什么都得不到，他为何还要这样做？"

李世民一愣，摆摆头，轻轻地说："是呀，为什么？"

"理由只有一个！"

"什么理由？"李世民问。

"为社稷，为皇上！"

李世民陷入了深思。长孙皇后说道："皇上，忠言逆耳啊！魏徵是一个不可多得的忠臣，他能够冒死进谏，真是难得。"

李世民用一种从来没有过的眼光打量着长孙皇后，他似乎从皇后身上又发现了什么东西，这是他过去从没有注意、或者说忽略了的东西，长孙皇后贤淑、漂亮、温柔，她将后宫治理得井井有条，不要李世民为后宫之事分一点心，她虽母仪天下，却从不干预朝政，正因如此，才掩蔽了她睿智、宽宏的一面。她哪里是以一个臣下的身份向至高无上的皇上进谏，分明是以国母的身份来保护她的臣子，李世民动情地上前拉住长孙皇后的手，激动地说："皇后，快起来！快起来！"

　　长孙皇后仍然跪在地下："臣妾要向皇上讨个圣旨！"

　　"说吧！无论皇后讨何圣旨，朕都准了！"

　　"臣妾恳求皇上赦魏徵无罪！"

　　"准了、准了，快起来、快起来，朕哪里真要杀他呀？将他打入天牢、杀杀他的锐气而已，明天就派人将他放出来。"李世民一把拉起长孙皇后，笑了笑说，"朕被他骂昏了，本来是想说将魏徵拖出去斩了，突然又觉得过了点，于是就改成将他打入天牢。"

　　长孙皇后见皇上的脸云开雾散，也笑着说："幸亏陛下没有将他拖出去斩了，否则，皇上就失此良臣了。"

　　"房玄龄、杜如晦、长孙无忌，哎！这些人治理国事确实让朕放心，但在进谏上就是不如魏徵，他们看到朕要杀魏徵，怎么没有一个人出来劝劝呢？"

　　"皇上当时发那么大的火，谁还敢劝呀？"

　　"也是、也是。"李世民不好意思地笑了笑。

　　"皇上如果真的杀了魏徵，有人便要在皇上的起居注中记一笔，写道：'皇上一怒为红颜，魏徵屈死只为谏。'皇上恐怕要千古蒙羞，魏徵却是万世流芳哟！"长孙皇后打趣地说。

　　"皇后，你说此事该如何处理？"李世民问道。

　　"幸亏尚未铸成大错，挽救还来得及！"

　　李世民着急地说："朕心乱如麻，皇后说怎么办就怎么办吧！"

　　"臣妾只管后宫之事，可不敢参与朝政！你不是还有房玄龄、杜如晦吗？去问他们哟！"

　　"来人！"李世民大声说。

　　一名侍奉太监应声而至："皇上有何吩咐？"

　　"宣房玄龄、杜如晦、高士廉偏殿议事！"

　　"皇上尚未用膳呀！"长孙皇后关心地说。

第19章 贤皇后求旨

"没心情，不吃了。"

宫女见李世民要出宫，连忙上前替他更衣，李世民说："不用朝服，便服即可。"宫女马上帮他换了便装。李世民更衣后，告别皇后，出了寝宫，向显德殿的偏殿走去。

偏殿里，房玄龄、杜如晦、高士廉早就候在那里，三人见皇上驾到，起身欲行礼叩拜，李世民摆摆手："免了、免了，都坐下来说话"

"陛下召见臣等，有何旨意？"

"高士廉，朕问你，郑仁基之女到底是怎么回事？"

高士廉虽然知道魏徵说的是真话，但却不敢证实这一点，如果他承认郑仁基之女确已许配他人，那么他向皇上献画像就有欺君之罪，于是，只好硬着头皮说："据臣所知，郑仁基之女确实是待字闺中。"

"杜如晦，你说呢？"

杜如晦从袖中掏出一份奏折道："陛下与魏徵廷争之事，已经传遍京城，这是陆家派人呈上的表章，声明与郑家虽是通世之好，并无定亲之事。郑仁基也递交奏折，声称女儿待字闺中，并未许字他人。"

"既然他们自己都说没有这么回事，魏徵不是无事生非吗？"

"此事疑点颇多，魏徵身为言官，如果没有真凭实据，绝不会信口雌黄，此事恐怕要核实一下才行。"房玄龄老成地说。

"谁去核实？"

"皇上……"房玄龄欲言又止。

"有话就说，何必吞吞吐吐。这一点你就没有魏徵爽快。"

"爽快怎么样，图个嘴巴痛快而已，不是照样打入天牢吗？"房玄龄咕噜着，其实是故意说给李世民听的，想摸清李世民对魏徵处罚的态度有没有转变。

"你说什么？大声点。"

"臣是说魏徵还在天牢里。"房玄龄小声说。

"杜如晦，你说话呀！怎么办？"

"先放了魏徵再说。"杜如晦说。

"怎么放，朕出尔反尔呀？总得有个理由吧？"

"错了就改，这就是理由！"房玄龄补了一句。

"你也以为朕错了？朝堂上为何不出声？"李世民斥责道。

"臣可不想进天牢！"房玄龄小声说。

"走，到天牢去！"李世民起身就走。

"到天牢去干啥？"杜如晦问。

"去了就知道了。"

房玄龄、杜如晦、高士廉起身跟在他的后面，李世民转头说："高士廉，你就别去了，回去休息吧！"

"臣遵旨！"高士廉如释重负地停了下来。他知道，皇上纳聘郑仁基之女之事是他一手挑起来的，郑仁基之女到底是名花有主还是待字闺中，他心知肚明，万万没有想到的是，魏徵从中插一杠，使事情越闹越大，魏徵还因此而入天牢，这是他始料不及的。他心里暗暗后悔，不该向皇上推荐郑仁基之女，皇上虽然没有怪罪下来，但事情迟早还是要穿帮的。看到皇上与房玄龄、杜如晦远去的背影，他心事重重地转身回家。

李世民带着房玄龄、杜如晦，不坐轿，步行出了承天门，走出宫城，左拐直接向刑部天牢走去。三人来到天牢却被狱卒挡在门外，房玄龄上前问道："怎么回事？"

"天牢重地，闲杂人等不得入内。"狱卒理直气壮地说。

"睁开你的狗眼看看，我们是闲杂人等吗？"房玄龄大声喝道。

狱卒可不是省油的灯，见眼前这几个素不相识的人不但要进入天牢，而且还气势汹汹地骂人，心里的气就不打一处来，大声地呵斥道："哪里来的鸟人，竟然敢到这里撒野，也不看看地方。"说罢欲上前动手。

典狱史吴雄听到外面吵闹，忙从里面赶出来，见狱卒在呵斥房玄龄、杜如晦两位当朝宰相，上前就搧了狱卒一个耳光："混账，这是房宰相、杜宰相，你找死？"其实他也是有眼无珠，只识得宰相，却不识得皇上。接着自我介绍道，"下官典狱史吴雄拜见大人！"

两名狱卒听说眼前的人是当朝宰相，惊出一身冷汗，"叽"的一声跪在地上，叩头如同鸡啄米："小人有眼无珠，请宰相大人海涵。"

"管理严格没有错，骂人却是不该，甚至还要动手打人，这也太恶劣了吧！"房玄龄教训了两个狱卒几句，又对典狱史道，"这两个奴才罚俸一月。"

"是，下官遵大人吩咐。"吴雄又对两名狱卒道，"还不快谢过房宰相的宽恕。"

"谢大人宽恕！谢大人宽恕！"

房玄龄正欲向典狱史介绍皇上，李世民摇了摇头，示意不要道破。杜如晦

第19章 贤皇后求旨

对典狱史道:"我们来探视尚书右丞、谏议大夫魏徵,他在牢中还好吗?"

"啊!探视魏大人,他在里面,下官并没有难为他。"典狱史说。

"他不是钦定的犯官吗?为何还对他好?"李世民平静地问。

"尽管他是皇上钦定打入天牢的,但下官敬佩魏大人。"

"为什么?"李世民问。

"魏大人是在为民请命,他在金銮殿上为选秀女之事同皇上闹翻了脸,不仅皇宫里人人知道,而且还传遍了长安城,老百姓对此议论纷纷。"

李世民饶有兴趣地问:"老百姓都说了些什么?"

"都说魏大人为民请命,诤谏之言慷慨激昂,有名臣风范。"

"啊!"李世民惊叹了一声。

杜如晦怕典狱史吴雄说出对皇上难听的话,打断他的话说:"带路,我们去见魏大人!"

李世民走进天牢后,对房玄龄耳语了几句,房玄龄点点头,然后一同进入牢房,李世民有意慢行几步掉在后面,杜如晦向后看了一眼,正欲说话,房玄龄轻轻地推了他一把,摇了摇头,杜如晦也就没有出声,跟在典狱史吴雄的后面向前走去。李世民慢一步,尾随其后。

吴雄掏出锁匙打开牢门:"魏大人,有人看您来了!"

房玄龄和杜如晦迈步进了囚牢,李世民却闪在一边,没有跟进去,吴雄正欲询问,李世民连忙打手势制止了他。

"房大人、杜大人请稍候,下官这就去看茶!"典狱史吴雄说。

房玄龄道:"不必了,你去吧!闲杂人等不准进来。"

吴雄答应一声,转身离去,临走时,向靠在墙边的李世民看了一眼。

魏徵见房玄龄、杜如晦两人来到牢房,连忙从木板床边站起来,调侃地说:"哟!二位大人怎么到这种地方来?这可是关押朝廷重犯的地方哟!看,连坐的地方都没有。"

"魏大人受罪了!"房玄龄关心地说。

杜如晦有点埋怨地说:"魏大人,不是我说你,你这个脾气也要改一改。"

"天下方定,疮伤未复,新皇上登基,不是急着治理国事,肃正朝纲,而是忙于选秀女、纳妃子,这可不是个好的兆头!我身为谏官,能不直言进谏吗?"魏徵不服气道。

"话虽不错，但言词也要婉转一些呀！当着文武百官之面，搞得皇上下不了台，这又何苦呢？"房玄龄埋怨道。

"激言方能催君醒，不痛不痒，轻描淡写，如同鸭子背上泼水，没有用。"魏徵仍坚持己见。

"念在同殿为臣一场，我还是要劝劝你。"房玄龄有些动情地说。

"劝我什么？"

"你马上写个告罪折子，认个错吧！我带去呈给皇上，再在皇上那里做工作，看皇上能不能收回成命，放你出去。"房玄龄说。

"什么，上告罪折？认罪？我何罪之有？"魏徵倔强地说。

"魏大人若毫无悔改之意，我们也就爱莫能助。"杜如晦两手一摊。

"怎么？皇上真的要杀我？"魏徵紧张地问。

"天威难测，谁又能说得准？"房玄龄继续说道。

"真的要杀头？真的要杀头？"魏徵失望地坐回床沿，突然又站起来，有些激动地说，"生又何益？死又何惧？想当年殷纣王残暴不仁，比干丞相冒死进谏，暴君纣王将他的心都掏出来了，比干还是要说。武死沙场文死谏，奸臣贪吏活百年，若皇上真要我死，我也无话可说。"

"不后悔吗？"房玄龄追问一句。

"有些后悔。"魏徵道。

"后悔什么？"杜如晦问。

"我后悔测错了字，看走了眼。原以为皇上乃真命天子，谁知却是如此气量，我真担心皇上会步炀帝杨广后尘，成为昏君。若真是如此，天下黎民百姓何时是个头呀！"说罢，他为自己的壮志未酬流下了伤心的泪。

"谁又在骂朕？朕真的是第二个杨广吗？"李世民一步跨进了牢房。

魏徵万万也没有想到，李世民竟然在这个时候来到天牢，连忙跪下道："罪臣叩见陛下！"

"谁说你有罪了？是朕吗？朕没有说这个话呀！"李世民上前扶起魏徵，"走吧！朕是来接你的，这里不是说话的地方，有话出去再说。"

有诗为证：

仁慈国母护良臣，御前讨旨求放人。
君王后悔等不得，亲至天牢赦魏徵。

第 20 章　三千怨女获自由

魏徵的倔脾气又来了:"陛下将臣打入天牢,尚未定罪,现在却又叫臣走,臣到底是有罪还是无罪呀?"

"这里不是说话的地方,先出去再说!"李世民说道。

"还是说清楚的好,免得出去了还要进来。"魏徵知道事情出现了重大转机,他想趁此机会再向皇上进言。

房玄龄推了魏徵一把,笑着说:"别给脸不要脸,陛下亲自来接你,已经给足了面子。"

"陛下,微臣到底是有罪还是无罪呀?"魏徵追问一句。

"你在朝堂所奏,不能说没有道理,但言语也太过激了吧?平心而论,难道朕真的是桀纣之君?当着满朝文武大臣,你信口开河,朕的颜面何存?"李世民说道。

魏徵见李世民说得真诚,心里一颤,两行热泪夺眶而出,哽咽地回答道:"陛下,谗言陷主,直言救国,古有明训,求陛下体贴微臣之心。"

"难道朕真的是桀纣之君?"李世民追问一句。

"明君与昏君,在陛下一念之间。隋炀帝杨广,骄奢淫逸,贪图享乐,置天下黎民于不顾,就是一个彻头彻尾的昏君。"魏徵说道。

"杨广是什么东西?朕能步他的后尘?"李世民说罢,君臣四人放声大笑。

"魏徵,你说郑仁基之女已许配与人,此情属实?"

"臣乔装成道士,亲至郑仁基家中察探,郑仁基之女确已许配给长安世家大族陆爽之子为妻,正在商议礼聘婚娶之事,这是臣亲耳所闻。"

房玄龄说:"说她许配陆氏,没有明证,皇上的册封大礼已经施行,此事不可中途而废。"

"陆爽也上表说没有婚娶郑女的协议。"杜如晦补充说。

"众位大臣或许是迎合圣意，陆家、郑家先后上表，都否认有此事，这又作何解释？"李世民也问了一句。

"郑仁基上表否认此事，是因为陛下已颁诏书，他承认有此事就是抗旨不遵，这样的罪名他担当得起吗？"

"陆家呢？他们为什么要上表申明没有此事？"李世民问。

"陆家意图也不难理解，他们认为陛下与当年的太上皇是一路人。"魏徵说。

李世民不明白魏徵说话的意思，问道："此话何意？"

魏徵回答："当年太上皇攻克长安，得辛处俭之妻，甚是喜欢，宠幸有加。当时辛处俭为东宫太子舍人，太上皇对他看不顺眼，下令将他赶出东宫，贬到万年县。辛处俭常处于惊惧之中，深恐丢了性命。因此，陆家上表否认其事，也是害怕陛下以后借此加害于他。所以不得不如此。"

李世民笑着说："朕是天子，朕的话他也不相信！"

"天威难测哟！一介平民，敢同皇上争女人吗？"魏徵只好实话实说。

"啊！原来如此，幸亏你据理力争，否则朕真的成为夺人妻的昏君了。"李世民这才恍然大悟。

"陛下，臣想请您见一个人！"魏徵说。

"什么人？"李世民问。

"走，跟我来！"魏徵说罢，带头走出牢门。

典狱史吴雄上前问道："魏大人，你这是要到哪里去？"

"吴雄，圣驾在此，怎能如此大呼小叫？"房玄龄大声喝道。

吴雄听房玄龄一声断喝，这才知道随同房玄龄、杜如晦进来之人是当今皇上，慌忙跪下叩拜："臣不知皇上驾到，多有不敬，请皇上恕罪！"

跟在后面的狱卒见皇上驾临天牢，惊慌失措地跪在地上一个劲地叩头。

"起来吧，没你们的事。"李世民挥挥手，一行人出了天牢。

朱雀门外，货郎守着货担，两眼无神地向皇宫张望，魏徵带头走在前面，李世民紧随其后，房玄龄和杜如晦一左一右跟着李世民，一行四人悄无声息地来到货郎身边，魏徵上前轻声问道："货郎大哥，你要等的人等到了吗？"

"没有，我都等十年了，一定能够等到她的。"货郎忧郁地说。

李世民和房玄龄、杜如晦不知所以，看看货郎，又看看魏徵，不知魏徵要

第20章 三千怨女获自由

搞什么名堂,三人一齐投来探询的眼光。

魏徵装着什么也没有看见,他指着李世民对货郎说:"货郎大哥,这是我家主人,你向他说说到底等谁,他的熟人多,路子广,说不定可以帮助你。"

货郎瞪大眼睛看着李世民,惊喜地问道:"老爷,你真的能帮我?"

李世民不知货郎要他帮什么,用目光向魏徵探询,魏徵还装着没有看见,李世民只好回答道:"你说说看,到底是什么事,看我能不能帮忙。"

"我等我的媳妇!"货郎说。

"等你媳妇?你媳妇到哪里去了?"李世民惊异地问。

"她在皇宫里。"

李世民大惊失色:"皇宫?你的媳妇怎么到皇宫里去了?"

"皇上选秀女选进去的。"

"啊!"李世民惊叹一声,"你媳妇叫什么名字,她是几时进宫的?"

"我媳妇叫婉娘,武德初年选秀女选进宫。"

"婉娘?"李世民惊疑地问,他心里想,之前唱曲的宫女不是叫婉娘吗?难道是她?

"是,她叫婉娘,大业十二年八月二十日选秀女进宫,今天是武德九年十月二十一日,已经进宫三千七百一十一天了。"

李世民被货郎的话惊呆了,三千七百一十一天,漫长的时间,漫长地等待,他心里一阵剧痛,只知道选秀女是历朝历代的祖制,皇上三宫六院七十二妃乃是天经地义,从来没有想到选秀女会给无辜的百姓带来如此大的痛苦,若不是魏徵带他来,他真的不相信人间竟有如此惊天地、泣鬼神的人间悲剧。

货郎像是对李世民说、又像是自言自语地道:"我们说好了,她要替我生个娃子,她不会骗我的,她就在皇宫里,我在这里等她,她会出来见我的,官爷,您认识婉娘吗?她是我的媳妇呀?您真的能帮我找到她吗?求求您,帮帮我吧!我给您叩头了!"货郎说完,跪在地上,五体投地地给李世民叩了三个响头,待他抬起头的时候,额头已经隆起一个大血包。

魏徵连忙上前将货郎扶起来道:"货郎大哥,有话慢慢说,别这样,说清楚了,我家主人一定会帮助你!"

李世民看到如此凄婉的情景,心里一阵剧痛,怪不得魏徵在朝堂上冒死进谏,原来他深知这些痴男怨女的悲苦情景,他真是一个忠臣呀!想到这里,他有些动情地对货郎道:"货郎大哥,朕……真的有这个人的话,我保证将她交给你,三天之后，你到这里来等，接你的婉娘回家，好吗？"说完这句话，他怕自己的眼泪掉出来，一摆手就进了朱雀门。

"货郎大哥，去吧！三天之后，你来接你的婉娘。"魏徵匆忙地对货郎说了一句，跟在房玄龄、杜如晦的身后进了朱雀门。

货郎一个人愣在那里，茫然不知所措，不知道眼前的这些是真是假，这几个人到底说的是真话还是逗他玩的。不过，他心里想，真的也好，假的也罢，反正每天都要在这里等他的婉娘，既然是这样，不管真假如何，还是到这里来等就是了。

"魏徵，你来草诏！"李世民刚回到偏殿，迫不及待地说。

"草什么诏？"魏徵不解地问。

"纳郑氏女为妃一事，朕有失察之过，此事宜停。为了消除郑、陆两家的顾虑，再下诏，撤回聘郑仁基之女为嫔妃之诏书，并赏郑仁基铜钱五十贯以作嫁女之资，以表朕对郑家、陆家的歉意！"

"臣遵旨！臣代表郑、陆两家谢主隆恩！"魏徵高兴地跪下向李世民行叩拜之礼。

"朱雀门货郎候妻之事，震撼朕心，朕真的没有想到，朝廷选秀女，竟带来如此惨剧，朕心深觉不安。货郎十年盼妻，实在是可怜，宫女幽闭深宫，同样也是可悯。命尚书左丞戴胄、给事中洹水、杜正伦清查后宫宫女之数，凡进宫满五年，且愿意回家者，遣送回家，任求伉俪，货郎所说的婉娘就在皇后宫中，三天之后，派专人送到朱雀门外，还给货郎，另赐货郎铜钱二十贯，以作其成婚之资。"李世民一口气说出了他的决定。

"臣记下了！"魏徵说。

"今年停止选秀女。"李世民补充一句。

"臣谢主隆恩！"魏徵跪下叩头。

"起来、起来，又没有赏你，何谢之有？"李世民笑着说。

"臣替受赏之人谢陛下！"魏徵亦笑着回答。

郑仁基接到皇上退聘的圣旨，一家人喜极而泣，郑氏夫人道："皇上是个圣明之君呀！竟然将已发诏令收回。"

"你知道谁是进谏者吗？"郑仁基问。

第20章 三千怨女获自由

"谁呀？"

"就是那个测字的道士！"郑仁基说。

"他真的有这个能耐？"

"他不是测字道士！"郑仁基说。

"他是谁？"

"他就是当朝的尚书右丞、谏议大夫魏徵魏大人。"

"那他又怎么成了测字的道士？"郑夫人不解地问。

"他是乔装成道士微服私访，如果以官差身份来到咱家，咱们敢说真话吗？"郑仁基反问道。

"啊……"

"为了咱们家的事，魏大人在朝堂上当着文武百官之面同皇上抗争，皇上一怒之下将他打入天牢。"郑仁基说。

"那为何又放出来了呢？"

"皇上是圣君，本无诛杀良臣之心，将魏大人打入天牢也是盛怒之下的举措。"

"啊……"

"听说此事还惊动皇后了。"

"真的？皇后怎么说？"郑夫人问道。

"皇后从不干预朝政，这次破例在皇上面前讨旨，请皇上赦免魏大人。"

郑氏夫人及郑女听说魏徵因朝堂抗争而入天牢、皇后讨旨、皇上亲至天牢释放魏徵，均感叹不已。

尚书左丞戴胄、给事中洹水、杜正伦遵循李世民的旨意，对后宫的宫女之数进行排查，符合遣返条件的有三千余人。他们将这些情况整理成册，送呈圣览。

李世民御笔亲批，将这三千余名宫女全部释放出宫，赐予钱帛，任其婚配。

三天之后，朱雀门前，三千余名宫廷怨女兴高采烈地蜂拥而出。只见一名太监带着宫女婉娘来到朱雀门前四处张望，货郎看到从皇城中一下子走出这么多的女人，正感到惊奇，忽见一个太监站在朱雀门前，太监身边的一名女子瞪大眼睛东张西望，货郎一眼看出，这就是自己朝思暮想的心上人婉娘，他呼地一下站起来，腾地一下冲上去忘情地喊道："婉妹子！婉娘！"边叫边冲过去。

太监身边的女子先是一惊，而后也是一声惊呼："平哥！"

两个苦命人，相互叫喊着对方的名字，不顾路人投来惊异的眼光，拼命地向对方奔去，不顾男女授受不亲之古训，就在大庭广众、众目睽睽之下紧紧地拥抱在一起，一双分别了十年之久的恋人，抱头痛哭。路人见此情景，纷纷掉下同情的泪。

"应该高兴才是，还哭干什么？"太监上前说道，"这是皇上赏给你们的二十贯铜钱，拿回家去办婚事吧！"

货郎颤抖地接过铜钱，哽咽地问："皇上怎知小民在此？"

太监问道："是谁叫你三天之后在这里等人？"

"一位年约三十的官爷说的。"

"你知道他是谁吗？"太监问道。

"小人不知。"

"那位官爷就是当今皇上，知道吗？"

"啊！"货郎惊得瞪大了眼睛，"他就是当今皇上？"

"不是皇上，还有谁有这个能耐将你的媳妇还给你？"

"皇上？"货郎睁大了眼睛。还没等他回过神来，太监一闪身，人影已没入朱雀门之内。他连忙拉了婉娘一把，两人双双跪在地上，面对皇城叩了三个响头。然后站起来，手拉着手，像小孩一样，欢天喜地、又蹦又跳、又哭又笑地离开了朱雀门，连货担也不要了。

一场惊世骇俗的臣子骂皇帝事件，在大唐天子李世民的宽容之下，以一种皆大欢喜的形式收场。从此，李世民和魏徵，这两个中国历史上最著名、最闪眼的政治明星，正式一同登台亮相，二人一问一对、一谏一纳、一犯颜逆鳞、一虚怀若谷，一场长达十七年的政治剧正式拉开序幕。

后人有诗咏叹：

掖庭怨女遣三千，朝野上下皆欢声。
君王因之得赞颂，魏徵为此险丧身。

第 21 章 纹坪论道

李世民善棋。传说有虬髯客者善相面，自认有天下之份。他从李靖处听说李世民欲争霸天下，约李靖一起赴太原找李世民下棋，实际上是去探视虚实。李世民应邀而至，虬髯客一看李世民神采奕奕，光彩照人，果真是"真龙天子"之相，心里暗暗吃惊。没待李世民坐稳，先抓起四子摆在棋盘四个角上的四个星位上，嘴里大呼大叫："老虬四子占四方。"

李世民不慌不忙地拿起一粒棋子，放在棋盘天元上，朗声道："小子一子定乾坤！"

虬髯客见状，顿失与李世民争天下之心，远赴海外另谋建立王国之地。

这虽然是传说，但李世民善弈却是不假，他登基后曾回顾说："朕少在太原，喜群聚博戏。"且还写过两首咏棋诗：

《五言咏棋诗》之一

手谈标昔美，坐隐逸前良。
参差分两势，玄素引双行。
舍生非假命，带死不关伤。
方知仙岭侧，烂斧几寒芳。

《五言咏棋诗》之二

治兵期制胜，裂地不要勋。
半死围中断，全生节外分。
雁行非假翼，阵势本无云。
玩此孙吴意，怡神静俗氛。

长孙皇后诞下公主，满月之日，李世民于丹霄殿宴请群臣。酒毕，李世民命人取来一副围棋置于早已备好的案几上，向魏徵招招手道："魏徵，过来，陪朕手谈一局。"

"臣棋艺粗劣，难与陛下博弈，陛下还是饶了微臣吧！"魏徵推辞道。

"魏徵几时变得这么谦虚了？这可不是你的性格。"李世民用起了激将法。

魏徵见推辞不过，只得一边坐下一边说："当年在终南山修道，常与道友手谈。下山以后，很少摸黑白子，棋艺早已生疏了。"

群臣见皇上与魏徵博弈，都围拢来观看。

魏徵伸手取过装白子的棋盒，拈起一粒棋子，见是用玉打磨而成的棋子，每粒棋子上雕刻着一条小龙，显然非民间之物，赞道："好棋子！"

"可知此棋来历？"李世民问道。

"有所耳闻，不知是此棋否？"

"说来看看。"李世民欲考魏徵的见识，故意说了一句。

"传说隋炀帝杨广奢侈腐化已达登峰造极的地步，为了显示豪华、气派，他将洛阳城十个最有名的琢玉工匠召集在一起，用了半年时间，将一块和田古玉打磨成一副棋子，每粒棋子的大小、形状、重量完全一样，同时又在每粒棋子上雕琢一条龙。"魏徵问道，"此棋可是彼棋？"

"不错，正是此棋。"李世民笑了笑，"魏徵果然广见博识。"

"道听途说而已，不想真被言中。"

李世民手拿一粒棋子道："今天的博弈，可要带点彩头！"

魏徵听说要带彩头，连忙起身离座道："臣无物可赌，不敢烦劳圣躬，陛下另请他人吧！"

李世民哈哈大笑："朕知你有物，何必吝啬？不必推辞，来吧！"

"臣实在无物可赌，陛下还是饶了微臣吧！"魏徵仍然不肯就座。

李世民道："朕知你有颗忠正之心，你若胜，朕将赐你以物；若败，莫忘今日之会，莫亏今日之约即可！"

这就是说，魏徵胜了，可以得到李世民的赏赐；败了，就要尽忠于李世民。

"臣有一句话必须先说明。"魏徵仍不依不饶。

李世民手一挥："有何话，只管道来。"

"牌桌上无父子，棋桌上无君臣，对弈就得尽力搏杀，谁胜谁负，凭棋艺

第21章 纹坪论道

说话。"

"好！这样才能杀得痛快。"李世民手击棋桌，"入座。"

两人入座对弈，李世民落子如飞，魏徵也不含糊，挡、堵、靠、断、飞、夹、顶、尖、补，使尽了浑身解数，李世民落子的速度越来越慢，后来竟是长考，下至一百五十六手，终于投子认输。

"你赢了！"李世民站了起来，"魏徵听旨！"

魏徵忙跪下："臣恭聆圣谕！"

"朕将皇后的贴身侍女美娟赐给你为妾。"

"使不得。"魏徵慌忙拜答道，"陛下，臣已有妻室，不敢受赐！"

"魏徵！"

"臣在！"

"你敢抗旨吗？"

"臣不敢！"

"不敢就好！"李世民诡异地一笑，"再赐你马一匹，金装鞍辔勒一应俱全，赐绢千匹。"

魏徵跪在地上一动不动，没有谢恩。

"魏徵！"李世民提高了声音。

魏徵如梦方醒："臣谢主隆恩！"

李世民对魏徵的赏赐，马匹、钱财都是身外之物，姑且不论，但将皇后的贴身侍女赐给魏徵为妾，却是另有深意。原来，侍女奉有密旨：监视魏徵的言行举止。

这是李世民的密令，就连长孙皇后也不知情。可见帝王之心深似海，任何人也摸不透。后人就李世民诡异一笑，有诗咏叹：

先赐侍妾后赐绢，君王诡笑有隐情。
谁人能识玄中机？魏徵临终才露形。

李世民生长在戎马倥偬岁月里，前半生几乎是在金戈铁马的军旅生涯中度过。唐朝建立时，一直是李建成为太子，接受储君的教育，李世民南征北战，没有得到足够的学习机会。玄武门之变后，李世民仅做两个月皇太子，便龙飞九五，登上皇帝宝座。严格地说，他没有受到储君应当得到的教育和培养。这就决定了李世民有两个先天缺陷，一是文化水平低，二是政治修养差。李世民自己也承认这一点，他曾对房玄龄说："为人大须学问。朕过去因为群凶未灭，东西征讨，忙于战事，无暇读书。现在四海安静，朕身处殿堂，不能有很多时间自己看书，使人读而听之。君臣父子，政教之道，书中都有记载。古人说：'不学习，就如同向着墙壁，遇到事情只是烦恼。'不只是说说。我回想年轻时的处事行为，觉得很是不对。"

李世民即位后，面临一个迫切任务，就是要进行文化补课和政治进修，尤其是政治进修。在正常的皇位更替之中，皇帝都要经过储君阶段，有专门老师教太子怎样做皇帝。李世民是先做皇帝，进入角色后才开始学习做皇帝的行为规范。值得庆幸的是，李世民天生睿智，且又虚心好学，在他的臣子中，博学鸿儒之士比比皆是，这些人都可以教他。即位以后，在弘文殿旁开设了弘文馆，这些硕儒轮流在弘文馆当值，随时接受李世民的请教。但他逐渐觉察到，硕儒在奏对中虽然有问必答，但对他的态度较之以前有了很大转变，变得没有从前那样畅所欲言，更多的则是唯唯诺诺。补政治课，最理想的方法，就是结合皇帝的具体言行，在实践中随时说教，这样最生动、最尖锐、最深刻，也最能打动皇帝。

李世民在寻找这样一个人。

魏徵所献首策是安抚河北，这一谋略极具战略意义，由此可以看出，魏徵纵横谋略之术，确非常人所能及。圆满完成安抚河北之使命，其办事能力也得到了验证；从犯颜直谏、朝堂骂皇帝，可见其忠心；魏徵广见博识，有经天纬地之才，口才出众，应对于朝堂，娓娓动听；见之于奏疏，妙笔生花。

魏徵是李世民要找的最合适人选。只是魏徵乃隐太子旧属，曾有过欲制自己于死地的旧事，尽管这是各为其主，但想起来总有那么一丝挥之不去的阴影。李世民用理智控制感情，欲以社稷为重，忘掉个人恩怨，从魏徵身上得到他想得到的东西。

于是，李世民每当处理国事有疑惑之时，就想找魏徵聊聊，每当有重要决策时，也想听听魏徵的意见。魏徵成了他不可或缺的臣子。他常召魏徵至卧内，访谈天下事。魏徵也因喜逢知己之明主，尽展胸中所学，无所保留，为李世民出谋划策，鞠躬尽瘁，至诚奉国，凡二百余奏，无不剀切当帝心者。

这一天，魏徵又被李世民引入卧内，礼过之后，彼此也不客套，李世民直截了当地说："先生博古通今，朕有些事尚不明，望先生为朕解惑！"

只听声音不见人，去掉一个"朕"字不计，听者一定会认为这是学生向老师讨教无疑。

魏徵离坐而起道："陛下若如此说，臣将无地自容，陛下有何事相询，只管讲，臣知无不言，言无不尽。"

"朕最近看了隋炀帝的文集，觉得隋炀帝这个人学识渊博，为何没有治理好国家而使隋朝走向灭亡呢？"

李世民在这里提出了作为帝王最关心、又是最害怕的问题：亡国。他在探求隋炀帝杨广亡国的原因。

"臣以为，作为皇帝，仅有聪明的脑袋和渊博的知识不行，还应该有虚心倾听臣子意见的诚意，宽以待人的襟怀。隋炀帝自恃才高，骄傲自满，刚愎自用，说的是尧舜之话，行的却是桀纣之事，骄奢淫逸，只图享乐，视满朝文武百官与百姓于无物，是一个十足的暴君，失去了民心。得民心者得天下，失民心者失天下，此乃千古颠扑不破之真理。"

李世民颇有感触地说："隋朝的灭亡，可是前车之鉴啊！朕一定要记住这个教训，以亡隋为鉴。"

总结历史经验教训，研究当今朝政的利弊得失，是魏徵纵横谋略、研究治国之道的最主要的内容之一，他将这种思想有意或无意间总是向李世民灌输，君臣之间在思想上形成了一种共鸣，以至李世民提出了千古名句：

以古为镜，以知兴替。

李世民稍顿一会又问道："朕还有一个问题！"

"陛下请讲！"

"百姓与皇帝，是一种什么样的关系？"

"百姓与皇帝，是水与舟的关系。百姓是水，皇帝是舟，舟在水中才能至远，离开了水，旱地怎可行舟？水能载舟，亦能覆舟，一旦风浪大作，无论舟有多大，顷刻间就会葬身于汪洋大海之中。"魏徵形象地比喻说。

"水能载舟，亦能覆舟。"李世民问，"是这个意思吧？"

"正是。"魏徵点点头。

"什么是明君？什么是暗君？"李世民说。

"《诗经》记载：'古代的贤人说，你有怀疑的事情，就赶快去请教割草砍柴的劳动者。'从前尧帝体恤下情，详细询问民间疾苦，所以能够知道恶行；舜帝目明能远视四方，耳聪能远听四方，所以共工、鲧、欢兜不能掩匿罪过；秦二世偏信赵高，造成望夷宫的灾祸；梁武帝偏信朱异，招来台城的羞辱；隋炀帝偏信虞世基，导致彭城阁的变故。所以君主善于听取各方面意见，则亲贵大臣就无法阻塞言路，下情也就得以上达。这样就不会被个别小人欺骗。"

"兼听则明，偏信则暗。"

"嗯！"魏徵说，"这是放之四海皆准的道理。"

李世民又问："关于治国之道，朕征询过房玄龄、杜如晦等新进，也曾询问过萧瑀、封德彝等武德老臣，有人建议朕'独运威权'，有人建议朕'震耀威武，征讨四夷'，先生以为如何？"

"臣主张偃武兴文，布德施恩，轻徭役、薄赋敛，让百姓得以休养生息，使男子有田可耕，女子有布可织，人人安居乐业。如此，国家就能安定、强大，四夷才会臣服。"

"如何才能使国家长治久安？"李世民问。

"定偃武兴文之计，行抚民以静之策！"

"何以谓静？"李世民将座位向魏徵身边挪了挪。

"以隋朝与唐朝相比，隋初，仓廪丰盈、户口繁多、兵精粮足，样样都比唐朝强，但是，隋以富强动之而危，我以寡弱静之而安。"魏徵清了清嗓子，继续说道，"静，就是使百姓休养生息，安居乐业，对百姓的徭役之征要适度，而不像隋炀帝那样，虐用其民，强征暴敛，诛求不已，使老百姓无法生存。"

李世民是个贤明的君主，他亲眼看到隋炀帝统治时期干戈不息，徭役无时，穷兵黩武，穷奢极欲所带来的最终结果是亡国，他迫切地期望大唐昌盛。魏徵的谏言与他的谋略一拍即合，这更增加了他的信心。他不仅赞同魏徵的观点，而且将魏徵的理论用之于国政大计的决策之中，此后制定的治国总方针："戡乱以武，守成以文"，直接源于魏徵的"偃武兴文"的理论；作为基本国策的"轻徭役、薄赋敛，休养生息"，也源于魏徵的"布德施恩，抚民以静"的理论。

如果说李世民是贞观时期国家大政方针的决定者,那么,魏徵则是贞观时期国策的总设计师。有诗为证:

君王卧里询国事,良臣尽述展无隐。
一代圣君成正果,千古帝师乃魏徵。

第 22 章　论教化

凌烟阁是西苑三清殿旁边的一座小楼，平常并不常有人到此。李世民要召开一个重要会议，会址就定在凌烟阁。因会议的议题事关国运，李世民将文德皇后长孙氏也请来旁听。他要让文德皇后在第一时间，见证这个重大决定的诞生，这就是新皇帝年号。

新皇帝，新年号，这是祖制，也是古今惯例。李世民是大唐第二代皇帝，当然要有自己的年号。也许是对会议特别重视之故，李世民一反常理，携文德皇后最先来到凌烟阁。

奉诏与会的几位博学鸿儒如房玄龄、杜如晦、虞世南、萧瑀、魏徵等陆续到来，见皇上与皇后竟然早早地就坐在里面，心里甚是惊异。大家心里猜测，皇后执掌后宫，从不参与朝政，今天皇后与会，会议议题绝非寻常。几位大臣陆续到场，行过君臣之礼后入座。

李世民见人到齐了，开门见山地说："朕登基已三月有余，眼下已是'武德'岁末，明年即将改元，启用新年号，但朕的年号尚未确定。"他看了大家一眼，"今天与会者，都是学富五车，满腹经纶的硕儒，请你们来，就是商议朕的年号。"

皇帝年号，是一个事关千秋万代的大事情，与会者虽然都是博学鸿儒，但谁也不敢马虎，谁也不敢贸然开口，会场一时静了下来。

魏徵道："年号事关国运，一点不能含糊，得仔细推敲推敲。"

大家点点头，表示赞同。李世民见大家都在思索，说道："魏徵，前几天朕听你说到北齐文宣帝高洋年号的趣闻，当时有事，未能让你讲完，今天会议的议题是年号问题，你再说来听听，也许对大家是个启示。"

"说到北齐文宣帝高洋的年号，倒真的是有趣得很。"魏徵笑了笑。

"别卖关子了，说吧！"李世民笑着催促。

"高洋在历代皇帝中并无名气，但他的测字术却出神入化，令人难以置信，连专职方士都自叹不如。他是个名副其实的测字皇帝。"魏徵手捻胡须，不紧不慢地说。

大家见魏徵讲起了趣闻，都在侧耳静听。

"高洋废东魏，建立北齐（550年）后，召集群臣商议，要给新王朝起个大吉大利的年号。有人当场提议叫'天保'，意思是让老天爷保佑北齐万年！万年！万万年！众人齐声叫好。高洋却说道，好是好，可'天保'二字拆开就是'一大人只十'，你们是笑朕只有十年皇位啊！"

高洋一向喜怒无常，荒淫残暴，平时常将煮人的大锅，肢解人的长锯、锉、礁等刑具摆在庭中，喝醉了酒，就以杀人取乐。左右大臣常无故惨遭屠杀。众大臣听说年号没有取好，都吓得跪地求饶。

高洋却哈哈大笑地说："没事，没事，这是天意，不怪你们。朕有十年皇帝做就不错了。"

"真是奇闻啊！"文德皇后长孙氏听到这里不由掩面而笑。

魏徵道："更奇的还在后面，高洋不但知道自己在位几年，甚至连何年何月何日要寿终正寝也知晓。有一年，高洋带着美若天仙的皇后李祖娥上泰山，在岱庙的天贶殿向老道问卦。高洋问老道，你看朕能享多少年天子之位？老道不假思索地说，三十。高洋面露喜色地对皇后说，你看，老道也说我有十年帝位。皇后不解道，老道不是说三十吗？高洋解释道，这三十是指十年十月十日，三个十加起来不就是三十吗？后来，高洋果然在天保十年（559年）十月得了暴病，食不能咽，饿了三天，就在十日这一天一命归西。"

"真是神了哟！"长孙皇后惊叫起来，突然发现自己有点失态，连忙伸手捂住了嘴巴。

魏徵说："后面还有更神的。"

杜如晦不屑地说："人都死了，还神到哪里去？"

"神就神在他测到了他死后的事。"

"如何神法？说来听听！"武德老臣萧瑀虽然不喜欢魏徵，却也好奇地催促起来。

魏徵看看李世民一眼。

李世民鼓励道："说吧！起年号，就是要谈古论今。"

魏徵接着说:"太子高殷将入学时,高洋请国子监博士邢子才替他起个字号。邢子才思索再三,得意地说,字号'正道',人间正道是沧桑嘛。高洋一听大叫,糟了,'正'字乃'一止'也,朕的儿子恐怕很难继承大统了。邢子才吓得魂不附体,恳求重新起字号。高洋喟然长叹,不用了,这是天意,就是改了也枉然。高洋环视众臣,对他的胞弟常山王高演说:'阿演仔,朕要是现在杀了你,师出无名,反而落个千古骂名。只求你日后手下留情,要篡位就篡位,可不要乱杀无辜啊!'高演一听,跪在地上磕头不止,连说:'不敢,不敢。'高洋死后,高演官至太师,果然矫诏杀了他的侄子而篡位,真的一如高洋所料。"

李世民端起茶杯喝了一口茶道:"魏徵的故事讲完了,再议朕的年号吧!"他见大家都没有答腔,接着说,"大成、贞亨、贞观,朕查书翻典,选了三个待定年号,大家想想看,哪一个好?"

大家针对李世民提出的三个年号热烈地讨论起来。

魏徵手抚胡须,看着李世民给出的三个年号,想了想道:"大成二字不好!"

长孙皇后听到君臣议新朝年号,也悄悄地凑近些,想听听魏徵的妙论。李世民不解地问:"为什么?"

"'大'者,一人也,'成'字去半,乃一'戈'字,大成合起来就是'一人负戈',一派兵戈肃杀之气,当然不可。"魏徵侃侃而谈。

"贞亨如何?"李世民见魏徵否定了大成,又问下一个。

"'亨'字,'文'不成,为'子'而不就,不吉利。"魏徵又摇了摇头。

大家见魏徵说得头头是道,干脆都不想了,索性当起了听众。文德皇后也睁大了眼睛。李世民见自己拟的两个年号都被魏徵否定了,显然有点急了,问道:"贞观呢?贞观这个年号如何?"

"陛下为何要用这个年号?"魏徵随手拿过旁边两盒黑白棋子,在棋盘上摆成"贞观"二字,所摆之"贞"字,上面的卜用黑棋子,下面的"贝"字用白棋子,观字左边"又"字用黑棋子,右边"见"字用白棋子。

李世民解释道:"'贞观'二字取之于《易经·系辞下》'天地之道,贞观者也'之句。贞,正也,吉祥永固之意;观,视也,视审望察之意。二字表示天地之道,以正道示人,天地万物莫不保其贞以全用也。"

李世民虽然读书不多,为了起年号,真的花了不少工夫。

"西晋司马炎的年号'咸宁',取之于'首出庶物,万国咸宁'之句;隋炀帝杨广取年号'大业',取之于'盛德大业至矣哉,富有之谓大业,日新之谓盛德'之句,均出自《易经》,'贞观'取之于'天地之道,贞观者也'之句,同样出自《易经》。"魏徵说到这些典籍如数家宝。

"先生果然博古通今,测测看,'贞观'二字吉凶如何?"李世民出于对魏徵的敬佩,竟然改称魏徵为先生,古时皇帝称臣子为先生,是至高无上的荣誉。

魏徵尚未留意李世民的称呼,手指棋盘上的字说:"'贞观'二字取自《易经》,玄机无限,深不可测。"

"此话怎讲?"

"贞观二字中的'贞'字,上头贝脚,上者,皇上也,贝者,钱也,钱乃财富之象征;'观'字左边加单人旁为'仅',右边加王旁为'现'。'贞观'二字,就是皇上站在财富之上。"此时,魏徵突然想起当年在五台山时紫微星君送他的四句谒句:

玄武一变定乾坤,贞观盛世显太平。
谏诤方能保国昌,莫做忠臣做良臣。

脱口而出道:"贞观盛世显太平!陛下,以贞观为年号,大吉大利!"

"真的?"李世民惊喜地问。

"以陛下之睿智,定能参悟天地,行开明政治之道,以'贞观'为年号,励精图治,假以时日,抚临四海、惠泽百姓,定能开创贞观盛世。"魏徵说道。

"贞观盛世显太平,说得好!朕一定要励精图治,开创贞观盛世!明日早朝,朕要诏告天下,年号就叫'贞观'。"李世民高兴地说。

一次议年号的会议,成了魏徵一个人的演讲,号称十八学士之首的杜如晦、房玄龄,竟未获得说话的机会。萧瑀心中虽是不服,却也无可奈何。中书舍人、一代鸿儒虞世南竟是惺惺相惜,从内心佩服魏徵的博学多识。李世民心里更是明白,他面前这个四十八岁的硕儒,前半生虽然郁郁寡欢不得志,但其胸中所学,确是莫测高深,今后,一定要给他表现的机会。

显德殿里,李世民端坐在黄袱龙椅上,文武百官随后进殿,齐刷刷地跪伏在丹墀之内,三呼:"吾皇万岁!万岁!万万岁!"

"平身!"

李世民扫了大家一眼道:"朕率领千军万马,攻城拔寨,都能做到心中有数,百战百胜，但如何治理国家，朕心里却没底。各位大臣，你们有的是亡隋旧吏，有的是武德老臣，有的是昔日秦王府的旧僚，还有的是隐太子的旧属，现在都集中在一起，成为贞观臣子。希望大家忠心事朕，精诚事国，除弊兴利，振兴朝纲，从此君臣同心，开创贞观盛世。"

文武百官齐声答道："精诚事国，辅佐陛下，开创贞观盛世。"

"今天是朝会，有个问题本应由宰臣研究，为了能听取更多人的意见，朕今天就在这个百僚大会上提出来，请大家各抒己见。"李世民说。

站在前排的左仆射萧瑀、右仆射封德彝、门下侍中高士廉、中书令房玄龄都是宰相，紧随其后的是杜如晦、长孙无忌等几位重臣。他们不知道皇上有什么问题不在内阁商量，而要直接交给文武百官讨论，彼此相互看了一眼，都没有得到答案。魏徵官品低微，远远站在后面。

左仆射萧瑀出班奏道："不知陛下有何问题要交文武百官讨论？"

李世民面对群臣说："大乱之后，百废待兴，朕要诸位臣工讨论：如何治理朝政，振兴国运？如何统治百姓？"

对人民的教化，是制定国策的理论基础，这是一篇大文章。在没有预知的情况下，李世民将这样一个重大问题拿到朝堂上交给文武百官讨论，确实有些考虑欠周。这也从一个侧面反映出李世民缺乏治理朝政的经验。

站在前排的几位宰臣没有想到皇上会提出这样一篇大文章，都没有思想准备。武德老臣裴寂手持笏板道："贞观虽是新朝，同武德本为一体，臣以为，一切沿袭旧制即可。"

王珪站列班中点点头，似有认可之意。原秦王府旧属相视而笑，似是不以为然。

"乱世须用重典，治天下要用严律重刑。"封德彝站出来，大声地阐明自己的观点。

魏徵手持笏板从后面站出来说："臣以为封大人所言不妥。"

封德彝吃惊地看着魏徵，他真没有想到，这个小小的尚书右丞竟然公开站出来同自己的顶头上司唱对台戏。群臣对此也惊异不已。

李世民手一挥："讲下去！"

魏徵手持笏板道："贞观以前，征伐不断，为的是要统一天下，今天下已定，新朝初创,但国力仍不强,民力也不足,目前第一要务就是要抚民以静,休养生息。大乱之后,首要的是教化,至于律法,只求中正即可。"

"百姓能够教化吗?"李世民问。

"臣以为,长期处于和平安定环境中的人民,易产生骄狂和怠慢的心态,反而还不易于教育和管理,遭受过战乱的人民,人心思定,更容易接受教育和管理。大乱之后治理国家,就像饿急了的人渴望吃东西一样,来得更快,更自觉。"魏徵针对李世民的担忧,提出了自己的看法。

"魏徵所言虽然有理,古人云,善治国者,百年之后方能见成效,何况是在今天?"李世民虽然认为魏徵说得有理,但仍然存有疑虑。

"陛下所言,非圣明之治,圣明者治国,有于弃物击地,立有回声,一年可见效果,三年出政绩尚属太晚,哪用百年时间?"魏徵解释说。

封德彝从心底就瞧不起这个小小的尚书右丞,出班奏道:"臣以为,魏徵所言,并不是这么回事,三代以后到现在,人心变得越来越奸诈,秦朝用严刑峻法,汉朝用霸王之道,看来都是想教化,其结果都是教而不化,天下难道有能够做到而不去做的吗?魏徵乃一介书生,不识时务,纸上谈兵,夸夸其谈,徒乱国家,魏徵之言实不可取。"

魏徵顾不得彼此间地位悬殊,也未被封德彝的气势吓倒,再次出班,针锋相对地说:"古代黄帝征蚩尤,高阳征九黎,汤伐夏桀,武王伐纣,征伐之后变大乱为大治,均达到天下太平,五帝三皇难道不是在大乱之后以教化做到了吗?依封大人之论,人心今不如昔,一天坏于一天,还谈何教化、治理国家呢?"

封德彝一时无言以对。

李世民见大家没有异议,采纳了魏徵的建议。

教化问题的讨论,具有非常重大的意义,它是贞观时期制定国策的理论基础,对此后数十年国家大政方针产生了不可估量的影响。

后人有诗咏叹:

贞观初创论治国,彼此观点差别大,
德彝献策施重典,魏徵力举重教化。

第23章　贞观决策

李世民因改元将至，改旧制，创新仪，忙得焦头烂额。这一天回到后宫，显得非常疲倦，接过皇后递过的茶喝了一口，感叹地说："哎！未当家不知柴米贵，当了家才知诸般难。"

长孙皇后看了丈夫一眼，没再搭腔。

李世民笑着说："朕在跟你说话呢！"

长孙皇后一脸严肃地说："雌鸡报晓，其家必败。臣妾乃妇道人家，怎能妄议朝政？"

李世民见皇后不愿搭腔，仍是滔滔不绝地说："过去做臣子，不知为君之难，如今坐在金銮宝殿上，才知道做皇帝之难。"

长孙皇后坐在丈夫身边，笑着说："朝政之事，同大臣商量去，不要对臣妾讲。"

"过几天，朕就要启用贞观年号了。"李世民喜滋滋地说。

"贞观一定能给陛下带来好运，给大唐带来好运。"长孙皇后满怀憧憬地说。

"贞观年，朕要大封君臣，无忌从太原起兵就跟着朕，朕封他个右仆射之职，你说如何？"

"千万不可！"

李世民以为皇后嫌官职太小，解释道："左仆射之职给了萧瑀，还有封德彝，都是太上皇提出的条件，房玄龄做中书令……"

长孙皇后急了，打断李世民的话说："不是此意，请陛下不要委无忌兄要职。"

"朕与无忌乃布衣之交，他为大唐、为朕立下汗马功劳，有相佐之才，当宰相是应该的。"李世民这里说的"为朕立下汗马功劳"，实际上是指长孙无忌在玄武门之变中立下的大功，只是他不愿言明，因为在玄武门之变中，他充当了一个杀兄屠弟的不光彩角色。

长孙皇后说道："臣妾立为皇后，已尊贵至极，不想再让兄弟子侄辈在朝廷身居要职，享受高官厚禄之荣。汉朝的吕后、霍光之家，可为前车之鉴。所以，臣妾恳求陛下，千万不要封兄长为宰相。"

李世民哈哈大笑道："诸吕之祸，乃因吕后当朝，方有诸吕之乱。霍光死后，昭帝夺权，废霍后，才灭了霍氏一族。这都是后宫参政作乱所带来的后果。朕总揽朝政，谁敢篡权？就是你文德皇后，也是一位通明贤达，母仪天下的国母，绝不似那无德无才的吕后。"

"总之，臣妾恳求陛下不要任命无忌为相。"长孙皇后仍然坚持自己的观点。

"皇后不是说不问政事吗？"李世民笑着打趣地说。

长孙皇后憋了半天道："臣妾说的是家事。"

李世民正色地说："这可是国事，不是家事。朕之取人，唯才是举，庸才虽皇亲国戚也不足取。"

长孙皇后见劝说无果，也就默不作声，任由李世民高谈阔论。

次日，长孙无忌上疏，他在奏疏中说："臣闻陛下欲封臣为右仆射之职，惶恐之至，陛下与臣乃布衣之交，当知臣之所思，臣虽素怀大志，欲辅佐明君，博得高官厚禄、封妻荫子之荣耀，以求光宗耀祖、千古留名。然家妹已贵为皇后，荣耀至极，臣不欲使世人认为臣是沐皇后之恩而至高位，若此，则有损于皇后清誉，陛下也有任人唯亲之嫌。此乃臣昼夜之所思，恳请陛下怜之。"

李世民看了长孙无忌的奏疏，深深为这一双兄妹识大体、顾大局的言行所感动，暂时放弃了任命长孙无忌为宰臣的念头。

大唐改元，启用"贞观"年号，当年为贞观元年（627年）。李世民称"文武大圣大广孝皇帝"，简称文皇。太宗是其庙号，太宗皇帝是他身后的称谓。

新皇帝改元登基，立长子承乾为皇太子。赐文武百官勋爵，谋士房玄龄、杜如晦的功劳列第一，房玄龄封邢国公，杜如晦封蔡国公，并为宰相。武德老臣萧瑀、封德彝为左、右仆射，官居相职。长孙无忌封齐国公，官拜吏部尚书，尉迟恭封吴国公，官拜武侯大将军。其余文武百官，依其功绩，均有封赏。

御前丹墀之内的群臣听完封赏诏令，一阵骚动，有人满脸高兴，有人面露不满之色，其中犹以淮安王李神通最是不服，他自恃战功显赫，资深位高，在战场上出生入死，结果是文臣房玄龄、杜如晦功劳第一。

李世民环视一眼君臣，似乎看出了端倪，大声问道："此次封赐，是论功行赏，绝无偏爱之意，其中恐也有不尽得当之处，大家有想法，趁此机会不妨说出来。"

淮安王李神通出班，怒气冲冲地说："臣自太原起兵以来，便追随太上皇驰骋于疆场之上，冲锋陷阵，攻城拔寨，为大唐江山立下汗马功劳，房玄龄、杜如晦乃刀笔之吏，臣在前方杀敌之时，他们在后方快活，如今论功行赏，他们反而功居第一，臣实在是不服。"

李世民知道不服的不仅李神通一人，若不将这个出头鸟打下去，其他的人一定会乘机而起，到时局面就难以控制，想到此，他声色俱厉地说："叔父虽在义旗初起时便跟随太上皇，有首倡之功，南征北战，确实功不可没，但在黎阳城同窦建德一战却是全军覆没，后来同刘黑闼一战，你又是望风而逃。"

一席话，驳得李神通哑口无言。李世民看了李神通一眼，继续说道："如今论功行赏，房玄龄、杜如晦有运筹帷幄、定乾坤之功，正如汉之萧何，虽未亲自挥刀上阵杀敌，却能助汉高祖定天下，故而功居第一。这些叔父难道不知道？叔父虽贵为皇亲国戚，但总不能以此来与功臣同赏吧？"

淮安王李神通没有想到李世民当众揭他的短，惶恐地拜倒在地道："陛下，臣知错了！"

其余心有不服者，见淮安王都被皇上训斥得狗血淋头，一个个吓得不敢出声。

李世民见无人说话，接着说道："朕现在宣布朝廷的机构设置：中枢设三省：中书省主决策，长官为中书令；门下省主审议，长官为侍中；尚书省主行政，下设吏、兵、刑、礼、户、工六部，各设尚书，长官为左仆射、右仆射。另中书、门下合署办公，称'政事堂'，由各省长官共商国是。大理寺与刑部主司法。御史台主监察。"

李世民话音刚落，殿下群臣便议论开了，因为贞观体制中，设置宰相政事堂是前所未有的举措；官职上，尚书省长官尚书令由左、右仆射取代，贞观体制不设尚书令一职。

尚书令一职出缺，有人说李世民曾当过此职，故贞观年间不再设此职，也没有哪位大臣敢出任此职。其实，不设尚书令，是李世民深思熟虑的结果。尚书令一职，在职官中品级最高，属正二品，总领百官，仪型端揆，下辖吏、兵、刑、礼、户、工六部。总理全国行政大权，又参与中枢决策，权力太大，连皇帝也身感来自于尚书令权盛位高之威胁。这才是李世民不设尚书令的真正原因。

李世民等议论之声渐平之后说："中书省、门下省、三品以上的官员入阁议事，必须有谏官随行，做到有失辄谏。并有一名史官随时记录，作起居注，将朕与大臣们议事的经过、言行皆记录入档。"

殿下又是一阵惊呼，同时传来群臣击笏之声。击笏，即朝臣以笏板击手，相当于鼓掌。

李世民见群臣如此兴奋，龙颜大悦，乘兴说道："五品以上的京官，轮流值宿在中书省，随时听候朕的召见，咨询民间疾苦与朝廷政务得失。"

李世民突然话锋一转，问封德彝道："治理国家，朕缺的就是人才，封德彝，朕命你推荐贤能，说了好长时间了，怎么一点动静都没有？"

封德彝出班答道："陛下，不是臣不尽心竭力，实在是没有奇才，不敢妄荐。"

李世民怫然道："君子用人如用器物，各取所长，古时候治理好国家的君主，难道是从别的时代借得奇异人才吗？是你不能识人，怎可诬我大唐无人才呢？"

封德彝满脸羞惭，退至一旁，无言以对。

御史大夫杜淹出班奏道："陛下，臣举荐一人。"

"谁？"李世民问。

"刑部员外郎邸怀道！"

"此人有何才能？"

"炀帝当年欲驾临江都，召百官询问去留之计，怀道时为吏部主事，只有他一人坚持认为不可去江都。此事乃臣亲眼所见。"

"你称赞邸怀道做得对，自己为何不劝谏隋炀帝？"李世民不解地问。

"臣当时地位卑微，未任要职，人微言轻，谏之无益，所以不谏。"杜淹如实地说。

"你既知炀帝不纳谏，为何要在朝为官？既然在朝为官，又怎么能不谏？你仕于隋，姑且说是地位卑微，后来侍奉王世充，地位尊显，为何还是不谏？"李世民追问。

杜淹道："臣事王世充，不是不谏，而是王世充刚愎自用，谏而不从。"

李世民继续问："现在你的地位可以称得上尊贵，可以进谏吗？"

杜淹答道："臣甘愿冒死强谏。"

李世民听罢大笑。

杜淹又奏道："各部门的公文案卷恐有稽延错漏，臣请求让御史到各部门检查核对。"

"封德彝！"李世民问道："你意下如何？"

封德彝道："设官定职，各有分工，如果真有错失，御史自当纠察举报。若让御史到各部门巡视，吹毛求疵，太繁琐。"

李世民见杜淹不作声，问道："杜淹，你为何不加争辩呢？"

杜淹道："国家事务，应当务求公正，善则从之。封德彝所言，深得大体，臣心悦诚服，不敢有所非议。"

李世民高兴地说："果然说得有理，群臣都能这样，朕有何忧？御史大夫杜淹听旨！"

"臣恭聆圣谕！"杜淹忙跪下听旨。

"朕命你以御史大夫之职参与朝政！"

"臣接旨！"

"谏官的职责是'讽议左右，以匡君失'，今后，谏议大夫及御史衙门，凡四品以上官员，有谏言可随时见朕。"他又笑了笑说，"不过，所谏当为军国大事，不要将张三偷了一棵白菜，李四与某人婆娘有染这样的小事来烦朕哟！"

李世民见气氛太严肃，故意说了这么一句，殿下群臣大笑。

李世民的一席话，看似轻描淡写，却是一项重大国策，古制入阁议事的都是内阁大臣，即宰相、副宰相，他命令御史大夫杜淹参与朝政，实际上就是行使宰相议政的权力，跻身相职，成为实际的宰相。此后，李世民常在他官职上加"参议政事"、"参议得失"、"参知政事"等名义，这样，三省长官为宰相，已经将宰相之职一分为三，又起用一些低级官员做宰相，形成集体宰相制，这是贞观年间多宰相的原因。

群相制和言官参政的好处在于既加强了君主集权，防止权臣篡权，同时又较好地解决了君权与相权的矛盾，避免政治决策的失误。史官侍候，君臣言论随时记录存档，则使大臣们议事更加出言谨慎。

次日，李世民大宴群臣，席间演奏《秦王破阵乐》，他对群臣说："朕过去受命征战南北之时，常听民间演奏此曲，虽不足以言文德，但为功业仍有所成，不敢忘怀，所以命演奏此曲。"

"陛下以武功而定天下，文德何能与武功相比呢？"封德彝站起来，一脸阿谀奉承之态。

　　李世民说道："戡乱以武，守成以文，你说文不及武，是大错而特错，难道朕马上得天下，还要马上治天下吗？魏徵'偃武兴文'的主张，朕认为很符合国情，将是我朝的治国总方针。"

　　封德彝碰了一鼻子灰，无言以对，自觉颜面尽失，灰溜溜地坐下来，喝起了闷酒。

　　其实，封德彝主张以武治国，皇权独运，私下里，曾多次向李世民灌输自己的政治观点。今天见他提出"戡乱以武，守成以文"的国策，心里不服，欲作最后一次努力。显然，他的政治主张并不被李世民接受。而"偃武兴文"的主张，是魏徵最先提出来的政见，想不到自己堂堂三朝元老，竟然败在自己的下属、名不见经传的魏徵手下。

　　后人有诗咏叹：

　　　　暴隋皆为佞臣亡，遗孽留害到盛唐。
　　　　圣上天生有睿智，为何留其在朝堂。

第 24 章 不愿做忠臣

魏徵受到李世民的器重，却遭到同僚的嫉妒，特别是随李世民打天下的一些旧臣，他们为推翻隋朝暴政和消灭各股残余势力，出生入死，立下汗马功劳，然圣眷却不及隐太子的旧属魏徵，心里极不平衡。私下里议论说："我们跟着皇上出生入死，坐天下的时候，皇上封官拜爵，反而让东宫、齐王府的人先沾了光。"

房玄龄把这番话告诉李世民，李世民笑着说："朝廷官员为治理国家而设置，设官分职，本应选贤任能，岂能以亲疏为标准？若是德才兼备者，哪怕是一介寒儒，朕也要提拔任用；若既无本事，又无德行，哪怕关系再密切，朕也不能用他。昔日跟随朕的旧人，多为马上将军，临阵杀敌，攻城拔寨，确实为大唐立下了汗马功劳，功不可没，但治理国家不同于打天下。创业难，守业更难；打天下难，治天下更难！"

长孙无忌有些不屑地说："魏徵先随李密，后跟窦建德，再后辅佐隐太子，每次都以失败告终，他能有什么真才实学？"

"那三个人确实都失败了，但他们失败与魏徵无关，他们失败的一个重要原因，就是不听从魏徵的意见。李密当初若用魏徵之计，瓦岗寨也许不会败得如此之快；隐太子若用魏徵之计，我等岂能安然在此？"李世民说。

大家见李世民说得如此肯定，再也难持反对意见。此话传到魏徵的耳里，使他特别感动，他认为自己算是真正遇到明君，决心要尽最大努力辅佐李世民。

户部有个从六品的员外郎，此人姓刘，名宏德，河南内黄人氏，与魏徵同乡，在户部任职已有好几年，政绩平平，一直得不到上司的信任，为了抬高自己的身价，常在同僚面前夸耀，称魏徵是他的远房表舅，起初别人不信，时间久了，

第 24 章 不愿做忠臣

说得多了,有人相信了。于是对他另眼相看,有的还格外巴结他,为了充面子,他自己掏腰包求人,还真的为同僚们办成了几件小事情。

大家真的相信他同魏徵有某种特殊关系,巴结刘宏德的人多了起来。有些人尽管没什么事需要帮忙,但人都有一种心理,山不转水转,说不定有一天有事要求助于他也说不定,到那一天再临时抱佛脚,为时已晚,于是乎,有事的对刘宏德巴结三分,无事的对刘宏德三分巴结。事情若到此为止也就罢了,偏偏这个刘宏德是个不安分的人,从同僚们献媚的眼光中尝到甜头,认为有靠山就能够得到无穷的好处。他进一步在同僚中吹嘘,只要他出面去找魏大人,就没有办不到的事。偏有那么一些人利欲熏心,相信刘宏德的鬼话,花重金去巴结刘宏德,以求谋得升迁的机会,一时间,刘宏德仿佛真的成了一些人命运的主宰者。

时间一久,马脚逐渐露了出来,因为刘宏德根本就不认识魏徵。虽然说同是内黄人,偌大一个内黄,方圆数百里,一个天南,一个地北,两人从未谋面,更不用说有表亲之谊。刘宏德根本没办法去找魏徵办事,时间久了,事情没办成,大家起了疑心,先是去找刘宏德打听,刘宏德推说还在办理之中,时间拖长了,大家也就失去了信心,没有了耐心。于是,很多人要求刘宏德退还所送的钱财。

刘宏德如果将钱退还给别人,也就没事了,偏偏他又是一个视钱如命的人,热烘烘的钱进了口袋,怎么舍得再掏出来呢?况且他还有一个想法,钱是你们送上门来的,不是我向你们要的,凭什么要退?如果你们不是想得到更大的好处,能心甘情愿地将钱送给我吗?没有达到目的就要退钱,没门。

强盗有强盗的逻辑,骗子有骗子的歪理,刘宏德不说自己行骗卑鄙,反而说别人送钱是利令智昏,他收钱反而是理所当然的了。

送钱的人不干了,首先是相互争吵,最后发展到大打出手,事情越闹越大,有人将刘宏德行骗之事告到了刑部。

刑部的政务归尚书右丞分管,也就是归魏徵分管,事情没有明确之前,大家暂时将案子压下了,连刑部堂官也不知道事情的真相,分管刑部政务的魏徵就更不知有这件事。

那些对魏徵怀有嫉妒之心的人,正设法搜集一些不利于魏徵的线索,欲一举扳倒魏徵。听说这件事后,喜出望外,将此事密奏给李世民,说魏徵为亲戚谋私。

李世民闻奏大惊，紧急召见御史大夫温彦博，责成温彦博调查此案。

温彦博是亡隋旧臣，有文才，在士大夫中享有盛名。曾任过吏部侍郎之职，在考校和任免官吏的过程中，由于办事不够公道，很多官员不服，常到吏部与其争吵。温彦博恰恰是个能言善辩会吵架的主，与人吵嘴向来不含糊，在朝廷大臣之中留下了极坏的印象。李世民将魏徵的案子交给温彦博，他能公正地办理吗？

温彦博煞有介事地到户部去调查一番，再找刘宏德本人核实一下，知道这件事同魏徵八竿子打不到一块。刘宏德招摇撞骗，纯属个人行为，与魏徵完全无关。

温彦博同那些暗恨魏徵的人一样，对魏徵也有一种难以言状的抵触和反感，可能是出于文人相轻之陋习，他认为自己早在隋末就已名满天下，那时魏徵还是内黄县的一个乡巴佬，如今凭几篇奏疏和朝议奏对就打动了皇上的心，一下子青云直上，竟敢在朝堂上与封德彝公然顶撞，狂妄至极；也可能是出于同僚的嫉妒心理，尽管从年龄、资历和当前的地位看，温彦博都没有必要去嫉妒各方面不如自己的魏徵，但他还是出于一种从骨子里就轻蔑魏徵的偏见，看不惯魏徵得志，在没有任何凭据的情况下，他向皇上奏了一本：户部员外郎刘宏德行为不检，谎称是魏徵之亲戚，与魏徵无甚关联。两人虽同为内黄人，其实并无连带关系，说魏徵以权谋私，提拔自己的亲戚当官之事查无实据。但是，魏徵作为国家之大臣，为人处事不存形迹，有失检点，避讳嫌疑，至受人之诽谤。虽无私情，也应受到责备。

"不存形迹"，意思是不注意自己的言行，不注意影响，即使没有错误，但为人处事不考虑分寸，惹得别人议论，仍应视为是一种错误，一种缺点，甚至是一种不能容忍的错误。其实，这是温彦博生编硬造出来的一个"罪名"。温彦博竟然将这个莫须有的罪名写进奏疏中，而且还对李世民产生了影响。尽管李世民也觉得这个罪名有些荒诞无稽，对魏徵有些冤枉，但挡不住众口一词，居然同意了温彦博的意见，在温彦博的奏疏上御批：

尔谏朕数百余条，岂以此小事，便损众美。自今尔后，不得不存形迹。

意思是要注意自己的形迹，行为要检点一些，不要招惹浑事。并责成温彦博向魏徵传口谕，即对魏徵进行口头批评。

魏徵对李世民的口谕很惊讶，也很不满。他觉得身为皇上，口衔天宪，金口玉言，说出的话就是圣旨，既是圣旨，就得慎重。那些卑鄙小人无中生有，说三道四倒也就罢了，但从皇上口中说出来，性质就严重了。这已不仅仅关系到个人的名誉问题，而是关系到一个君王能否分辨忠贤、明断是非的问题。关系到天下臣民行为规范的趋向和标准，关系到一种社会风气的问题。魏徵觉得不能保持沉默，必须向皇上说清楚，讨个说法。

次日，魏徵进宫面圣，李世民见魏徵进殿，调侃地问道："魏徵，几天没有听到你的声音，朕这几天做过什么对不起天下人之事吗？"

魏徵不客气地说："错事倒没有，只是前日陛下令彦博宣敕语于臣言'不存形迹'，臣以为是大不是。臣听说君臣同忾，义均一体。如果不讲秉公办事，只讲远避嫌疑，只顾注意'形迹'，怎么还有精力去治理朝政呢？只有互相以诚相待，才能共同把国家治理好。如果置国家大事于不顾，一味只考虑检点行为，避讳嫌疑，注意形迹，瞻前顾后，畏首畏尾，怎能全心全意、无私无畏地为国家办事呢？如果真的都是这样，国家的兴衰也就难以预料了。"

李世民何等聪明，听魏徵之言，立即反应过来，觉得昨天叫温彦博传口谕责备魏徵，确实有些不妥，歉意地说："你说得对，朕叫温彦博传谕责备你，过后很后悔，实在是朕的不是，你不要心存芥蒂。"

魏徵并不就此罢休，因为他的意思还没有表达完，劝君的目的也没有达到。他认为君臣如同一体，国君是人的首脑，臣子是人的四肢。君臣一体，协调一致，才能治理好国家。于是上前一步，跪伏于地，引用孟子的话说：

"君视臣如手足，臣视君为腹心；君视臣如犬马，臣视君如国人；君视臣如粪土，臣视君为寇仇。君臣之关系，君为上，臣为下，君为主，臣为辅，上诚信立则下无二心，上不信，则无以使下；下不信，则无以事上，信之道乃根本之道。"

"说得对，确实是这么回事。"李世民觉得魏徵说得有理，连忙说，"平身！快起来，坐下说话。"

魏徵站起来，顺手拉过凳子坐下，乘机道："臣以身许国，秉公行事，不敢有任何欺骗隐瞒行为。但愿陛下使臣为良臣，不要使臣为忠臣。"

李世民听后满脸狐疑，迷惑不解地问道："你为何如此说？良臣与忠臣有区别吗？"

"当然有区别，而且区别很大。"

"有何区别？"李世民问道。

"比如舜时的后稷、契、皋陶，君臣协心，俱享尊荣，他们是良臣。良臣自己得到美名，君王也受显号，君臣两全其美，子孙代代相传，福禄绵长无疆。"

"忠臣呢？"李世民挪了挪身子。

"历史上的忠臣，都有被杀头的危险，如夏末的关龙逄、商末的比干，都是忠臣。忠臣为了尽忠，不计个人安危，犯颜直谏，面折廷争，君王不听，最终都惨死在君主的刀下。忠臣与君主同声共气，命运同君主紧紧地联系在一起。忠臣身受诛夷，君陷大恶，家国并丧，徒有其名。以此而言，忠臣、良臣，两者相去甚远。"

"他们遇到的都是昏君。"李世民说。

"不错，他们是碰上了昏君，昏君使忠臣身首异处，但屈死的忠臣却流芳百世。但忠臣又使君主沦为昏君、暴君，最终都是国破家亡。臣不愿做这种千古流芳的忠臣。陛下难道想做那种遗臭万年的昏君、暴君吗？"

李世民少时虽然读书不多，通过后来的强化学习，其文化底蕴有了很大提高，特别是经与魏徵的交谈，更是将"以古为镜，以知兴替"视为格言而铭记于心。通过读书，对历史的研究也颇有心得，很多典故也了若指掌，有的甚至还读得滚瓜烂熟。李世民聪明绝顶，一点即通，他从魏徵的不愿做忠臣的宏论中听出弦外之音：有暴君才出忠臣，因为暴君，才不听臣下的进谏劝诫，又因为进谏劝诫，忠臣才为昏君所杀，最终是忠臣被杀了，国家也灭亡了。一想到有暴君才出忠臣这一点，他内心深处有一个强烈的声音在呼唤着：我不杀忠臣，我不做暴君，心中一动，一句话不由脱口而出："朕要做一代明君，绝不做昏君，更不做暴君，魏徵。"

"臣在！"

"朕要你做良臣，不要你做忠臣，同各位大臣一起辅佐朕共创贞观盛世。因进谏而入天牢之事，再也不会在你身上发生了。"

李世民的话，乃是肺腑之言，他真的渴望他的臣子都能像魏徵这样，做他的良臣，君臣一道共创贞观盛世。这无疑也给了魏徵一个信息：魏徵，你只管做你的良臣，你可以大胆地进谏，即使是出现骂皇帝的事情，朕也不会让谏臣入天牢的事情在你身上发生。这实际上就是赐给魏徵一张免死金牌，只要进谏，

第24章 不愿做忠臣

皇上不会降罪于他,更不用说杀头。君无戏言,皇帝说出的话,就是圣旨。

李世民的言下之意,魏徵当然听得出来,他连忙跪伏于地:"谢主隆恩!"

"来人!"李世民叫道。

侍奉太监应声道:"奴才在!"

"传朕的旨意,赏尚书右丞、谏议大夫魏徵绢五百匹。"

有诗为证:

贼臣侍君扰圣听,信口诬陷祸忠贤。
不信奸佞总当道,阴霾终究难遮天。

第25章 一言胜似十万兵

贞观朝初立之时，国力不强，突厥乘机扰边，掠夺唐朝的人口、财产和土地，为此，李世民下诏征兵，扩充军队以抵抗突厥。由于隋炀帝的穷兵黩武和隋末战乱，导致大量人口流失，全国人口中，符合征兵年龄的男丁已经很少。尚书右仆射封德彝为了完成征兵任务，向李世民建议："中男虽未满十八岁，体格健壮者，也可以应征入伍。"

唐律规定，应征服役者的年龄，必须是年满十八岁的男丁。

为了完成征兵任务，封德彝建议将征兵年龄从十八岁降到十六岁，将体格健壮的中男招募参军。李世民竟然同意了封德彝的奏请，并命中书省起草诏令，送往门下省签署。

魏徵当时正在门下省协助审理文案，见这份诏书不妥，不肯签署，将诏书压了下来。

封德彝等了好长时间，不见征兵诏书下达，到中书省问究竟，中书省官员说诏书早就拟好送出了，封德彝以为是皇上改变了主意，便在李世民面前提起此事，李世民吃惊地问："朕不是已经叫中书省起草诏书吗？"

"臣一直在等此道诏书，还以为陛下改变主意了呢！"封德彝也有些莫明其妙。

"查一下，看在哪里卡住了。"李世民有些生气了。

封德彝再到中书舍人府查询征兵诏书起草送出的时间，中书舍人府的官员回答，诏书早已起草完毕，交给尚书右丞、谏议大夫魏徵了。

封德彝又到门下省找魏徵，询问道："魏大人，中书省起草的征兵诏令，是否在你手中？"

"不错，在我这里。"魏徵觉得封德彝来者不善，有所警觉。

"皇上过问此事，催促尽快将诏书发下去，你为何还不签署？"封德彝语气中已明显带有火药味。

"这道诏书不能发。"魏徵斩钉截铁地说。

"这是皇上授意草拟的。"封德彝将李世民抬出来了。

"既是皇上授意，我跟皇上理论去。"魏徵仍然不松口。

封德彝见魏徵说得如此决绝，气得脸都变了色，因为这个主意是他出的，皇上确实也同意了，如果被魏徵否决，他这张老脸往哪里搁？想到这里，封德彝的脸有些挂不住了，说话的口气也变了："魏徵、魏大人，你这是抗旨不遵！"

"封大人，有话好说，何必激动？如说进谏也属抗旨，我也记不清楚抗过多少次旨了。"魏徵针尖对麦芒，丝毫也不让步。他看看封德彝，似笑非笑地问道，"这个主意是你出的吧？身为朝廷大臣，可不能给皇上出馊主意哟！"

"你……"封德彝气得脸都青了，甩袖而去。

封德彝怒气冲冲地来到御书房，对李世民说道："陛下，有人捣鬼，扣压诏书。"

李世民正批阅奏章，放下笔问道："谁有这么大的胆子敢扣压诏书？"

封德彝气呼呼地说："魏徵扣下中书省送往门下省的诏书，拒不签署。"

"魏徵为何拒不签署？"李世民问道。

"不知他哪根筋出了毛病。"封德彝开始使坏了。

"这道诏书朕已同意，你没有说？"

封德彝故意拿话刺激皇上："说了，没有用。魏徵仍我行我素。"

"什么？"李世民受到封德彝的挑拨，马上变了脸色。

封德彝说："魏徵说，皇上同意也不行，门下省不签署，诏书就不能发。"

"魏徵真的这样说？"

"魏徵目中无人，什么话他不敢说？"封德彝故意火上加油。

"来人！"

近侍太监立即上前："奴才在！"

"将魏徵给朕叫来！"

"不用去，臣已经来了。"魏徵迈步进入御书房，喘息未定。

李世民"噌"地站立起来，大声叫道："魏徵！"

"臣在！"

"征兵的诏书是朕下令起草的,你为何扣住不发?"李世民大声质问。

魏徵正色地说:"陛下,这道诏书发不得,否则天下哗然!"

"为什么?"

"唐律规定,服兵役者必须是年介十八岁的男丁,这次却将十六岁的中男招募入军,有违大唐例律。"魏徵引经据典,道出不签署的理由。

"中男中魁梧壮实者,都是奸民,他们虚报年龄逃避徭役,征召他们有何害处,你却如此固执?"李世民继续质问。

魏徵正色地说:"如果将未到年龄的次男招募入军,国家租赋、徭役怎么征收?兵不在乎人数的多寡,而在于御之得法,选征成年健壮者入伍,用良法去训练,人百其勇,足以无敌于天下,何必强行招募未成年的中男去凑数?"魏徵停顿一下继续说,"陛下常说:'朕要以诚信御天下,要让臣子与天下百姓皆无欺诈。'可是,陛下即位以来,已数次失信于民!"

李世民惊愕地问:"朕何时失信于民?"

"贞观元年正月,陛下登基,于南郊设坛告天,大赦天下,以前拖欠的赋税全免,可有此事?"

"天下人都知道,这是朕的旨意!也是朕对天下百姓的恩泽。"

"有的府衙认为,百姓拖欠秦王府的债务不是国家财物,仍旧追索催纳。陛下是以秦王升为天子,秦王府的财物,就是天子财物,天子财物,即是国家财物,既然是国家财物,就在诏令免予追究的范围之内。诏令已明确规定不予追究,而实际仍旧追索催纳,难道这不是失信于天下吗?"魏徵反问道。

李世民看着魏徵,没有说话。魏徵继续说:"陛下曾下诏,关中百姓免纳二年租调,关外百姓免除一年劳役。已纳赋、已服役者,免租赋的决定就从下一年开始免除。如今不但征收其物,反而还要使中男服兵役,那从下一年开始不就成为一句空话了吗?陛下既然要以诚信治天下,却又怀疑百姓使诈,这难道是以诚信为治国之道吗?"

魏徵瞥了李世民一眼,见他面色不像刚开始那样难看,反而还有些许赞赏之色,突然话锋一转道:"陛下,臣有本要奏。"

"有何本要奏?"

"臣要弹劾封德彝。"魏徵严肃地说。

"什么?你要弹劾封德彝?"李世民瞪大了眼睛。

"封德彝身为右仆射,本应尽心尽力辅佐陛下治理天下,然而,他为了完

第25章 一言胜似十万兵

成征兵的任务,见小利而忘大义,出馊主意扰乱圣听,陷陛下于不仁不义,失信于天下。"他转向封德彝怒斥道,"封大人,你可知罪?"

魏徵本欲劝谏李世民收回成命,却将矛头指向封德彝,当李世民之面怒斥封德彝,其使用的是声东击西之术。

"魏徵,你太猖狂了。"年迈的封德彝听魏徵要弹劾自己,气得浑身发抖。

"我问你,陛下日理万机,常有不察之事,你身为右仆射,应拾遗补缺,时时提醒陛下,以避免决策失误,你不但不这样做,反而还要出歪点子,将中男征召入伍,陷陛下于不仁、不智、无信之地,你不觉得惭愧吗?"

魏徵指桑骂槐,李世民当然听得出来,不过,他不想将不仁、不智、无信的罪名揽到自己身上,只好装聋作哑,暂时让魏徵与封德彝两人去争吵。

封德彝大声辩驳:"久历战乱,适龄之人本来就少,且奸民诈妄故意隐瞒年龄以逃避征役,使征兵任务更难完成,你是未当家不知柴米贵,说得轻巧。"

"封大人,失信于民则失民心,失民心则失天下。君王似舟,百姓如水,水能载舟,亦能覆舟,这个道理难道你不懂吗?"魏徵缓和了口气。

"魏徵,这件事怪不得封德彝,征兵的诏书是经过朕同意的。"李世民当然知道魏徵的用意,接口说:"朕原以为你太顽固,不通情理,对国家的具体政务不甚了解,今天,你谈起国家的政务,讲得头头是道,而且还非常深刻、精辟。国家政令不一,确实是失信于民,有违朕'以诚信御天下'的诺言。这是朕之误。"

"陛下,这是错,不是误,错和误的概念是有区别的。"魏徵钻起了牛角尖。

"好!好!好!"李世民笑着说,"这是朕之错,行了吧?"

"陛下,错不在你,在于出歪点子的人。他们见小利而忘大义,没有尽到做臣子的责任。"魏徵听李世民接纳了谏言,心里一高兴,竟然替他开脱。

"至于封德彝,你就不要难为他了。"李世民反而替封德彝求情。

如果魏徵执意要弹劾封德彝,做皇帝的就得给个答复,显然,这个答复对封德彝不利,因此,李世民想和稀泥。

魏徵的本意并不想弹劾封德彝,而是劝谏李世民收回成命,如今目的达到了,当然不会再纠缠,听皇上替封德彝说好话,落得做个顺水人情,赶忙俯伏于地道:"臣遵旨!"然后回过头,狡黠地向封德彝眨了眨眼。

封德彝气呼呼地将脸转向一边。

李世民随即下令,停止招募中男入伍,并赐魏徵金瓮一口,以示嘉奖。

岭南道几个州刺史的奏折如雪片般飞往长安，都说岭南酋长冯盎、谈殿等相互攻击，久未来朝，且在集聚重兵，欲脱离唐朝，自立为王。李世民闻报大惊，召开御前军事会议商讨应对之事。

李世民一开始便道出自己的意图："岭南酋长、人称岭南王的冯盎叛唐，朕决定发兵平叛，哪位将军愿往？"

"臣愿挂帅出征。"大嗓门的尉迟恭率先站起来抢着说。

秦琼、李勣、李靖等武将跃跃欲试，都欲出任统兵大元帅。李世民见众武将均欲出战，心里非常高兴，大声道："朕有众位身经百战的大将军，何愁一个小小的岭南王冯盎不灭？蔺謩将军听旨！"

"臣恭聆圣谕！"蔺謩将军出班。

"朕命你为统兵大元帅，速调集江、岭等州兵马出兵岭南，讨伐叛军冯盎。"

"陛下，不可出兵！"魏徵忽地站出来，打断了李世民的话头。

在场的大臣们被魏徵的举动惊呆了。李世民也有些不高兴，心里想：好你个魏徵，朕的主意已定，出兵岭南征讨冯盎，你不为朕谋划怎样打好这一仗，却还要与朕唱反调，但想归想，魏徵的话还是要听的，因为他是谏议大夫，他的职责就是进谏。他停住话头问道："为什么？"

"岭南乃蛮荒之地，民风彪悍；冯盎乃岭南魁首，勇猛好斗，他原为隋朝旧臣，因平辽有功而官拜汉阳太守。隋朝灭亡后，冯盎返回岭南，聚众数万，占据二十余州，一呼百应，深得岭南民心，后依附于刘黑闼，当年隐太子击败刘黑闼，我曾建议隐太子用怀柔政策，收服了刘黑闼旧部，冯盎也在其中，他以高、罗、春、白、崖、儋、林、振八州归唐，岭南悉定。"

尉迟恭打断魏徵的话头，大声说道："野蛮也好，彪悍也罢，难道唐朝怕他不成？只要俺尉迟恭出马，保证叫他服服帖帖、俯首称臣。"

"大唐兵强马壮，战将如云，何惧一个冯盎？"房玄龄也说。

"不出兵，并不是惧怕冯盎，也不是说大唐没有能力平乱，而是不宜大动干戈。"魏徵见他们都赞成出兵，连忙解释说。

"为什么？"李世民又问了一句。

"天下初定，创伤未复，满目疮痍，百废待兴，实不宜大动干戈，再兴兵祸。岭南地处荒僻，路途遥远，山高路险，兵员和军用物资的运输十分困难，且岭南地区自古以来就是瘴疠之地，兵士进入岭南，水土不服，遇上瘴气、瘟疫，到时就进退两难。"魏徵在众目睽睽之下说起岭南的地理环境如数家珍，"再说，

第25章 一言胜似十万兵

冯盎等人是否真的已反唐尚难肯定，怎么能够听风就是雨，兴师动众，擅动干戈呢？"

"上送情报不绝于道，数十次军报接踵而来，说的都是冯盎要反，怎么你还说冯盎反唐不是真的呢？"李世民问道。

魏徵分析道："军报也只是说冯盎要叛，并未见其攻城略地，称王称霸，就是说反状未成。冯盎如果真的要反唐，他就会趁大唐政局未稳之际，交结邻近蛮国，乘虚而入，可他并没有这样做，足见他并无反唐之意。如今大唐政局稳定，四海归安，万国来朝，已经错过了反唐的绝佳时期，冯盎乃当世人杰，难道这样浅显的道理不明白吗？"

"奏折如雪片般飞往京师，怎么还说其反状未成？"李世民反问道。

"冯盎若反，必然要分兵据守险要，攻城拔寨，侵掠州县。今告者已数年，而冯盎兵不出境，这是明摆的事实，怎么能视而不见呢？"

"那他为何不派人来朝解释这件事情？"李世民又问。

"此言差矣！"

在座的各位大臣大惊，哪有臣子敢当众说皇上错了呢？谁知李世民并不在意，等待魏徵继续说下去。

魏徵继续说道："有人怀疑冯盎反唐，陛下又没有遣使前去了解情况，做安抚工作，冯盎认为陛下真的以为他反了，因而就有了畏惧之心，这个时候，他还敢到长安来吗？"

"你认为此事该如何处置？"李世民也有些动心了。

"实行怀柔政策，以德服人，派人出使岭南，示以至诚，冯盎认为自己没有危险了，就会来朝，此乃不战而屈人之兵，兵不血刃而解岭南之危。"

"无稽之谈！冯盎既有叛唐之心，安抚岂能解决问题？"封德彝公然反对魏徵的意见。

"南蛮素来凶悍，对待他们，最好的办法就是以暴制暴。"萧瑀随声附和。

封德彝素来阴险邪僻，萧瑀为人诚实，两人商量上奏之事，到了皇上面前，封德彝总是变卦，常常搞得萧瑀措手不及，左右为难，因此，两人素来不和。但是，他们两人有一个观点却是一致的，就是对房玄龄、杜如晦等新进之士心存嫉妒，常在皇上面前说三道四，李世民听则听之，但也总不放在心里。他们对魏徵的犯颜直谏更是看不顺眼，认为这是犯上作乱，出风头。今天，这两个老对头却坐在一条凳子上，共同反对魏徵提出的对岭南冯盎采取怀柔政策的建议。

魏徵针锋相对地说："以暴制暴乃匹夫之勇，不战而屈人之兵，才是上策，诸葛亮当年兵进岭南，对岭南王孟获是七擒七纵，为的就是要收复其心，古人能做到之事，难道我们就不能做到吗？"

"魏徵言之有理，军报只是说冯盎叛唐，还没有到攻城掠寨的地步，我赞成派人出使岭南，对冯盎实行安抚。"房玄龄觉得魏徵说得有理，站出来表示支持。

李世民也认为魏徵说得有理，采纳了魏徵的谏言，取消出兵岭南征讨冯盎的命令，并派遣员外散骑侍郎李公掩为钦差大臣赴岭南安抚冯盎。

岭南王冯盎近段心情格外紧张，其实他并没有反唐之意，然而，到处都风传他已反唐，弄得他提心吊胆，时刻担心朝廷会派兵来镇压他。他一面派出探子四处打听，密切注视朝廷的动向，一面做好战争的准备，如果朝廷真的出兵岭南，也只好拼死一搏了。正在忐忑不安之际，探子来报，说钦差大臣已入岭南境界，当他听说钦差大臣并没有带领大队人马，便料定钦差大臣是朝廷的信使，一定是来安抚岭南的。于是率领众将来到十里长亭迎候钦差大臣的到来。

朝廷遣使前来安抚，冯盎一颗悬着的心放下来了，他盛情款待钦差大臣李公掩，李公掩也乐得享受。冯盎派遣儿子冯智戴装载数车金银财宝和岭南的土特产，随同钦差大臣李公掩一同到长安。

李世民见岭南有使来朝，并且还是冯盎的儿子，非常高兴，这也证明魏徵的观点是完全正确的，一场一触即发的战祸，就这样被魏徵的谏言消弭于无形之中。

李世民高兴地对大臣们说："岭南诸道都说冯盎要造反，朕已决定发兵征讨冯盎，唯魏徵出言相谏，要对冯盎示以诚意，怀以仁德，朕听从魏徵的进谏，不费一兵一卒，避免了一场战争，魏徵一言进谏，胜过十万雄兵，功劳确实不小，应该嘉奖。"于是，赐魏徵绢五百匹。

有诗为证：

冯盎不朝惹祸端，君王发兵伐岭南。
幸得魏徵力谏止，冯盎不叛息战乱。

第 26 章　掣肘

　　显德殿门前广场上人声鼎沸，热闹非凡，李世民站在数百名御林军的队伍前演讲，说戎狄外族侵我国土，泱泱大唐边境，经常闹得鸡犬不宁。他号召御林军要加强练兵，一旦外寇入侵，就要走上战场，保家卫国。并说从今天起，每十天抽两个半天练习射箭。

　　人群中，不知谁喊一声："皇上先做个示范吧！"

　　李世民久经沙场，见到兵器就手痒，也想露一手，但他还是谦虚地说："朕久疏沙场，今天再试上一试，射中了，大家拍个巴掌，射失了，不要见笑哟！"

　　早有侍卫递上弓箭，李世民接过来试了试，吩咐换一张硬弓，然后张弓搭箭，连射三箭，箭箭正中靶心。

　　"皇上神武！"广场上传来一片欢呼声。

　　李世民兴奋地仰天大笑，对身边的侍卫说："分组演练，射中者有奖！"

　　侍卫长宫长林指着前方一排箭靶宣布："皇上有旨，分队练箭，连中三箭者，有赏，五箭未中者，罚跑圈！"

　　众卫将分别带领各自人员，秩序井然地在靶场上习射起来。

　　房玄龄、杜如晦、魏徵进宫奏事，见李世民在御林军队伍里走来走去，大惊失色。魏徵反应快，快步走到李世民身边奏道："陛下，臣等有事要奏！"

　　"等会、等会，没看到朕在忙吗？"李世民不想在这个时候听什么奏议。

　　魏徵继续说："陛下，这么多人在显德殿持兵刃操练，有违祖制，有违律法。"

　　"胡说八道，朕在皇城内射箭，违了哪条律法？"李世民大声反问。

　　魏徵转身对众卫将与御林军大声呵斥道："将兵器放下！"

　　众人对魏徵有认识的，也有不认识的，在认识的人眼中，从未见魏徵发这么大的火，他们一个个都惊呆了，顺从地将手中的弓箭、兵刃放在地上。

"魏徵，你要干什么？"李世民被魏徵的行动激怒了。

"陛下，唐律规定，除带刀侍卫外，凡持兵刃于御前者，处以绞刑。今天，这些地位低下之人，手拿弓箭、兵器，乱哄哄的，而陛下却身在其中，这些人都该杀！"

众卫将听魏徵说他们犯下滔天大罪，吓得惊慌失措，一齐跪下喊道："陛下！"

"都起来！"李世民一挥手，接着问魏徵，"朕叫他们来的，难道也不行吗？"

"不行！这是祖制，也是律法，是专门针对皇上制定的行为规则。"魏徵说得斩钉截铁。

李世民怒目而视，一言不发。

魏徵知道此时皇上的脸色一定很难看，跪在地上根本就不抬头看李世民的脸色，继续振振有词地说："微臣依律而行，陛下凭个人爱好，公然涉险于刀光剑影之中，万一有人行刺，后果将不堪设想。"

"危言耸听，"李世民仍然余怒未消，"朕视四海如一家，封域之内都是朕的子民，朕都推心置腹，视若家人，为何还要对朕的宿卫妄加猜忌呢？"

房玄龄、杜如晦也来到李世民的面前，跟在魏徵的身后跪下奏道："陛下，魏徵说得有理，请陛下以社稷为重，不可轻易涉险。"

李世民余怒未息，三位重臣跪地不起，众侍卫与御林军面面相觑，不知该怎么办。李世民看看跪在地上的三位大臣，无奈地对侍卫们一挥手："去吧！去吧！"说罢，转身向显德殿走去，走了好远一段，才扭转头对跪在地上的三个人说，"你们也平身吧！"

魏徵到显德殿向李世民奏事，执事太监拦住他说："魏大人，皇上不在显德殿。"

"不在显德殿？"魏徵问道："到哪里去了？"

"御花园！"

"哪位大臣在御花园奏事？"

"这个奴才就不知道了！"

"好！我就到御花园去见皇上！"魏徵转身就走。

"皇上留下话，叫魏大人稍等片刻。"

魏徵好像没有听见，继续向御花园走去。刚走近御花园，就听到里面乱哄哄的，有人说："快，拦住那个路口，别让它从那里跑了！"

"快！快！跑到茶花丛中去了，拦住它！"

魏徵走进御花园，一幅皇上与宫女、太监的嬉戏图展现在眼前：李世民同太监、宫女在御花园中逐兔，几只小白兔在众人的追逐下，时而躲进花木丛中偷偷地向外张望，时而窜到假山上，伸出前脚抓抓脸，当大家围向假山的时候，小白兔又纵身跳下假山钻进花木丛。李世民同宫女、太监一齐涌向花丛，将花丛团团围住，小白兔在花丛中窜来窜去，总逃不出包围圈。只见一名宫女低着身子，伸展双手慢慢地向小白兔靠拢，李世民同样也是俯着身、伸展双手，慢慢地向小白兔靠拢，突然，李世民与宫女不约而同地向小白兔扑去，小白兔从两人中间窜了出去，李世民与宫女撞在一起，宫女见自己撞倒皇上，吓得跪在地上一个劲地叩头道："奴才该死！奴才该死！"

"起来，快起来，追兔子去！"李世民没事似地爬起来，欲转身再去追赶逃兔。

魏徵将这一切看在眼里，冲上前挡在李世民面前，大声说："天命陛下为华夏、百夷之父母，何以自贱身份？"

李世民余兴未了，根本就不理会魏徵，伸手推了魏徵一把说："让开！"

魏徵见皇上推他让路，反而来了倔劲，脱巾解带，跪伏于地谏道："陛下乃一国之君，九五之尊，万乘之躯，怎么玩这种小孩子的游戏，如果传出去，岂不成为天下人笑柄？"

李世民见魏徵拉下固谏的架势，知道逐兔之戏继续不下去了，加之也意识到，自己贵为天子，做这种逐兔儿戏，确实有失身份，想到这里，忙堆下笑脸，伸手拉起魏徵："快起来，朕批奏折累了，想出来活动一下筋骨也不行吗？"

"活动筋骨的办法多得很，陛下可以打打拳，散散步，何必要同下人一起做这种无聊的游戏呢？"魏徵仍然是不依不饶。

"好、好，朕依你！走，回显德殿去。"

魏徵捡起地上的头巾和腰带，跟在李世民的后面，边走边说："不是臣故意要为难陛下，陛下如此不检点，有失君王的身份，有失君王的尊严。"

"好了、好了，朕依你还不行吗？"

长安城外的十字坡，一群侍卫围在李世民身边，御用驯马师韦槃提、斛斯正一人牵着一匹青鬃马跟在身后，两匹马都是西域高昌国进贡的大宛纯种青鬃汗血宝马，马毛纯黑，没有一根杂色毛，得到这两匹纯种大宛汗血宝马，李世民非常高兴，无奈宝马性情暴烈，初来中原，一般人近它不得，李世民命驯马师韦槃提、斛斯正调驯这两匹宝马。今天，两名驯马师牵着调驯好的宝马请他试骑。

韦槃提将手中的马缰交给李世民，轻轻地拍了拍马背道："皇上，此马已调教好，皇上骑上绝对安全。"

李世民接过马缰，双手抓住马鞍，左脚伸进马镫，翻身跃上马背，一松缰绳，青鬃汗血宝马先是迈着碎步，李世民在马屁股上连抽三鞭，骏马风驰电掣般冲了出去，李世民身边的侍卫迅速骑上马跟了上去，不一会，李世民一骑绝尘，将卫士们远远抛在后面。他骑着汗血宝马在旷野上跑了一个大圈，返回出发地，敏捷地跳下马，将缰绳交给韦槃提，抬手一招斛斯正："来，将你那匹马牵过来！"

斛斯正将马牵到李世民身边，将缰绳交到他的手中，同样轻轻地拍了拍马背。李世民接过缰绳，二话不说，重新翻身上马，此时，跟在后面的几名侍卫刚刚返回，见皇上骑上第二匹马又出发了，连忙勒转马头，马不停蹄地跟了上去。

旷野上，几骑马在狂奔，青鬃汗血宝马一骑绝尘，越跑越快，同后面几骑的距离拉得越来越远，跑到对面的山脚返回来，与跟在后面的几匹马擦肩而过，侍卫们又中途勒转马头，跟在青鬃马的后面一路狂奔地返回出发地。李世民骑在马上大声赞道："好马！好马！不愧是大宛纯种汗血宝马！"说着话，人已敏捷地跳下马背。

斛斯正上前接过马缰问道："皇上知道大宛纯种汗血宝马与其他马有何不同吗？"

李世民自负地说："朕征战沙场，所骑战马无数：蒙古马体态结实、粗糙，头较重、额宽、四肢粗壮，奔跑快捷；三河马，结实、匀称，肌肉发达，耆甲明显，胸廓深广，背腰平直，四肢强健，关节明显，毛色主要为骝毛、粟毛和黑毛三种；伊犁马，外表清秀，四肢及头部有一定的干燥性，颈长中等而高举，肌肉较丰满，颈肩结合好，前肢端正，后肢稍显刀状和外向，毛色以骝毛、粟毛及黑毛为主，四肢和面部常有白彰；河曲马，马头稍显长大，鼻梁隆起呈兔头型，颈宽厚，躯干平直，胸廓深广，体形粗壮，性情温顺，气质稳静，持久力较强，疲劳恢复快。"

斛斯正惊异地说："皇上知道的真多呀！"

"朕说的这些马，行走时前后腿相向运动，通称'疾行马'。而今天所骑的汗血宝马，行走时前后腿'一顺儿'摆动，跳跃前进，故称'跃行马'。

跃行马,不仅速度快、形体美观,由于前后腿'一顺儿'摆动,把上下颠簸转化为左右摇摆,骑在马上更觉得舒服,朕说的是不是?"

韦槃提非常惊讶地说:"皇上简直就成了相马师了!"

李世民拍拍刚刚骑过的马道:"这匹马跑起来风驰电掣,朕给它取个名字,就叫'千里追风'吧!"

"千里追风,好!"侍卫们大声道。

韦槃提连忙指着自己调训的马道:"这匹呢?取个什么名字。"

李世民又来到先前所骑之马旁,拍拍马背道:"这匹马奔跑起来轻盈快捷,朕给它取个名字,就叫'踏雪无痕'。"

"踏雪无痕,这名字好听!"侍卫们又是一阵欢呼。

韦槃提、斛斯正两人互望一眼,双双跪下道:"陛下,臣讨赏了!"

李世民一时高兴过度,竟然爽快地说:"朕封你们五品秩,做朕的御用驯马师。"

"谢主隆恩!"韦槃提、斛斯正跪在地上谢恩。

一旁的侍卫们见韦槃提、斛斯正仅凭驯马一技之长,竟然一步登天地得授五品秩官爵,眼红得不得了。

李世民得了宝马,很想过一把骑马瘾,决定到南山狩猎。口谕房玄龄、杜如晦、魏徵等几位侍臣陪同前往。

次日一大早,魏徵就守候在承天门,不一会,李世民骑着那匹千里追风汗血宝马,兴致勃勃地迎面而来,魏徵迎上前去,悄声说道:"陛下,知道现在是什么时候吗?"

"什么时候?"李世民有些莫明其妙。

魏徵随口轻声念道:

秋分天气白云多,到处欢歌好晚禾。
最怕天公不作美,冬来米价道如何!

"抢种抢收?"李世民问道。

"正是双抢季节!"

"双抢与狩猎,两不相干!"李世民若无其事地说。

"百姓锄禾汗如雨，皇上狩猎幸南山，陛下不觉得有些扰民吗？"魏徵装着很关心地问。

"这……"李世民一时语塞。

"说与做不能南辕北辙哟！"魏徵又添了一句，"不过，除了微臣，没有人会管陛下这些事的，更不会说三道四，陛下，您说是不是？"

李世民猛然勒转马头道："回去，都回去，今天不狩猎了！"

随行的人莫明其妙，不知魏徵向皇上说了什么，让他突然改变了主意。房玄龄凑到魏徵身边悄悄地问道："你向皇上说了些什么？"

"你去问皇上吧！"魏徵故作神秘地笑了笑。

李世民扫兴地回到后宫，长孙皇后迎上来问道："陛上不是幸南山狩猎吗？这样快就回来了？"

"不去了！"

"不去了？为什么？"

"魏徵捣乱，朕想出去散散心也要受他的掣肘。"

长孙皇后笑了笑："怎么，魏徵封了城门呀？"

"那倒不是。"

"那又是为何？"

"魏徵对朕说，现在正是农忙季节，此时幸南山，一定会搅民扰民，话说到这种地步，朕还敢去吗？"李世民有些无奈。

"如此说来，圣心也有所惧？"

"当然，人言天子至尊，无所畏惮。朕则不然，朕上畏皇天之监临，下惮群臣之瞻仰，兢兢业业，励精图治，犹恐不合天意，未副人望。尤其是那个魏徵，他说出来的话，让朕没有反驳的余地，朕真的是心有所惧。"

"皇上能如此严于律己，何愁大唐不兴？"长孙皇后却夸赞起李世民来了。

"话虽如此，处处受到魏徵的掣肘，真是有些闭气之感。"

"能接受这样的掣肘，才是陛下的圣明之处，若毫无掣肘而随心所欲，朝廷也无须设谏官了呀！"

"还是皇后理解朕！"李世民笑了笑，脸上的不快之色顷刻间云消雾散。

后人有诗咏叹：

  莫道帝王无约束，谏臣侍侧督其行。

  除非昏庸不受谏，贤明圣君皆敛心。

第 27 章　玩物丧志

御花园有个麒麟阁，平日总是静悄悄，今天显得异常热闹。

李世民身着一袭白绸长衫，手拿一柄檀香扇轻轻地摇，与坐在身边的长孙皇后窃窃私语，时不时传出一声轻笑。几名宫女站在旁边侍候。

东侧，房玄龄、杜如晦、长孙无忌、魏徵、温彦博几位侍臣依次坐下，悠闲地品尝点心，有一句没一句地闲聊。

西侧，一架古筝摆放那里，一名乐师正在调试琴音，旁边摆放一张条桌，又一人在条桌旁做准备工作。

调试琴音的乐师名叫王长通，善乐器，条桌旁做准备工作的人名叫白明达，善口技。他们是内务府新招入的两名乐师。李世民在皇后的陪同下，在御花园欣赏这两名乐师的特技，并召几位近臣作陪。

王长通调好琴音，请李世民点曲。

李世民轻声问道："皇后，你说呢？"

"陛下点吧！"长孙皇后微微一笑。

"那就先来一曲高山流水吧！"

王长通抚动琴弦，优雅的琴声从手底流出，琴声时高时低，高时如汹涌的海潮奔腾咆哮，低时如和风拂面，全身舒坦。一曲终了，众人意犹未尽，仍沉浸于刚才优雅动听的琴声之中。

王长通紧张地看着皇上的脸色，等待评判。

稍停片刻，李世民猛然叫道："好！好！好！太好了！"

"谢皇上的夸奖！"王长通伏地叩拜。

"起来吧！待会朕有赏！"李世民手一挥，"该下一位，有何技艺，快使出来。"

白明达站起来，手拿折扇环揖一遍，也不作声，然后静静地坐下，王长通走上前，拉开帷幕，将白明达圈在里面，众人不知个中奥秘，专注地盯着围幕。

忽然，遥闻深巷之内犬声不断，有妇人从睡梦中惊醒，打哈欠声，摇她的丈夫，说一些猥亵之事。丈夫发出呓语，说很困，没兴趣，妇人摇曳不止，二人言语渐杂，忽而传来木床摇动的嘎嘎声，接着，儿子醒了，大哭不止。丈夫大怒，叫妇人给儿子喂乳，儿子含乳，仍啼哭不止，妇人大怒，打儿子的屁股，儿子大声啼哭，丈夫呵斥妇人。又一个儿子醒了，吵闹不止。于是，妇人拍打儿子之声，一个儿子的哭声，另一个儿子含乳啼哭声，一齐凑发，众声齐出，惟妙惟肖。

正在大家聚精会神之时，一切声音戛然而止，王长通上前拉开帷幕，里面仍然是一桌、一椅、一人、一扇、一醒木而已。

正在众人惊叹之时，王长通、白明达两人突然双双跪下向李世民讨赏。他们说，闻驯马师韦槃提、斛斯正因驯马有功，皇上封他们五品秩，他们今天也博得皇上皇后一笑，也要讨赏。

李世民高兴忘形，立刻答道："好，朕就封你们……"

"慢！"魏徵猛然站起来，打断李世民的话头，冲着两个乐师大吼道，"大胆狂徒，竟敢扰乱圣听？还不给我掌嘴！"

王长通、白明达两人望望皇上，再看看魏徵，吓得一时不知所措，魏徵补上一句："听到了吗？"

王长通、白明达这才知道惹下大祸，连忙掌嘴道："小人该死、小人该死！"

长孙皇后往日听说魏徵敢言直谏，只是耳闻而已，今日亲睹魏徵进谏风范，震惊不已，宫女们则更是为眼前之气势所惊呆。

魏徵制住两名乐师，连忙跪下奏道："陛下，臣闻韦槃提、斛斯正驯马有方，陛下一时兴起，赏五品秩，今天王长通、白明达讨赏，陛下又要授官，此风不可长啊！"

"有功就可赏，为何他们不能赏？"李世民不以为然。

"王长通、白明达都是乐工，韦槃提、斛斯正只能调马，他们都是方伎之士，非安邦济世之才，纵使技能出众，也只能赏给金帛，岂得超授官爵，鸣玉曳履，与士君子比肩而立，同坐而食？臣深以此为耻。"

李世民一时语塞。

第27章 玩物丧志

魏徵继续奏道:"天下士人,十年寒窗,由院试、乡试、会试而殿试,金榜题名中了进士,才得授七品县令,而方技之士,仅凭一技之能便授五品秩,这是对天下文人士子的侮辱!"

"陛下,魏徵说得有理呀!"房玄龄、杜如晦、长孙无忌、温彦博一齐跪下。

"众位爱卿平身,也是朕一时兴起,失于检点,朕知错了。"

李世民不愧为善于纳谏、宽宏大度的圣君,魏徵的直谏,使他马上就意识到这次又是自己错了,而且还错得有点离谱,如果不及时认错,魏徵的倔劲上来,恐怕不好收场。

李世民接着对近侍道:"带他们下去,每人赏帛十匹!"

长孙皇后回到后宫,感叹地对李世民说:"人言魏徵直言敢谏,数逆龙鳞,今日一见,果然名不虚传啊!"

"他就像一面镜子立在朕的身边,朕的一言一行,一举一动,时刻都在他的监督之下,朕一刻也不敢松懈哟!"

"这样的忠臣,可遇而不可求哟!"长孙皇后也有同感。

"朕对他是又爱又怕呀!"

长孙皇后笑着问:"爱的多还是怕的多?"

"爱就是怕,怕就是爱!"

"怎么?打起了佛家禅语?"

"爱是朕由衷对他的欣赏,怕也是朕对他的接纳,若无爱,则就无怕,由爱生怕。"李世民竟然如此解释他对魏徵的爱与怕。

"陛下心里虽然怕,却又希望有这种怕的存在,是吗?"

"正是如此,只因有了这种怕,才能使朕的每一项决策做到慎之又慎,才能保证每一项国策的正确性。如果没有这种怕的存在,朕的国策可能会出现很大偏差。"

"有圣君才有诤臣,魏徵之所以数逆龙鳞,直言敢谏,也是陛下善于纳谏的结果,如果陛下拒不纳谏,闭塞言路,恐怕也就不会有谏臣魏徵了。"

"嗯!皇后果然不愧为国母,一语中的!"李世民笑了。

李世民新得一只鹞,非常喜爱,命人做一个金丝鸟笼,由一名太监专门调教此鹞,李世民有事无事,也常到御花园中逗鸟为乐。

魏徵不知从什么渠道得到这个消息，总想找个机会劝谏李世民不可玩物丧志。

这一天，魏徵到显德殿奏事，李世民不在，得知皇上在御花园，便去了御花园。远远看见李世民正在凉亭中逗鸟，便叫太监通报一声。

李世民正玩得起劲，得报魏徵求见，抬头看时，魏徵已进了御花园大门，知道自己逗鸟的事情如果被魏徵看见，一定会唠叨个没完没了，想叫小太监将鹞鹰提走，但已来不及了，慌忙之中，将手中的鹞鹰塞进怀里。

魏徵将李世民的一举一动看在眼里，故意装着不知，走上前去，若无其事地说："陛下一个人在御花园里观风景，好清闲哟！"

"朕整天批阅奏折，接见大臣，头脑乱哄哄的，御花园空气好，朕到这里来散散心，吸吮一些新鲜空气。"李世民顺着魏徵的话说。

魏徵故意嗅了嗅："嗯！御花园里的空气真的很清新！"

"当然，不然朕怎么会到御花园来呢？"

"陛下，臣近偶读《尚书》，感触颇深。"魏徵忽然转了话题。

"读了哪段，使你生出如此感慨？"李世民双手捂住怀里的鹞鹰，脸色有些不自然，他担心魏徵说起来没完没了。

"《尚书·旅獒》里面有'玩人丧德，玩物丧志'之说，陛下可还记得否？"魏徵两眼看着御花园中的假山，故意不看李世民。

"记得有这么一段。"李世民知道魏徵是含沙射影，将怀中的鹞鹰捂得更紧，害怕鹞鹰发出声音被魏徵听见。

"很有意思，很有启迪！"魏徵饶有兴趣地说。

"是的、是的，朕治理朝政，也是以史为鉴。"李世民有些心不在焉。

"春秋时，卫国的第十四代君主卫懿公特别喜欢鹤，整天与鹤为伴，如痴如醉，不理朝政、不问民情。还让鹤乘富丽堂皇的马车，比朝中大臣乘的车还要好，为了养鹤，每年耗费大量资财，引起大臣不满，百姓怨声载道。"魏徵有一搭没一搭地说起了典故。

"玩物丧志，不足取！"李世民附和道。

"后来，北狄部落入侵卫国，卫懿公命军队前去抵抗。将士们气愤地说：'既然鹤享有很高的地位和待遇，主上就让鹤去打仗吧！'卫懿公没办法，只好亲自带兵出征，与狄人在荥泽展开决战，结果战败而死。人们把卫懿公的行为称作'玩物丧志'。"

第27章 玩物丧志

"嗯！卫懿公这是咎由自取！"李世民心急火燎，却又不得不回答魏徵的话。

"古人为此作了一首诗！"

"是吗？这个朕倒不记得！"

魏徵信口念道：

> 曾闻古训戒禽荒，一鹤谁知便丧邦。
> 荥泽当时遍磷火，可能骑鹤返仙乡？

"好诗！好诗！真是入木三分哟！"李世民赞道。

"陛下好像有些心不在焉，有什么事吗？"魏徵故意问道。

"没事，没事！"李世民强装笑脸，但总不那么自然，因为惦记怀中的鹞鹰，好长时间没出声了，不知此时是死还是活。

"那臣就告辞了！"魏徵谦恭地说。

"去吧！去吧！"李世民迫不及待说。

魏徵瞥了李世民一眼，狡黠地笑了笑，退出御花园。

李世民等魏徵出了御花园，迫不及待拿出怀中的鹞鹰，由于捂得太紧，一只好好的鹞鹰，被活活地捂死了。李世民气得将死鹞鹰摔在地上，骂道："这个臭道士，这个乡巴佬，怎么老是和朕过不去呀！"

魏徵出了御花园，并未离去，躲在门外将这一切看在眼里，窃笑不已，转身离去。顺口又吟唱起来：

> 曾闻古训戒禽荒，一鹤谁知便丧邦。
> 荥泽当时遍磷火，可能骑鹤返仙乡？

第28章　羞辱贪官

贞观年间少贪吏是一个谜。要解开这个谜团，恐怕还得从李世民身上找答案。

李世民历来痛恨贪官污吏，武德九年登基之时，南郊祭天大赦天下，死囚都在赦免之列，唯独不赦贪赃受贿的赃官。为了惩治贪吏，他曾导演了一曲匪夷所思的闹剧，引来一场君臣大辩论。

有一天，李世民批阅奏折倦了，靠在龙椅上闭目养神，侍奉太监重新沏杯浓茶，正要退下的时候，李世民睁开眼睛说："等一下！"

侍奉太监以为皇上有事，站在一旁等候吩咐，不想李世民却问道："历朝历代，朝廷官员中贪污受贿者层出不穷，有什么办法将这些人都找出来？"

侍奉太监万万没有想到李世民会向他提出这样一个的问题，愣在当场回答不出来，一时情急，脱口而出道："谁是贪官，试一试就知道。"

"哈哈！这倒是个好办法！"侍奉太监无心之答，李世民却信以为真。

侍奉太监吃惊地问："皇上，真的要试？"

"当然，只要能抓出贪官，试试又何妨？说说看，怎么试？"

侍奉太监见李世民真的要试，也来了精神，想了想道："皇上可密使人找朝廷官员办事，贿以财物，受贿者为浊，拒贿者为清，谁清谁浊，一试便知。"

"此法虽妙，似非君子所为！更非人君所为呀！"李世民摇摇头。

侍奉太监见皇上犹豫不决，继续说："这件事不须皇上费心，奴才就可以安排，定能替皇上抓几个贪官。"

李世民有意无意地点点头。侍奉太监连忙道："奴才遵旨！"

看着离去太监的身影，李世民脸上露出一丝苦笑，摇了摇头。

第28章 羞辱贪官

李世民并没有将试贿之事放在心上，不想几天后，侍奉太监前来禀报，说有一位执掌门禁的司门令史接受了一匹绢的贿赂。李世民听后不由大怒，表示要将这名司门令史处死。

这一天早朝，裴矩手持笏板出班奏道："陛下，臣有本要奏！"

"有本只管奏来。"李世民答道。

"臣闻陛下欲杀司门令史，请陛下三思！"裴矩奏道。

"受贿当杀，不必再思！"李世民断然说道。

"为吏受贿，罪诚当死。但陛下派人行贿，是陷人违法，恐怕违背了'导之以德，齐之以礼'之道。司门令史收受贿赂，数量有限，也不至于是死罪，判他死刑，罚得过重，也有违大唐律法。"

裴矩的话有两层意思，一是诱人犯法有违君道，二是即使犯法，也惩处过重。

魏徵见皇上尚未醒悟，出班奏道："陛下，臣以为，君与臣，形如流水，君乃水之源，臣乃水之流。"

"说得不错！"李世民赞同地说。

"臣记得陛下曾说过：君王是源头，臣子是水流，浑浊其源头而要求水流清纯，这是不可能的。"

"不错，这话是朕说的。"

"今陛下先自为诈，使人试贿，诱人犯法，犹如源之浊，源既已浊，能怪水不清吗？"这句话说得太直了，简直就是骂李世民是一个奸诈小人，诱人犯法的教唆犯。

李世民听到这里，脸色红一阵，白一阵，一句话也说不出来。魏徵不管这些，根本就不看李世民的脸色，继续说："陛下常说要以至诚治天下，却使用试贿这种阴招，且还要将中招之人处以极刑，此非君子所为，更非君王所为。当年隋文帝也曾使用'试贿'这一招，虽然惩处了一批贪官污吏，并没有从根本上解决问题。"

李世民听了裴矩之言已心有所动，再听魏徵之谏，意识到自己确实错了，当即表示："裴矩、魏徵说得对，朕命人试贿，确实有些欠妥，也非人君所为。朕知错，将司门令史处死刑，确实处之过重，朕决定，免其一死，改为流放。"他见群臣都在聚精会神地听，话锋一转道，"裴矩为官敢于力争，不一味顺从于朕，魏徵犯颜直谏，常纠朕失，若每件事都能如此，何愁国家治理不好呢？"

一位大臣出班奏道："古人有言：君主贤明，则臣下敢于直言。裴矩在隋朝乃佞臣，在唐朝则为忠臣，并不是他的品性有所变。君王厌恶听别人揭短，则大臣的忠诚转化为谄谀；君王乐闻臣下直谏，则谄谀又转化为忠诚。由此可知，君主犹如测影之表，臣下便是影子，表动则影随而动。"

后人有诗赞叹：

> 裴矩隋朝乃奸佞，归顺唐朝变忠臣。
> 淮南为桔淮北枳，非为水土乃圣君。

郑国渠是战国时韩国水工郑国开凿，渠名因其名而得。三白渠由大白渠、中白渠、南白渠三渠组成，统称白渠。郑国渠与三白渠将泾水和洛水两条河流之水相连，组成稠密的灌溉水网。郑国渠、三白渠水源充沛，京畿以北约五万顷土地依赖渠水灌溉，水中泥沙还可补充沿岸土地的土壤，沿岸数万人民，依赖郑渠、白渠而生存。当时有一首歌谣唱道：

> 郑渠前，白渠后，三月无雨不须愁。水得粮一石，泥亦增数斗。且溉且粪长禾黍，衣食京师亿万口。

两渠沿岸的豪强富户，在渠道沿线安装水磨，肆意掘开渠堤，引渠水推磨，导致渠水大量流失，农田缺水灌溉几近干涸，乡民怨声载道。豪强富户为一己私利，公然开渠放水，使大量农田缺水灌溉导致庄稼减收。地方官出面阻止，豪强富户仗朝中有后台，根本不予理睬，只好向上禀报。不久，这件公案摆上了李世民的案头。

李世民知道这件事后暴跳如雷，下令御史衙门彻查此事，看到底是谁替这些人撑腰。

旬日之后，御史衙门的调查报告呈上来，令李世民意外的是，朝中替豪强富户撑腰的人竟是右骁卫大将军长孙顺德。开渠引水推磨的吃螃蟹者，是关中豪富闻仲达。

闻仲达引渠水谋利，得到长孙顺德暗中支持与包庇。长孙顺德乃皇亲国戚、朝廷重臣，地方官惹不起，只好听之任之。此例一开，沿途商贾富户竞相效仿，时间一久，郑渠、白渠沿岸的水磨如雨后春笋般冒了出来，地方官想管也管不住。

第28章 羞辱贪官

据查证，长孙顺德包庇闻仲达，收了闻仲达三百匹绢的贿赂。

长孙顺德是长孙皇后的族叔，自高祖李渊太原起兵以来，便追随李家父子打天下，战功显赫。高祖即位，封薛国公。玄武门之变，率兵与李建成余党大战，李世民取得玄武门胜利，长孙顺德功不可没。李世民即位后，以宫女赐之。长孙顺德虽然英勇善战，但居官却很贪婪，武德年间随李世民攻克薛举，收缴无数金银珍宝，长孙顺德私取入囊，军中将士也随之效仿，争相抢夺，一时军纪大坏。李世民虽曾多次训诫，长孙顺德仍恶习难改，此次又旧病复发。

李世民看了御史衙门弹劾长孙顺德的奏折，非常气恼，但如何处置这位开国功臣，却又犹豫不决，处理轻了，无动于衷，处理重了，又惜其有功于唐，于心不忍，思之再三，有了主意。传谕房玄龄和御史衙门，第二天庭议长孙顺德一案。

次日早朝，房玄龄即出班奏道："郑渠、白渠水，民利所系，沿岸豪强富户争置水磨，开渠引水，与民争利，导致两渠水流量减少，农田灌溉缺水，部分地区甚至已经断水，田地干涸，庄稼难以生长，长此下去，将损国本。"

一名御史出班奏道："朝中有人私受贿赂，恣意纵恶，豪强富户掘堤放水，得到朝中权贵的庇护，才敢如此胆大妄为。"

朝臣们窃窃私语，议论纷纷。长孙顺德十分惊慌，抬头向皇上望去，李世民正盯着他，他不敢正视李世民那如刀的目光，低下头。

御史大夫之所以不点名，是李世民的授意，他想留给长孙顺德一个坦白的机会。长孙顺德却怀着侥幸心理，希望御史说的不是他。

李世民见长孙顺德站列班中，毫无坦白之意，威严地叫道："长孙顺德！"

"臣在！"长孙顺德慌忙出班。

"听说你受人馈赠，可有此事？"

长孙顺德语塞。

李世民道："不出声就是默认了？"

长孙顺德翻身跪下，哭着说："陛下，臣知错了！"

"你缺钱，你很爱钱，是吧？"李世民脸色冷若冰霜，字字如锥，扎在长孙顺德的心上。

长孙顺德跪在地上，一个劲地叩头，没有话说。

李世民大声说道："那好，既然你很爱钱，朕再赐你上等绢三十匹，下去领赏吧！"

长孙顺德见自己纳贿之事不但没有得到惩罚，反而还要赏赐，一时没有反应过来，跪在地上不知所措。

"下去吧！"李世民补了一句。

长孙顺德一激灵，突然醒悟过来，这哪里是在赏赐呀？这是当众羞辱，跪下叩拜道："陛下，臣知罪了！"

"下去吧！"李世民厌恶地挥挥手。

长孙顺德羞愧地退出，此后便逐渐淡出人们的视线。一来，是其受贿所致；二来，也是李世民创行的"以文治国"的国策有关。长孙顺德是武将，已不适应新形势的要求，淡出是一种历史必然。不过，由于他是开国功臣，凌烟阁挂像仍有他一席之地。

大臣见长孙顺德退出朝堂，面面相觑，站列班中的魏徵脸上露出一丝不易觉察的微笑。大理少卿胡演奏道："长孙顺德枉法受财，罪不可赦，陛下为何还要赐以绢？"

李世民道："顺德本是国家有功之臣，朕与之共有府库耳，为何还要贪图这些蝇头小利呢？真是太可惜了，朕念他乃开国功臣，不惩罚他。"

"不惩罚犹可，若再赏赐，岂不更助长了他的贪欲？"胡演奏不解地问。

"如果他有人性，赐绢之辱，甚于受刑；如果他不知羞愧，则与禽兽无异，杀之又有何益？"李世民面色冷峻地说，"人有明珠，莫不看得很贵重，也知道珍惜，若拿去弹射鸟雀，岂不是可惜？何况人的性命，远甚于明珠。见金银帛而不惧刑网，巧取豪夺，贪赃受纳，这就是以身试法，不爱惜性命。明珠是身外之物，都知道不可以用于弹射鸟雀，何况更加贵重的性命，竟然拿去换取财物吗？群臣如果能够竭诚尽忠，有益于国家，有利于百姓，那么，官职、爵位立即就可以得到。千万不可用贪污受贿的手段求取荣华富贵，随便收受财物，贪赃受贿的事情一旦败露，顷刻之间便身败名裂，岂不可笑？"

李世民说到这里停了下来，两班大臣交头接耳，议论纷纷，待大家议论半天后，继续说："朕曾经说过，贪财的人并不真正懂得吝惜财物。内、外官五品以上官员，禄职优厚，一年所得本来就不低。受人财贿，不过数万而已，一旦败露，官职就会被撤除，俸禄就会被剥夺，这是因小而失大。昔公仪休特别嗜好吃鱼，但他从来不接受别人送的鱼，因此，他就能长久地吃鱼。"

李世民见大家都在聚精会神地聆听自己的教诲，心里有些得意，突见魏徵

第28章 羞辱贪官

站列在班若有所思,指名道姓地问:"魏徵,你说朕说的是不是?"

魏徵正在那里回味着李世民所说的话,冷不防突然点他的名,有点答非所问地说:"古人云:鸟栖身在树木之上,犹恐其不高,还要将巢筑在树木顶点;鱼藏在深水之中,犹恐其不深,还要将穴设在洞穴之内。然而,它们仍然为人所获者,都是由于贪食诱饵之故。"

"魏徵果然是博古通今,见解也是精妙绝伦。"李世民哈哈大笑,"为主贪,必丧其国;为臣贪,必亡其身。《诗经》说:大风生成是因为有隧道,贪财之人败坏同类。这句话可是真理哟!魏徵,你可知秦惠王伐蜀之典故?"

"蜀道难,难于上青天。战国时代,秦惠王欲伐蜀而不知其道,就在秦国与蜀国的交界凿五个石牛,派遣百名兵丁守护,每日暗将黄金置于石牛尾下,称石牛能屙金。奇闻不胫而走,蜀王信以为真,即遣使向秦国求屙金石牛,惠王欣然应允。于是,蜀王招募五名壮士,号称五丁,率卒千余人,拖牛成道,从汉中直达成都。后人称这条道路为'金牛道',又称剑阁道或蜀栈。秦师随着这条道进伐蜀国,蜀国遂亡。"魏徵侃侃而谈。

"汉朝大司农田延年贪赃纳贿三千万,事发后自杀身亡,空有三千万却无福消受,历史上似此等事例数不胜数。朕现在以蜀王为鉴,你们也要记住田延年的教训,不要重蹈覆辙啊!"李世民语重心长地说。

满朝文武,无不为皇上之言所震撼。

有诗为证:

君王忌恨是污吏,死囚犹赦不赦贪。
贪赃纳贿皆重处,贞观年间少赃官。

第29章　诤臣缘何也缄口

贞观元年（627年）十二月，利州都督、义安王李孝常等谋反伏诛。在审理李孝常谋反案中，牵涉到右武卫将军刘德裕及统军元弘善、监门将军长孙安业三人。

原来，李孝常入朝奏事，常留京师，刻意奉承刘德裕、元弘善、长孙安业，互说符命，欲以宿卫兵作乱。

李世民听到这个消息后龙颜大怒，命刑部拘捕刘德裕、元弘善、长孙安业，准备下诏将三人处以极刑。

长孙安业是长孙皇后同父异母的哥哥，此人嗜酒如命，是一个无赖，长孙晟去世的时候，文德皇后长孙氏和二哥长孙无忌年岁尚幼，长孙安业对这两个年幼的弟妹百般虐待，最后干脆将他们撵到舅舅高士廉家，不让他们归家，他自己一人独霸家业。长孙皇后同二哥长孙无忌是在舅舅高士廉的照抚下长大的。

长孙氏本性淳厚，李世民即位做了皇帝，她不但不记恨大哥长孙安业，反而还恳求李世民对他加以照顾，李世民命长孙安业为监门将军。

长孙安业不但不感激这位做了皇后的妹妹的善意，反而心怀鬼胎，认为长孙皇后是做给外人看的。仍然恶习不改，照样酗酒胡闹，交友不择，最后竟然与李孝常、刘德裕掺和在一起，参与谋逆。长孙皇后得知大哥长孙安业牵涉义安王的谋反案，痛不欲生。

这天晚上，李世民下朝回宫，长孙皇后痛哭流涕，跪求道："陛下，臣妾有一不情之请！"

"皇后有话请讲，何必行此大礼？"李世民忙将长孙皇后搀扶起来。

"臣妾虽执掌后宫，从不干政，亦不以皇后的身份为长孙氏族人谋利。"

第29章 诤臣缘何也缄口

"朕知道，没有人说皇后干政。"

"臣妾听说大哥安业与义安王谋反一案有染，此事当真？"长孙皇后坐下后问道。

李世民摇摇头，叹了口气道："大舅子太过荒唐，竟然同义安王掺和在一起，他这不是自寻死路吗？"

"叛逆之罪，其罪当诛，是吗？"长孙皇后问道。

"叛逆之罪，不在赦免之列，皇后，不要想这件事情了！"李世民安慰地说。

长孙皇后哭泣着说："臣妾也知叛逆是滔天大罪，不在赦免之列。但臣妾自幼丧父，大哥安业虽对臣妾和二哥无忌不仁，将我们赶出家门，但我们毕竟是同父所生，大哥惹下滔天大祸，臣妾能不想吗？"

"天作孽，犹可恕；自作孽，不可活。皇后不必为这样的人操心。"李世民劝慰道。

"臣妾与大哥安业存有旧怨之事，天下皆知。今安业犯法，陛下要将其处以极刑，本是依法而行，但天下人该怎么说？"

"天下人能说什么？"李世民问道。

"知者，会说皇上大义灭亲；不知者，还以为是臣妾借陛下之手杀他，以报幼时虐待之怨。如果这样，将有损陛下清誉啊！"长孙皇后的话虽然有些牵强，但也不能说一点道理也没有。

"口长在他们脑袋上，爱怎么说就怎么说，由他们去吧！"

"陛下！"长孙皇后伤心地叫道。

"皇后的意思？……"

"恳求陛下免其一死！"

"这……"李世民见皇后如此伤心，有些于心不忍，皇后同他是结发夫妻，从来没有在他面前为长孙家族谋利，但今天所求之事，他真的很为难。

长孙皇后见李世民犹豫不决，欲再次跪求，李世民忙扶住她说："夫妻之间，何必这样，你让朕想想，看有何办法了断此事！"

"臣妾也知道有些强人所难,但臣妾从不以皇后的身份为娘家人说情谋利，这是第一次，也是最后一次，想来大臣们也会体谅臣妾的苦衷。"

"皇后将话说到如此地步，朕还有何话说！"

长孙皇后歉疚地说："臣妾让陛下为难了！"

李世民坐在皇后身边，想了半天说："朕得去安排一下，不然，明天朝堂上，大臣们当堂提出异议，到时就不好办了，特别是魏徵，只要朕有什么事情处理得不妥，他一定会站出来说话，朕对他是又爱又怕啊！"

长孙皇后一脸歉意。

李世民冲着宫门喊道："来人！"

"奴才在！"侍奉太监应声而至。

"传房玄龄、杜如晦偏殿觐见！"

房玄龄刚走到承天门，正碰上杜如晦，问道："杜大人，你这是到哪里去？"

"皇上召见。"杜如晦反问道，"房大人此时进宫又是为何？"

"皇上召见！"

"同时召见我们两人，知道有什么事吗？"

"不知道，去了就知道了！"说着话，两人已到显德殿。一名太监早就候在那里，见二人走近，上前说道，"二位大人请随奴才来！"

两人对望了一眼，什么话也没有说，跟在太监后面，拐弯抹角地来到偏殿门口，太监伸手道："二位大人请进，皇上在里面等候！"

二人进入偏殿，见李世民坐在案几上批阅奏章，正欲跪下行叩拜之礼，李世民手一挥："免了，请坐！"

"陛下夜召微臣，不知有何急事？"二人刚坐下，房玄龄问道。

"监门将军长孙安业同义安王一案有牵连，朕本欲将他处以极刑，无奈皇后泣诉，求朕赦免其罪，召你们来想商量一下，这件事该如何处理？"

"皇后怎么说？"杜如晦问道。

李世民说："安业、无忌、皇后三人是亲兄妹，安业是同父异母的大哥，无忌与皇后是一母所生。长孙安业素来嗜酒、性无赖，他们的父亲去世后，长孙安业将皇后与无忌逐出家门，他一人独霸家业，长孙皇后与二哥长孙无忌寄住在舅舅高士廉家。因此，兄妹三人积怨颇深，皇后与二哥无忌没有同长孙安业来往，彼此形同路人。"

"此事路人皆知，怎么，皇后难道要替长孙安业求情吗？"房玄龄问道。

"血浓于水哟！"

"皇后如何讲？"

"皇后知安业牵涉义安王一案，其罪当诛，但怕人说闲话，求朕饶其一死。"

"怕什么人言？"杜如晦问。

第29章 诤臣缘何也缄口

"担心天下人说她借刀杀人,以报昔日虐待之怨。"

"啊!"房玄龄一声惊叹。

"如果真是这样,皇后认为将有损于朕的清誉。"李世民说。

房玄龄从李世民的言语中意识到他有意赦免长孙安业,连夜召见,目的是要替他出主意,为长孙安业找一个开脱的借口。便顺着李世民的意思说:"皇后与长孙安业素来不睦,有此担心也不无道理。"

"皇后从不为其族人说情,这是第一次!"李世民此言无疑给了房玄龄、杜如晦一个信号,他想给皇后一个人情。

杜如晦也明白李世民的意思,于是问道:"皇后的意思是?……"

"饶其一死!"

"死罪可免,活罪难逃。"杜如晦自言自语地说,"既然如此,陛下下诏,免其一死,流放嶲州如何?"

"房玄龄,你的意思呢?"李世民问道。

"我没意见!"房玄龄回答,"但言官们恐怕又要多言了。"

"长孙安业的事是个特例,我想魏徵也是个通情达理的人,他应该知道皇后的难处。"杜如晦道。

"房玄龄,你说呢?"李世民问。

房玄龄说:"我就担心魏徵,如果他当廷硬谏,这件事就不好下台。"

李世民望着他们两人,一言不发。

"杜大人,魏徵的工作就交给你了!"房玄龄笑了笑说。

杜如晦不置可否地以一笑置之。

次日早朝,李世民下诏,将长孙安业流放巴蜀的嶲州。大臣们虽然知道处罚偏轻,但大家都很尊敬皇后,没有人提出异议。魏徵低眉落眼,不看任何人,也没有出班谏止之意。

魏徵没有谏止,有人说是杜如晦夜访魏宅,同魏徵彻夜长谈之结果。有人否认这种说法。

魏徵对长孙皇后与长孙安业的恩恩怨怨了如指掌,也知道李世民这样处理的良苦用心。长孙皇后有一颗仁慈的国母之心,皇上之所以能广纳谏言,除了本人是一位英明之君外,还与有一位慈母之心的皇后有关,自己也曾得到皇后慈母般的照抚,上次自己朝堂骂皇帝,皇上一怒之下将自己打入天牢,就是皇后在皇上面前讨旨，才使自己逃过一劫。尽管即使长孙皇后不出面，李世民在盛怒之后，也会饶恕自己，但他却体验到了皇后那大海般的心胸。因此，对李世民饶恕长孙安业一死，他根本就没有打算出言谏止，孰是孰非，实在是无从考证。但魏徵没有谏阻李世民轻处长孙安业一事却是真的。

后人有诗咏叹：

安业谋反罪当诛，君王赦死乃徇私。
魏徵装聋不进谏，个中原由有谁知？

第30章 善恶之论

两仪殿里，李世民正在批阅奏章，他时而伏案疾书，时而站起来，在殿中踱来踱去，脚步时快时慢，时急时缓，紧张地思索着，然后又回到案头。批完一份奏章，他靠在龙椅上闭目养神。侍奉太监见皇上如此疲倦，关切地说："皇上，休息一下吧！"

李世民睁开眼睛，看了看御案上堆积如山的奏章，又看了一眼侍奉太监，只是摇摇手，示意他下去。侍奉太监叹了口气，无奈地退出。

侍奉太监退出后，召来一名小太监，在他耳边小声地说着什么，小太监不住地点头，然后匆匆离去。

侍奉太监伸头向殿内看了看，见李世民仍然在伏案疾书，迅速地退回来，脸上露出一股不易觉察的笑容。

时间不长，小太监返回，两个太监抬着一乘软轿紧随其后，轿子刚停稳，小太监上前掀开轿帘，一位如花似玉的美艳佳人走下轿，小太监上前一步道："公公，人已带到。"

侍奉太监一摆手道："一边候着！"接着向刚下轿的佳人迎了上去，佳人向侍奉太监嫣然一笑，福了一福道："公公，奴家这厢有礼了！"

"姑娘不必多礼！"他来到佳人身边，轻声说道，"皇上操劳国事，疲惫不堪，姑娘要好好地侍奉皇上，皇上满意了，一定会重重赏赐姑娘。"

"公公放心，奴家会使皇上舒舒服服，再现龙马精神。"

侍奉太监又同佳人耳语几句，佳人频频点头，只听侍奉太监说："姑娘，请随奴才来！"

两人进殿后，侍奉太监对李世民说："皇上，您太累了，休息一下吧！"

李世民仍在伏案疾书，未加理睬。侍奉太监退出，美艳佳人轻移莲步走近李世民，轻声说："皇上操劳国事，要注意身体哟！"

李世民正在批阅奏折，忽听有人娇滴滴的喊了一声皇上，惊异地抬起头，见是一个绝色佳人，眼前一亮，此时侍奉太监站在门外尚未离去，刚好同李世民的眼光碰在一起，他冲着李世民狡黠地一笑，轻轻地关上门。

李世民收回目光，仔细打量着正在沏茶的佳人：翩然似惊雁飞鸿，婉约若水中游鱼。容光焕发如绿波间绽开的新荷，体态丰盈如春风中的青松。体态适中，高低适度，肩窄如削，腰细如束。盈盈粉面媚含春，疑是凌波出洛神，罗绮生香笼白雪，钿钗曳玉掠乌云。他痴迷地看着美艳佳人向他走来，手中的笔掉在地上也丝毫未察。

美艳佳人沏了一杯香茶，款款来到李世民的身边，将茶放龙案上，尚未开口说话，已是气香如兰。

李世民贪婪地看着美人，连美人送到手的茶水也忘了接，好半天才问："你是谁？是哪个宫里的，朕怎么没有见过？"

美人侧身施一礼，娇滴滴地道："妾名婉蔷，原本幽州人，新近籍没入宫。"

籍没入宫，就是官奴婢。在唐朝，对违犯法律的罪臣，男子的处罚多为诛杀或流放到很远的地方去充军，女子则籍没入官为奴婢。入官为奴的女子由官府安排，分派给皇宫、亲王、皇亲国戚、朝中大臣为奴，无偿役使她们。当然，能进皇宫者，当然是身份特别或条件绝佳者。婉蔷就是身份特别者。

"籍没入宫？"李世民惊疑地问，"你是谁的家眷？"

"庐江王李瑗。"

"庐江王李瑗的家眷？"

庐江王李瑗是李世民的族叔，因同隐太子勾结，犯谋反罪而被诛，当时李世民下的圣旨是：庐江王李瑗家眷男子格杀勿论，女子没为官奴。看着眼前的婉蔷，李世民心里想，庐江王真的会享受呀！金屋藏娇，竟藏得此天生尤物、绝妙佳人。

李世民正在那里想入非非，婉蔷说话了："臣妾并非庐江王的妃妾。"

这个女子显然是有备而来，面对皇上竟然一点不怯场，红唇微启，吐字如莺，十分悦耳。

"既是庐江王的家眷，又非其妃妾，到底是怎么一回事！"李世民饶有兴趣地拉住美人的玉手，眼光却是色迷迷的。

婉蔷顺势偎倒在李世民的怀里："臣妾本是庐江王王府幕僚刘珍之妻，一

第30章 善恶之论

次偶然机会，庐江王看上臣妾，见色起心，一心想得到臣妾，因臣妾深居简出，很少抛头露面，庐江王一时无从下手，怎奈他色胆包天，贼胆也包天，以莫须有的罪名杀死了我的丈夫刘珍，把臣妾掠进王府。臣妾乃一妇道人家，手无缚鸡之力，在庐江王的威逼之下，除了顺从，还有别的路可走吗？"说罢竟然挤出几滴眼泪。

李世民掏出手拍，替美人擦去泪痕，叹了一声："原来是这样！"

"天网恢恢，疏而不漏，庐江王谋反的狼子野心被皇上觉察，幸天理昭昭，他又为王铣所诛，救臣妾出了苦海。"婉蕾歉意一笑，"臣妾不该在陛下面前流泪。"

李世民见美人不但长得娇艳，说话也如此动听，很是喜悦，心里高兴，手上就有了动作，先是抚摸佳人的秀发，然后延伸至酥胸，进而长驱直入，一直延向纵深。

美佳人也不回答李世民的问话，偎在他的怀里，发出梦呓般的呻吟。李世民一时兴起，揽着美人的柳腰，去了偏殿……

李世民让太常寺少卿祖孝孙教授宫女们音乐。这一天，李世民在御花园叫祖孝孙带领宫女演奏，恰在此时，温彦博、王珪进宫奏事，李世民叫他们坐下来听音乐。谁知在演奏时，宫女不是唱走了调，就是奏的与演的不合拍。李世民不满意，责怪道："太常寺少卿，这就是你教的？你都做了些什么？"

祖孝孙见皇上斥责，连忙跪下谢罪。其实他心里也是有苦说不出，演奏是一项专门技艺，并不是一天两天就能一蹴而就。

温彦博、王珪见皇上斥责太常寺少卿，一齐劝谏道："孝孙是高雅之士，让他去教宫女，进而又谴责他，我们觉得不该如此。"

李世民大怒道："朕视你们为心腹，当竭尽忠正之心以事朕，为何要附合臣下欺君罔上，难道要为孝孙说情吗？"

温彦博连忙跪下谢罪。王珪却站着不动，更不行礼谢罪，不卑不亢地说："陛下责令臣尽忠效诚，刚才臣之所言难道有私情吗？这件事，陛下有负于臣，臣并未负陛下！"

李世民沉默良久才作罢。

次日，李世民对房玄龄说："自古以来帝王虚心纳谏的确很难，朕昨天责备温彦博和王珪，到现在还在后悔。你们不要因此事而不能畅所欲言啊！"

李世民在御花园闲坐饮酒，魏徵和新任门下侍中王珪进宫奏事，李世民待臣下向来都很随和，热情地邀请他们入席同饮。有一美人侍立在侧频频敬酒，王珪扫了此女一眼，觉得面善，似曾相识，冷静想想，便知此女何许人，故作不知，装出一副窥视与欣赏之状注视着她。

李世民见状，指着此女说道："噢！朕忘了向你们介绍，这是庐江王李瑗侍姬，李瑗听说她长得漂亮，以莫须有的罪名，杀了她的丈夫，强纳其妻，如此恶行，人神共愤。"

王珪脸露惊讶之状，离开座位说道："原来如此，陛下认为，庐江王李瑗是善还是恶？"

李瑗被诛，其姬籍没入宫并无不当，但庐江王李瑗是李世民之族叔，李世民却将他的姬纳为侍妾，却似有不当，同此前纳其弟齐王元吉之妻为妾一脉相承，从伦理上讲，有渎伦之嫌。从道义上讲，庐江王杀人夫而夺其妻，已是恶人。

王珪在这里并没有直接说庐江王是与非，而是将这个判断交给李世民，由他回答。

李世民虽然不知王珪的真实用意，但也意识到王珪话中有话，没有贸然作答，眼睛盯着王珪，欲窥其真实用意。

"陛下，您说呢？"王珪追问了一句。

李世民见王珪追问，如实地说："杀人夫而夺其妻，庐江王暴戾恣睢，怎能不亡？"

王珪乃博学鸿儒，善于庭辩，当即引经据典，侃侃而谈："臣闻春秋时期，齐桓公经过已经灭国的郭国废墟，询问郭国的父老：郭国何故而亡。郭国父老回答说：郭国国君因'善善而恶恶'之故而亡。齐桓公觉得很奇怪，继续问道：'如你们所言，郭君是一个贤君，何至于亡？'父老解释说：'郭国国君知道什么是善，也知道什么是恶，可是他明知道是善却不能用，明知道是恶却又不能去，所以非亡国不可。'"

李世民听出王珪想说什么了，知道他要进言，只好正襟危坐听其劝谏。

王珪继续说道："陛下知道庐江王杀人夫、夺人妻是恶人所为，自己却纳此妇人侍奉于侧，臣以为，陛下内心还是认为庐江王杀人夺妻是对的，否则，何故做得同庐江王一模一样呢？"

"真有你说得这么严重吗？"李世民惊疑地问。

魏徵插言道："当然严重，以前楚庄王想让楚国强大起来，聘用一个叫詹何的人，询问治国之道。詹和说，君王先自为表率，从自己做起。"

"詹和好像是答非所问。"李世民说。

魏徵微微一笑道："其实楚庄王也没有听懂詹和之言，于是再问詹何，怎样才能让国家强大。詹和说：'没有听说过能管好自己的帝王，治理的国家还会乱。'所以说，古代的圣明之君，都是从自身做起，才能推及到治理国家。陛下听说过修身、齐家、治国、平天下这句话吧？"

李世民犹豫地点点头。

"只有管好自己，才能管好一个家，能管好家，才能治好国。陛下想想，连修身都不能做好，怎么管好家？不能齐家，又何谈治国、平天下？"魏徵说道。

李世民说："嗯！说得有道理！"

"臣听说，陛下每次征战，都能身先士卒，所以才三军用命。以武功夺天下如此，以文治国的道理也是一样。"魏徵说道。

李世民哈哈大笑："好，朕懂了！"

李世民安排人将庐江王遗姬遣送出宫，交给她的家人，并送她一笔可观的安家之资。

后人有诗咏叹：

劫后偷生为官奴，英主好色又生心。

幸得谏臣言善恶，方保圣誉少受损。

第 31 章　奉命赈灾

两仪殿，李世民苦着脸坐在御座之上，萧瑀、房玄龄、杜如晦、高士廉、温彦博、长孙无忌、魏徵等大臣鱼贯而入，礼过之后，站列一旁，李世民扫视大家一眼，一脸悲怆地说："朕有位旧属从山东来，说他的家乡灾情严重，朕免了他家一年的租庸调。"

魏徵听到李世民之言，立即出班奏道："陛下，您又错了！"

李世民几乎跳了起来，斥责道："魏徵，你也太放肆了吧？"

"陛下，皇权不下县。陛下直接免掉民间一家的租庸调，县令就不好办了。错了就错了，为何不肯承认？"

"朕身为一国之君，这点权力也没有吗？"李世民反问。

"普天之下，莫非王土；率土之滨，莫非王臣。陛下想做什么，当然可以做什么。"

"那为何说朕错了？"

"陛下乃一国之君，能解一家之困，难解天下之危。要解天下百姓之危，靠的是政令，不是施舍。天下人口这么多，如果都有困难，陛下一个一个地去接济，做得到吗？比如目前的灾情，朝廷就要拿出一个切实可行的解决方案，这才是当务之急。"

"魏徵说得有理。"房玄龄忙出来解围，突然，他看到李世民脸上怒容更盛，知道此话有语病，皇上一定是认为自己支持魏徵的看法，忙补充道，"我是说魏徵拿出解决灾情方案的想法不错。"

李世民的脸色有所缓解，问道："发放钱粮，赈济灾民；设坛祭天，祷告神灵。除此之外，是否还有需补充之处？"

大家一致认为皇上考虑得已很周到。

第 31 章 奉命赈灾

李世民连下三道圣旨：命房玄龄主持朝廷赈灾之事，根据各地灾情，拨付钱粮赈济饥民；命中书侍郎温彦博为钦差大臣，赴关中、陇右诸州赈灾，并代天子巡察吏治；命尚书右丞、谏议大夫魏徵为钦差大臣，赴河南、山东赈灾，并代天子巡察吏治。

祭坛设在皇城，香案上摆放着牛头、猪头等一应祭祀之物，作法道士站在香案旁，抓起一支笔，在黄表纸上画一道符，随即念念有词，猛然间喷出一团火，火头直冲画符的黄表纸，顷刻之间，黄表纸在火光中化为灰烬。接着取过一把檀香点着，对天拜了三拜，将檀香插在香炉上，再取过一杯水酒，举杯向天、念念有词，对天遥祝，随之躬着腰将酒倾倒在祭坛周围，放下酒杯，在祭坛上手舞足蹈、念念有词地作法，道士祈祷、作法之后退到一边。

李世民走上祭坛，接过道士递来的三炷香，双膝跪在拜垫之上，祭坛下的文武百官见皇上跪下祭天，齐刷刷地跟着跪下一大片。李世民手举檀香，仰首望天默默祈祷，然后拜了三拜，群臣亦跟着向天叩拜，行罢跪拜之礼。李世民虔诚地将檀香插在香炉上，手掇一只早已备好的蝗虫，仰望苍天祷告道："苍天在上，民以食为天，谷乃民之命，若天下子民对上苍不敬，有触天庭，朕乃天之子，此责当由朕一人担之，理当蚀我，无须怪罪百姓，祈求天庭降罪于朕身，无害百姓，朕将吞咽此为害百姓之蝗虫，以示对朕之惩戒！"

李世民手掇蝗虫，正欲吃掉，群臣在后面惊呼道："陛下，蝗虫是不洁之物，不可食啊！"

侍奉太监跪下泣告道："陛下，蝗虫为不洁之物，吃了恐有损圣体！"

"陛下！"房玄龄跪下说："如果坚决要吞食此蝗虫，就由臣代吞吧！"

"朕吞食此蝗，就是要将天灾移到朕的身上，还避疾呢？"李世民说罢，毅然将手中蝗虫塞进嘴中吞服了。

"吾皇万岁！万岁！万万岁！"文武百官齐声高呼。

且说魏徵受命后，率随从人员出关中进入河南境内，越州过县，一路东进，边巡视灾情，边督促地方官员放粮赈灾，使皇恩广泽于民。在巡察吏治的过程中，沿途还处罚了几名贪官污吏，然后回首北上，横跨黄河，经菏泽，最后到达濮州。

这一天，魏徵一行进入濮州地界，由于沿途劳顿，魏徵显得十分疲倦，无暇观看沿途风景，坐在官轿内闭目养神，突听"嘭"的一声响，不知何物撞击在官轿上。官轿立即停了下来，轿外一片慌乱，传来一声大喝："什么人？竟敢行刺朝廷钦差大臣！"

魏徵掀起轿帘，见随从兵丁手持兵器、剑拔弩张地围在轿子四周，魏徵是经过世面的人，不露声色地走下轿，问道："什么事？"

"大人，有人向官轿射箭！"随行千总诸荫宗递过刚从地上捡起的一支箭。

魏徵接过一看，原来是一支无镞之箭，箭身上还扎着一张纸条，顺手取下箭上的纸条，展开张条一看，上面写有几行潦草小字：

濮州刺史太猖狂，勾结粮商薛云娘。
皇粮流进薛家仓，哗哗铜钱入私囊。
霉烂陈粮换出来，饥民未见赈灾粮。
皇恩浩荡民未沾，贪官污吏狠如狼。

"射箭的人在哪里？"魏徵问道。

"只见人影一闪，便没入山林中，山高林密，不敢穷追。"随从答道。

"没事！"魏徵将字条拢进袖内，转身上轿，叫一声，"起轿！"

魏徵嘴里虽说没事，心里却不平静，不为别的，就为刚才的字条。濮州刺史庞相寿是李世民潜龙秦王府时的亲信幕僚，李世民登基后，庞相寿放外任，当了濮州刺史。钦差刚到濮州，就有人箭射告密信，此事恐怕非同小可。临出长安时，皇上一再嘱咐，此次出使，除赈灾放粮之外，还负有巡察吏治之责，如果庞相寿在赈灾钱粮上做手脚，恐怕就是惊天大案了。朝廷拨下来的赈灾钱粮是百姓的救命粮，地方官吏如果在赈灾钱粮上做手脚，等于是在饥民口中夺食。历朝历代对贪墨赈灾钱粮者都是施以重典。为了慎重起见，魏徵决定乔装前往濮州，暗访赈灾钱粮之事。想到这里，他用脚蹬蹬轿踏板，示意停轿。

"大人有何吩咐？"诸荫宗来到轿前问道。

"刚才箭传告密信，事关重大，我准备微服私访，探听虚实。"

诸荫宗问道："带多少人去？"

"一个也不带。"

"那不行。"诸荫宗说，"万一有所差池，卑职如何向皇上交待？"

"这是命令！"

诸荫宗见是命令，无话可说。

第31章 奉命赈灾

魏徵吩咐道:"你们继续前行,到濮州之后,先在驿馆住下,推说钦差路上偶染小疾,暂不见客,一切事情等我回来后再行处理。"

魏徵换了一身道服,离开大队人马,独自向濮州城走去。诸荫宗命二名干练武官换了一身便装,远远尾随在魏徵的后面。钦差大臣的全副仪仗继续向濮州进发,不过,行进的速度明显慢了下来。

濮州刺史庞相寿这几天可没闲着,他知道巡察、赈灾的钦差大臣已出了长安城,不日将到濮州,他要赶在钦差大臣到来之前将朝廷拨下来的赈灾钱粮全部发放下去,发放赈灾钱粮本是一件济民的大事、好事,但庞相寿的目的并不在此,他是想趁钦差大臣未到濮州之前,将要干的事情干完,不留下任何蛛丝马迹。

庞相寿之所以要这样做,是想从中大捞一把,他将朝廷下拨的上好赈灾粮全部高价卖给了濮州的大粮商薛云娘,然后以极低价格从薛云娘那里买进一批连牲畜都不闻的腐烂变质的陈粮作为赈灾粮发放给灾民。正因为如此,他必须抢在钦差大臣到来之前,将这些粮食全部发下去,免得到时露了马脚。谁知人算不如天算,早有人将他的劣迹举报给钦差大臣。这种偷梁换柱把戏,落在一个人的眼里。

濮州衙门前正在发放赈灾粮,灾民拿着麻袋,挑着箩筐,排队等候领取赈灾粮。忽然,队伍前面一阵骚乱,一位老汉指着腐烂变质、霉气熏天的粮食,大声问道:"这是什么赈灾粮,这样的粮食还能吃吗?"

发粮的官差个个累得满头大汗,腰酸背痛,本来就窝了一肚子火,不但没有讨到一声好,反而还受气,心里更不舒服,大声地回应道:"嫌粮食不好,你可以走人,没有人强迫你要。"

旁边马上有人上前劝道:"差大哥,别发火,快发粮吧!家里的小孩几天没有进食了,还等着粮食救命呀!"

有人对刚才发牢骚的人劝道:"杜大爷,算了,有总比没有强,快回家去吧,家里老人孩子还等着呢!"

"狼心狗肺,不得好死。"杜大爷气愤地骂了一句。

"你骂谁?"一名衙役冲过来就要动手,被一些领粮的百姓劝开了。

魏徵装扮成道士,站在不远处,将这些看在眼里,他见发牢骚的老汉走出人群，凑过去问道："老人家，领赈灾粮呀？"

"道长你看，这是人吃的粮食吗？"老汉气呼呼地说。

魏徵伸手抓起笋筐里的粮食看了看，又霉又潮，稍一用力，被捏成一团，自言自语地说："朝廷怎么拿这样的粮来赈济灾民呢？"

"有人从中捣鬼！"老汉气冲冲地说。

"老人家，话可不能乱说，赈灾粮，谁敢捣鬼？"魏徵提醒道。

老汉悄声说："不是乱说，有人亲眼看见了。"

"看见了什么？"

"发给灾民的粮都是粮商薛云娘的压库粮，存放时间太久，都霉烂变质了。"

"朝廷发来的赈灾粮呢？"魏徵问道。

"全都进了粮商薛云娘的粮仓。"杜老汉愤愤地说。

"谁有这么大的胆子从中捣鬼？"

"你去问濮州刺史庞相寿吧！"老汉说完转身欲走。

魏徵靠拢老汉，轻轻地向老汉说着什么，老汉先是摇摇头，随即看到魏徵从袖内掏出一件东西给老汉看了一眼，马上又拢进袖中，老汉马上改变了态度，不住地点头，临别时丢下一句话："大人放心，小民绝不误事。"

濮州城北门外，濮州刺史庞相寿带领众僚属站在那里翘首以待，忽听到几声锣声，不知谁叫了一句："钦差大臣到了！"

"大家快站好，迎接钦差大人！"庞相寿大声喊叫。

队伍刚到城门口，庞相寿迎上前说："濮州刺史庞相寿带领濮州众僚在此迎候钦差大人！"

诸荫宗上前道："钦差大人一路劳顿，偶染小疾，身体不适，大人吩咐，先到驿馆休息。"

庞相寿讨好地说："既然大人身体不适，就先到驿馆安顿，然后再作安排。"

队伍到了驿馆门口，钦差大臣的官轿不落轿，直接抬进驿馆客房门口停下，诸荫宗对庞相寿道："钦差大人身体不适，今天不见客，各位请回吧！"

"容下官探视一下行吗？"庞相寿讨好地说。

"庞大人，钦差大人早有吩咐，实在是难以从命。如果钦差大人怪罪下来，本官承担不起，大人还是请回吧！"

"既然如此，请钦差大人在驿馆休息，下官去请最好的郎中来给钦差大人诊治。"庞相寿说罢欲走。

"途中已请郎中诊治过，休息两天就没事了。"诸荫宗制止道："大人不必请郎中。"

庞相寿见朝廷钦差大臣驾到，想尽地主之谊却又一点劲也使不上，心里发急，只好再硬着头皮说："下官已在濮州最大的酒楼摆好了接风宴，如果钦差大人实在不能前往，请随行的各位上差赏光赴宴吧！"

"接风宴就免了，在驿馆就餐就可以了。"诸荫宗不冷不热地说。

庞相寿无奈，只好安排人将酒菜搬到驿馆来。

诸荫宗安排专人守在钦差大人客房门口，不准任何人接近。

第二天一早，庞相寿带着濮州的官员赶到驿馆，向钦差大臣问安，并将濮州最好的郎中也带来了，诸荫宗道："钦差大人尚未恢复，今天不能见客！"

"这是濮州医术最高的郎中。"庞相寿指着一名随行郎中对诸荫宗说，"还是让他给大人诊治一下吧！"

"大人只是偶染小疾，已经吃过药，一两天就可恢复。"诸荫宗婉转地谢绝了。

庞相寿只好怏怏地带着一众官员离开驿馆。

有诗为证：

天降灾患扰民安，奉旨赈灾赴山东。
濮州刺史迎出城，钦差大臣玩失踪。

第32章　微服私访

濮州城的西北角有座小山包，小山上苍松翠柏，郁郁葱葱，翠竹成林，绿叶成荫，一条小溪沿着东边山脚流过，小溪旁垂柳成行，小山南面还有一片小水塘，塘边绿树成荫，同溪边的垂柳连成一片，东边不远即是闹市，是个动中有静，静中有动，充满诗情画意的好地方。

一座豪门大宅坐北朝南，建在小山脚下，四周被高高的围墙圈起，院墙门楼上悬挂着一个巨大的金字牌匾，牌匾上"林泉居"三个泥金大字熠熠发光，院门口左右两边各蹲着一只巨大青石狮子，院子内的住宅青砖红瓦，朱红色的大门闪闪发光。住宅内雕梁画栋，显示出住宅主人的富贵。小溪边的小凉亭也是雕龙画凤，气派非凡。

宅院的主人就是濮州最大的粮商薛云娘。提起薛云娘，濮州城没有人不知道，其夫家姓林，名延亭，林家的祖业从祖父手上发迹传下来，到林延亭这一代已是第三代。早年的林延亭，是一个精明的生意人，一次外出经商时遭强人劫道，打中了大脑，伤着了经络，此后一直半痴半傻，无法打理生意，所有生意就由老婆薛云娘做主。薛云娘是一个精明强干的女人，自从她接管林家生意后，生意是越做越大，林家粮行的分号不仅开遍了濮州城，在开封、洛阳也有他的分号。薛云娘的名头越来越响，林家到底有多少钱、有多少粮，谁也不清楚。薛云娘是林家的当家人，所以有人说，濮州人可以不知道自己吃了上顿还有没有下顿，但不可以不知道薛云娘。

这一天，薛云娘坐着一顶小轿从外面回家，透过轿帘，她看到有个手持布幡的道人正在小溪边转悠，灵机一动，对家丁说："去，将那位道人请来，我在凉亭上等他。"

家丁赶过来喊道："道长，我家主人有请！"

第32章 微服私访

道人随家丁进了林家大院，边走边东张西望，似乎发现了什么。薛云娘站在亭子里，礼貌地问："道长怎么称呼？"

"贫道逸尘居士！"道人打了个揖首。

"道长为何东张西望？是我家的宅院有什么不对吗？"

逸尘居士赞道："真是一块风水宝地。"

"道长是说我家的宅院？"

"嗯，贫道云游四方，第一次见到这样的风水宝地，难得。"逸尘居士恭维说。

"这块宅基是祖上花重金买下的，据上一辈人讲，当年一位看风水的道人在此地转悠了三天不愿离去，家祖上前询问，道人只是笑而不答，家祖料定此地一定是个好地方，在很短的时间内便将此地买了下来。正当家祖在此大兴土木要建筑宅院时，那位道士又来了，见有人在此兴建宅院，摇摇头，叹了口气，自言自语地说了几句话，垂头丧气地走了。当时刚好有一个人从道士身边经过，家祖问那人，刚才道士说什么，那人回答：'可惜呀！来迟了一步。'"薛云娘绘声绘色地说，家祖追问了一句："'道人真的是这样说的？'那人肯定地点点头。家祖更是坚信此地是块好地方。"

"尊祖真是聪明，只是……"

"只是什么？"薛云娘迫切地问。

逸尘居士笑而不答，恰在此时，一名车夫赶着一辆马车进了林家大院，马车上装着满满一车柴禾，逸尘居士没有回答薛云娘提出的问题，而是转换了话题，笑了笑道："施主最近发了一笔大财？"

"道长怎么得知？"薛云娘吃惊地问。

逸尘居士望着薛云娘，仍是笑而不答。薛云娘连忙做了个请的手势："道长快请坐。"

逸尘居士刚落座，家丁沏好茶端上来，走到逸尘居士身边，不小心脚下一滑，手中的茶杯没有拿稳，掉在地上，茶杯摔得粉碎，茶水溅了一地，家丁站立在逸尘居士身边，胆怯地看了薛云娘一眼，赶忙俯身拾起地上的碎片，返身再去沏茶。逸尘居士望了一眼离去的家丁，又看了薛云娘一眼，摇摇头，轻轻地叹了口气。

薛云娘吃惊地问道："道长为何叹气？"

逸尘居士欲言又止。下人又重新沏了一杯茶送上来，逸尘居士端起茶杯轻轻地吹了吹，慢慢地呷了一口茶，然后将茶杯放在旁边桌子上。薛云娘睁着一双大眼看着逸尘居士，等待他的回答。不想逸尘居士却转换了话题："施主请贫道来，不知有何差遣？"

"看风水！"薛云娘说。

"看风水？"道人反问。

"现在又加一项。"薛云娘说。

"加什么？"

"问卦！"薛云娘说。

逸尘居士说道："施主说的可是两件。贫道向来是一事一卦。"

"那又如何？"

"卦资各算。"

薛云娘哈哈笑道："这个好说，请道长开价。"

"贫道可是看人论价。"

"此话怎讲？"薛云娘问道。

"若是穷途末路者，求贫道为其解惑，贫道分文不取；余则另当别论。"

"道长请为我家宅基看看风水，加上刚才的问卦。"薛云娘问道。

"观风水铜钱五缗，问一卦五缗铜钱，一共是铜钱十缗。"

薛云娘一愣，心里想：好贵的卦资。要知道，一缗铜钱是一千文，当时的粮食价格十几文钱一斗，即使是灾年，也不过几十文一斗。想归想，她还是吩咐管家，从账房取来十缗铜钱呈上，逸尘居士接过卦钱装入袖中，问道："先观风水还是先问卦？"

"先看宅基风水吧！"

逸尘居士随手一指："贵府宅基，背靠小山而筑，门前有水塘相傍，左有溪水长流，只是可惜了右边，破了一块风水宝地。"

薛云娘极为关切地问："右边怎么了？"

逸尘居士前后指指道："你看右边，北边有路，南边有道，中间断了层。易学上讲：宅第依山而筑，前有水塘相傍，称之为依山傍水；左有溪水长流，右有康庄大道，此乃可遇不可求的风水宝地。上好的一块风水宝地，岂不是可惜？此宅基的主人有三代的财运，必可富极一时，三代以后，则渐渐衰退，第四代尚或凑合，此后贫道就说不准了。"

"三代？"薛云娘惊慌地问，因为从她祖上购买地基到她这一代，正好是三代，那么，从她的下一代起，则要渐显衰落之势，她岂能不惊慌？于是哀求道：

"道长是否有法可解？"

"万事皆由天定，贫道怎敢逆天而行？"逸尘居士卖个关子，揖首道，"施主还是问卦吧！"

薛云娘从逸尘居士的言语中听出了弦外之音，"万事皆由天定，贫道怎敢逆天而行"，"怎敢"二字，似是大有文章，也就是说，并不是没有破解之法，而是不敢。她暂时放下了这个话题，提起前面的话头："道长为何说我最近发了一笔财？"

"贫道刚进院，便有人赶着马车装着一车柴禾进院，'柴'者，'财'也，故贫道断言施主最近发了财，且数目不小，是不是？"逸尘居士反客为主，反问了一句。

薛云娘不置可否，又问道："刚才下人摔碎了茶杯，道长又为何叹气？"

逸尘居士笑而不答。

"啊！这是第三卦，请道长教我。"薛云娘连忙叫管家取来五缗铜钱递呈上。

逸尘居士接过卦资塞进袖内道："施主虽然发了财，但情况却有点不妙！"

薛云娘紧张地问："有什么不妙？"

"贵府家人给贫道沏茶，茶杯掉在地上，杯子摔碎了，水溅了一地，而他不知所措地立在旁边，'碎'与'弃'同音，'立'字旁边加'水'，则是一个'泣'字，发了财而后却要'弃'，弃而后泣，这种情况施主说，是妙还是不妙？"

"这便如何是好，这便如何是好！"薛云娘满脸愁云，不知如何是好。

逸尘居士悄悄地问："施主这笔财，该不是不义之财吧？"

薛云娘看着逸尘居士，一言不发。

逸尘居士自言自语地道："难怪如此，原来是祸起萧墙。"

"什么意思？"薛云娘紧张地问。

"施主难道不知道，多行不义必自毙的道理吗？"逸尘居士说罢，起身欲走。

薛云娘赶忙上拦住逸尘居士，双膝跪下，带着哭腔道："道长慢走，请道长救我！"

逸尘居士将她搀起，连声道："施主请起，万事皆天定，半点不由人，贫道怎敢逆天而行？"

"道长乃世外高人，定能助我逃过此劫。"薛云娘听到逸尘居士再次说到"怎敢逆天而行"之语，内心里想，这位道长一定有办法，只是不敢行或不愿行而已，于是她更是苦苦哀求："道长若助我逃过此劫，愿将家资与道长平分。"

逸尘居士叹了一口气："嗯！早知今日，何必当初！"

"请道长救我！"

"心诚则灵，施主若能诚心向善，贫道倒有一法可试。"

"什么办法？"

"施主还没有回答贫道的问题呢！"

薛云娘稍一停顿："什么问题？"

"施主是真的不知，还是明知故问？"

"道长说的是心诚则灵、诚心向善？"薛云娘问道。

逸尘居士笑而不答，薛云娘接着说："如何向善，请道长教我，只要能逃过此劫，就是散尽家资也在所不惜。"

"施主能否将此桩财之来历告知贫道？"见薛云娘面有难色，逸尘居士道："有些事不足为外人道，这也是人之常情，贫道也不强求，但施主可以将事情的来龙去脉写在纸上，贫道可在此亭设坛作法，对天焚之，以求上天宽恕，不知施主意下如何？"

"不是我不愿说，只是此事关系太大，牵涉到官场中人，怕只怕稍有不慎，将带来灭门之祸啊！"

"天作孽，犹可恕，自作孽，不可活，施主好自为之吧！"逸尘居士说罢转身欲走。

"道长慢走！"

逸尘居士停下脚步："贫道本欲助施主化解此劫，施主却犹豫不决，贫道也就无能为力了。"

薛云娘似乎下了很大的决心，毅然决然地说："为了不使家祖创下的基业毁在我的手中，也顾不得许多了，我愿按道长的要求去办。"

唐朝正是道教盛行之时，易学、风水、测字、算命、卜卦盛极当时，世人相当迷信，特别是官宦大户、富商巨贾，迷信到连出行也要选黄道吉日，因此，薛云娘为了能化解逸尘居士所说的劫难、下决心说出不足为外人道的秘密也就不难理解了。

"贫道也不欲探听施主的隐秘，施主可将事情的经过写在纸上，贫道当着施主的面焚而祈祷，以求为施主消灾。"逸尘居士从袖中抽出一张黄表纸，放在凉亭的石桌之上，"施主请！"

第32章 微服私访

薛云娘坐到石桌边,早有家丁拿来文房四宝,还有家丁抬来一张小桌子,摆成一个临时的小香案,香案上作法用品一应俱全,以供逸尘居士作法之用。

逸尘居士坐在一边,边品茗边等候,脸上露出不易觉察的微笑。稍等片刻,薛云娘将写满字的黄表纸递给逸尘居士:"道长请过目,看此行否?"

逸尘居士飞快地扫了一眼,反递回去道:"请施主画押!"

薛云娘不假思索画了押。逸尘居士为了表示自己不愿探他人之隐秘,故装大度地将薛云娘写满了字的黄表纸放在香案上,然后从随身带着的一个大布袋子里拿出做法事的应用之物一件一件地放在桌子上,装腔作势地站在那里又是画符,又是念经,突见他右手抓起桌子上写满字的黄表纸,左手取过桌子上的火种,以左脚为圆心,猛地转了一圈,迎风晃了一晃,深深地吸了一口气,对着火种猛地一吹,"嘭"的一声,火种便变成了一个大火球。正在大家看他作法的时候,他以极快的速度,将薛云娘写满字的黄表纸塞进袖内,换出袖内另外一张黄表纸,迅速点燃了这张黄表纸,黄表纸烧尽后,双手合十,仰首向天,口中念念有词,然后收起法事。

薛云娘亲自替逸尘居士摆好椅子,讨好地道:"道长快请坐!"

逸尘居士喘息未定地坐在椅子上,薛云娘虔诚地问:"下一步该如何做,请道长教我。"

逸尘居士故显诚意地说:"帮人帮到底,送佛送上天,贫道一并为你排忧解难吧!"

薛云娘站在逸尘居士身边,也不入座,十分感激地说:"多谢道长!"

"先说这笔不义之财,施主准备作何处理?"

"悉听道长吩咐!"

"施主知道错在哪里吗?"

"不该勾结官府,在朝廷的赈灾粮上打主意,发灾难财!"

"可知你已惹下滔天大祸、灭门之灾?"

"啊?"薛云娘张开的口半天也合不拢。

"据贫道预料,施主所说的官府中人,此次恐怕也难以全身而退。"

"真的?"

"不出三天,必有应验。"

"我应该怎么做?"

"贫道若料得不错,三天之后,自会有人找你,到时贫道自会教你破解之法。"

逸尘居士告别了薛云娘，离了林泉居，在没人的地方，从袖中取出用偷梁换柱手法得到的薛云娘的供词看了看，满意地笑了。

　　有诗为证：

看商场买贱鬻贵，看官场黑雾蒙蒙。

看英才纵横谋略，看魏徵请君入瓮。

第33章　测字戏贪官

　　濮州刺史庞相寿一身便装,带着一名随从出了府衙,到街上转悠,想探看饥民对这次赈灾粮的发放有什么反应,刚出衙门,见前面街口有个卦摊,一个道人坐在卦摊前替路人测字,庞相寿带着随从凑了过去,刚好有一个测完字者付卦资后离去。庞相寿上前打招呼:"敢问道长怎么称呼?"
　　"贫道逸尘子。"逸尘子揖首道,"施主是测字还是问卦?"
　　"测个字吧!"庞相寿有点心神不定地说。
　　"请写个字吧!"道士推过桌子上的纸和笔。
　　逸尘子就是钦差大臣魏徵,这是庞相寿万万没有料到的,而对于庞相寿的真实身份,魏徵却已心知肚明。魏徵在薛云娘那里已经摸清庞相寿勾结粮商贪污朝廷赈灾钱粮的全部底细,只是想到刺史府附近走走,看是否能再找到一些线索,不想正好碰到庞相寿亲自来问测,心里盘算,怎么样来戏弄一下这个贪官。
　　庞相寿随口答道:"就测'友'字吧!"
　　"施主欲占何事?"魏徵想着那个"友"字,心里在暗暗盘算。
　　"濮州之政事。"
　　"施主是官府中人?"魏徵故意问道。
　　"叫你测字就测字,啰嗦什么?"庞相寿的随从不耐烦地说。
　　"不得对道长无礼!"庞相寿制止道。
　　"好,贫道测字!"魏徵笑了笑,摇摇头道,"'友'字不吉利,'友'乃'反'字出头,濮州恐怕不太平啊!"
　　庞相寿大吃一惊,连忙改口说道:"我问测的不是朋友之'友',而是有无之'有'。"
　　魏徵又笑了笑:"此'有'更是不好。"

"怎么不好？"庞相寿紧张地问。

"施主你看。"魏徵拿过桌上的纸笔，随手写了一个有字："'有'字乃'大'字少了一脚，难以为大；'明'字缺了半边，不明则暗；'有'字左边加'贝'字是一个'贿'字，官府中人贪污受贿，不是违法吗？你说这'有'字好得起来吗？"魏徵点点纸上"有"字，说得有声有色。

魏徵之言，正中庞相寿的痛处，他心中叫苦不迭，忙又改口说："非也、非也，我问测的是申酉的'酉'。"

"这个'酉'字更糟了，恐怕于州官不利。"魏徵脸上装着吃惊的样子，心里却在暗暗发笑，随手在纸上写了个"酉"。

"酉字作何解？"

"濮州之至尊是谁？"魏徵问道，其实他心里明白得很，濮州至尊就在眼前。

"当然是濮州刺史。"庞相寿回答。

"施主你看，'酉'字乃'尊'字截了头，去了尾，斩头去尾，你说州官能好吗？州官倒了霉，百姓不是跟着也要遭殃吗？你说这不是更糟？"魏徵点点纸上的'酉'字说。

庞相寿哑口无言，转身就走。

"施主，还未赏卦资呢？"

庞相寿的随从从口袋里抓出几枚铜钱抛过来，狠狠地瞪了魏徵一眼，转身随庞相寿走了。

魏徵看到庞相寿失魂落魄的样子，脸上露出了一丝冷笑。

庞相寿回到府里，心神不定，坐卧不安，浑身不自在。晚上躺在床上，翻来覆去地睡不着，忧心忡忡地对夫人道："夫人，我的眼皮这几天老是在跳，似有不祥之兆。"

"是左眼跳还是右眼跳？"庞夫人关心地问。

"一会儿左眼跳，一会儿右眼跳。"

"哪里不舒服？"

庞相寿抬抬胳膊，蹬蹬腿："都好好的，也没有哪里不对呀！"

"是不是在什么地方得罪了什么人？"

"没有呀！"庞相寿答道。

"做错了什么事？"

庞相寿想了想:"好像也没有。"

"我今天上街,听到老百姓议论纷纷,流言满天飞。"庞夫人说道。

"都说些什么?"庞相寿紧张地问。

"说朝廷发放赈灾粮,有人从中捣鬼,发到饥民手中的粮食,霉烂变质,根本不能吃,说是有人吃黑,相公,你知不知道这件事?"

庞相寿叹了口气,没有回话。庞夫人着急地问道:"莫非你也有份?"

"哎!何止有份哟!"庞相寿哭丧着脸说。

庞夫人着急地说:"这便如何是好,这便如何是好!"

庞相寿低声向庞夫人说出了一切,庞夫人道:"听说钦差大臣已到了濮州,有动静吗?"

"我要能知道就好了呀!"庞相寿很是无奈。

"钦差大臣是谁?是不是秦王府的旧人?"

"钦差大臣叫魏徵,是隐太子的旧属,凭着一张铁嘴,一手文章,取得秦王,不,是皇上的信任,成了贞观朝的大红人,连我们这些秦王府的旧人,都自愧不如啊!"

"能不能想点办法?难道真的坐以待毙?"庞夫人着急地说。

"魏徵来到濮州就住进了驿馆,称病不出,拒不见客,想去探点口风也没门。"

"相公呀!不是我说你,哪里不好贪,为何要打朝廷赈灾钱粮的主意呢?这次灾情如此严重,都饿死人了,你还要在饥民口中夺食,你也不想想,做这种昧良心的事,是要遭天谴的。"

"别说了好不好!"庞相寿怒吼道。

庞夫人伤心地哭起来:"假如你有个三长两短,叫我们孤儿寡母怎么活呀!"

"别哭了,哭魂呀?我还没死呢!"

庞夫人停止了哭声。

"夫人!"庞相寿轻轻地叫道。

"相公有何吩咐?"庞夫人抽泣着说。

"我这里有封书信,假如真的出了事,你火速派人将信送往长安,想办法交给皇上身边的德公公,请他转交给皇上。当年皇上为秦王时,我在他身边鞍前马后地侍候,没有功劳,也有苦劳,皇上是个念旧的人,他一定不会坐视不救。"

次日早晨,庞相寿正准备到驿馆向钦差大臣问安,忽衙役来报,钦差大臣的车驾出了驿馆,向刺史衙门来了,已到了巷子口。

听说钦差大臣驾临,庞相寿吃惊不小,心里想,钦差大臣昨天还说身体不适,拒不见客,今天连招呼也不打,就直接来到刺史衙门,到底唱的是哪一出呀?心里这样想,口却没闲着:"快、快,全体集合,列队恭迎钦差大人。"

刺史衙门的队形尚未站好,钦差大臣的全副仪仗已到了衙门口,官轿已落地,庞相寿忙上前掀开轿帘,恭恭敬敬地说:"濮州刺史庞相寿,率全体僚属恭迎钦差大人!"

魏徵迈步下了轿,轻轻地说了一句:"庞刺史,请里面说话!"说罢,直接向衙门内走去。庞相寿及其僚属紧跟在后面,一齐涌进了濮州府的大厅。

魏徵在大厅落座,一名侍卫手持尚方宝剑站在魏徵身后,庞相寿带领濮州的全体官员跪在钦差大臣座前,行君臣叩拜之礼。魏徵端坐其上,甘而受之,没有任何客套。钦差大臣是代天子出行,地方官员行叩拜之礼,钦差大臣代天子受礼,当然不用客套。

礼毕,魏徵挥挥手道:"大家都起来吧!"

庞相寿站起来,关心地问:"听说钦差大人贵体有恙,身体康复了吧?"

"谢刺史大人惦记,本官只是偶染小疾,已无大碍。"

"这就好,这就好,下官也就放心了。"庞相寿一边说,一边想,钦差大人好面善呀,似是在哪里见过?想了半天,怎么也想不起来。他压根就没有将这位钦差大臣与昨天那个测字问卦的道士联系在一起。

魏徵道:"庞刺史!"

"下官在!"

"本官奉圣旨赈灾河南,今来濮州,一是赈灾,二是代天子巡察,请问濮州的灾情如何?朝廷拨付的赈灾钱粮都发到灾民手中了吗?"

"回禀大人,濮州的灾情异常严重,粮食减产五成左右,有的地方甚至颗粒无收,饿殍遍地,饥民成群,朝廷的赈灾钱粮拨来之后,下官连夜安排僚属,加班加点放粮,赈灾钱粮已全部发放到灾民的手中。"

"有什么遗留问题吗?"魏徵不露声色地问。

"灾情太重,饥民太多,朝廷下拨的赈灾钱粮杯水车薪,难以为继哟!"庞相寿装着忧心忡忡地说。

"本官回京后,一定将濮州的情况上报皇上,不过,濮州自己也要想办法,搞灾后自救,不能睁眼望天,伸手向上,这样不能从根本上解决问题。"魏徵

第33章 测字戏贪官

带着责备的口气说。

"大人教训得是，下官一定要想办法开展自救，带领濮州百姓渡过难关。"

"庞大人能否说说看，采取哪些措施开展自救，本官回京，也好奏与皇上得知。"

"这、这……"庞相寿支吾了半天，还是没有说出切实可行的办法。

正在这时，忽听外面登闻鼓敲得山响，一名衙役跑进来报："外面有刁民击鼓，说是要向钦差大臣告状。"

庞相寿听说有刁民找钦差大臣告状，头脑"嗡"的一声响，差点晕了过去，心里想，百姓告状不找濮州刺史而找钦差大臣，恐怕是凶多吉少，他的第一反应就是要制止这些刁民告状，大声吼道："钦差大人刚到，哪有时间接待他们，将他们轰出去。"

魏徵听到鼓声，脸上露出一丝不易觉察的微笑，见庞相寿要轰走击鼓告状之人，大叫一声："慢！"

正欲出门的衙役停下来。

魏徵道："既然是找本官告状，那就请他们进来吧！"

"大人，这些刁民故意闹事，不要理他们。"庞相寿气急败坏地说。

"你没有听他们说什么，怎知他们是故意闹事？"魏徵反问一句，接着对衙役说道，"去，将击鼓告状之人请进来，本官倒要看看这些刁民到底告谁。"

不一会，进来一大帮子人，有挑箩筐的、有背麻袋的，带头的一位六十开外的老汉。这些人放下肩挑的箩筐、麻袋，一齐跪在地上，领头老汉对着堂上大声问道："我们来找朝廷的钦差大人。"

前天放粮的衙役一定没有忘记，就是这位老汉在领粮的时候同他们大闹一场，细心的人也一定记得，当老汉挑着霉烂变质的粮食离开人群时，有一个道士凑上去，同这位老汉说了半天悄悄话，老汉离开现场时，脸上已少了一些怒气，多了一些希望。当时的游方道士，就是现在坐在大堂之上的钦差大臣魏徵，看来，这些告状之人的到来，似乎与魏徵有关。

魏徵见老汉如约而至，心里一块石头落了地，连忙接口说："本官就是朝廷的钦差大臣，堂下何人，请报上名来！"

"小民家住城外杜家岭，姓杜，名大牛。"杜大牛随手一指跪在身边之人道，"这些都是小民的左右乡邻。"

"你们要状告何人？"

杜老汉将身边的箩筐挪了挪，伸手捧起霉烂变质的粮食说："钦差大人你看，这是小民们领的赈灾粮，小民想问一声，这样的粮食是人吃的吗？"

魏徵离座而起，来到杜大牛身边，伸手扶起杜大牛，又对跪在地上的乡民说："大家都起来吧！"随后抓了一把粮食在手中，拨弄了几下，转身问庞相寿："庞大人，这是朝廷发放的赈灾粮吗？"

庞相寿张口结舌，回答不上，转而将怒火发到乡民的头上："大胆刁民，是谁叫你们到此惹是生非？"

告状的乡民听庞相寿说他们惹是生非，不依了，纷纷将箩筐、麻袋挪过来，捧起霉烂变质的粮食送到魏徵的面前说："大人您看，这就是朝廷发放的赈灾粮！"

有人说："有人从中做手脚，将朝廷下拨的粮食拿去卖高价，换来这些烂粮食应付饥民！"

有人说："濮州的狗官同奸商狼狈为奸，将朝廷拨来的好粮食拿去卖高价，拿这些霉烂变质的粮食来糊弄百姓，当官不为民做主，反夺饥民口中食，真该千刀万剐！"

魏徵满脸怒色，大声说道："升堂！"

随钦差来的兵丁听到钦差大人喊升堂，连忙取过杀威棒，左右分班站列，齐声喝道："升堂！"

这真是：

自古贪官无善果，从来做贼祸相随。
莫道天理无报应，只争来早与来迟。

第 34 章　抓了一个贪官

"升堂！"魏徵一拍惊堂木。

庞相寿听到惊堂木的响声，浑身不由一颤，差点从椅子上滑下来，稳定一下情绪，才坐稳了身子。

"升堂！"两旁的衙役齐声高叫，声音从大堂内传到大堂外，回荡在空中。

"宣告状者上堂！"魏徵大声发话。

杜老汉走进大堂，跪在堂下说："小民濮州城西门外杜家堡杜大牛。"

魏徵道："杜大牛？"

"小民在！"杜大牛跪在地上说。

魏徵问道："你要状告何人？"

"状告濮州的贪官污吏。"

"状告濮州官衙，有何证据？"魏徵问道。

"小民要告他们在饥民口中夺食。"

魏徵故意问："怎样在饥民口中夺食？"

"朝廷发放的赈灾粮本是好粮，灾民得到的却是霉烂变质的粮食。他们从中捣鬼。"杜大牛气愤地说。

围观的百姓跟着起哄。衙役们用杀威棒击地："肃静！"起哄声止。

"大唐律法，民告官，所告不实，罪加一等，你可要想清楚，不要信口开河。"魏徵提醒说。

杜大牛指着旁边的霉烂粮食道："大人您看，这就是证据。这是我们领到的赈灾粮，霉烂变质，根本不能吃，如果这是朝廷发放的赈灾粮，小民就要告朝廷：既不想百姓活，何必说赈灾？如果是濮州衙门的人捣鬼，小民就要告濮州的贪官污吏：饥民口中夺食，良心何在？"

"本钦差可以肯定地答复你，这种霉烂粮食绝不是朝廷下拨的赈灾粮，朝廷拨来的粮食虽不能保证是百分之百的优质粮，但都是可食之粮。"魏徵肯定地说。

"那小民就以此为证据，状告濮州的贪官污吏，既然朝廷下拨的赈灾粮都是可食之粮，怎么到了饥民手里，却变成霉烂变质、不堪食用的烂粮食。"杜大牛振振有词。

"庞大人，你有何话说？你能解释杜大牛提出的问题吗？"魏徵问道。

庞相寿汗如雨下，哆嗦了半天也没有说出一句话来。

"庞大人，你真的没有话说？"魏徵追问道。

庞相寿离坐跪于堂下道："钦差大人，这些刁民诬陷下官，大人要替下官做主呀！"

"真的是诬陷吗？"魏徵不怒而威，"到底是刁民诬陷，还是你采用偷梁换柱之法，瞒天过海，将朝廷下拨的赈灾粮换成霉烂变质的烂粮？"

"大人，绝无此事，下官一定要查清楚。"

"庞相寿，这就是你的解释？"魏徵提高了声音。

"大人，你给下官三天时间，下官一定给你一个满意的答复。"

"看来你是不撞南墙不回头了。"魏徵大声说，"传粮商薛云娘！"

"传薛云娘！"衙役们齐声高呼。

薛云娘在众目睽睽之下走进大堂，庞相寿绝望地看了薛云娘一眼，心里全明白了，原来堡垒是从这里攻破的。薛云娘来到堂前跪在地上："民妇薛云娘叩见钦差大人！"

"薛云娘，抬起头来！"魏徵道。

薛云娘慢慢抬起头，看到堂上坐着的魏徵，睁大了眼睛，吃惊地问："你是？……"

"咱们前几天还见过面，是吧？"魏徵笑了笑。

"民妇有眼不识泰山，不知钦差大人驾到，多有怠慢，民妇向大人叩头赔罪！"

"站起来说话。"薛云娘站起来，魏徵接着说，"本官说你这趟生意惹下滔天大祸，是也不是？"

"民妇知罪！"薛云娘重新跪下。

"薛大老板，你能在大堂之上，当着濮州的官绅百姓之面，将庞相寿如何官商勾结,采用偷梁换柱的手法,将朝廷的赈灾粮拿去卖高价,拿霉烂变质的粮食糊弄百姓的事说一遍吗?"魏徵问道。

薛云娘看看堂上的钦差大人,又看看一旁的庞相寿,正欲开口,跪在一旁的庞相寿哭丧着脸道:"钦差大人,不用薛老板讲,下官自己讲。"

原来,庞相寿看到现场的形势,什么都明白了,钦差大臣来濮州拒不见客,并不是偶染小疾,而是微服私访去了,昨天遇到的那位测字道士,就是堂上这位钦差大人,自己的一切底细,都在这位钦差的掌握之中,再不说,恐怕就没有说的机会了。他想自己说出来,以求宽大处理。

"讲吧!早这样不就省了不少麻烦吗!"魏徵说。

庞相寿哭丧着脸说:"朝廷下拨的赈灾粮,下官高价卖给了粮商薛云娘,又用低价将她积存的烂粮食买过来当成朝廷的赈灾粮发给饥民,下官该死。"

魏徵叫道:"薛云娘!"

"民妇在!"薛云娘答道。

"庞相寿说的可是实情?"

"句句属实。"

"没有什么遗漏之处?"

薛云娘说道:"钦差大人,民妇是在商言商。我是正当商人,从庞大人手中购买了一批粮食不假,但我可是付了钱的,至于粮食的来路,那是庞大人自己的事,与民妇无关,买进卖出,乃商人营生,做的就是这种买卖,无可厚非,想来不会犯法吧?"

"除正常交易之外,可还有什么幕后勾当?"

"这……"薛云娘犹豫了。

魏徵不怒而威地叫道:"薛云娘!"

"民妇在。"

"本官给你一炷香的时间,你好好想想。"魏徵有意无意地从袖中取出一张黄表纸放在桌子左边。

薛云娘看到魏徵的动作,心里暗暗吃惊,她想:这位钦差大人乔装成道士私访林泉居,我是将买卖赈灾粮的经过和向庞相寿行贿的事情全写在黄表纸上了,但我亲眼看到他在祷告时烧掉了,怎么这时候又拿出这张黄表纸,难道他暗中偷梁换柱、调了包?想到这里,不由得双腿发抖,头上冷汗直冒。

魏徵看到薛云娘的模样,知道她心中的防线快要崩溃,故意伸手拿起桌上的黄表纸看了看，又放在一边。

薛云娘看到魏徵的动作，更相信这张黄表纸就是她当初写字的纸，知道自己的一切尽在这位钦差大人的掌握之中，与其到时刑讯逼供，不如现在竹筒倒豆子说出来，免得受皮肉之苦。想到这里，大声道："民妇为做成这笔生意，给了庞大人的好处费五十万钱。"

魏徵叫了一声："薛云娘！"

"民妇在。"

"你们官商勾结，狼狈为奸，偷换朝廷赈灾之粮，从饥民口中夺食，且又贿赂朝廷官员，你可知罪？"魏徵问道。

薛云娘诚惶诚恐地说："民妇知罪！大人可否听民妇一言？"

"请讲！"

"民妇向来做的是正当生意，买进卖出，按理没有触犯大唐律法，至于贿赂官府中人，这也是迫不得已！按说，我们生意人赚钱也不容易，难道我们真的愿意将辛辛苦苦赚来的钱心甘情愿地送给这些贪官污吏吗？没有人愿意这么做的，但不这样做能行吗？当官的向我们伸手，我们不给行吗？今后生意还能做吗？我在濮州城还能生存吗？我们也很无奈哟！"薛云娘哭丧着脸说。

在场人等听到薛云娘所说，一阵沉默。

薛云娘接着说："民妇这趟生意，确实发的是国难财，民妇愿意赎罪！"

"你想如何赎罪？"魏徵手一挥。

"民妇愿将这次购进的朝廷拨下来的赈灾粮无偿捐献出来，同时加上相同数量的粮食一同捐献，发放给濮州的灾民，使濮州的百姓能安然地度过今年的灾荒，也为后代积点阴德。"

"没有其他要求？"

"恶有恶报，善有善报，民妇触犯大唐律法，该怎么处罚，就怎么处罚，民妇甘愿受罚，无怨无悔。"

魏徵示意书吏，将记录的供词分别给庞相寿和薛云娘过目，让他们分别在供词上签字画押。所有这些工作做完之后，魏徵一拍惊堂木："堂下听判！"

堂下官员、衙役和告状的百姓一片寂静，等候钦差大人宣判。

魏徵站起来大声说："濮州粮商薛云娘，勾结官府，接纳庞相寿的赈灾粮，从中牟利，有销赃之嫌；贿赂庞相寿铜钱五十万，犯有贿赂罪。鉴于其检举庞相寿的犯罪行为，有立功表现，且加倍捐献粮食以济濮州之灾民，实属善举。

免予处罚。"

薛云娘跪在地上道:"谢大人恩典!"

魏徵又叫道:"庞相寿听判!"

"罪臣在!"

"你身为朝廷大员,不思报效朝廷,值此天灾之际,心中所思,不是为官一任,造福一方,帮助灾民度过饥荒,反而采用偷梁换柱的手法,在饥民口中夺食,且又受贿五十万,你可知罪?"

"犯官知罪!"

"查抄贪官庞相寿家资,全部用于购买粮食,赈济濮州灾民。犯官庞相寿押送回京,听候发落!"

堂下的老百姓听到钦差大人的宣判,高兴得跳了起来。要知道,通过这次事件以后,原本是一份赈灾粮,变成了三份赈灾粮,即:朝廷拨下来的那份赈灾粮,薛云娘捐出的一份,还有原先发放的霉变赈灾粮。有了这三份粮食,饥民度过灾荒应该是没有大的问题。他们能不高兴吗?

濮州府衙,一名差官牵着一匹骏马向北门走去,出了城门以后,翻身上马,在马屁股上狠狠地抽了三鞭,向长安方向绝尘而去。

濮州赈灾之事办完以后,钦差大臣准备返京,临行前,魏徵换了一身便装,带着诸荫宗又来到林泉居,薛云娘惊异地迎上前:"不知钦差大人驾到,有失远迎,还请多多恕罪!"

魏徵笑着说:"有一事未了,临走之时,还想了却一桩心事!"

"大人请到屋里说话!"

"不必了,说完就走!"魏徵接着说,"还记得为贵宅看风水之时,本官说过右边稍逊一筹之话吗?"

"记得、记得。"

"你看,此处北边有路,南边也有道,唯有此处没有连接,形成断层,若能将此路修通,则贵宅风水足矣!"

薛云娘惊喜地问:"真的?"

逸尘子指指四周说:"右边的大道修起来之后,贵宅是背靠小山,前有水塘,依山傍水,左有溪水长流,右有康庄大道。贫道保你生意兴隆,财运亨通,可是有一条，君子好财，要取之有道哟！"

"君子好财，取之有道。"薛云娘激动地念叨着，"我将作为传家之宝，一代一代地传下去。"

后人有诗咏叹：

贪吏敛财黑心肠，掠夺灾民口中粮。

莫道因果无报应，天网恢恢擒豺狼。

第35章　廷议抗争

两仪殿，李世民正在聚精会神地批阅奏折，侍奉太监沏杯茶呈上，轻轻地说："皇上，濮州刺史庞相寿派人快马从濮州送来书信一封。"

李世民放下奏折，抬起头说道："这个奴才还记得朕呀！信呢？"

"皇上请过目！"侍奉太监从袖中取出一封书信，谦恭地将信呈上。

李世民接过信，拆开信封取出信笺，仔细地看了起来，只见他脸色越来越凝重，突然，他狠狠地将信抛在御案上，恼火地说："这个庞相寿，怎么能这样做事，这不是给朕添乱吗？"

"皇上，庞相寿可是秦王府旧人，当年在秦王府侍奉皇上，兢兢业业！"侍奉太监显然是早已知道信里的内容。

"正因为是旧人，才叫朕左右为难，有什么困难可以找朕嘛！朕可以帮他想办法，再说，刺史的俸禄也不低，为何要在朝廷的赈灾钱粮上动手脚？"

"他也是一时糊涂，才做了傻事，现在，钦差大臣魏徵将他的家也抄了，人也拘捕了，关进囚车正在押往京师的途中，这两天可能就要到了，皇上能否想想办法为他开脱。"侍奉太监说。

"开脱？治理朝政之首务就是整顿吏治，肃正朝纲。吏治不整，国将不国哟！朕最恨的就是贪官污吏。"李世民说。

"水至清则无鱼嘛！皇上！"侍奉太监提醒说。

李世民反问道："水清则无鱼？所以他就乘机浑水摸鱼，是吧？"

"皇上……"

"历朝历代，在赈灾问题上做手脚的贪官污吏，皆施以重典，如果让这些贪官胡作非为，朕的江山还能长久吗？"

"皇上，他可是秦王府的亲信幕僚呀！"

"亲信幕僚？谁叫他往枪口上撞，偏偏又碰在魏徵的手上，这个倔老头，连朕都畏他三分，你说怎么办？"

侍奉太监从皇上的口气中似乎听到了某种意思，又问了一句："皇上真的不宽恕他？"

"你没看见那个魏徵，朕的决策稍有闪失，都逃不过他的眼睛，朝堂廷议，他寸步不让，从不给朕留面子，使朕在百官面前下不了台。庞相寿犯如此大罪，叫朕怎么宽恕？即使想宽恕他，没有正当理由，能过魏徵这一关吗？"

"魏徵有天大的本事，也只是一个臣子，皇上要赦免一个人，难道还要看他的眼色？"

"魏徵谏言都有道理，他是为朕的江山，不存任何私心，虽然有些逆耳，但朕还得听。如果不听，朕与暴君商纣王、昏君杨广有什么区别？"

"皇上……"

"好了、好了，不说了！"李世民不耐烦地挥挥手，侍奉太监知趣地退下。

李世民回到寝宫，一直闷闷不乐，文德皇后知他又在为朝政之事烦心，特地叫来宫女为他唱了几段小曲，李世民自言自语地说："这个庞相寿，叫朕如何是好……"见皇后没有搭腔，忍不住问道，"皇后，还记得庞相寿吗？"

"一副书生相，眨眼就是一个主意的那个庞相寿？"

"是呀！"

"当年皇上潜龙秦王府时，庞相寿可是有名的智多星，为皇上出过不少主意，为了奖赏他，皇上还叫臣妾将使唤丫环玉儿许给他为妻，是吧？"

"是呀！说起这些，就像是发生在昨天的事。他可是朕从山西老家带出来的旧人啊！"李世民感叹地说。

"他不是放了外任吗？"

"朕放他到濮州当了刺史。"

"出了事吗？"

"是呀，以前他做事特别小心，做了地方官，成为一方诸侯，不替朕好好地治理濮州，竟然在朝廷的赈灾钱粮上做手脚，真的太令朕失望了。"

"真的？"文德皇后惊叫一声。

"你说朕是饶还是不饶？"

"啊……臣妾还有点事没有做完，皇上还是自己做主吧！"文德皇后向来不过问政事，说了这句话后欲借故离开。

"别走呀！你说朕该怎么办？"

"打锣卖糖，各干各行。雌鸡啼晓，这个家就不顺。我是妇道人家，只管后宫之事，岂能随意议论国家大事？"

"朕这是征求你的意见，怎么能说是干政呢？"

"秦王府旧人多着呢！皇上。"文德皇后说完，转入后面去了。

李世民看着皇后离去的身影，轻轻地叹了口气，自言自语地道："庞相寿啊！庞相寿！你叫朕何以处之？"

李世民在两仪殿同房玄龄、杜如晦、长孙无忌、萧瑀等大臣在商议朝政。侍奏太监进来报魏徵求见。

"魏徵回来了？快请进！"李世民惊喜地说。

侍奉太监刚出去，魏徵便进了两仪殿："臣魏徵叩见陛下！"

"平身！赐坐！"

魏徵坐下后，李世民关心地说："爱卿这次出使赈灾，辛苦了！"

"这都是臣下应该做的，谈不上辛苦，臣来向陛下复旨。"

房玄龄、杜如晦、长孙无忌、萧瑀先后都同魏徵打了招呼，然后起身欲去，李世民道："大家都不要走，一同听听魏徵的汇报。"

房玄龄等又重新坐下来，李世民微笑地看着魏徵道："说吧！河南、山东的灾情如何？赈灾还顺利吧？"

"臣这次赈灾，到了汴州、开封、商丘、菏泽、濮州等地方，各地的受灾程度有轻有重，沿途情况，臣已通过驿站陆续向陛下作了汇报，大概情况想必陛下已经心中有底了。"

"嗯！朕还想听你亲口说一说。"

"由于朝廷的赈灾钱粮下拨得及时，解了饥民的燃眉之急，各地也采取一些自救措施，灾民度过饥荒不会有大的问题。"

"好，这样朕就放心了！"

"但问题还是不少。"

"都有些什么问题？"

"河南、山东虽然都遭了灾，但影响程度却有很大差别。"

"啊！有这样的事？"李世民问道。

"比如汴州，受灾程度同开封、商丘等地方差不多，但灾情造成的损失却要比这些地方要小得多。"

"是吗？"李世民前倾着身子问道。

"汴州刺史梁毅，带领百姓兴修水利，以汴河为依托，开挖了纵横交错的引水渠道，在旱灾发生的时候，引汴河水灌溉农田，将受灾损失减到最小。"

"啊！原来是这样！"李世民似乎受到了某种启示。

"汴州虽然也遭灾，但收成仍然达到丰年的七成，这可说是一个奇迹。"

"其他地区呢？"

魏徵伸出一只手："五成，有的只有二三成，少数地区甚至颗粒无收，"

"好！汴州刺史梁毅做得好，是一个人才，朕一定要嘉奖他。"李世民情不自禁地说，"房玄龄，记住这件事。"

"臣记下了。"

"在巡察过程中，臣还当场处置了几个玩忽职守的官员。"

"都有哪些？"

"巩县县令杜威，玩忽职守，放下政务不管，弃饥民于不顾，在烟花柳巷嫖娼宿柳，臣到巩县时，他正在烟花楼喝花酒，被臣碰个正着。当场削了他的官职，令县丞暂理巩县政务。"

"处罚得好！"李世民道。

"濮州的问题最严重，最后赈灾的结果又最好。"

"此话怎讲？"房玄龄有些不解地问。李世民同样也露出了不解的眼神。

"濮州刺史庞相寿，采用偷梁换柱的手法，将朝廷下拨的赈灾粮拿去卖了高价，再买进霉烂变质的粮食冒充赈灾粮发放给灾民，另外还得了粮商五十万钱的贿赂。"

"这样短的时间，你是怎样破获此大案的？"房玄龄问道。

"破获此案很侥幸，未到濮州时，有无名氏箭射告密信。"魏徵从袖内取出一张小纸条递给李世民。

李世民看了以后递给了房玄龄，房玄龄拉过纸条轻轻地念道：

濮州刺史太猖狂，勾结粮商薛云娘。
皇粮流进薛家仓，哗哗铜钱入私囊。
霉烂陈粮换出来，饥民未见赈灾粮。

皇恩浩荡民未沾，贪官污吏狠如狼。

魏徵接着说："为了查明事情真相，臣只好重操旧业，乔装成游方道士微服私访……"

"除濮州之外，还有其他的事要汇报吗？"李世民打断了魏徵的话头，魏徵稍一愣神答道："没有了。"

"庞相寿他人呢？"李世民问道。

"交给刑部，关押在天牢里。"

"朕今天有点乏了，以后再说吧！"李世民伸伸懒腰，打了个哈欠。

魏徵见李世民无意听下去，心中有些莫名其妙，但皇上已经开了口，只好起身告退。房玄龄等大臣也跟着起身告退。

"房玄龄，你留一下。"李世民叫住转身欲走的房玄龄。

"陛下有何吩咐？"

"庞相寿是秦王府旧人啊！"李世民说。

"啊！这个臣知道。"房玄龄当然知道，他也是秦王府旧人，能不知道庞相寿其人吗？

"好，你去吧！"李世民什么也未说，又叫房玄龄就此离去。

房玄龄从李世民的话中听出了某种暗示，但到底暗示什么，一时尚未想明白，突然灵光一闪，啊！皇上念旧，欲赦免庞相寿。可为什么不当着魏徵之面说呢？再一想，又明白了，魏徵身为谏官，向来耿直敢谏，这个案子是他亲自办的，皇上要赦免庞相寿，他绝不会同意，若据理力争，于情、于理、于法，都站得住脚，这样，皇上欲赦免庞相寿的目的定难达成。皇上既然给自己以暗示，目的何在？又一想，似乎有了点眉目，皇上一定是叫自己做魏徵的工作，叫魏徵在庞相寿这件事上不要斤斤计较。

李世民留下房玄龄，确实是想房玄龄从中周旋，免得到时在朝堂上魏徵据理力争，彼此都不好下台。

房玄龄加快脚步紧赶慢赶，一直赶到朱雀门，才远远地看见魏徵的身影，叫道："魏大人，请留步！"

魏徵听到有人喊，停下脚步，一看是房玄龄，问道："有事吗？"

"皇上有赦免庞相寿之意。"房玄龄赶上悄悄地说。

"我已看出来了。"

"皇上念旧,当初潜龙秦王府时,庞相寿是秦王的亲信幕僚。"房玄龄边走边说。

"皇上的意思是?……"

"皇上什么也没有说,只说了一句庞相寿是秦王府旧人。"

"啊!只说这一句?"

"嗯!"房玄龄应一声,然后两人什么话也没有说,一齐出了朱雀门,消失在天街。

李世民支走了魏徵和房玄龄,立即叫侍奉太监到刑部天牢传召庞相寿。

庞相寿进殿后,跪在地上,抱头痛哭,一个劲地打自己的耳光:"皇上,奴才该死,奴才该死。"

李世民继续批阅奏折,不理不睬,待手头的奏折批完后,放下笔说道:"你这奴才,叫朕怎样说你?"

庞相寿就怕李世民不开口,见他开了口,总算松了一口气:"皇上,奴才知罪!"

"你这奴才,朕放你为一州刺史,希望你能替朕管理一方政务,怎么成了贪官污吏?"

"皇上,奴才追随陛下,出生入死,对陛下忠贞不渝,一时糊涂,铸下大错。求陛下念在奴才跟随陛下多年的份上,饶恕奴才这一回吧!奴才一定痛改前非。"庞相寿跪在地上痛哭流涕。

李世民见庞相寿哭得如此伤心,有些于心不忍,叹了口气道:"你叫朕如何处之?"

"奴才该死!奴才该死!"庞相寿一个劲地叩头。

李世民摇摇头,一摆手:"下去吧!稍后朕有旨给你。"

李世民退朝回到寝宫,想起庞相寿痛哭流涕的情景,起了恻隐之心,他是个很念旧的人,昔日为秦王的时候,对部下向来都是关怀备至,这也是他能网罗众多人才的原因。他认为庞相寿贪赃,大概是因为经济困难所至,否则就不会做这种事,想到这里,他派人给庞相寿传话说:你是朕的老部下,贪污大概是因为穷,现送你一百匹绢,速回濮州继续做你的刺史,下不为例。

第35章 廷议抗争

李世民的决定，体现了他的念旧情怀，但却反映出他的不足。如果他现在身为一个亲王而不是皇帝，那么，他对部下如此关怀，一定会博得一片叫好声，问题关键在于，他不是亲王，而是皇帝，做亲王有做亲王的处事方法，做皇帝有做皇帝应遵守的行为规则，这是两个完全不同的概念。如果用做亲王的处事方法来处理做皇帝的事情，就会出现异议。庞相寿贪赃，并不是一般的小错，而是违犯了国法，违了国法就得就得依法处理。做皇帝的念旧，想宽恕旧部下，但必须要有一个度，否则，国家之法岂不成了儿戏？

偏偏庞相寿又是一个没有多大城府、不懂得收敛的人，认为皇上将他放出来，已经是万事大吉。在长安城最大的酒楼隆泰酒楼大宴宾客，庆祝自己平安无事。他本是秦王府旧属，所请的客人也都是有头有脸的人物，顷刻间，庞相寿宴客之事便在京城传得沸沸扬扬。魏徵很快就知道了皇上念旧赦免庞相寿的事情。

李世民坐在金銮殿上，扫视了一下丹墀之内的群臣，眼光落在房玄龄身上，正好同房玄龄的眼光相遇，房玄龄两手一摊，摇了摇头。魏徵欲出班，房玄龄回头看着魏徵摇了摇头，魏徵装作没有看见，手持笏板出班奏道："陛下，微臣听说濮州刺史庞相寿在京城宴客，好不热闹。"

"魏徵，这里是朝堂，不是说东家长，道西家短的地方。"李世民欲制止魏徵发言，又不好明说，但脸上已明显露出不悦之色。

"臣既不说东家长，也不道西家短，只是对于身为阶下囚的庞相寿，突然在隆泰酒楼宴请宾客之事有些不解。"

李世民听说庞相寿在隆泰酒楼宴客，心里暗暗骂道：庞相寿这个奴才，怎么能做这种荒唐之事，这不是自找麻烦吗？

"根据大唐法律，庞相寿贪赃枉法，应受到追还赃物，削职为民的处分。今陛下不但不追究他的贪污罪，反而还要赏赐，留任原职，臣实有些不解。"魏徵停了一下，继续道，"秦王府旧人甚多，如今都在朝廷或地方任职，他们现在的身份是大唐臣子，不是秦王府的人，陛下贵为一国之君，饶恕的不是一个家奴，而是一个罪臣，一个人见人恨的贪官污吏，此例一开，此后必将上行下效，何谈整饬吏治？何谈肃正朝纲？"

魏徵说的话，措词激烈，几乎是一种质问口吻，群臣听得胆战心惊，大家望望皇上，看看魏徵，谁也不敢出声。

李世民坐在金銮殿上，陷入了深思，魏徵几时说完的他也没有注意。朝堂一时安静下来。房玄龄见皇上坐在上面一动不动,跨上一步轻轻地叫道:"陛下!"

"啊!魏徵说完了?"李世民如梦初醒。

"臣说完了!"魏徵出班答道。

李世民手击龙椅扶手,"霍"地一下站起来,大声说道:"魏徵所言极是,朕昔为秦王,是一府之主;今居大位,是一国之君,实不该念旧而置国法于不顾。传朕的旨意,革去庞相寿的官职,遣送回籍。退朝。"

后人有诗咏叹:

秦王旧属性太贪,偷梁换柱贪灾粮。
君王惜旧赦不得,削职为民遣回乡。

第36章　追诏书

贞观三年(629年)二月,李世民任命房玄龄为尚书左仆射,杜如晦为右仆射。同时还任命魏徵为秘书监,参预朝政。

秘书监是掌管经籍图书的机构,南朝梁以前称秘书监,南梁时改为秘书省,陈、隋沿袭南梁旧制,仍称秘书省,唐初又恢复为秘书监,此后不久改称秘书省。秘书监是秘书省的长官,从三品,在朝中的职位并不是很高,也没有多大实权,但冠以"参预朝政"头衔,则就是实际上的宰相。

魏徵是济世之才,他与李世民之间,似乎有那么一种说不清、道不明的关系。李世民玄武门之变以后收纳魏徵,与其说是吸纳一个人才,更大程度上还是出于稳定大局的政治目的。通过几年接触,他从魏徵身上看到了很多作为君王所需要的东西。魏徵能从最初的太子詹事到谏议大夫、尚书右丞,再到现在的秘书监,表明魏徵在李世民心中的地位在逐渐上升,但要达到同房玄龄、杜如晦等秦王府旧属那样信任的程度恐怕还不够。房玄龄、杜如晦任左、右仆射,是实力派人物。秘书监充其量就是一个国家图书馆总管而已。参知政事,是行使中枢机构议政的职权,相当于宰相,但并没有实权。

李世民天资聪颖,有睿智,但却没有受到一个皇帝应该受到的教育,无论是文化水平还是治国之道,都存在着先天的不足,这一点他心知肚明,他迫切地需要补上这一课,还在他即位之前,就建立学馆,广招文人学士进秦王府,讲经论文,这批人就是闻名于世的秦王府十八学士。昔日为秦王时,十八学士是他的智囊团,当了皇帝后,这些人又成为宰相政事堂的主要班底。李世民对他们供给珍膳,恩礼优厚。

李世民即位不久,又聚集经、史、子、集二十余万卷藏于弘文殿,并在弘文殿旁设置弘文馆。遴选虞世南、褚亮、姚思廉、欧阳询、蔡允恭、萧德言等博学鸿儒以原职兼任弘文馆学士,让他们轮流值宿。听政之暇,请他们进入内殿,讲论先哲言行,商榷当朝大政,有时要到午夜时分才结束。他又选取三品以上官员的子孙充任弘文馆学生。可见,李世民提出偃武兴文,以文治国的总方针,并不是停在口头上,而是切实地付诸执行。

李世民自己于政务之暇,常披阅前史,孜孜不倦,半夜方休。他的组诗《帝京篇》十首中两首对自己的读书生活作了详尽描述:

《帝京篇》之二

岩廊罢机务,崇文聊驻辇。
玉匣启龙图,金绳披凤篆。
韦编断仍续,缥帙舒还卷。
对此乃淹留,欹案观坟典。

《帝京篇》之十

以兹游观极,悠然独长想。
披卷览前踪,抚躬寻既往。
望古茅茨约,瞻今兰殿广。
人道恶高危,虚心戒盈荡。
奉天竭诚敬,临民思惠养。
纳善察忠谏,明科慎刑赏。
六五诚难继,四三非易仰。
广待淳化敷,方嗣云亭响。

这都是说他如何利用闲暇努力阅览史籍之事。正因为如此,他对历朝典章非常熟悉,所以在朝议以及平时与房玄龄、虞世南、魏徵等人奏对时引经据典也不落下风,他常说修撰前朝史书的目的是"览前王之得失,为在身之龟镜",也就是从前王成功失败中吸取经验教训,作为治理国家的借鉴。他说过:

以古为镜,以知兴替。

李世民任命魏徵为秘书监,就是希望魏徵抓修史工作,同时加"参预朝政",

则是要借助魏徵渊博的知识，为国家的中枢决策机构服务。

早在武德四年（621年），担任起居舍人的令狐德棻就曾向李渊提出修撰唐前历朝史的建议，他说："如文史不存，何以贻鉴今古？"高祖采纳了他的意见，第二年下诏命萧瑀等人撰修梁、陈、北魏、北齐、北周、隋等六朝史。高祖阐述修史的意义是"裁成义类，惩恶劝善，多识前古，贻鉴将来"。他要求史官"务加详核，博采旧闻，义在不刊，书法无隐"。由于种种原因，萧瑀等人作了数年的努力后，这项工作没有结果便停顿下来。

魏徵就任秘书监后，经过对秘书省馆藏典籍的清理，很快就发现，自丧乱以后，典章纷杂，且还有的断代史如南朝的梁、陈、齐史没有及时编纂，而刚刚覆灭的隋朝史同样也是空白，鉴于此种情况，魏徵连夜写就《奏请修史》的奏本呈给李世民。他在奏疏中说：孔丘著《春秋》，司马迁著《史记》，班固著《汉书》，一脉相承，延绵未绝。臣自接掌秘书监以来，对藏书进行了系统整理，结果却不尽如人意，自丧乱以后，典章纷杂，前代南朝之梁、陈、齐，亡隋等之断代史尚是一片空白。有道是：盛世修典，泽被后人。唐朝自贞观以来，由于圣上励精图治，群臣尽忠辅佐，已初显盛世之端倪。值此之际，须当抢修国史，莫使修典之祖制于我朝而断档，否则，将成为千古之罪人。

李世民看了魏徵的奏折，非常高兴，移驾弘文馆，同魏徵、房玄龄、虞世南商议修史一事。

他对大家说："盛世修典，泽被后人。修前朝史的工作，高祖在武德四年曾经着手搞过，因种种原因而搁浅。两年前，朕也想修撰前朝史，只是贞观初创，政务繁多，没有精力修史。现在好了，朝政事务皆已步入正轨，朕的心里也宽松多了。魏徵上疏建议修史，朕同意。今天就修史一事专题商议。"

七十二岁高龄的秘书少监、著作郎兼弘文馆学士虞世南率先说："修国史，编典籍，是一项浩繁的工程，去芜存精必作于细，旁征博引必求于实，考伪拨乱必致于真。"

房玄龄接着说："正因如此，所以无学养深厚者、无高远之志者、无持之以恒者，不可以修典。"

魏徵道："乱世之时，天下动荡，民不聊生，怎么能安心地坐下来修典呢？汉代'中兴'，才设太学，置五经。唐朝贞观盛世虽然还没有出现，但也已初显端倪。修典不是一蹴而就的事情，需要多年的努力，目前是修典的大好时机。"

魏徵看了大家一眼，接着说："前朝史有不少人做过，王沈、陈寿写过魏史，王隐、虞预、朱凤、谢灵运都写过《晋书》，算起来有七家之多，其他如南朝的宋、齐、陈都有人写过。北朝一直到周，前人也写过，不过，都是文人个体写史，这次修史，是朝廷修史。"

李世民道："大家知道，唐朝承袭的是隋朝旧制，文职、武职之称谓都沿用隋制，朕每想到隋朝之亡，心里就不是滋味。我们要从亡隋的圈子里跳出来，走自己的路。集中一批博学之士修史，这是一个伟大的事业。"

魏徵胸有成竹地说："著作郎姚思廉之父在陈朝时做过吏部尚书，隋朝时写过《陈史》《梁史》，未写完就辞世了，姚思廉得其家学。"

"嗯！姚思廉是昔日秦王府文学馆学士，是个人才。"房玄龄补充说。

魏徵接着说："著作郎姚思廉撰《梁史》《陈史》最为合适。中书舍人李百药的父亲在隋朝做过内史令，写过《齐史》，贞观元年奉诏，正在写《齐书》；弘文馆学士、礼部侍郎令狐德棻与秘书郎岑文本撰《周史》；许敬宗撰《晋书》。陛下重视隋朝败亡，臣就和孔颖达、许敬宗撰《隋史》，臣撰写《隋史》绪论。"

"房玄龄、魏徵，你们两人总监修史，魏徵，你来总撰定。"李世民说。

魏徵谦让地说："陛下领总撰定吧！"

李世民摇摇头，笑着说："这可不是朝政，朕还有自知之明，总撰定须由博学之士充任，不是我这个皇帝做得了的。还是由你担当。不过，朕对王羲之倒很有兴趣，《王羲之传》就由朕亲自撰写。"

房玄龄道："陛下为何要亲自写《王羲之传》？"

"朕爱慕王羲之的书法，对他的名帖《兰亭序》一直耿耿于怀，相传《兰亭序》已经流落到民间，朕一直想得到《兰亭序》，各位一定要替朕留意。"

"好，臣等一定留意《兰亭序》。"魏徵说。

李世民任命魏徵为首席修史官领衔修史，使魏徵以头号史臣立于贞观一朝，绝不是一时心血来潮或对魏徵的宠幸，因为凭亲信程度和官阶，魏徵不如房玄龄、长孙无忌、高士廉；凭资历，魏徵也不如虞世南、陈叔达、褚亮等人。合理的解释是：魏徵的学识超迈时贤，渊博学问和严谨认真的治学之风让人膺服，使人放心。

西域高昌王曲文泰即将到长安朝拜大唐皇帝，派使臣厌怛纥干入长安向大唐上表。这一天，李世民在显德殿接见西域使臣，传呼官叫声刚过，一名头带

第36章 追诏书

又高又尖的毡帽，身着华丽美艳服饰的西域使者进殿，在众目睽睽之下，向大唐皇帝李世民行跪拜之礼："西域国使臣厌怛纥干拜见大唐皇帝，祝大唐皇帝万岁！万岁！万万岁！"

"平身！"李世民居高临下一挥手道。

"谢皇上！"

"西域国遣使来朝，所为何事？"李世民问。

"我国国王派微臣来天朝献表，请示入天朝朝拜之事。"说罢，将早以备好的奏折举过头顶："这是国书。"

侍者上前接过西域使臣厌怛纥干手中的国书呈给李世民，李世民看后放在御案上，对西域使臣说："国书朕已看过，稍后朕会修书让你带回，你可在驿馆候旨，朕会叫人带你到长安城各处走走，看看大唐的风土人情。"

西域使臣又从怀中拿出一沓书信举过头顶道："皇上，这是西域至天朝沿途各国的国书，他们委托臣带至长安呈给天朝皇帝。"

侍者上前从西域使臣手中接过来，正准备递给李世民的时候，李世民说："给房玄龄看看再奏吧！"

侍者转身将书信交给房玄龄，房玄龄很快浏览一遍后说："陛下，西域各国在信中说，他们请求随同西域高昌王曲文泰一同来朝进贡，请大唐皇帝恩准！"

"各国进贡，万邦来朝，好呀！"李世民龙颜大悦，哈哈笑道，"厌怛纥干！"

"臣在！"

"既然西域各国的国书由你转呈，今大唐分别向各国修书一封，仍由你带回转递，好吗？"

"臣遵旨！"

"好，下去吧！"

退朝后，李世民即命房玄龄分别给西域各国修书，同意西域各国随高昌王曲文泰来朝纳贡。第二天，这些国书便都交给西域国使臣厌怛纥干，由他再在返回途中顺便将这些国书传递给西域各国。

魏徵这几天偶染小疾，没有当值，西域遣使来朝之事一点也不清楚。这天病情稍有好转，便来朝当值，刚开始，听大家议论西域来使的事情尚不在意，猛然听到在有人说："西域这么多小国来朝，这次一定要忙得不可开交的了。"

"什么？你说什么？什么多国来朝？"魏徵问道。

"魏大人还不知道？西域国曲文泰遣使来朝，要来天朝进贡，西域各国也要来凑热闹，纷纷上表，请求随曲文泰一同来朝，皇上高兴地答应了，一次来这么多人，能不热闹吗？"

"真的吗？"魏徵问道。

"这还有假？国书都发出去了。"

魏徵听到此话，一个人坐在值房里发呆，一句话也不说，过了好久，一拍桌子道："不行，绝对不行！"

旁边有人问了一句："什么不行呀？魏大人？"

"啊！不关你的事。"魏徵笑了笑，马上出了值房，风风火火地进宫见李世民。刚走近显德殿，迎面碰到房玄龄。

"魏大人，身体好些了吗？"房玄龄打招呼道。

"身体没问题，朝中倒是有问题！"

房玄龄吃惊地问："发生了什么事情？"

"陛下同意西域各国一同来朝，是吗？"

"是呀！诏书都发出去了，有问题吗？"房玄龄问道。

"我说房大人哟！这事绝对不妥！"

"为何不妥？"

"没时间说了，我要面圣，你同我一同去吧！"

"诏书是我草拟的，我有什么话可说，且都已经发出去了，要去，还是你自己去吧。"房玄龄还想说下去，抬头一看，魏徵已经走得没影了。

两仪殿里，李世民正在批阅奏章，侍奉太监上前轻轻地说："皇上，魏大人求见！"

"啊！魏徵来了，请他进来！"魏徵刚走进两仪殿，李世民关心问，"魏徵，病好了吗？没好就再多休息几天吧！"

"先不说微臣的病了，臣有急事要奏！"魏徵急急忙忙地说。

"何事如此之急？"李世民惊问。

"西域高昌王曲文泰来朝？"

"是呀，有什么不妥吗？"

"西域各国也要随同来朝？"

"嗯！都要来，这可是一次盛会哟！"李世民高兴地说。

第36章 追诏书

"陛下想过没有?"

"想什么?"

"如何接待来使?"

"这些不用你管,朕已安排房玄龄准备去了。"

"臣不是担心房玄龄做不好这件事!"

"那你担心什么?"

"臣是担心国家的财力,担心沿途州县的承受能力,还担心允许西域各国来朝,要大张旗鼓地搞欢迎仪式,值不值得?"

"这正是扬我大唐国威的时候,有什么不值得?"李世民反问道。

"扬我国威确实不假,西域各国一齐来朝,场面实在壮观,只可惜呀!"魏徵叹了一口气。

李世民不解地问:"可惜什么?"

"可惜沿途州县与百姓深受其害。"

"你这是什么意思?"

"中国始平,疮痍未复,稍再异动,百姓就难以自安。往年曲文泰来朝,沿途州县迎来送往耗费甚巨,今年又增加这么多人,如果是商贾来往,百姓通过交易还能获利,而这是各国使节,是大唐宾客,必须要盛情款待,接待之烦扰,费用之浩大,沿途州县恐怕很难承受。"

"这……"李世民听到魏徵之言,似有些犹豫不决。

魏徵继续说:"东汉建武二十二年,天下已太平日久,西域请置都护送侍子,汉光武帝不答应。"

"啊!"李世民若有所思。

"光武帝不答应的原因在于:不以蛮夷劳敝中国。如果允许数国来朝,来的人不下一千,如此庞大的队伍,沿途州县如何接待?这么大一笔接待费用从何而出?臣请陛下三思。"魏徵着急地说。

"朕还真的没有考虑到这些,诏书已由西域使臣带走,如何奈何?"

"臣听说西域使臣是前天出发的,是吗?"

"那又能怎么样?"

"陛下不是有一匹'踏雪无痕'和一匹'千里追风'宝马吗?臣请陛下下诏,派人骑宝马追回诏书。"

"这……"

"陛下不是常说要以史为鉴吗？怎么到了具体问题又犹豫不决呢？汉光武帝之事就是前车之鉴呀！再不想办法，一旦西域使者去远了，想追也追不上，再后悔就来不及了。"

"言之有理，这件事情朕确实有些考虑不周。来人！"

"奴才在！"侍奉太监应声而至。

"传旨房玄龄，派人骑上朕的两匹宝马追回西域使臣！收回托其传递的沿途各国国书。"

后人有诗咏叹：

邻邦纷纷朝大唐，虚名天子喜非常。
无奈旧疮未恢复，力衰何谈讲排场。

第37章　管了一件闲事

贞观四年（630年），全国经济形势呈现出好的势头，李世民下诏征集大批徭役，准备修复东都洛阳乾元殿，以备巡幸洛阳时使用。尚书省遵循诏令，紧锣密鼓筹备修复洛阳乾元殿。修建和改造洛阳的宫殿，是一项极其浩大的工程，需要投入巨大的资金和人力。

给事中太子右庶子张玄素上书，极力谏阻这个工程。

奏折呈上后，没有动静，修造洛阳乾元殿的筹备工作仍然还在有条不紊地进行。张玄素准备朝议时再次面奏，此时，太上皇李渊迁居弘义宫，改弘义宫为大安宫。李世民开始到太极殿听政。

这一天早朝，张玄素手持笏板出班道："陛下，臣有本要奏！"

"有事请奏！"李世民一愣，立即明白张玄素所奏何事。

"微臣已上本，陛下可曾御览？"

李世民手一挥："知道了！"

皇上说知道了而未作明确答复，说明臣下的意见未被采纳，奏事的臣子就要知趣地退下。张玄素却不这样，他认为自己的建议于国于民是有百利而无一害，继续说："臣曾经见到，隋朝当年在洛阳营造宫殿，木材取之于豫章，两千人拉一根大树，先用横木做轮子，木轮因摩擦起火。于是改用铸铁做车轮，行走一二里路，铁轮仍然破损，所以要派几百人抬着铁轮子跟着以备更换，终日行进不过二三十里。略计一柱之费，已用数十万之工，则其余就可想而知了。"

"营造工程，当然要耗用人力、物力、财力。"李世民显然有些不耐烦了。

"陛下初平洛阳，下令拆毁大量隋朝兴建的宫殿，未过十年，复加营缮，为何往日厌恶而今日效仿呢？"

"不行吗？"李世民反问。

"臣听说阿房宫建成了,秦朝人心离散了;楚灵王修章华宫,结果是众叛亲离;隋炀帝修乾元殿,隋朝走向灭亡。以唐朝现在的国力,远远不及隋朝,陛下役使极为疲惫的百姓,承袭亡隋的弊端,祸乱恐怕要超过炀帝呀!"

李世民听了极为不满,强压怒火问道:"你说朕不如炀帝?那么比桀、纣又如何?"

张玄素道:"如果这项工程继续下去,最终非得引起动乱不可。陛下初平东都洛阳时,太上皇命令将大殿高门一并焚毁,陛下以瓦木可用,不宜焚之,拆了分与平民百姓,虽然未照太上皇的旨意做,但天下百姓都称赞陛下的盛德。如今重修乾元殿,实在是复兴隋之劳役,一拆一建,时不过十余年,如此反复无常,何以昭示子孙,天下人该怎样说?"

魏徵出班奏道:"张玄素所言极是,请陛下三思!"

李世民为张玄素之言气恼,也为张玄素的气度折服,见魏徵帮腔,只好叹道:"朕考虑不周,以至于出现这种事情。"回头对房玄龄说,"房玄龄!"

房玄龄出班答道:"臣在!"

"朕以为洛阳地处大唐中央地段,四方朝贡路途均等,想着便利百姓,所以派人营造。张玄素言之有理,应立即停止修建东都洛阳宫殿的工程。他日若巡幸洛阳,即使居住于露天之地,朕也无话可说。张玄素敢言直谏,非忠直之臣不可为,赐绢帛二百匹。"

魏徵悄声对房玄龄说:"张公论事,真有回天之力呀!仁人之言,给国家带来的利益实在是太大了。"

李世民看了魏徵一眼,又转过头来对张玄素说:"朕看你倒有几分魏徵之风范。"

张玄素一脸严肃,不作答,魏徵倒是满不在乎,脸上还有几分得意。

李世民停了停,调整了一下情绪,问张玄素:"刚才听你说,你见过隋朝修宫殿,你在隋朝为何官?"

"县尉!"张玄素答道。

李世民道:"啊!从九品之职,县尉之前又为何职?"

"陛下应该知道,没有比九品更低的官了,要有,只能算流外。"张玄素答。

"流外就是不入流,是吧?"李世民对张玄素刚才顶撞自己心存不满,由于他说得有理却无从辩驳,故意以不入流之词羞辱张玄素。

文武百官哄堂大笑,张玄素面红耳赤,羞愧难当。

谏议大夫褚遂良出班奏道:"右庶子虽出身寒微,但陛下敬其才,命他为给事中,右庶子已位至三品,辅佐皇太子。陛下不可以当着文武百官之面,穷追他的门第,故意羞辱他,使他无地自容,痛苦椎心,陛下如此做,等于抛弃从前恩德,此后,怎么能要求臣下尽忠皇上呢?"

李世民愣住了,百官也愣住了,继而议论纷纷。李世民终于缓过神来,脸有愧色地说:"张玄素,朕后悔刚才这样问你,朕向你道歉,请不要介意。"

宫城北门正在大兴土木,工匠们搬砖运料,好不忙碌。房玄龄和高士廉恰好从此地路过,房玄龄颇觉奇怪,问身边的高士廉:"高大人,此处兴建什么工程?"

"房大人,你乃尚书省左仆射,主管工程建设,这里有何工程,你不知道吗?怎么反来问我呀?"

"怪哉!我怎么不知有此工程?"房玄龄自言自语地说。于是向一名工匠打听,问这里工程谁负责。

"房宰相,下官乃工部少府少监窦德素,负责这里的工程。"工程负责人、朝廷基建和后勤的主管大臣窦德素正好在现场,见两位宰相问事,赶过来回答。

"这里兴建什么工程?"

"这是皇上亲自安排的工程,至于作何用,下官也不知道。"窦德素如实地说。

"啊!知道了,你去忙吧!"

房玄龄和高士廉刚走不久,李世民也来到工地,窦德素忙上前跪奏道:"少府监窦德素向皇上请安!"

"平身!工程进展顺利吧?"李世民问道。

"回皇上,工程进展很顺利!"

"物料呢?"

"遵皇上旨意,物料都是由工部造册,供应没有问题。只是刚才房宰相、高大人路过北门,询问工程情况?"

"他们说了什么?"李世民问道。

"房宰相似乎有些不高兴。"

"朕知道了,你抓紧工程建设就行,其他的事不用管。"李世民说罢,转身而去。

两仪殿里，李世民一脸不快地问房玄龄："房玄龄，高士廉，你们今天去了北门？"

"是，臣等从北门经过。"高士廉答道。

房玄龄马上意识到，皇上的问话，肯定与北门工程有关，出班答道："臣等在北门看到那里在大兴土木，过问了此事！"

李世民脸色一沉："你只管南衙之事，北门营造之事，与你何干？"

南衙，指的是朝廷。因当时朝廷政府各部门，都集中在皇城南面，俗称"南衙"；相对于方位，皇室住地设在皇城西北部，俗称"北门"。李世民对房玄龄、高士廉的质问，实际上是在指责他们干涉皇室的事务，手伸得太长了。但南衙和北门之分，只是一种不成文的习惯做法，并无任何法律和制度上的依据。

房玄龄是李世民旧臣，对李世民之命向来百般依从，从来不敢质疑，更不敢提出反对意见，今天受质问，同样不敢反驳，低声咕哝："臣位居宰相，执掌尚书省，负责审批朝廷各项工程费用支出，如此大的工程建设岂能不知？臣岂不是成了陈平不知钱粮之数吗？"

"房玄龄，嘀咕什么？"李世民见房玄龄不服气，有些不高兴了。

"臣等知罪！"房玄龄、高士廉两人诚惶诚恐地伏地谢罪。

魏徵认为，房玄龄、高士廉过问北门营造之事是履行职责，但却遭到李世民的训斥。而房玄龄、高士廉本无过错，反而向皇上谢罪，于理不合。忍不住站出来管闲事："陛下，臣有话要说。"

"魏徵，这件事与你无关，不必多管闲事。"李世民火气未消。

"臣要进谏！"魏徵固执地说。

李世民只好悻悻地说："你讲吧！"

"陛下，臣不理解，陛下为什么要责备房玄龄、高士廉，同样也不理解房玄龄、高士廉为何要谢罪？"

李世民见魏徵说话心里就发毛，语气粗重地问："魏徵，你说明白些，是什么意思？"

"房玄龄、高士廉身为宰相，是陛下的股肱之臣，为何不能过问北门之事呢？陛下责备大臣履行职责，臣有所不解。"

李世民一言不发，大臣们心里虽然赞同魏徵的说法，但却没有胆量站出来，只是静静地站列旁听。

魏徵继续说道："兴建工程，投资几何，役工几何，都应该做到心中有数，

第37章 管了一件闲事

如果陛下决策合理,他们理当协助陛下完成这项工程;如果决策不合理,即使已动工营造,也要奏请陛下停止。这是君使臣、臣事君之道。房玄龄他们过问北门工程既然无罪,陛下反而还要责备他,臣有所不解;他们自知职责所在,明知自己无错,在皇上的威逼之下妥协退缩,只知一味地向陛下道歉、谢罪,这也是臣不理解。"

魏徵用了两个不理解来表示自己的意见,措词虽不激烈,语气也不尖锐,但语言的含义、力度绝不亚于一番慷慨陈词。

李世民听到魏徵的谏言,心知又是自己错了,但他实在不想在群臣面前再次认错,恼羞成怒地说:"不理解就回去将枕头枕高些,好好地想,退朝!"

大家都走了,唯魏徵没有走。

李世民问道:"都走了,你为何还站在这里?"

"臣觉得陛下有话没有说完。"

"你是在等朕向你道歉吗?"李世民说,"朝堂之上,文武百官之面,朕到底听谁的?"

"陛下听正确的。"魏徵静静地说,"只要是正确的,无论是谁说的,都要听。"

李世民冷冷地说:"你总是在大庭广众之下与朕过不去,这是为臣之道吗?"

"陛下!"魏徵说,"关于皇帝礼仪的尊崇,自叔孙通以来,历朝历代都在实行。就是臣的言论,也是在尊崇皇帝的礼仪进行的。臣下参拜陛下,三呼万岁,谢恩拜舞,大臣们都在遵守。"

李世民质问:"这么多礼仪都遵守了,为何不给朕留点面子,经常当众同朕顶撞?"

魏徵辩解道:"朝堂之上,君臣共商国是,大臣出谋划策,是助陛下治理国家。如果一切都顺从陛下的意思,那又谈何商量,任何事情,陛下发道圣旨就行了。难道说做臣子的,可以不尽责吗?"

李世民说:"当然要尽责。"

"对于国事的处理,臣子有不同的看法,却又不说出来,这能叫尽责吗?"魏徵反问。

李世民语塞。

"所以,"魏徵说,"朝堂之上,君臣之间,臣下是否做到知无不言,牵涉到国家治理的好坏。最终治理如何,历史会作出评价。"

"嗯!"李世民笑了笑,带有歉意地说,"朕想通了。"

魏徵同李世民说话,虽然很少笑,这次也笑着说:"尽忠尽责,正是臣子的本分,而引导臣下尽忠的……"

李世民接过魏徵的话说:"是君王的本分。"

君臣二人相视一笑,一切尽在不言中。

数日后的一次朝会,李世民面对群臣说:"魏徵对朕说过,君事臣以礼,臣事君以忠。朕非常欣赏这句话。但知易行难,朕虽然深明其理,做起来却不能到位。前几天,魏徵因房玄龄过问北门工程之事,当着群臣之面质问朕,朕一时不冷静,拂袖而去,冷了众爱卿之心,朕知错了。魏徵听旨。"

"臣在!"魏徵出班答道。

"你接受朕的道歉吗?"

"臣接受!"魏徵毫不客气地说。

全场一片哗然。

侍御史权万纪出班奏道:"启禀陛下,魏徵失礼,理应给予处罚。"

"魏徵,你有何话说?"李世民听说魏徵有失礼之处,心里一阵窃笑,总算有个借口杀杀他的锐气,故意问道。

"臣是秉承圣意回答问题,并无失礼之处。"魏徵知道权万纪使坏,冷静地回答。

"朝礼有这样的规定吗?"李世民仍然有些不甘心。

"朝礼对此虽然没有作具体规定,但陛下说过,虚礼不敌实情,并要求臣下据实情办事。今陛下诚心道歉是实,臣若虚礼不作答,等于是不给陛下改错之机会。更何况,臣以为陛下是真心诚意地道歉,所以就真诚接受,毕竟是犯错容易改错难嘛!臣如果不给陛下改错的机会,岂不是有违圣意?陛下向臣道歉,事小;但反映的是一代圣君虚怀若谷,善纳谏言,事大。臣实在是舍小而求大,怎么能说是失礼?"

全场一片寂静,权万纪愣在当场,不知如何作答。

李世民强压心头之激动,平静地说:"魏徵所言有理,权万纪是在进谗言。"转而又对房玄龄说,"房玄龄呀!你如果能像魏徵这样摆事实,讲道理,朕也不会斥责你了。"

"陛下责备得是,臣知错了!"房玄龄感激涕零地说。

"看看,又来了,就知道谢罪!"

房玄龄不好意思地笑了。

李世民继续说:"北门工程,朕叫他们马上停工,交给你处理。建与不建,由有司决定。"

"臣遵旨!"房玄龄高兴地说。

"魏徵,朕这样处理行吧?"

"陛下圣明,臣领教了。其实,自陛下登基以来,励精图治,皇宫内也没有搞过什么建设,如果实在是必要,臣并不是说不能建,只是就北门兴土木之事君责臣、臣谢罪之事而言,讲的是君使臣、臣事君的道理。"魏徵解释说。

"爱卿如一面镜子,时刻照着朕,使朕少犯错,朕谢过了。"李世民说到这里,竟然起身向魏徵一揖。

魏徵慌忙避让道:"陛下,不要责杀微臣。陛下圣明,虚怀若谷,善于纳谏,臣才敢数逆龙鳞,直言相谏,君不纳谏,臣谏之无益,何谏之有?"

君臣二人会意地笑了。群臣哄堂大笑。

后人有诗咏叹:

宰相问事本无错,君王恼怒斥良臣。
幸得诤相管闲事,朝堂争吵理更明。

第38章　怒斥奸佞

咸阳发生地陷，一夜之间，方圆数十里的地区沉陷入地底。地陷区内，山不见了，树林不见了，一切的一切都不见了。又不知哪里冒出那么多的水，使地陷区顷刻间变成一片湖泊。山中采药人和山村放牛郎最先发现这一现象，他们惊恐万状地将这个消息告诉了人们。于是，咸阳地陷的事情便传开了，越传越广，越传越神秘，最后说成地陷是苍天对朝廷的惩戒，还有更大的灾难将随之降临，天下又要不太平了。一时闹得满城风雨、人心惶惶。

咸阳的百姓在议论地陷，长安城的市民也在议论地陷，朝中文武百官都在议论地陷，甚至连内宫太监、宫女、嫔妃，都在议论地陷。朝野之间，皇城内外，笼罩着一股神秘而又恐惧的色彩。

李世民日夜操劳国事，并没有人向他禀报咸阳地陷之事，更不知道外面的谣传。这一天退朝回到后宫，见宫女们交头接耳，显得非常神秘，觉得有些奇怪，叫过一名宫女询问有什么事情，宫女便将苍天惩戒唐朝，天下又要不太平的谣传告诉李世民。李世民极为重视。地陷虽是不祥之兆，但怎能与天下不太平之事联在一起呢？他断定有人从中捣鬼，故意妖言惑众。立即下诏，命令有关部门彻底查清谣言的来源，一旦抓到散布谣言之人，以妖言惑众罪治之，杀无赦。

经过一段时间的排查，查出谣言的第一传播者是河内人李好德。李好德很快就被缉拿归案，交由大理寺审理。案件是皇上亲自交办的，审理不敢含糊，大理丞张蕴古亲自审理此案。

张蕴古是相州洹水人，素性聪敏，博涉群书，写得一手好文章，尤其通晓时务。武德九年，李世民刚继承皇位之时，他向皇上呈报一篇《大宝箴》，畅谈他的治政方略，《大宝箴》有一句"故以一人治天下，不以天下奉一人"是至理名言，成为佳句而流传于世。李世民看过张蕴古的《大宝箴》，认为张蕴古是一个人才，提拔他做了刑部大理丞。

张蕴古受理李好德的案子后，立即进入司法审理程序，在审案过程中，他发现李好德患有癫痫病，神经有些不正常，大唐律法规定，精神病患者不承担法律责任。

这一天早朝，张蕴古出班启奏，说李好德妖言惑众案审理已毕。

"情况如何？"李世民问道。

"李好德对散布谣言之事供认不讳，依大唐律法，其罪当罚。但在审理案件中查明，李好德患有癫痫病，神经不正常，大唐律法亦规定，患癫病者不当坐治。因此，李好德虽犯罪，但不可杀！"

"啊！原来是这样。"李世民说，"那就要将案情公诸于世，以安定民心。"

天牢里，张蕴古和李好德相对而坐，中间放着一个小方桌，两人边下棋边交谈，典狱史坐在旁边观棋，张蕴古将一颗白子落在棋盘，口中说道："断！"李好德见此子下得颇为刁钻，一时难以落子。张蕴古见李好德尚在考虑，于是说："我已将你的案子上奏了。"

"皇上怎么说？"李好德关心地问。

"你患病属实，依大唐律法，虽有罪，不当坐罪。皇上已恩准，依律办事，不予处罚，正式手续还没有批下来。"

典狱史在一旁插话道："如果不是张大人尽职尽责，查实你患有癫痫病，此刻你已到枉死城报到去了。"

"张大人活命之恩，小人没齿不忘。"李好德说罢欲拜谢。

张蕴古伸手拦住道："不必行此大礼，我乃大理丞，公平判案，乃职责所在，你的案子我是依律而行，并未徇私，何谢之有？"

李好德感激地看着张蕴古。

张蕴古继续说："回去后要治好病，不可到处乱跑，更不可乱说。有关情况，我会给令兄去信。"

张蕴古也是一时大意，不该在圣旨尚未下达之前就将消息透露给当事人，如果此事到此为止也就罢了，偏偏又为小人所算，以至惹来杀身之祸。

张蕴古在狱中同李好德博弈闲聊之时，除典狱史在场外，还有一个狱卒也在侧。其实狱卒也无害人之意，只是无意间将这件事传了出去。说者无心，听者有意,此话真的被一个有心人听到了,他就是治书侍御史权万纪。

权万纪是个奸佞小人,以进谗言、打小报告而邀宠于上。朝中很多人皆因权万纪的诬告而遭到皇上的训诫,但对权万纪却敢怒不敢言。大家知道,小人不能得罪,因为小人报复心理特重,谁得罪了小人,谁将永无宁日。权万纪是小人,大家对他多采取敬之远之的态度,这就更助长了权万纪的嚣张气焰。

贞观三年,房玄龄、王珪负责朝廷官吏的考核工作,权万纪不满意房玄龄、王珪对他的考评结论,但又没有办法改变考评结果。于是向皇上上疏,奏称房玄龄、王珪的考核不公平,有徇私舞弊之嫌。李世民责令大臣侯君集对件事进行调查。

魏徵劝谏说:"房玄龄、王珪都是朝中重臣,素以忠诚正直著称,深得陛下信任。由于考核的官员很多,可能有个别人考核有失公允,但绝不是他们有意偏私。假如查到有不当之处,他们今后还怎么能重新担当重任呢?"

魏徵见皇上有些犹豫不决,继续说:"权万纪近来一直在考功堂叙职,在考核过程中并无任何驳正,他不满意自己的考核结果,就说考核不公,上疏弹劾房玄龄和王珪,他想借此激怒陛下,将水搅浑,并非竭诚为国。如果查出个别人的考核结果有失当之处,于朝廷并无益处;如果权万纪所言为诈,则有损陛下委任大臣的一片心意。我真正关心的是国家政体,不敢袒护房、王二人,请陛下三思。"

李世民采纳了魏徵的谏言,没有继续追究这件事,使得房玄龄、王珪免了一番训诫。

权万纪向来不喜欢张蕴古,原因是张蕴古对他总是若即若离,态度不甚热情。其实这没有伤害他什么,但他偏偏心里就不舒服,认为对他不热情就是对他有偏见,对他有偏见就是他的敌人,既然是敌人,就要想办法整治他。这就是他做人的逻辑。

权万纪听说张蕴古在狱中同犯人李好德博弈,在圣旨未下达前就将免罪的消息透露给李好德,心里暗暗高兴,意识到机会来了。为了给张蕴古带来毁灭性的打击,他又对张蕴古的背景进行了研究,经打听,张蕴古原籍相州,李好德之兄李厚德是相州刺史。摸清了这些情况,连夜上表,弹劾张蕴古,他在奏疏中说:张蕴古乃相州人,犯人李好德之兄李厚德乃相州刺史,是为张蕴古原籍之父母官。张蕴古为讨好原籍之父母官，徇私舞弊，蓄意编造出李好德有癫痫，使其逃脱法律的制裁。此乃讨人情而纵容阿附，张蕴古按察结果与事实不符。且皇上圣旨尚未下达，他便将赦免之讯透露给人犯李好德，借以买好李好德。

李世民闻奏大怒，竟然下诏将张蕴古杀了。

魏徵听说此事后，急如星火地赶进宫求见李世民，进门便质问："陛下，张蕴古所犯何罪，为何突然间便推于东市斩首？"

"别急，坐下来说话！"李世民面对魏徵逼人的眼光，心里有些犯怵，意识到自己又犯了一个错误。

"张蕴古为人正直，处事公道，自武德末年执掌大理寺以来，审判了无数的疑难杂案，在他手上没有办不了的案件，即使是受处罚者，对他也是心服口服，这样的人，怎么能说杀就杀了呢？"魏徵由于太激动，说话有些咄咄逼人。

"张蕴古徇私舞弊以活他人，其罪一；身为大理丞，却到牢中与犯人对弈，其罪二；事先将圣意泄露给人犯，其罪三。有此三罪，难道不该杀吗？"李世民不知出于何种原因，对魏徵有违君臣之礼的过激语言并未计较，以相同的口气质问魏徵。

魏徵坐下来后，情绪稳定了些，对李世民说："臣了解过，李好德确实患癫痫病，如果不是张蕴古办案认真，大理寺的刀下又多了一个屈死的冤魂。"

"真的？"李世民吃惊地站起来。

"臣会在陛下面前打诳语吗？"

"那与犯人对弈，私泄圣意，身为大理丞，这也是违法。"

"李好德是精神病患者，借对弈以安定人犯之情绪，正是张蕴古办案精细之处，饶其不死是陛下之意，只是手续还没有办完而已。透露消息，即使有罪，也罪不至死。"

李世民心中一阵恐慌，魏徵看到李世民的脸色，知他已有悔意，于是问道："是权万纪进的谗言吧？"

"是呀！"李世民点点头，声音明显小了。

"权万纪是个奸佞小人，不识治国大体，以告发别人为直言，以进谗言为尽忠。陛下并非不知道他的为人，只取他讲话无所忌讳，想以此警策众大臣。但权万纪等人挟皇恩，依仗权势，使其阴谋得逞，凡所弹劾之人，并非真的有罪。陛下既然不能提倡善行以激励风俗，怎么能亲奸邪以损害自己的威信呢？"

魏徵一针见血，揭穿了君主利用小人的心理，即"取其讲话无所忌讳，想以此警策众大臣"，尤其是最后两句话说得异常尖锐。

"魏徵，朕知道你是个正人君子，你接下来还会说，为人君者，要亲君子，远小人，是也不是？"李世民问道。

"正是这样。天下未定，选人则专取其才，并不看重和考察其德行；天下安定以后，治天下者，则非德才兼备者不可用。"魏徵固执地说。

"你总不能叫朕将小人统统杀掉吧！古人云：'非君子莫养小人也！'朕贵为天子，既看重君子，但也要能容忍小人，有时候还很喜欢小人，你知道为什么吗？"

"臣孤陋寡闻，不知道！"魏徵摇摇头。

李世民说："你当然不知道，因为你是君子，不是小人，君子有君子的做人准则，小人也有小人的做人之道，君子心胸坦荡，有浩然之气，小人心怀叵测，怀害人之念，但小人大多都绝顶聪明，善揣朕意，做事、说话都能投朕之所好，对朕也是百依百顺。"

"但总不能听信谗言而枉杀大臣吧？"魏徵说。

李世民语重心长地说："朕贵为天子，但朕也是一个人，朕也喜欢听恭维话，治理国家虽然要倚重正人君子，但朕的身边也离不开小人，没有这些小人相伴，朕过得不是太乏味了吗？再说，小人头上也没有贴上标签，朕也有失察的时候哟！"

"张蕴古的事该怎么办？他可是一个正直、大公无私的能臣，陛下忘了他在武德末年所上之《大宝箴》吗？"

"'圣人上承天命，拯黎民于水火，救时世之危难。故以一人治天下，不以天下奉一人。'这是金玉良言，朕怎么能忘得了？这句话朕不但要记住一辈子，而且还要代代相传下去。"李世民陷入了回忆之中。魏徵知道李世民此时对诛杀张蕴古已是追悔莫及，静静地等着李世民继续说下去。

"魏徵！"

"臣在！"魏徵知道李世民又有圣谕，忙放下手中的茶杯。

"你来草诏！"

李世民站起来，在殿中来回地走动，口中说道：

着礼部，将张蕴古厚葬之；着吏部，张蕴古荫一子，享五品秩。其家属赐绢五百匹。刑部，自今以后，凡决死者，须五覆奏，以免冤误。

  魏徵文不加点，一挥而就，待墨迹干了以后，呈给李世民审阅，李世民看后递还给魏徵道："用印，明天发出去吧！"
  "权万纪该如何处理？"魏徵问道。
  "能怎么处理，人是朕下旨杀的，谗言能够定罪吗？"
  魏徵哑然。李世民也轻轻地叹了口气。
  "奸佞当道，忠臣遭殃，这可是血的教训啊！陛下！"魏徵提醒说。
  "朕何尝不知这个道理？恶有恶报，善有善报，不是不报，时间未到。"
  魏徵接口道："时间一到，善恶全报！"
  "亲君子！"李世民说。
  "远小人！"魏徵接着说。君臣相视一笑。
  后人有诗咏叹李世民枉杀张蕴古：

奸佞进谗咎难辞，谁料圣君反受欺？
集市行刑头落地，事后追悔已莫及。

第39章　论史说古今

十月虽是初冬，长安却已是朔风习习，寒气逼人。御花园的观花亭里，李世民与长孙皇后居中而坐，两名异国美女侍候左右。

房玄龄、长孙无忌、李靖、魏徵、温彦博、戴胄、王珪、萧瑀等几位宰臣陪坐两侧。

几名太监轮番上场给大臣们沏茶、酌酒。

李世民对几位大臣说："今天叫大家来，也没有别的事，就是新罗国最近进献了两名美女，请大家来欣赏异国美女美妙的歌喉和优美的舞姿。"说罢，示意身边两名新罗美女可以开始了。

两名新罗美女脱去外套，露出一身薄如蝉翼的披纱，走到场地中央，向皇上、皇后及各位大臣行礼之后，做了个起势，宫廷乐师奏响了乐曲，新罗美女伴随着乐曲，边歌边舞起来。虽然是新罗语言，大家一句也听不懂，但音韵无国界，各位宰臣都是博学鸿儒，对韵律都能体会，对于两位美女的歌喉和舞姿赞不绝口。魏徵从两位美女灿烂的笑容后面，似乎看到另外一种东西，到底是什么，一时也说不清楚。

一曲终了，美女向四周施了一礼，退到一旁，披上刚脱去的外衣，气喘地回到李世民身边。

"怎么样？异国情调，果然与中华文化大不相同吧？"李世民笑着问道。

大家都说新罗美女的舞姿优美，歌声动听，算是开了眼界。

新罗美女似乎能听懂中国话，听到大家的赞赏之言，脸上露出灿烂的笑容。

稍停片刻，李世民一招手，一名太监提着一个大鸟笼，从假山后面出来，来到李世民面前，李世民轻轻地拍拍鸟笼，逗趣地问道："鹦鹉，怎么样，来长安后，过得还舒坦吗？"

"苦寒！苦寒！"两只鹦鹉竟然说出了人话。

众人听到鹦鹉能说人话，非常好奇。

"哈哈，林邑比长安暖和吗？"李世民逗乐地问。

"苦寒！苦寒！"两只鸟还是一个劲地重复这两个字。

林邑（越南）远在中国南方，与广西毗邻，与海南岛隔海相望，同中国北方气候相差甚远，当南方还是深秋之时，长安已经是大雪纷飞了。两只鹦鹉从林邑陡然来到长安，当然受不了如此寒冷的气候。

魏徵从鹦鹉的话音里，突然找到了两位新罗美女灿烂的笑容后面隐藏的东西，想到这里，劝谏之心又起，起身离座，整整衣冠，郑重其事地上前奏谏道："陛下，臣有本要奏！"

"怎么了？朕又有什么不对吗？"李世民疑惑地问。

"臣建议将这两名女子退回新罗。"

"为什么？"李世民不快地说，"天朝大国，接受贡品都不行吗？"

"人不说话，鸟会说话！"

"人不说话，鸟会说话？"李世民略一寻思，似乎明白了魏徵的用意，有所感触地说，"苦寒！苦寒！鹦鹉思归？"

魏徵点点头，退回原位。

"传朕的旨意，"李世民果断地一挥手说，"二位女子和两只鹦鹉，交给来使带回。"

魏徵起身称谢，众臣也跟着称善，长孙皇后脸上也露出了满意的笑容。

李世民见众宰臣齐声祝贺，心情非常愉快，乘兴说道："大唐之所以国力强盛，这是贞观初魏徵劝朕偃武兴文，行仁义之政带来的结果。今天，魏徵又劝谏朕做了一件善事。"

魏徵除博学之外，还有一手酿酒的绝活，他酿的酒很多，其中有两种酒最著名，一种"醽醁"，一种"翠涛"，酒味醇香，世间少有。李世民对这两种酒也很赏识，特地写过一首诗赞美这两种酒：

醽醁胜兰生，翠涛过玉薤。
千日醉不醒，十年味不败。

这一天，李世民在两仪殿赐宴，他对侍臣们说："久闻魏徵有佳酿，甘甜无比，朕曾向他讨过一瓶品尝，确实其味无穷。今天赐宴，又向魏徵要了几瓶，同大家一起品尝，要是觉得好，那就谢魏徵，朕可是借花献佛哟！"

几名太监抱着几个大肚酒瓶进来给大家斟酒，刚一打开酒瓶盖，一股酒香就在空气中飘荡。

李世民端起酒杯，先敬大家一杯说："今天请大家来，也没有什么特别的事情，品酒，聊天，家事、国事，想怎么聊，就怎么聊。"

听说是随便聊，大家竟然都闭上了嘴，尽管李世民说是随便聊，但在这种场合，谁能真的随便聊呢？

李世民见冷了场，问道："朕问大家一句话，是打天下难，还是守天下难。"

"打天下难。"房玄龄不假思索地说，"打天下时，群雄逐鹿，每到一个地方，只有攻破城池，敌方才会投降，每一仗都是硬仗。"

"守天下更难。"魏徵似乎也来了精神，他说，"王者之兴，一定是天下大乱的时候，到了改朝换代、得到天下之后，就容易骄傲，沉溺于安逸，贪图享受，横征暴敛，苛索于民，闹得天下鸡犬不宁。而百姓需要的却是安定，得天下的人是很难明白这个道理。"

"房玄龄随朕打天下，攻城拔寨，历尽磨难，九死一生，所以说打天下难。魏徵协助朕治理天下，很明白富贵则骄，骄则怠，怠则亡的道理，知道治天下的不容易，所以说治天下难。"李世民深有感触地说，"朕昨天看了李百药修撰的《北齐史》手稿，书中写到了北齐皇帝高洋，想不到高洋竟是一个如此残暴的皇帝，像他那样做皇帝，如果不亡国，那真的就没有天理了。"

魏徵见李世民提到高洋，知道他想听什么，但他并不顺着杆子爬，而是泼了一瓢冷水，他说："高洋虽然残暴，但也有优点，他和人讨论问题，如果自知理亏，绝不强词夺理。有个叫魏恺的人，出使梁朝之前是青州长史，出使回来后，改任光州长史，魏恺不肯上任。高洋知道后，将他狠狠地训斥了一顿。魏恺不服，说他出使前是大州长史，出使梁国，圆满完成任务，有功无过，为何在职务上不升反降呢？高洋觉得魏恺说得有理，取消了对魏恺的处罚。这就是高洋的长处。"

李世民知道魏徵是在指桑骂槐。

原来，前不久，交州都督李寿因贪污犯罪而被革职。李世民认为瀛州刺史卢祖尚是个文武全才，便命他出任交州都督。卢祖尚先答应了，次日又生悔意，并以旧病复发为由拒不赴任，李世民一怒之下，竟将卢祖尚杀了。

李世民满脸歉意一说："魏徵是在责怪朕杀了卢祖尚吧？"

"陛下说呢？"魏徵反问了一句。

"卢祖尚抗旨不遵，虽然也有过失，但朕一怒之下杀了他，也太过残暴了。"李世民叹了口气说，"由此看来，朕不如高洋啊！"

魏徵见李世民公开自责，也不想逼得太紧，放下手中的茶杯，转换话题说："高洋虽然残暴不仁，醉生梦死，挥霍无度，却还留下一篇掷地有声、提倡勤俭朴素、反对铺张侈靡的《禁浮华诏》。"

"是吗？这倒未曾听说过。"房玄龄说。

魏徵立即将《禁浮华诏》背诵一遍：

禁浮华诏

顷者风俗流宕，浮竞日滋。家有吉凶，务求胜异。婚姻丧葬之费，车服饮食之华，动竭岁资，以营日富。又奴仆带金玉，婢妾衣罗绮。始以创出为奇，后以过前为丽。上下贵贱，无复等差。今运属惟新，思蠲往弊，反朴还淳，纳民轨物。可量事具立条式，使俭而获中。

众人听罢大笑，纷纷指责高洋说的是一套，做的又是一套。

李世民放下酒杯，问萧瑀："隋文帝作为一代君王，他是怎样的一个皇帝？"

萧瑀拱手答道："文帝勤于治理朝政，每次临朝听政，从早到晚，一直到太阳偏西方罢。五品以上官员，围坐论事，忙得吃饭都是由人送。"

"这样的皇帝怎么样？"李世民问房玄龄。

"品性虽然算不上仁厚，但可称得上是一个励精图治的君主。"房玄龄答道。

李世民摇摇头说："你们只知其一，未知其二。文帝不贤明而喜苛察，不贤明则视事不明，喜苛察则疑心太重。大事小事，事必躬亲，只有他自己做的事，他才放心。天下的事情那么多，一个人做得完吗？臣下知道皇上的用意，只有无条件接受，即使皇上出现过失，也没有人敢说。所以，隋朝到第二世就灭亡了。"

房玄龄等人齐赞李世民说得有理。

"朕则不然。"李世民继续说道，"选天下贤能之士出任文武百官，让他们考虑天下大事，汇总到宰相政事堂，讨论之后再上奏给朕。有功则赏，有罪则罚，谁敢不尽心竭力各司其职？何愁天下治理不好呢！"

魏徵很少恭维人，听了李世民的话，也情不自禁地夸赞李世民是明君。侍中王珪发表了相同的看法。

李世民看了王珪一眼说："你学识渊博，善于谈论，自玄龄以下，你的品级最高。朕听说你看人有独到的眼光，说说看，你自比其他几位大臣如何？"

"啊！这可是要得罪人呀！"王珪笑着说，"要说孜孜不倦，一心为国，知无不为，善于出谋献计，我不如房玄龄；要说文武兼通，出将入相，我不如李靖；要说办事细致，奏报明白、公允，上传下达，有条不紊，我不如温彦博；要说驭繁为简，举重若轻，办事全面，断事能干，我不如戴胄；唯恐陛下赶不上尧、舜，以谏争为己任，我不如魏徵。至于说到能够激浊扬清，嫉恶如仇，从善如流，我比起诸位来，可能稍稍算是个长处吧！"

李世民听了，哈哈一笑，算是认可了王珪的话。

几位大臣听了王珪的一番高论，深以为然。

李世民对大家说："所以说，因官职而去选择人才，不可仓促行事。任用一位君子，则众位君子都会来到；任用一位小人，则其他小人竞相引进。"

"是这样。"魏徵赞同地说，"天下没有平定之时，选用人专取其才，德行在其次；天下安定之后，不是德才兼备的人才，是不可任用的。"

"在座的各位，都是朕选拔出来的时之俊杰，有你们辅佐，朕一定能开创一代盛世。"李世民满怀信心地说。

"臣等愿辅佐陛下，开创贞观盛世。"众人齐声附和。

"好！大家举杯，咱们君臣喝杯同心酒，开创贞观盛世，造福天下百姓！"李世民举杯，率先一饮而尽。

李世民放下酒杯说道："朕看你们，总觉得有什么地方不妥，特别是朝会时，这种感觉更明显，现在想起来，原来是朝中大臣上朝之时，衣服颜色杂乱无章，难以分辨。你们说是不是？"

各位大臣你看看我，我看看你，似乎都想笑。

魏徵说道："既然官人有品有位，不妨在官服的颜色上加以区别，比如三品以上穿紫色，四品穿红色，五品穿浅红，六品穿绿色，七品穿浅绿，八品穿青色，九品穿浅青。"

第 39 章 论史说古今

"前代也有分服色的，但没有分得如此之细。"房玄龄不解地问，"为何三品以上穿紫色，而不是其他颜色呢？"

魏徵解释说："颜色是用染料染成，紫色染料最难做，因此，紫色就显得更为珍贵，这个民间都知道。三品以上官服用紫色，大家一看就知道其地位最高。"

"啊！这样说就明白了。"房玄龄说道。

李世民说："那就拟旨，今后，三品以上官员穿紫色衣服，四、五品穿红色，六、七品穿绿色，八、九品穿青色，官员夫人从其夫色。"

魏徵一本正经地说："我也觉得朝廷还有件大事没有办。"

"什么事？"李世民吃惊地问。

"太子册封了，可太子少师之职却是虚位以待，这样可不行。"魏徵说。

"啊！这件事朕倒是疏忽了，你看谁来做太子少师？"堂堂皇太子，大唐的储君，竟然还没有一个名正言顺的老师，李世民的疏忽，也是有些离谱了。幸亏有魏徵这样的鸿儒提醒。

魏徵说："太子少保可充此职。"

"啊！李纲，此人品德、学问俱佳，武德年间做过隐太子的少保，朕为太子时，做过朕的少师，让他来做太子少师，很好。"李世民表示赞同。

后人有诗咏叹李世民此事：

大唐天子真疏忽，堂堂太子竟无师。
若非魏徵提个醒，不知笑话到几时。

第40章 妙喻谏封禅

封禅泰山是一种原始的祭天仪式。司马迁确认有无怀氏、伏羲氏、神农氏、炎帝、黄帝、颛顼、帝喾、尧、舜、禹、汤、周成王十二位远古帝王曾先后封禅泰山。

封禅是古代帝王在泰山上举行祭祀天地的国家大典。在东岳泰山筑土为坛祭天叫"封",目的是报天之功;在泰山下的小山如梁父山、云云山、亭亭山等辟场祭地,称为"禅",目的是报地之功。

为什么封禅活动非要不可呢?古人认为,群山之中,泰山最高,离天最近,人间帝王应到那儿去祭天,表示受命于天。

泰山封禅不仅是古代帝王祭祀天地的国家大典,同时还是皇帝向天下昭示国家繁荣昌盛、天下太平的景象,进而炫耀自己的丰功伟绩。

中国古代帝王之所以热衷于泰山封禅,就是要炫耀自己的丰功伟绩。

秦始皇是第一个到泰山封禅的封建帝王,他当了三年皇帝,就迫不及待地开始了东封泰山的活动。汉武帝刘彻先后五次到泰山封禅,是封禅次数最多的封建帝王。

雄才大略的汉武帝对泰山封禅,首次提出应具备三个条件:一统天下;天下太平、长治久安;有祥瑞不断显现。

西汉的国都远在长安,距泰山千里之遥,封禅的队伍非常庞大,往返一次,不仅要花费很长的时间,而且还有巨额的费用支出。汉武帝对此却乐此不疲,史学家司马迁对汉武帝大肆封禅颇有看法,老百姓也是怨声载道。

山东泰安流传着这样一则故事:

有一年,汉武帝听说泰山奶奶显灵,带领群臣来到泰山,打算先拜泰山奶奶,然后再举行封禅大典。一路上，沿途乞丐突然多了起来，汉武帝为了显示皇威，让济南郡的地方官装了二十车铜钱，供他沿途施舍，每个乞丐一枚铜钱。不料乞丐越聚越多，还没走到山腰，二十车铜钱就散尽了。汉武帝心有不甘，又让人从泰安府拉来二十车铜钱，继续一路施舍，钱又舍光了，还有无数乞丐蜂拥而来。他再叫去拉钱，告知银库已空，抬头一望，离山顶还很远，只好对乞丐说："今天没钱了，你们都回去吧！"

汉武帝到了山顶，跪在泰山奶奶面前磕头行礼，抬头看时，忽见香台上方香烟缭绕，慢慢地形成十四个大字：

一人求神花万贯，众人如草废家园。

烟雾散去后，武帝惊呆了，四下望去，见刚才舍钱的地方，草尖上顶着的是钱，花瓣上托着是钱，树枝上挂着的还是钱。

汉武帝顿然醒悟，知道自己挥霍无度，已是人神共怨，托泰山奶奶告诫于他。他立即结束封禅大典，返回长安，重拟诏示，减轻赋税，西汉王朝又开始富裕起来。

贞观五年（631年）时，唐王朝在李世民的统治下，国力逐渐强盛，四夷臣服，纷纷来朝，真正是风调雨顺，国泰民安。朝臣集议，推荐赵郡王李孝恭牵头，说大唐已经是"天下一统，四夷来朝"，请皇上赴泰山封禅。

李世民是个头脑清醒的皇帝，对封禅有其理智的看法，收到一些大臣的奏章，手诏答复，说经济尚未完全恢复，封禅时机不成熟。

十二月，朝臣再次推荐利州都督武士彟牵头上表，请皇上赴泰山封禅。

李世民再次拒绝了大臣们的好意。

六年（632年）正月，文武百官又重提封禅之事。李世民仍然不同意，他说："你们认为封禅是自古以来帝王的盛事，朕的看法却不同。如果天下安定，家给人足，就是不封禅，又有什么关系呢？秦始皇封禅，汉文帝不封禅，难道后人就会认为汉文帝之贤不及秦始皇吗？"

群臣的热情丝毫没有降低，他们认为，大唐已呈现出盛世之象，征服突厥，万国来朝，风调雨顺，五谷丰登，百姓安居乐业，李世民的声望能同秦始皇、汉武帝一较高下，完全有资格泰山封禅。

李世民架不住文武百官三番五次的恳求，终于动心了，下诏筹备泰山封禅大典。

在所有人都在头脑发热的时候，有一人却处在众人皆醉我独醒的境界，始终保持着清醒的头脑，这个人就是魏徵。

这一天早朝，魏徵出班奏道："启禀陛下，臣有本要奏！"

"魏徵有何事要奏？"

"恳请陛下取消泰山封禅。"

李世民听到魏徵之言，心里想，百官恳请朕举行封禅大典，朕也同意了，你却出面阻止，这不是故意同朕过不去吗？他面无表情地问："是朕的功劳不高吗？"

"陛下功比天高！谁人可比？"

"是朕的德行不厚吗？"

"陛下德比地厚，哪个能及？"

"那就是华夏九州不安定了？"

"大唐国力昌盛，百姓安居乐业，可谓是国泰民安！"

"难道是四夷未服？"

"大唐威震寰宇，万国来朝，谁敢不服？"

"那就是年岁不丰了？"

"自贞观以来，风调雨顺，国泰民安，路不拾遗，青齐间斗米三文钱，可谓是物阜丰盈，五谷丰登。"

"那就是祥瑞未至了？"

"太原府来报，地里的庄稼一禾双穗，御花园里的一棵天然灵芝长得比簸箕还大，真是自古未见之奇观，这些都是祥瑞之兆。"

李世民见魏徵有问必答，而且都是肯定答复，心里不禁有些诧异，原以为他反对行封禅大典，必定会激烈否定这一系列的前提，可现在竟然如此爽快地承认这些条件的存在。诧异之余，李世民不免有些愤怒，既然如此，你又为何要跳出反对呢？于是大声质问："既然如此，那你为何要反对行封禅大典呢？"

魏徵跨前一步，沉着地说："陛下虽然具备了行封禅大典的六个条件，但此时封禅仍然不是时候。"

"为什么？"

"陛下功劳虽高，但百姓没有得到实惠；品德虽厚，但不是所有人都能体

第40章 妙喻谏封禅

会得到；华夏虽然没有了战争，但并没有达到天下太平的地步；远夷虽然臣服，但大唐还是难以满足他们的需求；祥瑞嘉兆虽然频频出现，但不祥之事却也不少；虽然连年丰稔，但国库依然空虚。这就是臣认为不宜封禅的原因。"魏徵不急不躁，采用从容不迫，厚积薄发的技巧，又将李世民刚刚提出的问题逐条驳回。

李世民坐在金銮殿上，一时却没了话说。

魏徵见李世民仍然没有收回成命之意，继续说道："承隋末战乱之后，人口凋零，贞观以后，户口虽有所恢复，但仍未达隋文帝全盛时期的户口。国库也有积余，仓廪也觉丰盈，但仍不足以夸耀。"

"为什么？"

"国库些许盈余，不能支付封禅大典的巨额耗费。泰山封禅，车驾东巡，千乘万骑，浩浩荡荡，耗资之巨，难以胜计。"魏徵说。

"途中之费，由沿途州县负责。"

"州县耗费，必然要冲减上交朝廷的赋税，算起来，还得国库拿钱。"

"朕下道诏书，州县自行消化，谁敢违抗？"

"陛下下诏，事情当然能够解决。"

"这不就得了吗？"

"不错，如果真的如此，封禅似可轰轰烈烈地进行，但却后患无穷！"

"此话怎讲？"

"刺史、县令自己不能造钱，羊毛还是出在羊身上，他们将会加倍地苛索于民，将这些费用转嫁到百姓的身上。"

李世民似乎心有所动，示意魏徵继续说下去。

"泰山封禅是国家大典，是向天下昭示国家繁荣昌盛、天下太平，炫耀陛下的丰功伟绩，各国的国君都要亲自前来祝贺，远夷君长，随从众多，而我朝自伊、洛以东到海、岱一带，人烟稀少，灌莽极目，一片荒凉，这些异族进入我腹地，看到这些，实在有损大唐形象。"

李世民点点头，表示认同魏徵的看法。

魏徵继续道："万国来贺，必须要有所赏赐，赏赐多了，拿不出来；赏赐少了，难以满足他们的欲望。欲望难填，必生怨恨，怨恨一起，则祸患接踵而来。"

李世民看着魏徵，既未点头，也未摇头。

魏徵继续说："陛下通古博今，想必知道管仲阻止齐桓公封禅之事吧？"

李世民点点头。

魏徵继续说道："齐桓公重用管仲，在齐国进行大规模的改革，使齐国走上了富国强兵的道路。在'尊王攘夷'的旗帜下，北伐山戎，南抑强楚，勤王平乱，九合诸侯，首开春秋时期大国争霸的局面。齐桓公既成霸业，踌躇满志，认为是顺天承运，功德圆满，可比尧舜，于是在葵丘召集诸侯开会，希望去泰山封禅。管仲认为齐国封禅的时机尚未成熟，力劝桓公说：'陛下，传说古代在泰山举行封禅的帝王有七十二家，而据我所知是言过其实，只不过有无怀氏、伏羲氏、神农氏、炎帝、黄帝、颛顼、帝喾、尧、舜、夏禹王、商汤王、周成王十二家而已。他们都是受命于天，祥瑞出现时才封禅泰山。'桓公认为管仲当着诸侯及臣属的面说出这样的话让他很难堪，生气地道：'寡人北伐山戎，到了河北之境；西伐大夏，越戈壁之滩，束马悬车，登上了卑耳之山；南平河南之地，在熊耳山上眺望江汉平原。寡人三次召集兵马会盟，六次召集乘车会盟，九合诸侯，一匡天下。从前三代开国受命而王，与此有何不同吗？为什么他们可以登泰山诏告天下，而独我不能？'管仲说：'以前帝王封禅的时候，风调雨顺，五谷丰登，人民安居乐业，天下太平。东海出比目鱼，西海现比翼鸟，之后，不召而自至的祥瑞之物到处可见。如今，不仅凤凰不来，麒麟未至，丰实的稻谷不生，而且蓬蒿莠昌茂，凶猛恶劣的鸱枭时常出现，国家不巩固，人民不富足，祥瑞也没有出现，难道现在就是封禅的时机吗？'齐桓公听罢，无言以对，于是收回成命，放弃了封禅。"

"唐朝较之春秋时的齐国，地域不知大了多少倍，国力更是没法比。"李世民说。

"臣却不这样认为。"

"你怎样认为？"

"比如说，有人大病一场，多年卧床不起，瘦得皮包骨头。经过精心治疗，病是治好了，但体质却很虚弱，身体尚在逐渐恢复之中，假如在此时，要他挑百斤重担，日行百里之遥，他受得了吗？朝廷现在的情况，如同大病初愈的人，隋朝末年的战乱历经十余年之久，使得大好河山伤痕累累，百孔千疮，几年来，陛下励精图治，可谓是天下大治，河清海晏，物殷俗阜。也就是说，陛下作为一个良医，治好了国家的疾病，国库也有了积储，这些都是陛下的功绩。"

李世民从魏徵的劝谏中醒悟过来，加上适逢河南、河北许多州县发生特大水灾，于是取消了封禅计划。

第 40 章 妙喻谏封禅

贞观虽然是旷古未有之盛世，但李世民终其一生，没有去泰山行封禅大典。是否受魏徵劝谏的影响，不得而知，但这一次取消封禅大典的计划，确定是因魏徵妙喻劝谏而取消的。

后人有诗咏叹魏徵谏阻李世民赴泰山封禅：

众人皆醉我独醒，朝堂妙喻谏封禅。
贞观鼎盛虽旷古，君王未曾赴泰山。

第41章 醴泉铭

贞观六年（632年）夏，长安城酷暑难耐，李世民率后宫及侍臣驾临九成宫避暑。往日宁静的天台山顿时热闹起来。李世民驾幸九成宫，下榻九龙殿后的第一件事就是洗了个温水澡，换了一袭白绸长衫，浑身轻松，快意非常。用罢晚膳，他手拿一柄檀香扇，踱出寝宫，欲到殿外看山景，见太监每人端着一个小木盆，在那里排队领水。问一位打到水的太监，为何要排队打水。

太监回答："天台山水源稀缺，一下子来了这么多人，只好控制用水。"

"这点水够用吗？"李世民指着太监手中面盆的一点水，关心地问。

"将浴巾打湿，擦擦身子也够。"

"啊！"李世民点点头。

天台山虽有杜水环绕，但山上却没有水源，九成宫用水，都是从山涧谷中引来，由于水源太小，山上用水很困难，一下子来了这么多人，用水更成了问题。求水源却又无迹可寻，实在是九成宫的一大憾事。李世民想到此，陡然没了兴趣，返回九龙殿寝宫，回到御书房，批阅刚刚送到的奏折。

次日，李世民手柱雕龙拐杖，手拿一柄檀香扇，在房玄龄、长孙无忌、魏徵等人的陪同下，出九龙殿往西，越过天山寺，沿着石板路缓步而行，一路上观赏楼台亭榭，欣赏自然风光，边走边对身边的房玄龄道："关中酷暑难耐，天台山却凉风习习，两个地方两重天，真是匪夷所思！"

"隋文帝真是了得，竟然发现了这样一个避暑胜地，且还在此修建了仁寿宫。"房玄龄笑着回答。

正在这时，不远处的半山腰间，一小队御林军骑着骏马来回在巡逻，一阵凉风吹来，马尾在风中摆动，李世民诗兴大发，笑着对身边几位近臣道："朕

第 41 章 醴泉铭

突然有了一副上联,可对否?"

房玄龄、长孙无忌、魏徵都是博学多才之士,见皇上心情高兴,都笑答道:"陛下出上联,臣等对就是了。"

李世民手指山涧中的巡逻马队,信口吟咏:

风吹马尾千条线

远处的山坡上,几个牧羊人正在那里放牧,无数绵羊散落在山坡上,有的在低头吃草,有的在追逐嬉闹,好不热闹,魏徵心里马上就有了佳对。他想到贞观初创,经过几年的努力,国家已出现中兴之象,形势虽然喜人,但民生并未完全恢复,形势仍不容乐观,想到此,他指着远处山坡上的羊群,信口吟道:

雨打羊毛一地霜

"对得好!"李世民脱口而出,话刚出口,突然意识到,魏徵是借吟对之机提醒自己,不由得皱起了眉头,心里想:你个魏徵,朕好不容易出来散散心,你就不能讲些好听的让朕高兴高兴吗?

李世民脸上细微的变化,没有逃过长孙无忌的眼光,他心里责怪魏徵不该扫皇上的雅兴,也想重新提起皇上的兴趣,搜索枯肠,想以一佳句消除皇上心中的一丝不快,正在这时,看到一束阳光透过树丛照射在皇上的龙袍之上,闪闪发光,忽然灵机一动,指着李世民身上的龙袍,随口吟咏:

日照龙鳞万点金

"到底是长孙无忌,果然名不虚传,果然名不虚传!"李世民虽是一国之君,到底还是爱听恭维话,听了长孙无忌的下联,果然龙颜大悦,将刚才的一丝不快抛在脑后,哈哈大笑道:"房玄龄,你呢?"

"孔雀开屏华彩绽,过往小鸟羞落脚。我就免了吧!"房玄龄哈哈大笑。

"想不到房玄龄也有偷懒的时候呀!"李世民大笑不已,魏徵、长孙无忌及随行众人也跟着大笑起来。

君臣们边说边笑,边笑边走,顺着小路、沿着长廊,一路行来,看到远处山脚下的流水，李世民突然想起了九成宫缺水的问题，随口叫道："魏徵！"

"微臣在！"魏徵答道。

"山有多高，水就有多高，有这种说法吗？"

"不错，是有这种说法！"

"那九成宫怎么就没有水源呢？"

"九成宫怎么能没有水？"魏徵伸手环指群山的树林道，"你看天台山和周围的群山，古树参天，翠竹成林，连悬崖峭壁之上都是树木丛生，郁郁葱葱，没有水，能行吗？"

"你是说天台山上有水源？"李世民惊喜地问。

"这是肯定的，只是不知在何处。"魏徵回答。

"对，有山就有水，没有水，又怎么能绿树成荫呢？"李世民将手中的拐杖在地上一柱道，"一定要找到九成宫的水源！"

"陛下，你拐杖下的土很湿润，说不定就有水。"长孙无忌惊喜地说。

李世民低头一看，脚下果然有些潮湿，忙用手中拐杖在地上掘了起来，越朝下掘，土越潮湿，伸手抓起一把土，一捏成团，他丢掉手中的湿土，用力掘起来，不一会，竟然真有一股清泉从土坑里流出来。李世民惊喜地叫道："找到了！找到了！找到泉眼了，来人，在这个地方深挖，一定是一个泉眼。"

房玄龄叫来随从继续深挖，君臣们心情迫切地站在旁边等候，不一会，果见一股清澈的泉水从地下涌出地面，魏徵伸手捧一捧尝了尝，哒哒嘴，赞道："甘甜无比，甘甜无比哟！"

李世民也捧了一捧水尝了尝，哒哒嘴道："味美甘甜，胜于醴酒，司马相如《上林赋》中有'醴泉涌于清室'之句，就叫此泉为'醴泉'吧！"

魏徵说："《荀子·大略》中也有'有酒醴则辞'之句，叫醴泉，真的是很贴切。"

"房玄龄！"

"微臣在！"

"马上安排人，将泉水引入九成宫使用。"

"臣遵旨！"

长孙无忌不失时机地道："陛下，从隋朝至今，九成宫一直为缺水而犯难，陛下在这里找到泉眼，这是天意，也是祥瑞之兆哟！"

李世民哈哈大笑："魏徵！"

"微臣在！"

"听说你有急才，朕命你以此泉为题，撰写一首诗赋。"李世民拍拍脑袋，自言自语地说，"九成宫醴泉铭，对，就是'九成宫醴泉铭'，怎么样？"

"好！臣遵旨！"

"三天，朕给你三天时间，怎么样？"李世民急切地说。

魏徵手抚胡须，入定般地想了想，似乎已有了腹稿，果断地回答："明天天亮，准时交稿。"

"欧阳询！"李世民叫道。

"臣在！"一位头发斑白的古稀儒士应声而出。

"朕要在此泉眼旁边立一石碑，铭文由魏徵撰写，碑帖由你书写，怎么样？"

"微臣遵旨！"欧阳询答道。

"明天早餐之后，五品以上的官员，都到九成宫丹霄楼，欣赏魏徵的'九成宫醴泉铭'，再看欧阳询当堂书写碑文。"李世民对文武百官说。

欧阳询，字信本，潭州临湘人。官至太子率更令，弘文馆学士，封渤海县男，是唐代著名书法家，当时已有七十五岁。他相貌丑陋，但却聪悟绝伦，博览群书，看书一目数行，书法初学王羲之及北齐三公郎中刘珉，后来自成风格，人称"欧体"，书法为时之一绝，与虞世南、褚遂良、薛稷并称初唐四大书法家。时人能得他尺牍文字，就像得到宝贝一般。唐朝张怀瓘《书断》称他的书法"八体尽能，笔力劲险，篆体尤精，飞白冠绝，峻于古人"。

李世民命博古通今的魏徵撰写铭文，命一代书法大家欧阳询书写碑文，可见他对醴泉立碑之事的重视。

次日，五品以上官员都来到丹霄楼，房玄龄作了一个开场白后，魏徵从袖中取出连夜赶写的《九成宫醴泉铭》，抑扬顿挫地读了起来：

九成宫醴泉铭
秘书监检校侍中钜鹿郡公臣魏徵奉敕撰

维贞观六年孟夏之月，皇帝避暑乎九成之宫，此则隋之仁寿宫也。冠山抗殿，绝壑为池，跨水架楹，分岩竦阙。高阁周建，长廊四起。栋宇胶葛，台榭参差。仰视则迢递百寻，下临则峥嵘千刃。珠璧交映，金碧相晖。照灼云霞，蔽亏日月。

观其移山回涧，穷泰极侈，以人从欲，良足深尤。至于炎景流金，无郁蒸之气；微风徐动，有凄清之凉。信安体之佳所，诚养神之胜地。汉之甘泉，不能尚也。

皇帝爰在弱冠，经营四方，逮乎立年，抚临亿兆。始以武功一海内，终以文德怀远人。东越青丘，南逾丹徼，皆献琛奉贽，重译来王；西暨轮台，北拒玄阙，并地列州县，人充编户。气淑年和，迩安远肃。群生咸遂，灵贶毕臻。虽藉二仪之功，终资一人之虑。遗身利物，栉风沐雨，百姓为心，忧劳成疾。同尧肌之如腊，甚禹足之胼胝。针石屡加，腠理犹滞。爰居京室，每弊炎暑。群下请建离宫，庶可怡神养性。圣上爱一夫之力，惜十家之产。深闭固拒，未肯俯从。以为隋氏旧宫，营于襄代，弃之则可惜，毁之则重劳。事贵因循，何必改作？于是斫雕为朴，损之又损，去其泰甚，葺其颓坏。杂丹墀以沙砾，间粉壁以涂泥。玉砌接于土阶，茅茨续于琼室。仰观壮丽，可作鉴于既往，俯察卑俭，足垂训于后昆。

此所谓至人无为，大圣不作，彼竭其力，我享其功者也。然昔之池沼，咸引谷涧。宫城之内，本乏水源。求而无之，在乎一物。既非人力所致，圣心怀之不忘。粤以四月甲申朔旬有六日己亥，上及中宫，历览台观。闲步西城之阴，跻踌高阁之下。俯察厥土，微觉有润。因而以杖导之，有泉随而涌出。乃承以石槛，引为一渠。其清若镜，味甘如醴。南注丹霄之右，东流渡于双阙。贯穿青琐，萦带紫房。激扬清波，涤荡瑕秽，可以导养正性，可以澄莹心神。鉴映群形，润生万物。同湛恩之不竭，将玄泽以常流：匪唯乾象之精，盖亦坤灵之宝。

谨案：《礼纬》云："王者刑杀当罪，赏赐当功，得礼之宜，则醴泉出于阙庭。"《鹖冠子》曰："圣人之德，上及太清，下及太宁，中及万灵，则醴泉出。"《瑞应图》曰："王者纯和，饮食不贡献，则醴泉出，饮之令人寿。"《东观汉记》曰："光武中元元年，醴泉出京师，饮之者痼疾皆愈。"然则神物之来，实扶明圣。既可蠲兹沉痼，又将延彼遐龄。是以百辟卿士，相趋动色。我后固怀挹挹，推而弗有。虽休勿休，不徒闻于往昔；以祥为惧，实取验于当今。斯乃上帝玄符，天子令德，岂臣之末学，所能丕显？但职在记言，属兹书事。不可使国之盛美，有遗典策。敢陈实录，爰勒斯铭。其词曰：

惟皇抚运，奄一寰宇。千载膺期，万物斯睹。功高大舜，勤深伯禹。绝后承前，登三迈五。握机蹈矩，乃圣乃神。武克祸乱，文怀远人。书契未纪，开辟不臣。冠冕并袭，琛贽咸陈。大道无名，上德不德。玄功潜运，几深莫测。凿井而饮，耕田而食。靡谢天功，安知帝力。上天之载，无臭无声。万类资始，品物流形。

随感变质，应德效灵。介焉如响，赫赫明明。杂遝景福，葳蕤繁祉。云氏龙官，龟图凤纪。日含五色，乌呈三趾。颂不辍工，笔无停史。上善降祥，上智斯悦。流谦润下，潺湲皎洁。萍旨醴甘，冰凝镜澈。用之日新，挹之无竭。道随时泰，庆与泉流。我后夕惕，虽休弗休。居崇茅宇，乐不般游。黄屋非贵，天下为忧。人玩其华，我取其实。还淳反本，代文以质。居高思坠，持满戒溢。念兹在兹，永保贞吉。

  魏徵撰写的铭文，记述了九成宫建筑的宏伟，李世民功业的伟大，醴泉发现的经过，以及它象征祥瑞的意义，特别是铭文的后半部，更是魏徵治国安邦的政治主张的抒发。"黄屋非贵，天下为忧"，忧国忧民之情跃然纸上；"居高思坠，持满戒溢"，劝诫之言发自肺腑。正因为如此，这两句成为历史名句，广为流传。

  李世民听魏徵读完《九成宫醴泉铭》，龙颜大悦，高兴地说："人说魏徵博古通今，文采华丽，今日一见，果然名不虚传，好一句'黄屋非贵，天下为忧'！好一句'居高思坠，持满戒溢'！写得太好了！"

  房玄龄也赞叹说："《九成宫醴泉铭》，层次分明，结构严谨，增一字嫌多，少一字又觉不足，真乃绝作也！"

  文武百官也都说了一些赞美之词。

  "欧阳询何在？"李世民冲着人群叫道。

  "微臣在！"欧阳询出班答道。

  "魏徵写好了《九成宫醴泉铭》，现在就看你的了！"

  欧阳询来到早已备好的石碑旁，提起桌上的狼毫，饱蘸浓墨，站在碑旁仔细地端详起来。大家知道他在构思布局，都屏住呼吸站在周围，怕打扰了他的思路，不一会，只见他俯下身，在石碑正面一挥而就，写上"九成宫醴泉铭"六个欧体大字。周围就发出一阵阵惊叹之声。

  欧阳询进入创作佳境，对周围的惊叹之声充耳不闻，接着又转到石碑的背面，先计算了一下醴泉铭的字数，再在石碑上比划了半天，然后，照着魏徵撰写的文稿，行笔如流水，一气呵成。大家看到，碑帖全文分二十四行，行四十九字，共一千一百七十六字，这就是著名的《九成宫醴泉铭》碑。

  李世民是文武全才，对书法颇有研究，见欧阳询写完碑帖，一边鼓掌一边赞叹道："高华庄重，法度森严，笔画似方似圆，结构布置精严，上承下覆，左揖右让，局部险劲而整体端庄，无一处紊乱，无一笔松塌。用笔方正、紧凑、平稳而险绝。《九成宫醴泉铭》，一定会流传千古，成为万世之绝作。"

虞世南与欧阳询，是当时齐名的书法大家，他也赞美说："此帖如深山至人，瘦硬清寒，而神气充腴，能令王者屈膝，非他刻可方驾也。"

"此碑帖真乃'天下第一正书也！'必将成为欧体的传世珍品，为后代之楷模。"书法大家褚遂良也是赞不绝口。

事实正如他们所说，《九成宫醴泉铭》被后人视为"楷书法的极则"，成为历代学书人的楷模。

李世民吩咐，叫安排最好的金石工匠，尽快将字雕刻好，立在醴泉旁。

后人有诗咏叹：

山中偶获长流水，魏徵撰写醴泉铭。
欧阳挥毫书碑帖，留下名碑颂太平。

第42章 丹霄楼之宴

两匹骏马在官道上狂奔，马蹄过后，扬起一串飞尘。只听前面马背上的人拖着又尖又脆的嗓音，鞭指前方的一座城堡道："看，前面就是渭川县，今天在此歇息，明日再赶路！"

"好咧！人乏了，马也饿了，真的有点吃不消了。"后面回话的骑士，同样是一副娘娘腔。

"驾！驾！驾！"两名骑士各在马屁股上狠抽了几鞭，向渭川县城绝尘而去。

几名兵丁守在城门口，正在检查进出城门的过往行人，突见远处两骑人疾驰而来，快到城门还丝毫没有停下来的意思，守城的兵丁伸出手中长枪横在路中间，挡住去路，大声呵斥道："停下、停下！"

马上之人勒住马缰，指着拦路兵丁的脸怪声怪气地训斥道："该死的奴才，嚎叫什么？"

"进城要检查，不知道吗？"兵丁大喝。

"都要检查吗？"骑马的人问道。

"啰嗦什么，下马接受检查！"兵丁有些不耐烦了。

前面马上的人正要发作，后面马上的人连忙出来解围道："算了，别跟小人一般见识，让他们检查吧！"

"谁是小人，你才是小人呢！给我滚下来！"

一个年龄大些的兵丁见要闹起来了，立即上前客气地说："二位请下马吧！如果是官差，请出示证件，不要为难我们当差的。"

"认识这个吗？"前头马上之人从怀里掏出一个腰牌晃了晃。

"啊！不知公公驾到，请进！"年龄大的兵士见是宫中信物，再从他们说话的声音判断，知道是两个太监，故改称公公。

两人也不下马，耀武扬威地进城去了。后面的兵丁冲着他们的背影吐了一口唾沫，气愤地骂道："断子绝孙的阉奴，神气个球！还不如老子！"

年龄大些的兵丁忙制止道："别乱说话，宫里的人，咱惹不起。"

渭川县驿馆里，驿丞汪国清正在收拾东西，忽见两个人跨进大门，喊道："有人吗？"

汪国清心想，这两个人怎么这样问话呢？一个大活人站在面前，还要问有没有人，于是故意回答道："没人！"

"你不是人吗？"来者反问道。

"既然二位看到了，为何还要问有没有人呢？"汪国清也不示弱。

"别啰嗦，准备两间上房，马就在院子里，赶快去上料。"

"不知二位是哪里的公差，请出示公文好吗？"

"我们从长安来，要到天台山九成宫去。"来人从怀里掏出一块腰牌，傲慢地递给驿丞。汪国清见是宫中信物，知道惹不起，返还腰牌，毕恭毕敬地道，"不知是二位公公驾到，请随我来！"

汪国清将两名宫人送到驿馆的两间上房安顿好，又去院中将两匹马牵到马厩内上足料，再到厨房吩咐伙夫给二位宫人准备饭食。

渭川县县衙内，县令梁仲平正在招待右仆射李靖、侍中王珪两名贵客。他们刚从河北、陕西出差回来，赶赴九成宫向李世民汇报情况。梁县令吩咐衙役万中原到驿馆去安排两间上房。

"老人家，两间上房还空着吧？"万中原来到驿馆，客气地问。

"真不凑巧，刚才安排了人。"驿丞汪国清答道。

"这两间房一般不是不安排人住的吗？"

"是宫中两位公公，来头不小呀！"

"不行，还得腾出来，县太爷亲自叫我来安排的。"

"住进的两人看来很不好说话呀！"汪国清为难地说。

"不行也得想办法，县太爷的命令怎么能违抗呢？"

第42章 丹霄楼之宴

"谁来了，要梁大人亲自安排？"

"右仆射李靖、侍中王珪，都是宰相，皇上身边的重臣。"

"啊！"汪国清有些无奈地说，"我去试试看。"

"不是试，是一定得腾出来，这是死命令！"万中原肯定地说。

"小哥，你同我一起去吧！这两个人凶得很，我心里有些犯怵呀！"

"好吧！"

两人来到上房，汪国清推开房门说："两位公公，请你们换个房间！"

"这已经很好了，不用换了！"宫人回答。

"县衙来了朝廷大员，县太爷下令，指明要这两间房，还是要委屈你们一下，请你们挪个客房。"驿丞说。

"谁来了？敢要我们腾房子？"两名宫人瞪着眼睛说。

"右仆射李靖、侍中王珪，想必二位知道他们吧？"万中原笑眯眯地说。

"给你们换的房间，床上用品是一样的，只是没有客厅而已，再说，小客厅你们也用不上。"驿丞忙解释道。

"不换、不换。"一名宫人不耐烦地说。

"公公，你老人家大人大量，不要让我们这些做下人的为难，再说，你们路过渭川，途中投宿而已，李大人、王大人是公干，涉及朝廷的体面，如果李大人、王大人怪罪下来，我们可吃罪不起。"万中原边说边拿起太监的随身物件向外走，这实际上就是告诉他们，搬也得搬，不搬也得搬。

"好呀！渭川县令目无皇上，竟敢强行要我们挪房，我们一定要秉承皇上，到时要你们县令吃不了兜着走。"两名宫人看到万中原和汪国清在强行搬他们的行李，知道再不走，就是自取其辱，只好气呼呼地换了房间。

李世民正在批阅奏折，近侍来到身边耳语了几句，他听罢大怒道："渭川县轻视宫人，简直不将朕放在眼里。李靖、王珪也好大的胆子，竟敢在外面狐假虎威，欺侮宫人，传朕的旨意，将渭川县令革职查办，李靖、王珪也不必来九成宫，叫他们返回京师！"

"陛下，发生什么事情？"侍候在侧的魏徵觉得事态严重，连忙问道。

李世民一指近侍道："你将事情的经过给魏大人讲讲！"

侍奉太监将渭川县令梁仲平如何强令宫中太监在驿馆退房的事情说了一遍。

"陛下，可否听微臣一言？"魏徵故作轻松地笑了笑。

"说吧！"

"李靖和王珪，一个是右仆射，一个是侍中，都是陛下的心腹大臣，宫人只不过是宫中跑堂打杂的勤杂人员，身份完全不同。李靖、王珪是奉旨出外办差，代表朝廷访问天下疾苦，地方官吏当然要按朝廷的礼法接待，宫人的身份怎么能和他们相提并论呢？他们到渭川，自然要与地方官相见，地方官也不能不谒见他们，这都是朝廷的礼法。至于宫人，他们到渭川，除了吃饭、休息之外，没有任何事情，如果以此罪责县吏，恐怕寒了天下地方官的心。处罚李靖、王珪，也不合理法，恐有损陛下德音啊！"

李世民想了想，觉得魏徵说得有理，对近侍摆摆手："下去吧！此事到此为止。"

李世民听起了李靖、王珪的汇报，得知河北、陕西大部分地区风调雨顺，国泰民安，加之在九成宫发现醴泉，心情特别好，传下旨意，在九成宫丹霄楼大宴群臣，以示庆祝。

李靖、王珪退出后，在长廊遇见魏徵，相互之间打招呼，魏徵问道："见皇上没什么事吧？"

"汇报巡察情况而已！"李靖回答。

"听魏大人的口气，是有什么事情吧？"王珪问道。

魏徵朝二人笑了笑，没说什么。

"真的有事？"王珪追问了一句。

"二位是否到过渭川县？"

"是呀！"王珪回答。

"住宿在渭川驿馆？"

"不住驿馆能住哪里？"王珪反问道。

"驿馆当时还有其他的人入住吗？"魏徵问道。

"这倒不大清楚！"李靖回答。

"你们住的上房，原先已有宫人入住，后来渭川县令要他们将上房让给你们，宫人气得不得了，来九成宫在皇上面前告了御状，陛下大发雷霆，说你们欺侮宫人，要将渭川县令革职查办，你们也差点来不了九成宫。"

"啊！"王珪惊叹道，"有这么回事？"

"一定是你化险为夷的吧？"李靖问。

魏徵笑而不答。王珪手一挥道："走，我请客，喝几盅！"

李世民在九成宫丹霄楼大宴近臣，长孙无忌趁着酒性说："魏徵、王珪，过去都是我们的敌人，今天却在一起同宴共饮。"

"是呀！"李世民接着说，"魏徵、王珪，昔日在隐太子手下办差，是朕的仇敌，后来，朕将他们收为己用，并提拔他们当了宰相，此足见朕无愧于古人哟！"

"陛下圣明！"大臣们随声附和。

"朕之所以重用他们，是因为他们是可用之才。人才，知道吗？人才难得呀！"他又故意对长孙无忌调侃道，"魏徵每次谏我，我如果不答应，他就对我爱理不理，你说这是什么毛病啊？"

这是一句半真半假的调侃，长孙无忌还真的不好回答，再说，长孙无忌何许人也，他怎么好意思当面评论魏徵呢？于是只好不置可否地笑了笑，没有直接回答。

魏徵却接过话头说："臣以为陛下有的事做得不对，才出言相谏；如果陛下不听臣的劝谏，而臣随便答应陛下之言，则陛下的意见便下达执行，所以陛下所说，臣不敢应。"

李世民本是借着酒劲，委婉地给魏徵提意见，不想又被魏徵劝谏一通，且说的又是常理，根本就无法反驳，只好讪讪地说："你当时答应朕，也是给朕个面子，事后再交换一下意见，难道不行吗？为何要当场给朕难堪呢？"

魏徵寸步不让地说："上古舜帝曾告诫群臣：'你们要当面直说，不要当面顺从，背后却又说三道四。'如果臣明知陛下不对，却要口头上同意陛下的意见，这就是口是心非，当面一套，背后一套，这哪里是忠良之臣对君主的正确态度呢？"

李世民大笑着说："人们都说魏徵行为举止粗鲁傲慢，朕看来觉得顺眼，妩媚而又可爱，其原因正在这里！"

魏徵离席起身，拜谢道："陛下引导，让臣畅所欲言，所以臣得以尽愚诚；如果陛下拒不纳臣的谏言，臣岂敢数逆龙鳞犯颜直谏？君贤臣直，君昏臣佞，有明君，才有直臣啊！"

李世民听罢，大笑不止。

后人有诗咏叹此番君臣奏对：

有圣君就有良臣，有昏君则多奸佞。
君不贤自断言路，臣岂敢贸然逆鳞？

第43章　嫁公主皇帝不自由

李世民一共有三十五个子女,其中,长孙皇后生育三男三女,三男:李承乾、李泰、李治;三女:长乐公主、晋阳公主、新城公主。长乐公主是长女,生得端庄秀丽,乖巧聪颖,甚得李世民和长孙皇后疼爱,视若掌上明珠。

贞观六年(632年),长乐公主已到及笄之年,李世民夫妻二人商定,将长乐公主许配给长孙无忌的儿子长孙冲。长孙无忌是长孙皇后的亲哥哥,长乐公主与长孙冲是姑表兄妹。长乐公主在父母面前撒娇,提出自己的嫁妆要比姑姑永嘉长公主的嫁妆加倍。李世民答应了爱女的要求,下令长乐公主的嫁妆比照御妹永嘉长公主的嫁妆加倍筹办。

长乐公主出嫁的消息轰动了长安城,加倍办嫁妆的消息也不胫而走。正当准备送贺礼的时候,魏徵又出来搅局了。他认为永嘉长公主是长乐公主的亲姑姑,李世民给爱女办嫁妆,丰厚一些在情理之中,为何要规定嫁妆的数量倍于永嘉长公主呢?这种做法于理不合,乱了章法,打破了祖制。在他的理念里,祖制不可违。

这一天早朝,魏徵出班有本要奏。
李世民心里打起了鼓,不会是又有什么把柄落在魏徵的手中了吧?
"陛下!"魏徵作揖道,"听说长乐公主要出嫁,臣恭喜了!"
李世民的心安定了,哈哈笑道:"谢了!"
"长安城的百姓对长乐公主出嫁之事,传得沸沸扬扬。"
李世民不知魏徵到底想说什么,问道:"真的吗?都说了些什么?"
"陛下真的想知道?"
李世民察言观色,预感到魏徵又要说什么,但话已出口,只好快快地说:"你说吧！"

"乱了祖制，不合章法！"

"为什么？"李世民心里一紧张，神情变得不自然了。

"陛下记得汉明帝分封之事吗？"

李世民听到这里，心里总算明白了，魏徵指的是为长乐公主办嫁妆之事，故意装聋作哑地说："不记得了。"

"东汉明帝分封皇子时，有人将汉明帝的儿子与汉明帝的兄弟楚王、淮阳王的封地定为一个等级。"

"嗯！这个知道！"李世民应付地说。

"陛下记得汉明帝是怎么讲的？"

"不记得了！"李世民只好继续装下去。

群臣有知道这个典故的人，已经知道魏徵想说什么了，不知这个典故的人，却也想听魏徵揭开谜底。

"汉明帝说：'楚王、淮阳王是先帝的儿子、朕的兄弟，他们是朕的儿子的长辈，朕的儿子与他们有长幼之别，封地怎么能与长辈相等呢？最多只能得到长辈所得的一半。'这件事情在历史上已成为美谈。"

"啊！你说的是这件事呀！"李世民装着如梦初醒地说，"朕记起来了。"

魏徵继续说："长乐公主是陛下的公主，永嘉长公主是太上皇的公主、长乐公主的亲姑姑。既然加一'长'字，就是尊卑有别，情有深浅，礼上不能有所逾越，陛下说是也不是？"

"嗯！"李世民虽然点头，但仍不以为然。

魏徵见此状，继续道："陛下自登基以来，立志要做一个好皇帝，贞观以来，陛下以史为鉴，励精图治，这才出现贞观盛世。陛下商议军国大事，命令谏臣、史官到堂，为的是使谏臣能随时发表意见，史官将每次的决策如实地记下来，以待后人评说。臣说的可是事实吧？"

"是！"李世民点头表示认可。

"长乐公主是永嘉长公主的晚辈，情虽有差，义无等别，陛下下旨命长乐公主的嫁妆倍于永嘉长公主，于情于理都不合，有以亲改法、以情乱法之患。"

李世民语塞，因为魏徵说得句句在理，他无法反驳。

魏徵继续道："国家有严格的等级制度，其中有的是前朝遗制，有的是陛下亲自御批，既已成为制度，陛下同样也应该遵守，怎么能够带头随意逾越呢？

陛下不是常说要以史为鉴吗？汉明帝前车之鉴怎么又视而不见呢？"

李世民面对魏徵的步步紧逼，不知如何应付，突然灵机一动，好像找到了理由："汉明帝那是分封，是国事，朕下旨为长乐公主置办嫁妆，是家事，二者不可相提并论。"

魏徵见皇上以家事为由来遮掩挡塞，大声说："皇帝无家事！"

"皇帝也是人，皇帝也有家，皇帝怎么能无家事？"李世民明显有些不耐烦了。

"国家是陛下的，天下是陛下的，陛下的家事也是国事。"魏徵眼望着手中笏板，不看李世民的脸色。

李世民一时语塞。

魏徵继续说道："古之欲明德于天下者，先治其国。欲治其国者，先齐其家。欲齐其家者，先修其身。欲修其身者，先正其心。心正而后身修，身修而后家齐，家齐而后国治，国治而后天下平。修身、齐家、治国、平天下，陛下，不齐家，何能治国呀！"

李世民觉得魏徵说得有理，但当着群臣之面，要他马上收回圣旨，面子上有些挂不住，气恼地一甩手道："今天就议到这里，退朝！"

李世民气呼呼地回到后宫，长孙皇后见李世民气色不佳，亲自为他沏杯参茶，李世民接过茶杯随手放在茶几上，气尚未消。长孙皇后贤惠通达，不参与政事，满脸堆笑地说："退朝了，有什么事情明天再说，不要气坏了身子！"

"朕能不气吗？"李世民满脸不高兴地说。

长孙皇后看了看李世民，笑着说："臣妾只管后宫，不问政事，陛下如有事不决，可召房玄龄、魏徵他们商量，何必一个人生闷气呢？"

"就是这个魏徵，朕气他还来不及，找他，找气怄？"李世民气呼呼地说。

"陛下不是常说魏徵忠心耿耿，是千古难得的诤臣吗？"长孙皇后说。

"他管得太宽了！"

"他又管了陛下什么？"

李世民不高兴地说："朕是一国之君，连嫁公主这样的家事也没有自由，说三道四，在朝堂廷议时当着群臣之面与朕过不去，气死朕了！"

"他说了些什么？"

"他说朕不该下旨，命长乐公主的嫁妆倍于永嘉长公主。"

第43章 嫁公主皇帝不自由

长孙皇后听说是有关爱女之事，关心地问："长乐公主的嫁妆为何不能倍于永嘉长公主？"

"他说长幼有别，等级有制，于情于理都不合，有以亲改法、以情乱法之患。"

"陛下又是怎样回答他的呢？"长孙皇后问。

"朕说这是家事，不用他管。"

"他又如何说？"

"他说皇帝无家事，天下就是朕的家。还说，齐家、治国、平天下，不先齐家，何能治国？"

长孙皇后叹了口气说："常听说陛下称赞魏徵，不知缘故，今听魏徵之言，才明白以礼义来引导陛下，劝君王不可因私情而忘记要以礼义治邦的道理。魏徵真是栋梁之臣呀！臣妾与陛下是结发夫妻，同陛下说话的时候，尚要察言观色，不敢冒犯陛下的威严。何况大臣呢？韩非子说过'说难'，东方朔也讲过'直谏不易'，确实有道理。"

李世民何尝不是如此想，只是涉及爱女，心理上一时承受不了，他是想通过对长孙皇后发发牢骚，以泄心中不快，同时也想得到长孙皇后的支持，不想长孙皇后通情达理，不但没有附和他的想法，而且还对魏徵大加赞赏，有些不情愿地说："你是说朕要听从魏徵的谏言？"

"魏徵之言虽然逆耳，却是难得的忠言，不可不听。"

"好了，这件事朕不管了，你要怎么办就怎么办吧！"李世民同意长孙皇后的意见，改诏减少长乐公主的嫁妆。

长孙皇后叫来宫中太监总管，叫他安排人到内库取钱四十万、绢四十匹，赐予魏徵。并传懿旨："过去听说先生正直，今天才得证实，故有此赏。长乐公主嫁妆，将一如先生所言，望先生常守此志，一如既往辅佐皇上。"

魏徵受皇后赏赐，感动不已，自此以后，更是直言谏君，也不怕使用稍激之言。

后人有诗咏叹李世民嫁女：

> 君王爱女情意切，盛办嫁妆本常情。
> 无奈礼法难逾越，诤臣谏阻事难行。

第 44 章　谁有怨气

李世民立志做一代圣君，开创贞观盛世，遇事以社稷为重，时时克制自己，故而能宽宏大量，虚怀纳谏，以"从谏如流"而名垂青史。但他并不是一个完人，他也有七情六欲，也有喜怒哀乐，当你让他颜面尽失时，他也会失去理智，甚至动杀机。魏徵就曾因逆龙鳞而触动李世民的杀机。

这一天罢朝之后，李世民怒气冲冲地回到后宫，长孙皇后见他气色不对，小心翼翼地问："陛下，何事如此生气？"

李世民咬牙切齿地说："总有一天，朕要杀此田舍翁。"

"田舍翁是谁，居然惹陛下如此生气？"长孙皇后神色紧张地问道。

"除了魏徵，还能有谁？"

"陛下为何要杀他？"

"魏徵屡来絮叨，不顾朕的感受，公然在朝堂上羞辱朕，让朕当众出丑，颜面尽失，朕已经是忍无可忍了，杀了他，方泄心头之恨。"

长孙皇后听了李世民之言，才知道李世民纳谏，并非出自诚心，似乎在很大程度上是被人所逼，心中有了底，一声不吭地退下。

李世民正感到奇怪，忽见长孙皇后身着朝服返回，来到李世民面前跪下说道："臣妾恭喜陛下！贺喜陛下！"

"何喜之有？"李世民有些莫名其妙。

"臣妾听说君主英明，则臣下正直，现在魏徵直言敢谏，正说明陛下是个明君，臣妾怎么能不祝贺呢？"

"祝贺也不必换朝服，何必如此慎重？"

"臣妾执掌后宫，遵循后宫不干政的古训，向来不过问朝政，今着朝服，是以臣子身份向皇上进言。"

第44章 谁有怨气

"皇后请起来说话。"李世民欲扶起皇后。

长孙皇后执意跪着说:"陛下让臣妾把话说完。"

"好!好!你说。"李世民也不坐,站在长孙皇后旁边。

"陛下能得如此谏臣,实是陛下之福、大唐之幸,臣妾当以臣子的身份,劝陛下息雷霆之怒,不可轻言杀了这个田舍翁,自毁长城。"

"朕准奏,快起来!"李世民俯身挽起跪在地上的皇后。

"谢主隆恩!"长孙皇后喜笑颜开地向李世民一揖。

李世民因魏徵逆鳞而龙颜震怒,动了杀机,经长孙皇后这一戏剧性的婉转劝阻,竟然将满脑子的不快抛向脑后,活了魏徵一命。

好一个贤德皇后,她以慈母般的襟怀,暗暗地保护着她的臣子,使他们不因皇上一时之怒而受到伤害。贞观盛世的出现,除有魏徵这样的谏臣时刻提醒李世民,有房玄龄、长孙无忌等能臣辅佐外,与后宫有一个贤惠的皇后是分不开的。

李世民对魏徵动了杀机,魏徵当然不知道。但是,李世民并不是在任何时候、任何场合、任何事情上都能无条件地纳谏,他不可能永远都是明辨是非、趋善避恶的皇帝,这一点,不仅精通纵横之术的魏徵知道,其他大臣也知道。因此,他们每次进谏,都是格外小心,能不谏,尽量不谏。李世民也知道,他不得不给大臣们做工作,鼓励他们进谏,希望他们不要由于自己有时处事不当而保持缄默。文武百官虽然说对社稷、对皇上忠心耿耿,但由于礼制所限,君臣之间,有着天然界限的限制,任何人也逾越不了,君王就是君王,臣子就是臣子,他们不可能成为平起平坐的朋友,永远不可能达到无拘无束、畅所欲言的地步。

魏徵是一个饱读诗书的儒雅之士,儒家的道德观念在他心中根深蒂固,越是想做一个良臣,就越陷入一种两难的境地,要竭诚尽忠地报效君主,就得直言犯谏,匡弊救失,还要尊君敬上,卑词恭行地恪守君臣之礼。即使在大政方面坚持原则,在真理面前据理力争,但在说话的分寸上,进谏的场合和时机的选择上,不得不做出一些调整,尽量做到顾全君王的面子,维护君王的尊严和威望。渐渐地,魏徵进谏语言较之以前,含蓄、委婉多了,态度也谦恭多了,所谏的内容也明显更为深刻。他开始把重点由对皇上的生活小节和言语疏忽的警告和提醒,转为对皇上统治策略和统治思想上的探索,对君王治国的普遍规律性的历史总结中来。这些言论,正是后世所见的魏徵政治学说的主体,也是中华文化思想宝库中弥足宝贵的有着巨大价值的遗产精华所在。

魏徵进谏风格的转变，使得他与李世民君臣之间的关系悄然发生了变化，贞观初年那种争吵得面红耳赤、剑拔弩张、怒气冲冲、不欢而散的场面少了，渐渐被彼此之间客气、各自克制、双方体谅的气氛所代替。这种气氛，对于修养有限、忍耐有限的李世民来说，自然是一件好事，但对于魏徵来说，却是一种巨大的考验。

庆善宫是李世民居住过的旧宅。这一天，李世民在近臣的陪同下临幸庆善宫。他随手取下挂在墙上一把长弓，端详一番，觉得还不错，对萧瑀说："朕少年时喜好弓矢，得良弓十余张，自己认为是最好的，拿去给制弓工匠看，工匠说都不是良材。朕不明白，工匠解释说，木心直，则木的脉理都直，弓张才有劲，发矢则直。朕的十数张弓，木心都不直，脉理是斜，弓虽有劲，但发矢不直，箭出则力差。朕才醒悟。过去辨弓，自以为很精通，其实粗浅得很。朕自小在金戈铁马中度过，以弓矢定天下，对弓的认识尚且不精，何况天下的事情，岂能够什么都知道呢？"

萧瑀佩服李世民勇于求真的勇气，答道："陛下圣睿逾前圣，抚庶民如严慈，从辨弓不精而想到天下事。陛下何不让京官五品以上，住宿在内务省，可以随时召见，询问政事得失及民间百姓的疾苦。"

李世民见这位鬓发斑白的老臣如此忠心，想起过去与隐太子相争之时，他曾为自己在太上皇面前说过好话，赞赏地说："武德六年以后，太上皇有废立之心而未定，朕不为兄弟所容，实有功高而不被赏赐之忧。萧瑀这个人，不可以利诱，不可以死胁，真正是社稷功臣！"

"谢陛下夸奖，这是臣之本分。"萧瑀见皇上对自己的评价如此之高，喜极而泣。

李世民叫人拿来纸笔，说要给萧瑀赋诗一首。

萧瑀见李世民要为自己赋诗，喜出望外，接过近侍送来的文房四宝，侍候李世民吟诗。李世民提笔在手，凝神沉思片刻，用他最擅长的"飞白"，赋诗一首：

赐萧瑀

疾风知劲草，板荡识诚臣。

勇夫安知义，智者必怀仁。

李世民对萧瑀说:"你的忠正耿直,古人也超不过你,然善恶过于分明,故有时也会出现失误。"

魏徵在旁说道:"萧瑀违背众意,离群孤立,只有陛下了解他的忠贞,过去如果不是遇到圣明天子,很难免于获罪。"

皇上亲自赋诗赐诗,对臣子是莫大的荣幸,萧瑀跪伏于地,叩头谢恩,激动地说:"得以侍明君,此乃臣之幸。"

"平身!"李世民诗兴大发,也不管萧瑀有没有起来,手持小楷狼毫,略一沉思,饱蘸浓墨,又赋诗一首:

过旧宅

新丰停翠辇,谯邑驻明笳。
园荒一径新,苔古半阶斜。
前池消旧水,昔树发今花。
一朝辞此地,四海遂为家。

《过旧宅》的前六句是南朝以来在文坛上盛行宫廷诗的程式,堆砌着荒园、古苔、前池、昔树等怀旧景物,抒发着物是人非、前尘若梦的落寞情怀,而后两句笔锋陡转,一种大气磅礴的英雄气势喷薄而发,平庸的抒情程式终究未能束缚住一个帝王"四海为家"的英雄情怀。写罢一首,李世民似乎意犹未尽,继续饱蘸浓墨,在新铺好的宣纸上,继续挥毫赋诗:

过旧宅之二

金舆巡白水,玉辇驻新丰。
纽落藤披架,花残菊破丛。
叶铺荒草蔓,流竭半池空。
纫珮兰凋径,舒圭叶翦桐。
昔地一蕃内,今宅九围中。
架海波澄镜,韬戈器反农。
八表文同轨,无劳歌大风。

两首诗充满了宫廷诗的色彩,但从中却又抒发了一代帝王的广阔胸襟,而且还有一种居安思危、未雨绸缪的明君式的忧患意识，这是流动在李世民个人宫廷诗里的一缕清风，一泓活水。

虞世南、魏徵、萧瑀等人都是博学鸿儒，看到李世民顷刻间赋诗二首，由衷佩服他文思敏捷，文采丰盈。

李世民写罢，乘兴说道："各位臣工，不妨都来试试手，吟诗赋对，以助雅兴。"

群儒们见皇上如此高兴，也纷纷赋诗助兴。

起居郎吕才，将君臣在庆善宫的赋诗谱成曲，命名为《功成庆善乐》，让六十四名少年依乐而舞，称《九功之舞》。

这一天，李世民在庆善宫赐宴群臣，观看《九功之舞》与《秦王破阵舞》。

百官依次入席，同州刺史尉迟恭入座，见坐在他上首的一个人职位比他低，气冲冲地问道："你有何功劳，竟然坐在我的上首。"

这位官员不甘示弱地说："尉迟将军，这里也没有写字，谁说这个座位我不能坐？"

"我说不能坐就是不能坐，不知天高地厚，你给我滚到一边去。"尉迟恭勃然大怒，挥起老拳就打。

任城王李道宗坐在尉迟恭的下首，见两人吵起来，起身拉住尉迟恭说："尉迟将军，这样的小事，何必动怒呢？"

尉迟恭顺手一拳，怒气冲冲地道："不要你管，我说不能坐就是不能坐。"

李道宗也是一员虎将，尽管他的武功不及尉迟恭，但两人真正交起手来，也得几十回合才能分出胜负。他是来劝架的，不是来打架的，根本就没有想到尉迟恭的老拳会打向他，猝不及防，打个正着。尉迟恭是万人敌之虎将，随手一拳，力有千钧，加之李道宗毫无提防，这一拳就扎扎实实地打在他的眼睛上，眼睛是人身上最脆弱的地方，哪经得起如此重拳，李道宗眼冒金星，整个人仰倒在地。

尉迟恭知道自己打错了人，闯下大祸，不由得将一腔怒火撒向坐在他上首的官员，正想挥拳击出的时候，被在场的文武百官拉住。

李世民见下面一片混乱，问发生了什么事。文武百官面面相觑，谁也没有出声。李世民大吼道："闹事的给朕站出来，有本事闹事，怎么没有胆量站出来？"

李道宗一手捂住眼睛从地上爬起来，有人上前查看，眼睛四周全是淤血，肿得已不能视物。

尉迟恭和挨打的官员先后站出来。李世民冷冷地问："怎么回事？谁先说？"

尉迟恭旁边挨打的官员委屈地说："臣也不知所为何事，尉迟将军突然像疯了一样，对臣大喊大叫，说臣不该坐那个位子。"

李世民不悦地对尉迟恭说："尉迟将军，怎么回事？"

"哪里来的鸟人，竟敢坐到我的上首去，简直不知天高地厚。"尉迟恭气呼呼地说。

"醉翁之意不在酒吧？"李世民冷冷地问。

李世民一语道破天机，尉迟恭本是开国功臣，他对自己未能进政事堂一直耿耿于怀，贞观元年封爵的时候，他本想当廷抗争，后来被皇上枪打出头鸟训斥李神通之后，他知难而退，忍而未发。今天见这位职位比自己低得多的官员竟坐到他的上首，这才引发他的旧怨，故而借题发挥，才有了这场闹剧。

李世民见尉迟恭噘着嘴巴，一言不发，怒斥道："朕以前在读《汉书》时，看到汉高祖时代，战功显赫的将领能保全性命而善终者少，常对汉高祖心怀不满，认为这是鸟兽尽、良弓藏，朕欲引以为鉴，有意保护功臣，不使其子孙断绝。今天看到你居功自傲，触犯法律的行为，朕才明白，汉初大将韩信和彭越等人受戮被杀而家破人亡，并非只是汉高祖的罪过。朝廷的纲纪法令，唯有赏罚两种。非分之恩遇，不可兼行。朕知道你今天是借题发挥，至于到底为什么，你自己心里明白，在场的文武百官也清楚，朕也就不多说了，你可要自珍自爱，免得将来后悔。"

尉迟恭听李世民说得如此明白，心里顿时害怕起来，忙跪拜于地道："臣知错了，请陛下恕罪！"

"任城王的眼睛怎么办？"李世民问道。

尉迟恭先是一愣，突然醒过神来，连忙跑到李道宗面前，抱拳道："任城王，刚才出手太重，我向你赔罪。"说完深深一揖。

李道宗双手捂住眼睛，一言不发。

尉迟恭拉住李道宗的手，想看他眼睛的伤势。

李道宗一甩手，仍然不理。

尉迟恭急了，"扑通"一声跪在地上，带着哭腔说："任城王，你就饶了我吧!我请京城最好的郎中为你治伤。这里向你叩头了。"说完,咚、咚、咚叩了三个响头。

任城王"噗"地一笑:"郎中就你熟?我自己不会请?"不想笑容扯动眼睛四周的肌肉,带来伤眼一阵剧痛,李道宗又"啊"的一声,双手捂住眼睛。众人见两人一笑释嫌,发出善意的笑声。

尉迟恭随即又向刚才挨打的那位官员赔不是。

后人有诗咏叹:

> 诤臣逆鳞恼君王,皇后苦谏怒方休。
> 将军内心存怨气,借题发挥反招羞。

第45章 天灾之兆

贞观七年(633年)三月,门下省侍中王珪因泄漏朝廷机密,降职为同州刺史。两天后,李世民任命魏徵为门下侍中,顶替王珪退出的空缺。门下侍中是门下省长官,正三品。魏徵此前是秘书监,加参知政事,行使宰相职能,现在成为了名副其实的宰相。

这一年,陇右大雨导致山洪暴发,接着又发生山崩,山村被毁,数百名百姓葬身于泥石流;山东及江淮地区接着又发生水灾,眼看就要到手的庄稼毁于一旦,老百姓欲哭无泪;大别山、祁连山、太行山等深山老林之中,常常传来大蟒蛇出现的消息,有的说大蛇粗于碗口,身长二丈,有的说大蛇粗于水桶,身长数丈,更有的说大蛇粗于簸箕,一口吞噬一条大水牛。

李世民接到各地的灾情奏章,认为是天降灾于大唐,尽管已派温彦博、长孙无忌、戴胄分别到陇右、山东、江淮赈灾,仍然忧心不减。

这一天,李世民在弘文殿召见虞世南,忧心忡忡地问道:"陇右山崩,大蛇多次出现,江淮、山东等地洪水为灾。天显异兆,这些异常天象,是吉还是凶?"

虞世南知道李世民忧国忧民,安慰地说:"山崩、水患都是自然灾害,不必忧心如焚!"

李世民面带愁容地说:"灾难降临,大唐子民处于水深火热之中,朕能不急吗?朕自登基以来,励精图治,勤政为民,自问上对得起苍天,下对得起百姓,即使有过失,也是无心之过,上天为何还要如此惩罚朕呢?你说说看,哪朝哪代出现过这样的事情?"

"山崩是山神震怒之兆。春秋时,吕梁山出现山崩,晋国的国君就此事问伯宗,他的担心同陛下一样,问话是:'梁山崩,是不是上苍有意惩戒朕呀?'"

"伯宗如何回答？"李世民迫切地问。

"伯宗回答：国家崇奉山川之神，君王主持祭祀，率文武百官、黎民百姓对山川之神祭祀，但祭祀的费用太大，触怒了山神，所以山崩川竭，以示警戒。君王如果能行仁政、宽政，不举行声势浩大的祭祀、会客、朝会、丧祭、出征等活动，即使出行，也不要动辄数百、上千随从前呼后拥，只需乘没有花纹的布幔小车，停止演奏音乐，以币帛作祭品礼拜山川之神。这样，山神自会心安。"

"啊！"李世民似乎体会到虞世南说话的某种深意。

虞世南说："梁山是晋国主祭的山，国君听从了伯宗的话，所以没有遭到什么灾祸。"

"爱卿所言有理！"

虞世南继续说："汉文帝元年，齐楚之地二十九座山同一天崩塌，洪水泛滥，汉文帝下诏，令各地不要到朝廷进贡物产，向天下百姓施加恩惠，百姓都沐皇恩，也没有造成很大的灾害。"

李世民点点头，表示赞同。

"后汉灵帝时，在御座下发现大青蛇；晋惠帝时，齐地见到一条长三百步的巨蟒，经过集市进入王府的大堂。蛇本应生在山泽草野之中，可是却进入集市和朝堂，所以认为是怪异之事。"

"那你认为现在频见大蛇的吉凶如何？"

"蛇生长于野外，如出入于市镇，便是怪事。如今蛇出现在深山大泽，深山大泽本来就是龙蛇出没之地，不足为怪。但山东淫雨，虽是正常事，然而阴淫时间太长，如此天象，臣以为似有冤狱之相。臣听说刑部有很多积压的案子，大理寺牢房也人满为患，陛下应该派遣能臣处理此事，平理积案，以符合天意。妖不胜德，只有修德，才可以消灾。"虞世南不愧为博学之士，他巧借天象，婉转地劝谏皇上要厉行节约、行仁政、理积案。

"前不久，彗星又现，这又是什么灾变呢？"古时候，彗星出现，总认为是不祥之兆，故此李世民又将此事重提。

"齐景公时，出现过彗星，景公问晏婴。晏婴说：'公挖掘池沼，总觉挖得不深；构筑台榭，总觉筑得不高；施行刑罚，总觉施得不重，因此上天显示彗星以示警告。景公感到恐惧，因而修德养性，十六天后彗星消失。'但我的看法不同。古人说得好：'天时不如地利，地利不如人和。'如果不修德性，不讲信义，虽然得到麟凤吉祥之物，最终也没有补益，只要政事没有失误，即便灾星出现，也不会有什么损害。陛下不要因为功劳超过了古人就自以为是，归功于己，不要因为天下早就太平了而骄傲怠惰，要谨慎小心，戒骄戒躁，善始善终。如果是这样，即使彗星出现，也不必忧虑。"

虞世南的话引起李世民的自省，他严肃而郑重地说："朕在治理国家方面，的确没有齐景公那些过错，但朕十八岁举义兵，二十四岁平天下，不到三十岁便即大位，自认为自夏、商、周三代以来，拨乱反正的皇帝，没有人能赶得上朕的功业之盛。薛举骁勇善战，宋金刚凶猛过人，窦建德跨有河北，王世充占据洛阳，都是雄踞一方的霸主，都被朕消灭了。后来兄弟失和，遭逢家难，朕以天下为重，毅然决然地诛除建成、元吉以安定社稷。登基后，又降服北方的突厥，因此，朕有了自以为是的感觉，轻视天下之士，这是朕的罪过。上天以灾变警告朕，真的是为这些吗？秦始皇平定六国，隋炀帝富有四海，既骄傲自大，又追求逸乐，结果一朝而败，朕又怎么能不引以为戒呢？"

"天时不如地利，地利不如人和。愿陛下抚民以静，对四夷爱之如一，召天下士，喜纳忠言。勿以功业高过古人而自矜伐，勿以太平渐久而生骄怠，慎终如始，则天下幸甚！"

"尚书省积案确实很多，朕已有所耳闻，也很担心这个事情。"

"许多旧案积存日久，拖着不处理总不是办法，当令能吏主持这件事，快刀斩乱麻，尽快还他们一个公道。"虞世南趁机谏道。

有人赋诗赞虞世南巧借天象劝谏李世民：

天显异象君心忧，召来硕儒问原因。
谏君治国施仁政，依稀可见老臣心。

李世民送走虞世南，立即召见大理寺卿刘德威，询问造成大理寺积案的原因。刘德威回答说责任在皇上身上，怪不得具体办事的人。李世民惊问道："为什么？"

"君主喜宽则刑宽，喜严则从重。律文上说：ّ错判人入狱的减官三等，错放则减官五等。'如今错判了人无事，错放了人却要获大罪，所以吏卒为求自保，只要是抓到了就定罪，无论罪大罪小，进来了就别想出去，不是他们故意要这么做，而是畏惧犯罪的缘故。"

李世民听到刘德威之言，愧疚地道："怪朕听信一面之词，枉杀张蕴古，已是后悔莫及。"

"陛下如果能坚持以法律为依据，解决这件事恐怕就不难。"刘德威试探地说。

李世民想了想说："嗯！你回去吧！"

次日，李世民在弘文殿召见房玄龄、魏徵，叫苦地说："魏徵啊！刑部滞讼颇多，朕常为此事忧心，你对此事有何看法？"

"这事归尚书省管，房宰相就在这里，陛下可以问他！"魏徵推辞道。

房玄龄道："自从张蕴古死后，法官都以减罪释放为戒，因为误抓误判，并不加罪，如果减罪释放，则要获重处。微臣也曾向大理寺卿刘德威问责，效果不大。"

"听话听声，锣鼓听音，尚书省之所以案件积压，好像都是朕的错？"李世民似乎有些生气了。

房玄龄慌忙跪下道："臣不是这个意思，臣是说大理寺的官员是一朝被蛇咬，十年怕井绳。"

房玄龄越说越黑，本来想解释，反而还在前面的基础上更加重了语气。

"那还是朕的错了？"李世民脸色更阴沉。

"这……"房玄龄不敢看李世民的脸色，向魏徵投来求助的眼光。

魏徵见房玄龄一脸苦态，觉得好笑，但又不便笑出声，但同为一殿之臣，在政事堂共事，他也不想房玄龄太难堪，只好出来替他解围："陛下，房宰相只是实话实说罢了。"

"你也是这样认为？"李世民问道。

"臣也是实话实说。"

"平身吧！"魏徵之言立刻就起了作用。

李世民见房玄龄站起来，脸有愧色地说："张蕴古死了两年，朕也知道是枉杀无辜，错杀忠良，但错已铸成，一切不可挽回，朕今天要讲的是，尚书省的积案如何处理？"

魏徵没有正面回答李世民提出的问题，话锋一转说："炀帝时，常有盗案发生，隋炀帝诏令于士澄组织人力缉捕盗贼，于士澄大张旗鼓地进行，稍有涉疑者都抓起来严刑拷讯，屈打成招，旬日间即拘捕二千余人，隋炀帝诏令将这些人全部斩首。大理丞张元对此颇有怀疑，详细地审查这些人的案卷，发现只有五人是惯盗，其余的人都是平民百姓，多是屈打成招，然而，他竟不敢将真情上告，

第45章 天灾之兆

仍然实行了隋炀帝的诏令,将这些人拉赴刑场,全数斩首。"

"这不仅仅是炀帝一人无道,臣下亦不尽忠。君臣如此,隋朝怎么能够不亡?你们可要戒之啊!"李世民回答。

"臣以为,要处理尚书省的积案也不难!"魏徵说。

"有什么办法?"李世民迫切地问。

"一律以法律为依据,此积弊迎刃而解。"魏徵胸有成竹地说。

李世民高兴地说:"朕命你去处理这些积案,如何?"

"臣对法律不熟悉呀!"魏徵推辞地说。

"这件事叫别人去做,朕不放心,你尽可放心大胆地去做,朕委你先斩后奏之权,不论牵涉到谁,该处理的就处理,该法办的就法办,哪怕是皇亲国戚,一视同仁,不要有任何顾虑。"

魏徵推辞道:"陛下,还是另委他人吧!臣不懂法律。"

"门下侍中魏徵听旨!"李世民突然变得严肃起来。

"臣恭聆圣谕!"魏徵忙跪下听旨。

"尚书省滞讼不决,朕命你平治之。钦此!"

"臣接旨!"既然是圣旨,就得接,不然就是抗旨不遵,魏徵被迫接旨。

"平身吧!"李世民落实了处理刑部积案人选,心里的一块石头总算落了地。

有诗为证:

    滞讼积压寝难安,欲觅能臣理积案。
    皆是枉杀薏的祸,钦点魏徵除隐患。

第46章　巧断案

大理寺负责审理天下刑事案件，凡罪有出入者，依律照驳；事有冤枉者，推情详明，务必刑归有罪，不陷无辜。大理寺与刑部、都察院合称三法司，刑部受理天下刑名，都察院负责监督纠察，大理寺负责审理驳正。凡未经大理寺审理评允，均不得定案。

贞观五年（631年），李世民听信权万纪的谗言，错杀了原大理寺丞张蕴古，成为一大冤案，魏徵为此曾犯颜直谏，李世民也后悔莫及。但人头落地，错已铸成，无法挽回。此后大理寺出现滞讼，案件积压，很大程度与错杀张蕴古一案有关。张蕴古为大理寺丞时，忠于职守，处事果断，审理案件秉公而断，任何案件到了大理寺都能按时结案，没有积案之忧。自从张蕴古被杀后，到贞观七年（633年），大理寺卿已经连着换了几任，现在的大理寺卿刘德威，已是张蕴古被杀后的第五任大理寺长官，尽管刘德威熟知法律，但生性胆小，审理案件前怕狼、后怕虎，大理寺的僚属见长官如此秉性，办事更是畏首畏尾，致使大理寺受理的案件不能按时结案，结案时也不能秉公而断。

魏徵奉命清理滞讼，刚来时三缄其口，不发表任何意见，只是调阅所有滞讼案件的卷宗。旬日后，他将大理寺卿的全体官员召集在一起，指着堆砌在案几上的卷宗对刘德威道："这是积压案件的全部吗？"

"是！请魏大人训示，下官恭听大人吩咐。"刘德威谦恭地回答。

"本官调看案卷六十宗，以唐律相对照，差不多有七成处罚偏重，这是什么原因？"

"大人说得不错，实际情况确实如此。"刘德威坦白地说。

"既然明知偏重，为何还要这样做？"魏徵严厉地问。

"大人请听下官讲！"

第46章 巧断案

"说！"

"唐律规定：'错判人入狱的减官三等，错放则减官五等。'错判了人无事，错放了人却要获大罪，吏卒为求自保，审案也就从严不放宽。"

魏徵反问道："张蕴古当大理寺丞时，为何没有这样的情况？"

刘德威一时语塞。

"拿了朝廷的俸禄，就要为朝廷办事，总不能占着茅坑不拉屎吧？"

"魏大人，下官知错了。"刘德威惶恐地说。

大理寺的官员们见魏徵一上来便给了刘德威一个下马威，顿时人人自危，都担心处罚会落到自己头上。

"知错能改就好，本官这次奉旨，只是清理滞讼，不是清查各位渎职。"魏徵扫视大家一眼，见众人紧张的神色有所放松，接着说，"不过，大家扪心自问，大理寺出现滞讼，积压这么多案件没有审理，在座的有没有责任？"

大理寺的官员见魏徵责问，一齐站了起来："卑职实有不可推卸之责，请魏大人处罚。"

"都坐下。"魏徵摆摆手说，"本官奉旨清理滞讼，并不是追究各位失职。滞讼如何清理，积案如何审，还要靠在座的各位。本官的意见，先将去年已经结案的全部案件复审一遍，对于那些处罚不公正的案件，一定要纠正过来，公正判处。刘大人先拿个初步处理意见，待本官审核后实行，能办得到吗？"

"下官这就安排人清理复审去年的案件。"刘德威恭恭敬敬地回答。

魏徵手指堆码在案几上的卷宗道："这是积压案件，一共多少卷你知道吗？"

"下官没有统计。"刘德威只好如实回答。

"又一个陈平不知钱粮之数，告诉你，一共三百八十六件。其中大部分案件并不复杂，审判也不难。为何一直压着不办？"魏徵见刘德威已是满头大汗，知道再说也不解决问题，只好继续说，"从明天起，所有的人分成两拨，一拨复审去年已经结案的案件，一拨清理滞讼案件，不准请假，日夜加班，实行分工负责制，有疑问的发回重新取证，证据确凿的，尽快结案。每个案件都要有专人负责，拿出具体的处理意见，并请签上自己的名字，谁出了差错，谁负责。能办到吗？"

"能办到。"大家齐声回答。

魏徵拿起桌子上的两个案卷对刘德威道："这里有两个案件，一个是庆州乐蟠县令叱鹭盗用官仓案，另一个是处决张君快一案，我想听听你的意见。"

刘德威接过卷宗看了看道："庆州乐蟠县令叱骘盗卖官粮案，圣上已下旨，处斩叱骘。怎么？这个案子也有问题吗？"

"庆州乐蟠县令叱骘盗卖官粮固然有罪，依唐律，罪不至死，你们都是专家，难道没有看出来吗？"大家面面相觑，没有一个人站出来回答这个问题，"本官要封驳处斩叱骘的诏书，要求皇上改诏。"

刘德威拿着第二份案卷说："这件案子很复杂。张君快、欧阳林谋杀苏志约取银，但君快没有动手。今年初，也就是魏大人还没有到门下省的时候，皇上敕：劫贼不伤财主，免死，配流。这是经门下省奏定的。后来刑部郎中高敬奏言：'举断合死'。但门下省仍依前奏，不同意更改他们原来的意见。皇上曾问：'国有常典，事迹可明，何得各为意见，弄其文墨。'于是令御史台勘察评判，御史回奏后，皇上道：'君快等谋为劫杀，何得免死？'因此下诏，处死张君快等人。"

"大家说说看，此案的处罚，是否公正？"

一名官员说："皇上已经下旨，还谈什么公与不公？"

"本官不是问皇上有没有下旨，而是问张君快等人该不该杀？依律而论，在座各人的心里应该都有一根尺，就看你怎么量。"魏徵看到有位官员欲言又止，马上指着那位官员问道，"这位贵姓？"

"下官大理寺正朱子桐。"

"你认为张君快等人该不该杀？"

朱子桐看了刘德威一眼，没有回答。

魏徵鼓励道："说说看，说错了没关系，这里是讨论嘛！"

"依律而论：劫贼伤财主者皆死；谋杀之条：主谋者斩，直接下手者处以绞刑，余者皆配流。劫贼重谋杀，轻赦是一时之恩，劫贼不伤财主，免死配流。"

"嗯！依你看，此案该如何定才为公正？"魏徵追问道。

"此案三人，一人主谋，其余二人皆为从犯，主谋者该当死罪，处以极刑，二名从犯判处流配才是合理合法。"朱子桐侃侃而谈。

"大家认为怎么样？"魏徵问道。

大家一致赞同朱子桐的意见。

魏徵继续道："好，就这样办，此案三人，下手者处死刑，其余二人宜配流，原来诏书将三人全部处死，量刑不当，这就是我要将此案拿出来讨论的原因。本官将封驳此诏书,请皇上改判。"魏徵扫了一眼,见大家在聚精会神地听,继续道,"接下来清理滞讼积案要像刚才这样,要以事实为根据,以法律为准绳,按实情来审理案件,不要严刑拷掠,旁求罪证,任意牵连别人。做到既不可放掉一个坏人,也不可冤枉一个好人。法律是什么?法律是惩戒恶人的利器,保护百姓的卫士。大理寺是国家最高的审判机构,如果在座的各位不能用好法律这个武器,不能秉公而断,那天下就没有公平二字了。"

"魏大人的教导,下官领受了。"刘德威真诚地说。

大理寺的众官员亦齐声附和。

魏徵补充道:"大家一定要注意,清理滞讼,一定要从事实出发,有事实根据的就定案处理,证据不足的就不予追究,结案放人。"

经过一个多月的努力,大理寺的滞讼积案终于清出了眉目,经奏请李世民同意,魏徵择日在大理寺升堂,公开地审理积案。开庭这一天,不知谁透出了消息,来了很多旁听之人,他们中间有涉案人的亲朋好友,也有纯粹是前来看热闹的,既然是公开审理,只要没有大声喧哗,大理寺的衙役一般不阻挠。

李世民正在批阅奏折,侍奉太监奏道:"皇上,房玄龄求见!"

"请他进来!"李世民口上回答,手却没有停,仍然在批阅奏折。

"臣房玄龄叩见陛下!"房玄龄进来后行了君臣之礼。

"快平身!"李世民见房玄龄站了起来,接着问道,"有事吗?"

"臣有事请示!"

"什么事?"

"修建洛阳宫的资金调度、徭役征集……"

"叫中书舍人拟旨,资金不够,百姓集资,劳工不够,州县征调。"李世民打断房玄龄的话头。

"臣是说修建洛阳宫,工程浩大,花费甚巨,百官之中已经有了反应。"房玄龄小心翼翼地说。

"啊!"李世民一愣,"不说这个问题,今天魏徵在大理寺公开审案,走,也去瞧瞧热闹,看魏徵到底如何审案。"

房玄龄见李世民无意听他的汇报,只好作罢,对侍卫道:"摆驾!"

李世民忙拦阻道:"不,悄悄地去,不要惊动任何人,更不要让魏徵知道,这样看起来才有意思。"

大理寺大堂内站满了人，大堂外也被围得水泄不通。尽管人很多，但却很安静，除了问案声外，其他人绝不敢喧哗。

李世民和房玄龄没有惊动任何人，悄悄地从侧门来到大理寺审案的大堂屏风后静静地坐下来，此时，魏徵的审案已经开始。

"带人犯张君快及同案人犯！"魏徵威严地说。

"带人犯张君快及同案犯！"堂下衙役齐声传呼。

"张君快，你三人谋财害命，皇上下诏，判你们三人死刑，可服罪？"

"大人，小人冤枉。"张君快痛哭流涕地说。

"杀人抵命，欠债还钱，有什么冤枉？"魏徵反问道。

"若小人真的杀了人，也就不会喊冤枉了。"张君快哭丧着脸说。

"那苏志约是谁杀的？"

张君快指着跪在左边的大胡子道："他——欧阳林，苏志约是他杀的。"

魏徵指着跪在张君快旁边的小青年问道："你说，苏志约到底是谁杀的？"

小青年已经吓得语无伦次："大人，小人没有杀人。"

"问你是谁杀了人？"

小青年指着大胡子道："他，人是他杀的！我们几个人抢钱的时候，苏志约反抗，欧阳林掏出扎在腰间的菜刀，在苏志约头上连砍几刀，苏志约倒下后，我们抢到钱就跑了。"

魏徵一拍惊堂木："欧阳林，他们两人说的可是真话？"

"是！"欧阳林见无可抵赖，只好坦白承认。

"杀人抵命，你有何话说？"

"小人无话可说。"

魏徵向书记点点头，书记员将刚才记录的三人的口供拿给三人签字画押。魏徵一拍惊堂木："堂下三人听判！"

"皇上有旨，欧阳林谋财害命，拖出去斩首示众！"过来几名衙役，在欧阳林的背上插上斩标拖了出去。

"张君快、雷欣，死罪可免，活罪难饶，每人各责四十大板，发配岭南服役五年。"

张君快、雷欣伏地叩头道："谢大人明察秋毫，活命之恩！"

第46章 巧断案

"给你们活命之恩的是皇上,皇上了解案情后,亲自改了诏书,才将你们两人从鬼门关扯了回来,要谢你就谢皇上。"魏徵就是这样一个人,本来是他力谏,才使李世民改了诏书,使得张君快等人到鬼门关里转了一遭又转了回来,但他却说是皇上察觉改诏,将二人的活命之恩记在了李世民的头上。

屏风后的李世民听到魏徵的判词,点点头,满意地笑了。

审完张君快等人杀人案后,庆州乐蟠县令叱骘身戴重枷,被带上堂。

叱骘进来之后,便大喊冤枉。

魏徵一拍惊堂木,"身为县令,一方父母官,上不能报君恩,下不能抚一方百姓,反而还盗卖官粮,你这是罪有应得,有何冤枉?"

"盗卖官粮固然有罪,但罪不至死,请大人明察。"叱骘跪在地上还是喊冤叫屈。

魏徵叫道:"叱骘!"

"小民在!"

"大理寺对你的案情进行了复审,皇上对你的判决进行了修改,由死罪改判为流配岭南,永不录用。你可服判?"魏徵问道。

"谢大人活命之恩,小人服判!"叱骘见保住了一条小命,喜极而泣,连连谢恩。

"你能获得重生,乃是皇上圣明,你要谢,就谢皇上吧!"随后,叱骘在判决书上签字画押,随衙役走出大堂。

李世民在屏障后面微笑着对房玄龄说:"魏徵断案,存大体,近人情,合理合法,果然不同凡响。谁说他不懂法?"

"陛下要出去吗?"房玄龄问。

李世民说:"不了,我们走。"

后人有诗咏叹魏徵断案:

心存大体理滞讼,有功不居品德宽。
明断是非纠错案,若非睿智谁能断?

第47章　圣人请自择

李世民鉴于魏徵理滞讼的功劳，下诏封魏徵为左光禄大夫。

这一天早朝，李世民于太极殿接见百官，魏徵出班奏道："臣生长于隋朝，备受战乱之苦，亲朋故友，多在战乱中丧生，臣侥幸活了下来已是不易。蒙陛下提拔重用，倍享恩泽，唯思报效朝廷。但臣先患眼疾，后又得风疹，近来日见沉重。天气阴晦，数步之外，不能视物，仓促转动，即觉胸闷气喘。今天下无事，人才辈出，英彦如林，不需要我这身患痼疾之人占据中枢要职。臣恳求陛下收回诏令，并乞请解除侍中之职，授臣一二品散官，不离左右，足申愚见，拾遗补阙，非敢虚饰，这是臣的真心话。"

魏徵此时五十四岁，在贞观朝中期以后逐渐得到重用，似乎是不争的事实，为何要辞官而改任散职，似乎成了一个谜。真的是患眼疾不能视物、稍一动便胸闷气喘吗？个中缘由，实在耐人寻味。

李世民的理智告诉他，绝不能在此时让魏徵卸任，他已经越来越离不开魏徵，朝廷虽不乏进谏之臣，但自始至终以进谏为己任者，唯魏徵而已。王珪说得不错："唯恐陛下赶不上尧、舜，以谏诤为己任，我不如魏徵。"自己想成为尧、舜之君，就必须要有魏徵这样的诤臣，时刻纠察过失。于是语重心长地对魏徵说："国家的安危，仰赖良臣辅佐，得其人则朝政清明，国运鼎盛，失其人则弊端接踵而来。你宽以待下，忠以奉上，朕每有乖僻，你都能直言相谏，社稷安危，唯寄托在你的身上。即使你双目失明，朕也要你待在左右，朝夕咨询。何况你所患眼疾并没有到这种地步，怎么能卸任而去呢？此事断不可言。"

魏徵见李世民态度坚决，只好罢了此念头。

李世民与近臣于弘文馆议事，中书令温彦博说："臣记得贞观初年，陛下下诏，令百官上封事,备陈治国安邦之策。"

"是呀!由于这样,各位臣工纷纷上折,极言奏事,所奏之事多为朕所采纳,故此才有今日贞观盛世。"李世民感慨万端。

魏徵道:"只是近年来,情况似乎有了变化。"

"朕近来听政有所懈怠吗?"李世民吃惊地问。

"贞观初年,陛下一心节俭,不倦怠地求谏。近来营建修缮之类的事渐渐多起来,行谏颇觉触犯圣意,这是与贞观初不同之处。"

"确有其事。"李世民想了想,拍掌大笑着道,"近来朕裁决事务有时不能够尽依法令,你们认为这是小事,不再固执地启奏。凡事无不因小而致大,这是危亡的先兆。从前关龙逄忠诚苦谏而死去,朕常常觉得痛惜。隋炀帝因骄奢暴虐而灭亡,都是你们亲眼所见。你们经常为朕考虑到炀帝的灭亡,朕也经常为你们念及关龙逄的死,如此还担心君臣不能相互保全吗?"

魏徵与温彦博相视一笑。

李世民转而问魏徵:"魏徵,朕有一事不明。"

"陛下指何事?"魏徵问道。

"朕发现,各位大臣上书言事都是有条有理,为何召见奏对时却又语无伦次呢?"

"臣也曾观察过,首先也是不得其解,后来终于想明白了。"魏徵答道。

李世民关切地问:"问题在哪里?"

"源于陛下。"

"朕不明白你的意思。"

"陛下神采英毅,仪容威严,盛气凌人,群臣进见,为陛下气势所慑,他们要上奏的事情,常常要思考数天,向陛下面奏时,三分却不能道出一分。何况行谏之人,往往违背圣上旨意,有逆鳞之忌讳,陛下如果不能和颜悦色地对待他们,他们怎么能尽情陈述呢?"魏徵劝谏不拘一格,随感而发。

"啊!"李世民若有所思,"朕听说隋炀帝性情多猜忌,每次临朝与群臣相对多不说话。群臣畏惧而不敢多言,朕在这方面已是非常注意了,无论议事听政,朕与百官亲近得如同家人一样呀!朕做得还不够吗?"

魏徵面对李世民,笑而不答。

"好了、好了,朕改还不行吗?"李世民笑着说。

李世民是位贤明之君，他只要知道自己错了，就会改，尽管近年来他纳谏并没有以前那么热情，但他要至尧舜的目标并没有变，因此，听了魏徵之言，此后的行动确实有了明显的变化，接见大臣，脸色和语言较之以前温和多了。

武德老臣萧瑀向来小心眼，对李世民重用房玄龄、魏徵等人，心里不平衡。这一天，他对李世民道："陛下，魏徵每有所谏，委曲反复，不依不饶，不从不止，视陛下为幼主，不同于长君。"

李世民道："朕年青的时候，没有很好地做学问，唯好弓马，跟随父皇起兵反隋，屡建大功，被封为秦王，长年累月征战于疆场之上，对于治国理政之道，都不太留心。直到封为太子，入主东宫之后，才开始学习治国理政之道，才知道什么叫做居安思危，什么叫做克己为政。登基以后，唯魏徵与王珪引导朕以礼仪，告诉朕治国的道理，刚开始的时候，朕只是勉强从之，谁知却大受其利，受益匪浅，以后就越来越愿意听他们的劝导，长期坚持下来，以至于天下太平。这些都是魏徵之力，所以朕对魏徵特加礼重，很多事都想听听他的意见，每有所言，朕必从之，并不是有何私情，完全是为国家的利益着想。"

李世民见萧瑀无言以对，反问道："难道说臣下只对幼主进谏，对长君就不谏吗？"

"陛下，臣错了！"萧瑀只好认错。

"萧瑀呀！你也是三朝老臣、做过宰相的人！贞观五年，朕之所以免去你左仆射之职而改任太子少傅，不复预问朝政，就是因为你气量太小，不能容物。六年，又命你为特进、行太常卿，重新起用你，这是因为你对朕的忠心。俗话说，宰相肚里能撑船，你如此没有度量，怎么能同朝中大臣共事呀？"

萧瑀听了李世民语重心长的批评，惭愧地俯伏于地，惶恐不安地道："陛下，臣知错了，臣以为，魏徵数逆龙鳞，是他目无君王所至，臣真的没有想到，陛下与魏徵，一个是心胸开阔、善于纳谏的圣君，一个是心怀坦荡、敢于直谏的诤臣。"

任何一个人，都喜欢奉承，都喜欢听好听的话，李世民也不例外，听了萧瑀的奉承，不由哈哈大笑。

两仪殿内，李世民与近臣议事，面对频岁丰稔，海晏河清，物价低廉，牛羊遍野，夜不闭户，路不拾遗的大好形势，君臣甚为喜悦。他对几位近臣说："治国如同治病，病虽好了，仍然需要调养一段时间，如果立即放纵自己，病就会复发，那就不可救治了。如今中原幸得安定，四夷臣服，实在是自古所未有，然而，朕每日谨慎行事，惟恐不能持久，所以想多听到你们的谏诤。"

魏徵说："国家内外俱得安定，我并不觉得高兴，只是高兴陛下能够居安思危。"

"居安思危！居安思危！至理名言呀！朕将记住魏徵这句话。"李世民重复着魏徵的话，接着问房玄龄，"房玄龄，朕叫你拟派出使十六道官员的名单拟好了吗？"

"陛下说的是遣使诸道，考察地方官吏贤能与否，询问民间疾苦，礼遇高寿的老人，赈济穷困百姓，起用埋没已久的人才之事吧？"房玄龄问道。

"对，此次遣使，畿内道最为重要，你准备派谁去？"李世民说。

"臣正要禀报此事，名单基本议定了，唯畿内道还没有合适人选，还是陛下钦定吧！"

"这又是为何？"李世民问。

"畿内道地处京师，情况复杂，非德高望重者难当此任。"

李世民低头思索起来。

右仆射李靖说："畿内事大，非魏徵莫属。"

"不行。"李世民果断地说，"魏徵箴言匡正朕之过失，朕一天也离不开他，还是另选他人吧。"

萧瑀奏道："除魏徵之外，恐无人能当此任。"

李世民不高兴地说："朕欲幸九成宫，事也不小，怎么能派魏徵去呢？朕每次出行，身边不能没有魏徵，只有魏徵见朕有失，直谏无隐，如果派魏徵出使畿内道，朕若有过失，谁行劝谏之责？谁能匡正朕之失？"

房玄龄、李靖、萧瑀等面面相觑，无言以对。

李世民命令李靖与萧瑀等共十三人分别巡行全国各地，魏徵则随李世民赴九成宫。

贞观八年（634年）七月，中牟县丞皇甫德参给皇帝上书，奏疏上说："陛下修建洛阳宫殿，是劳民之举；加收地租，是横征暴敛；时俗女子争相梳理高髻，打扮妖冶至极，这些都是受后宫的影响。"

李世民看过皇甫德参的奏疏，随手递给魏徵，恼怒地说："混账县丞，混账皇甫德参，他想要国家不役一人，不收斗租，宫中女人都不留发，这样他才满意了！真是岂有此理！"

大家见李世民为一份奏折发这么大的火，面面相觑，不知如何回答，不想李世民又补了一句："狂夫之言，朕要治他诽谤之罪。"

魏徵见李世民越说越气，内心一阵担忧。近来，李世民不那么善于纳谏，也疏于政事，对臣下进谏常有不耐烦之情，这是一种不好的迹象。他看完皇甫德参的奏疏，见说的都切中时弊，并无不妥之处，唯言词过于激烈而已。随手将皇甫德参的奏疏传给身边的房玄龄，言词恳切地说："汉文帝在位之时，贾谊上书说：'可为痛哭者一，可为流涕者二。'自古以来，上书言辞不激烈，则很难打动君王之心，所谓狂夫之言，圣人加以选择，希望陛下明察圣断，不可断了臣下进谏的言路啊！"

李世民听了魏徵之言，想了想，顿时火没了，气也顺了，感叹地说："啊！又是朕考虑不周，皇甫德参奏言无论是否有理，敢于直谏总是一件好事，朕如果治他诽谤之罪，岂不是断了言路，谁还敢再谏呢？"

于是下令，免了皇甫德参诽谤之罪，并赐绢二十匹。

魏徵看得出，李世民作出这项决定，似乎很勉强，忍不住说道："陛下近来不喜直言强谏，即使勉强包容，也不如过去那么豁达。"

魏徵一针见血地提醒，顿使李世民如梦初醒，他为自己近来这细微变化深感不安，也很感激魏徵直言不讳的警告。马上下诏，对皇甫德参另加优厚的赏赐，并提拔为监察御史。

有诗为证：

狂夫进谏言过激，君王恼怒欲惩治。
幸得诤臣侍君侧，匡正君失莫迟疑。

第48章 封驳诏书

贞观九年（635年）四月的一天，隆泰茶楼的茶客较之以往多了许多，茶楼老板也特会做生意，将平日一文钱一个茶座费提高到五文钱，雅座则更是提高到十文钱，要知道，自贞观以后，李世民励精图治，至七八年，以达盛世，斗米价格仅为四五文钱，一个茶座需斗米之费，雅座甚至更多，价格确实不菲，不是普通百姓消费得起的。然而，这一天，隆泰茶楼仍然座无虚席，来迟了的茶客没了座位，只能在过道、墙角临时添加的凳子上找个座位坐下，茶楼的店小二频频穿梭于茶客之间，沏茶、添水，忙得不可开交。知情人透露，今天，朝廷内务府借隆泰茶楼举行一个竞婢大会。

在古代，奴婢是丧失自由被人无偿役使的人。男称之为奴，女称之为婢。自奴隶社会的商周时起，蓄奴养婢之风一直很盛行。汉代，对犯官的处罚有男子充军，女子为婢之说，这里的婢，就是官婢。官婢，多由有司分派。唐朝时，皇室的役使佣工，多为官奴婢，一定等级的王公贵族和朝廷官员，也有享受官婢侍候的特权。

内务府之所以要在隆泰茶楼举行竞婢大会，是因为这次从江南送来京师的一批官婢，有五名特别出色，李世民不知就里，表示这批官婢内宫一个不要。王公贵族、朝廷大员知道这个信息后纷纷出动，都想得到五位官婢中的一位，内务府很为难，要的人太多，个个都不能得罪，有人突发奇想，将这五个官婢拿出来竞卖，价高者得，内务府既不得罪人，还可从中得到收益。有人建议，既然是竞婢，不如扩大范围，不必限于有资格得到官婢的人，所有人都可竞买，价高者得。这个建议得到大家的赞同。具体事宜，就交给一个叫汪海的吏员操办。于是就有了隆泰茶楼竞婢大会这一幕。

五名婢女都出生于江南的官宦人家，个个天姿国色，貌美如花，都是百里挑一的绝妙佳人，二八年华的黄花闺女，尤为难得的是，个个琴棋书画样样精通。成为抢手货也就理所当然了。

隆泰茶楼众多茶客中，有的来竞买，有的是来助威，还有纯粹来看热闹，朝廷的一些大员无意抛头露面，这倒便宜了那些富商大贾和有意于争强斗胜的王公贵族。在众多竞婢人中，有位名叫杨誉的人，别看他一身横肉，看起来与一般的富商大贾没有什么两样，但他的身份却很特别，他的女儿是蜀王李愔的王妃。蜀王李愔是李世民的第六子，其母是隋炀帝之女杨妃，算起来，杨誉与皇上是儿女亲家。人就是这样，一旦有了后台，底气就足了，何况杨誉的后台是皇室，是天家，正因为这个身份，杨誉才觉得高人一等，事事都想争个第一，杨誉今天来到隆泰茶楼，也想争个第一。

汪海为了营造竞婢的气氛，特意给五名婢女分别取名为：牡丹、海棠、茉莉、蔷薇、杜鹃，合称五朵金花，其中牡丹花无论是相貌、身段、琴棋书画皆胜出一筹，是五花之魁，杨誉今日竞买的目标就是花魁——牡丹。

隆泰茶楼的竞买现场，汪海走上临时搭起的平台上说："各位贵宾，各位大爷，今天竞卖的五位婢女是：杜鹃！"说到杜鹃的名字，他故意拖长腔调。

汪海的话刚出口，一位年方二八的绝妙佳人从后台轻移莲步走上台。台下众茶客见美女亮相，一阵骚动，纷纷鼓掌大叫："好！好！"

"茉莉！"汪海还是照常拖长声调。此后海棠、蔷薇相继出场，每出场一个，茶楼里便爆发出一阵欢呼声。

汪海见众人口味被吊起来了，心里格外高兴，当最后花魁牡丹出场的时候，他将嗓音提高八度、拖长声音叫道："牡丹！"

牡丹刚出场，茶楼便传出阵阵尖叫声，其中犹以杨誉的叫声最响："好！果然是花中之魁，这朵花我要了！"

"这位大爷，你说牡丹你要了？"汪海站在台上指着杨誉问道。

"不错，我要了！"杨誉粗声粗气地回答。

"小的可做不了主！"汪海回答。

"你做不了主，谁做得了主？"杨誉问道。

汪海要的就是这句话，伸手一指台下道："今天可是价高者得，你如果要牡丹，要看在座的各位大爷答应不答应。"

"不答应！"大家齐声道，这中间有真想得到牡丹的，也有跟着起哄的。

"不答应！凭什么他要定了，我们也要。"一位身着紫色长袍、三十左右的商人挑衅地说。

杨誉狠狠地向那人瞪了一眼，答话的人也挑衅般地回视，眼神中好像是说：怎么样，这里可不是你说了算，到时候谁出的价高谁就是爷。

汪海见大家的情绪调起来了，指着台上并排站着的五朵金花大声道："各位大爷，牡丹、海棠、茉莉、蔷薇、杜鹃五朵金花就站在这里。先请杜鹃姑娘为各位大爷弹奏一曲。"

杜鹃姑娘轻移莲步来到古筝旁坐下，试了试琴音，熟练地弹奏起来。一曲终了，传出一片叫好声，汪海站出来道："杜鹃姑娘琴棋书画样样精通，哪位大爷想得到，快点下手哟！"

一位公子举手道："我出五贯！"

"有人出五贯了，有没有加的？"汪海问道。

"我出钱六贯！"

经过数轮竞价，一直叫到二十贯，才被一名丝绸商买走。

四轮一过，场上只剩下花魁牡丹一个人。几位财大气粗的公子王孙、富商大贾铆足了劲，彼此大眼瞪小眼，都有志在必得之势。杨誉对身边一位五大三粗的汉子耳语了几句，汉子点点头，迈步出了隆泰茶楼。

杨誉身边的汉子走出茶楼，向站在街边闲聊的几个大汉招招手，几个大汉围过来，杨誉身边的汉子对他们说了一通，几个北方大汉有的挥拳，有的拍胸，随之一同进了茶楼，分别站在杨誉的周围。

汪海将现场的情况尽收眼底，不由心里犯怵，他担心，无论牡丹落入谁人之手，其他的人都不会善罢甘休。一场争斗恐怕在所难免，但箭在弦上，不得不发，只好在心里祈祷，但愿这一场竞婢大会能圆满结束。当介绍牡丹出场时，由于内心担忧，说话的语气明显少了一些挑逗："下面，有请牡丹姑娘给大家现场献画。"

"献什么画，开始竞价吧！"有人迫不及待地叫起来。

"画！今天就是要看看牡丹姑娘的才艺。"有人马上提出反对意见。

牡丹姑娘来到画架旁，提起画笔，熟练地在挂好的宣纸上画了一朵牡丹花。

牡丹花原产于中国北方，是中国特产的著名花木，其中犹以洛阳牡丹最为著名，所以牡丹花又叫洛阳花。牡丹花大色艳、富丽堂皇、芳香宜人，可谓姿、色、香兼备，观赏价值极高，素有国色天香之誉。牡丹花的花色繁多，有红、粉、黄、白、绿、紫、黛等不同颜色，今天，牡丹姑娘画的是一朵紫色牡丹，再配上几片浅裂绿叶和小枝，一朵紫色绿叶牡丹便展现在人们的眼前。

牡丹姑娘站在刚画好的牡丹花画旁，真是人如其花，花如其人，国色天香，人见人爱，茶楼里爆发出如雷般的掌声，叫好声此起彼伏。

汪海灵机一动，大声叫道："此幅紫色牡丹出钱二贯，哪位大爷想要？"

杨誉示意身边大汉，大汉大声叫道："我家主人要了！"

汪海正欲取画，又有一位大声道："我出五贯！"

杨誉举目一看，正是那位身着紫色长袍的人，杨誉灵机一动，有心要戏弄此人，忙对身边的大汉耳语了几句，大汉随之举手道："我出五贯零一文！"

"五贯零一文、五贯零一文，有没有人加价？没有人加价，这朵紫色牡丹就是这位爷的了？"这可是一语双关的话，汪海见牡丹姑娘画的一幅画也能卖出好价钱，内心深处那种求利的欲望又动了起来，欲念一起，刚才的担忧也就抛向九霄云外。

"六贯！"身着紫色长袍者举手道。

杨誉身边的大汉想也不想："六贯零一文！"

在座的各位茶客见他们两人为一幅画斗了起来，干脆都停止了叫声，看他们两人斗下去。

"八贯！"身着紫色长袍者举手道。

"八贯零一文！"杨誉身边的大汉还是增加一文钱。

"十五贯！"身着紫色长袍者举手道。

杨誉身边的大汉正欲再喊，杨誉迅即伸手拉了一下他的衣角，大汉马上就不出声。这可是个意外的惊喜，一幅临场作的画，就值一个婢女的价钱。此时，紫衣人发觉上当，但话已出口，算是被杨誉套上了，只好哑巴吃黄连，硬着头皮付钱，取回拿到市上无人问津的牡丹花画。

汪海似乎忘了刚才的担忧，又来了兴趣，大声道："下面请牡丹为大家弹唱一曲。"

牡丹向众人嫣然一笑，来到摆好的古筝旁，轻轻地将古筝移了移，使之平稳，然后优雅地套上义甲，笑眯眯地说："小女子给各位贵宾演奏一曲南朝乐府民歌《读歌曲》。"说罢就弹奏起来，琴声刚起，歌声也就随口而出：

千叶红芙蓉，照灼绿水边。

第48章 封驳诏书

　　　　　　余花任郎摘，慎莫罢侬莲。

　　"好！好！"台下出现一片叫好声，"好一朵牡丹花，看到底谁能摘到。"

　　　　　　柳树得春风，
　　　　　　一低复一昂。
　　　　　　谁能空相忆，
　　　　　　独眠度三阳？
　　　　　　折杨柳。
　　　　　　百鸟园林啼，
　　　　　　道欢不离口。

　　琴弹得好，歌词则更妙，一下子就将大家的激情调到了高潮。不知是谁喊了一句："我出八贯！"
　　牡丹听凭下面竞价，仍然是自弹自唱：

　　　　　　遥发不可料，憔悴为谁睹？
　　　　　　欲知相忆时，但看裙带缓几许？

　　刚才竞得牡丹花画的紫衣者道："我出十贯！"
　　"十一贯！"有人接口。
　　"十二贯！"又有人接着报价。
　　"十五贯！"杨誉身边的大汉一下子将价码提了起来。
　　"十五贯零一文！"紫衣人这是以其人之道，还治其人之身，两人又较劲了。
　　"二十贯！"杨誉也不待别人插口，也不要身边的随从代劳，亲自上阵了。
　　"二十贯零一文！"紫衣人仍然不紧不慢地跟。
　　杨誉气得两眼直冒金星，狠狠地向紫衣人瞪了一眼，大声道："二十五贯！"
　　"二十五贯零一文！"紫衣人照叫不误。
　　杨誉向身边的大汉使个眼色，大汉对身边几名大汉一摆头，几个人慢慢地向紫衣人靠拢。紫衣人不知危险已向他逼近。
　　"三十贯！"杨誉气呼呼地大叫。

紫衣人正想照本宣科，忽见几个大汉靠近身边，似有所觉。

突然，一名大汉一个踉跄，顺势倒在紫衣人的身上，右手张开的虎叉有意无意地正好叉在紫衣人的脖颈上，紫衣人一口气没有吐出来，立即两眼直翻，口吐白沫。

看到紫衣人难受的样子，随从这才回过神来，上前一掌推开大汉。

大汉见有人打他，立即还以颜色。双方在茶楼里大打出手。众茶客见双方打起来，害怕惹祸上身，纷纷逃出茶楼。

汪海见杨誉与紫衣人大打出手，一时没了主意。恰在此时，刑部都官郎中薛仁方恰好带着衙役从茶楼门前经过，汪海冲上前去拦住道："薛大人，快带你的人进去，里面打起来了。"

薛仁方见是内务府的官员，忙带人冲进茶楼，大声喝道："京城之内，谁敢在此撒野？"

杨誉抬眼一看，见薛仁方穿的是一身深绿色官服，知是一个六品京官，凭其国戚身份，根本不将六品官放在眼里，冲着随从大喊："打，往死里打！"

薛仁方见杨誉不将自己放在眼里，怒火冲天，对手下喝道："将闹事的狂徒给本官拿下，带回去严加审问！"

都官郎中的手下都是见过世面的人，哪将这几个人放在眼里，冲上去三下五除二，将闹事双方一个个制服在地，反绑着双手带走了。

薛仁方依法将杨誉带回刑部讯问，只要杨誉认错，事情就可以了结。谁知杨誉自认为是当今皇上的亲家翁，根本不把薛仁方放在眼里，更不认错，在刑部谩骂薛仁方，进而动手打人。

薛仁方也是个不畏权贵之人，见杨誉如此凶暴，不管你是皇亲也好，国戚也罢，犯了国法，不伏法不认罪，就别想走。于是下令将杨誉关押起来。杨誉身陷囹圄，尽管是蜀王妃的亲老子，一时也无可奈何，只能在刑部呆着。

杨誉的儿子杨立忠在宫廷侍卫队中当千牛卫将军，听说父亲在隆泰茶楼竞婢与人斗殴被抓，忙找人打听情况，知道是父亲在竞婢时争强好胜与人争斗，错在其父，主动托人找薛仁方疏通，请求私了。

薛仁方不吃这一套，坚持要杨誉认错，杨誉知道儿子在外面活动，胆气更壮，更不将刑部的官员放在眼里，大吵大闹，根本就不认错。事情就这样耗着，

第48章 封驳诏书

谁也不服谁。

杨立忠依靠宫廷侍卫的特殊身份，乘机在皇上面前状告薛仁方"无理拘留"其父，申诉说："根据朝廷法律，五品以上官员，非犯谋逆大罪，不得拘押。臣父身为皇亲国戚，却被都官郎中薛仁方故意刁难，无端拘押，滞留月余。"

"为何出现这样的事？"李世民问道。

"臣父与人发生点小误会，都官郎中薛仁方故意刁难，横遭留置，而且有意拖延时间，不肯决断，多次找他，得不到解决。"杨立忠根本不说事情经过，一味地强调薛仁方故意刁难。

"有这种事？薛仁方知道杨誉是国戚吗？"

"当然知道！"

李世民勃然大怒："既知是朕的亲戚，为何还要刁难？这个薛仁方胆子也太大了，简直不将朕放在眼里，来人。"

"奴才在！"侍奉太监上前答道。

"传朕口谕，令中书舍人起草诏书，撤掉薛仁方的官职，杖责一百。"

"奴才遵旨！"

李世民又犯了一个很低级的错误：仅凭杨立忠的一面之词，在未作任何调查的情况下，武断地决定将薛仁方撤职查办。杨立忠是本案当事人的亲生儿子，他说的难道是真的吗？

中书省起草诏书后，送到门下省签署，门下侍中魏徵看到这份诏书觉得奇怪，问中书省送草诏的官员："知道都官郎中薛仁方为何受此重罚吗？"中书省官员向魏徵说了事情的经过。

魏徵对那位中书省的官员道："原来是这么回事，草诏放在这里，我要核实一下，如果所说不实，我要行使封驳之权。"

李世民挪过门下省刚送来的一摞文书，将最上面的一份打开一看，一下子呆住了。

原来是被魏徵封驳了的诏书。门下省虽然有封驳诏书的权力，但真正行使这个权力的事情却不多，因诏书经过层层把关，出大错的时候极少。除了魏徵在贞观初曾封驳过诏书之外，尚未曾见有封驳诏书的事情发生。不想今天又发生了封驳诏书的事情。他心里想，既然魏徵敢封驳诏书，一定有充分理由，想到这里，心里已在后悔，不应听信杨立忠的一面之词就轻率地作出决定，但事已至此，他只好召见魏徵，问到底是怎么回事。

　　魏徵回答说："城墙中的狐狸、庙里的老鼠，虽然都是弱小的动物，但因为它们凭借藏身的地方是人们不敢或不忍弄坏、损毁的东西，欲除之也不太容易，何况比这些狐狸老鼠厉害得多的皇亲国戚，自古就是国家法律难以制约的力量。汉朝、晋朝，都没有办法禁止他们违法乱纪，无法防御他们为非作歹。我朝武德年间这类人更是骄纵横行，朝廷的官员对他们根本就没有办法。陛下登基以来，实行开明政治，整饬吏治，肃正朝纲，才使这种不好的风气有所收敛。薛仁方是主管官员，能为国家守法，将肇事的杨誉依法拘押，完全是正当行为，何罪之有？陛下怎么能对薛仁方妄加刑罚而偏袒外戚？此例一开，此等事将会接踵而来。到时陛下恐怕后悔莫及了。能够禁止外戚擅权滋事，惟陛下一人而已。防微杜渐，以备不虞，本是一条应常抓不懈的治国之策，如今却要助长外戚的邪恶，惩处维护国家法律尊严的良臣，岂不是水未横流，却要自毁堤防吗？臣思之再三，深觉此诏实有诸多不妥，故对诏书予以封驳，不知微臣所言是否有理？请陛下三思。若陛下执意要发，臣也无话可说。臣只劝谏，不死谏。"

　　李世民正色道："诚如先生所言，朕确实有考虑不周之处。不过，薛仁方自作主张，将人关这么长时间也不作处理，确实也太独断专横，虽不合重罪，稍加惩肃以示警告也是应该的。"

　　"臣恭聆圣谕！"魏徵见事情有了转机，马上回答。

　　"朕说了要下旨吗？"李世民反问道。

　　"陛下刚才不是说：不合重罪，稍加惩肃吗？"

　　李世民微笑道："将薛仁方杖责二十，余皆不予追究。"

　　后人有诗咏叹：

　　　　城狐社鼠祸堤防，行为猖獗遭讯拘。
　　　　可叹圣君受蒙骗，惹得诤相驳诏书。

第 49 章　辞职

贞观十年(636年)正月,历经七年修撰的《晋书》《周书》《北齐书》《梁书》《陈书》《隋书》修成,其中,令狐德棻和岑文本修《周书》,李百药修《北齐书》,姚思廉修《梁书》和《陈书》,许敬宗修《晋书》,魏徵修《隋书》。尚书左仆射房玄龄、魏徵总监诸史,房玄龄是宰相,国事繁忙,无暇过问修史之事,魏徵为实际总监。

魏徵除担任修史总监外,还负责修改审定《隋书》,并亲自撰写《隋书》中的序、论,《北齐书》《梁书》《陈书》的总论,充当的是首席史官的重任。

两仪殿里,李世民、魏徵、房玄龄、长孙无忌君臣相对而坐,内侍们将成堆的手卷搬进来送呈御览。

魏徵指着手卷说道:"从贞观三年算起,修史工作已历经七年有余,除《晋书》还缺一卷未完有待补充外,其余诸史都撰写完毕。"

"《晋书》缺一卷?"李世民不解地问道。

魏徵说:"陛下不是说要亲自写《王羲之传》吗?"

"啊!朕倒忘了,朕要见王羲之《兰亭序》的真迹,才能写《王羲之传》,没有见到真迹,故将此事拖了下来。"李世民拍拍脑袋说。

长孙无忌说:"《兰亭序》是传世之宝,相传从王羲之算起,一直到王家的七世孙智永时,真迹不曾出过王家一步。不知何故,这个智永出家做了和尚,身后断了子嗣,他将《兰亭序》传给了他的至亲弟子辨才和尚。"

"辨才和尚如今在哪里落禅?"李世民迫切地问。

"江南会稽山下的'永欣寺',臣已派褚遂良前往江南,许以重价求购,成与不成,近日可见分晓。"长孙无忌说。

魏徵道:"既是传世之宝,怎可轻易示人?若能重金求购,《兰亭序》怎会遘世数百余年而不见？褚遂良此次南行，必定空手而归，若想得到《兰亭序》，只可智取，稍有闪失，陛下不仅看不到这件珍宝，恐怕还会毁了《兰亭序》，臣保举一人可前往一试。"魏徵分析说。

"谁？"李世民问。

"御史大夫萧翼，此人颇通书法，素有文才，陛下不妨从宫中拿出一两幅王羲之真迹，让他带往江南，见机而行，以情动之，或可探出《兰亭序》也说不定。"

"《兰亭序》之事朕会安排。盛世修典，泽被后人，魏徵，房玄龄，你们功德无量啊！朕要赏赐你们。"

房玄龄道："事情都是魏徵做了，臣只是挂个名而已。"

"好，朕这次就不赏你了，魏徵听旨。"

"臣恭聆圣谕！"魏徵跪下听旨。

"魏徵晋爵郑国公，赐绢两千匹。钦此！"

魏徵没有谢恩，跪地不起，诚恳地说："陛下，修史非魏徵一人之功，仅赏臣一人，于其他修史人不公，臣情愿不要这个赏赐。"

"其他人的赏赐，朕随后下诏，行了吧？"

"臣谢主隆恩！"

有诗咏叹魏徵监修史：

未经鉴古不知今，修史皆为世主箴。
七年撰写成巨帙，悠久文化赖传承。

褚遂良从江南空手而归，这是预料中之事。长孙无忌将这个结果禀报李世民。

李世民在两仪殿召见御史大夫萧翼，令他去江南一趟，完成褚遂良未完成之事，并交给萧翼两件王羲之真迹，叫萧翼到江南去见机行事，许诺：如果辨才和尚愿出让《兰亭序》，花多少钱都行，朝廷出资，重建永欣寺。还开玩笑地说："若是不成，就是偷，也要将这幅名帖偷回来。"

萧翼接受李世民的密令，只身前往江南。

李世民与魏徵对坐于两仪殿，魏徵诚恳地说："陛下，最近臣的眼疾越来越重，视物模糊，不能看书，也难写字，有些事情可以叫儿子帮忙，但奏章事关朝廷禁中语，这些儿子不能看，帮不上忙，臣想……"

李世民关心地问:"找郎中看了没有?朕叫御医给你治。"

"御医虽然医术高超,但高明的郎中成了御医,也就成了庸医。"魏徵不相信地说。

"为什么,难道朕的御医你一个也看不上?"

魏徵回答说:"御医只保平安,他们治病,首先不求有功,但求无过。治好了病,无大功,治坏了身子,要冒杀头的危险。他们治病怕担当责任,都是温吞水,治不好病,也治不死人。臣的眼疾是重症,御医治不了。"

李世民笑了笑说:"你对朕说话可以不客气,对御医可不能不客气,他们可掌握着你的生死大权,一帖药可以让你死,也可以让你活。"

魏徵从"你对朕说话可以不客气"话里闻到了一股味,更坚定了辞职的决心,道:"陛下,臣的身体实在不堪负重,占着门下侍中这个位子,实在是力不从心,长此下去,臣担心会耽误朝廷政事。不如将位子让出来,让给那些身强力壮、有才有德之士,对朝廷有益无害。"

李世民动情地说:"你难道没有看见,玉藏在石头之中不为宝,金子藏在沙石之中不为贵,要想使玉变成宝,就要有琢玉之师对玉石进行雕琢;使金子得到珍贵,就要有工匠将金子从沙金中淘出来。冶炼而为器,人皆视为宝。朕是藏在沙石中的金,裹在石头中的玉,而你则是一位良匠。朕离不开你啊!"

李世民将自己比喻为劣玉,而将魏徵喻之为琢玉的良匠。

"臣谢陛下的褒奖,但臣实在是有眼疾,难以胜任要职啊!"魏徵苦苦请辞。

李世民见魏徵辞意甚坚,无奈地说:"朕准了你,授你为特进,做个散官,仍知门下事。举凡朝廷奏章、国家典仪,均参与议论得失,流放、徒刑以上的罪刑,都由你审核上报;俸禄、吏卒等优待与职事官相同。"

魏徵立即跪拜:"谢陛下!"

特进品秩仍为正二品,同门下侍中,都是宰相级别。但特进是散官,不当值,不坐班,来去自由。

魏徵辞职,眼疾是否为真正原因?这是一个谜,通过魏徵的言语和一些事情,似乎从中可以找到些许答案。

魏徵"自以无功于国,徒以辩说,遂参帷幄,深惧满盈",这恐怕是魏徵辞职的真正原因。自己是一介寒儒,在唐朝立国、平定天下时毫无建树,玄武门之变时,尚是敌对力量,更是无功有过。仅凭几条建议就进入朝廷中枢机构,他心里不踏实，底气也不足，勉强进入开国元勋、秦王府旧属和士族达官、皇亲国戚组成的这个公卿集团，是注定要被见外的。所以，魏徵感到宰相的椅子不好坐，想要坐稳这把交椅，必须要迎接来自各方面的挑战，承受很大的压力。魏徵没有如此大的信心，他恐惧了，害怕了，有一种无法排除的自卑和孤独，这令他生出退却和逃遁的念头。

李世民对魏徵心态的变化要负主要责任，因为他们君臣之间的合作虽有十年之久，依然使魏徵感觉到自己是客，无法与皇上及一班同僚达到水乳交融的境界，这并非是魏徵过于敏感或疑神疑鬼，而是确确实实存在着无法克服的隔阂和身份障碍。尽管李世民从理性上认识到臣君之间应以诚信相处，不计前嫌，精诚团结。魏徵也强调君臣之间不应有芥蒂。而事实上，双方并不可能做到，疑忌之心根深蒂固，想抹也抹不掉。魏徵的身份和经历在李世民的心头总是一团抹之不去的阴影。玄武门之变之所以能夺得皇位，依赖的是秦王府的亲信。所以，魏徵不能得到完全的信任也是符合情理的，并不能完全怪李世民歧视。

李世民与魏徵之间一直存在一种戒备之心，有时会自然而然地流露出来。前几年李世民就曾因恼羞成怒而动了杀机，幸亏长孙皇后巧为劝谏，才将魏徵的一场大祸消弭于无形。魏徵事后虽略有所闻，但当时他并没有感觉到危机的存在。而之后发生的一件事情，使李世民与魏徵的君臣关系险些恶化到不可收拾的地步，这件事情在历史上鲜为人知，不妨在此简略介绍，还历史一个本色。

事情起因于李世民移建旧阁。由于耗资不薄，引来朝臣议论，他气愤地对侍臣说："朕疹病，移一旧阁，有人诽谤朕作望陵台，你们要将诽谤之人缉拿归案，严加审问，看其是何居心。"他又质问杨师道："你说姜行本作处，用了十车铜，听谁说的？"

杨师道回答说："臣是听魏徵说的。"

李世民接着问魏徵："你为何要无事生非？"

魏徵默不作声，不予回答，经李世民再三询问，魏徵才说："十车铜，是谏诤之语；臣若说出姓名，说话之人即是诽谤，必不益圣德。"

李世民恼怒地说："朕有事，都向你说，你是臣下，却不向朕说，朕尽心向你，你却不尽心向朕。"

李世民命御史将魏徵带出去鞫问，并对治书侍御史杜正伦说："朕于天下亦是有功，每至祠祭，虽不亲行，常心怀悚惧。魏徵与朕，非秦王府老部下之关系，是朕将他从罪犯之中赦免出来，给他出路，提拔、重用他，给他富贵和前程。朕向他问话，他竟然有所隐，不想回答。朕为天子，事天也畏敬于天，而魏徵事朕，却不尽心。昔萧何有大功于汉家，只为请上林地，汉高祖尚系械之，魏徵的功勋，岂能与萧何相比？朕是看他能直言谏诤，所以对他恩遇有加，他反而恃宠自骄。朕昔问房玄龄事，房玄龄说'不知'，魏徵当即奏称：'岂有人臣报主得有所隐。'朕今问他，他便不尽心。魏徵不知天高地厚，照他的想法，好像朝廷不重用于他，朝廷就不好，朕不听他的谏言，朕就是不讲道理。自古以来的帝王，没有魏徵，照样创造出太平之世。朕今天少了魏徵，朕的天下就没有了吗？"

魏徵见皇上动了真怒，只好如实奏称：

此阁初移，臣等面奉敕旨，本为避湿，所造不多；但众庶无知，或有谤议，臣初闻望陵台名，即欲内奏，仍与杨师道平章云："此名必是浪语，若出合名，百姓自然不惑。"师道语臣："有便即奏至尊，听其与说。"不愿即显姓名，非是欲私其人，故隐不道。陛下深居九重，细事不可亲见；臣作股肱耳目，非问无由得知。臣数日前见少府监官某乙，问访比来作司事务多少，他说："更无造作，事亦不多，但北门造阁处，须钉鍱甚急，恐少，便须市。"供作司唯恐阙乏获罪，臣即语云："移一旧阁，费用几何？"报臣云："虽是旧事料理，钉鍱须十车五车。"臣即向师道说。前日面奉进止，所造盖亦不多，役人又是丁匠，何因人有此语，师道共臣平章。只是至尊每事存养，无所造作，人见小小事，即以为多。百姓不可家至户说，那可彰其言语。

李世民看到魏徵的奏疏后，明白了个中缘由，便不再问。
几天后，李世民驾临百福殿，魏徵谢恩，李世民让韦挺传话说：

卿罪重于千钧，朕任卿使卿，逾于管仲，自近代已来，君臣相得，未似今日。昨问卿事，遂隐不言，朕今思量深可怪恨，向若遂即不道，终不与卿相见。欲论十年任使，一朝遂失，朕意可不惜邪？赖卿出外列其姓名，朕录卿忠诚，所以不责。

魏徵回答:

臣本九泉下人,蒙陛下拔擢,职在中枢,已经十年,情有所守。昨日遂被闻奏,罪该万死。陛下平一海内,爱养生人,天授明德,情存至化,军国机务,皆出圣躬,臣承受不暇,有何功绩,昨日若死,今日无由奉见圣颜。

看来,只要遇到不愉快的事,李世民就要揭魏徵的老底,撕他的伤疤,并将魏徵在历史上做过降房,当过东宫党人的经历挂在嘴边。这件因移建一座旧楼而引起的龃龉,足见李世民还没有从内心里扭转对魏徵的疑防态度。可见玄武门之变时的阵营关系,仍然像永不消逝的魔障,存留在李世民的记忆中。成见,是非常可怕的,魏徵终其一生,始终未能掌握国家的政务大权,恐怕也与此有关。

后人有诗咏叹李世民因修典而欲得《兰亭序》:

盛世修典荫子孙,引来君王羡兰亭。
钦遣文臣赴江南,觅求名帖充雅人。

又有诗叹魏徵辞职:

魏徵辞职为哪般?君臣猜疑受熬煎。
莫道诤相不畏死,天威难测心也寒。

第50章　兰亭序之谜

兰亭是会稽山北的一处古老名胜，那里有崇山峻岭，茂林修竹，左右有弯弯的曲水。相传东晋永和九年（353年）三月三日这一天，"书圣"王羲之邀谢安、孙绰等四十一人到会稽山北的兰亭"修禊事"，也就是到水边嬉戏采兰，以驱除不祥。大家都是文人雅士，曲水流觞，赋诗唱和，共得佳作四十余篇，编成一本诗集。大家公推王羲之为诗集作序。王羲之不推辞，用蚕茧纸、鼠须笔，乘着酒兴，一挥而就，这就是被历代书家公认为举世无匹的天下第一行书《兰亭序》，又叫《兰亭集序》。

《兰亭序》共二十八行，三百二十四字，是王羲之乘着酒兴信手写来，字体遒媚劲健，潇洒流畅，气象万千，其中二十多个"之"字，无一雷同。

第二天，酒醒之后的王羲之对照昨日醉书的《兰亭序》又写了几遍，但是无论如何也写不出昨日之风采。王羲之感叹地说："此神助耳，吾何能力致。"因此，他非常珍惜这篇醉后之作《兰亭序》，作为传家之宝，交付子孙传藏，一直传至七世孙智永。智永少时出家，酷爱书法，他没有子嗣，圆寂前，将《兰亭序》传给弟子辨才和尚。辨才和尚对书法造诣颇深，知道《兰亭序》是无价之宝，将其作为镇寺之宝，藏在寺中，从不示人。

王羲之在世时，书法就备受世人追捧，死后更是趋之若鹜，一张小小的王羲之便帖，能卖出上千铜钱的高价。《兰亭序》是王羲之的精品，一直被家人收藏，更增添了神秘感，世人只知有《兰亭序》，却没有人能见其真面目。

李世民也是书法爱好者，也想得到这幅稀世珍品，他一再提到要见《兰亭序》的真迹后才写《王羲之传》，其实有其不可告人的目的。

江南会稽山下的永欣寺，朝拜的香客进进出出，监察御史萧翼夹杂在众香客中。

萧翼来到永欣寺后，将永欣寺的前前后后、内内外外转了个遍，然后来到大雄宝殿，在如来佛祖的塑像前恭恭敬敬上了一炷香，捐了五贯香火钱。敲木鱼的小和尚见萧翼捐这么多香火钱，连忙站起来作揖道："阿弥陀佛，多谢施主，施主修善积德，一定会得到善报！"

"小和尚不必客气，些许捐赠，不足挂齿！"萧翼揖首虔诚地说。

"施主请到禅房看茶，贫僧这就去通报主寺长老！"

原来，永欣寺有个不成文的规矩，但凡一次捐资一贯钱以上的香客，寺院要向香客献茶，二贯钱以上者，住持长老要亲自出面招待。当时的粮食价格是斗米五文钱，一贯钱可买二十石米，萧翼捐五贯钱，是很大一笔捐资。难怪小和尚如此客气。

萧翼在上山之前，早就打听到其中奥秘，他捐资五贯，就是要借机接近辨才和尚，见小和尚请他到禅房献茶，心中窃喜，第一个目的达到了。

永欣寺的禅房里，身披袈裟的辨才和尚盘腿坐在铺垫上，双眼微闭，左手竖于胸前，右手拿一串佛珠，不停地拨动，口里念诵《金刚经》；左边有一老仆人蹲在风炉旁，炉上放一口锅，锅中水已煮沸，放入茶叶，老仆人手持茶夹子搅动茶汤，一旁，一名童子手持木托盘，正在小心翼翼地准备分茶。矮几上，放着茶碗、茶罐等饮茶用具。

小和尚进来后，在辨才和尚身边耳语了几句，辨才和尚睁开眼，一道精光射向站在门边的萧翼身上，随之精光内敛，起身作揖道："施主请进，请上坐！"

萧翼在矮几的凳子上坐下，小和尚将铺垫挪到萧翼对面的矮几旁，辨才和尚重新盘腿坐在铺垫上，童子端上两杯热气腾腾的香茶，辨才和尚一伸手道："施主请！"

萧翼左手端起茶杯，右手拿起杯盖，将浮在面上的茶叶拨了拨，轻轻地吹了吹，呷了一口茶。辨才和尚问道："请问施主尊姓大名，家住何方？"

"在下姓萧、名翼，河南洛阳人氏！"

"第一次来会稽山？"

"第一次来会稽山，也是第一次来江南。久闻会稽山香火兴旺，今日一见，果然所言非虚。"

"施主到江南来游山玩水？"

"经友人介绍，在绍兴城设馆授徒。"

听说是绍兴城设馆授徒的先生，辨才和尚对萧翼更是敬重，一阵交谈，两人一见如故，很快就成了无话不谈的朋友。吃过斋饭之后，萧翼指着墙上的几幅字问道："请问大师，墙上的字幅出自何人之手？"

辨才和尚笑了笑道："老衲闲来无事，练练手而已，让先生见笑了！"

萧翼惊讶地说："笔法秀逸，墨彩艳发，颇有王羲之之风范，古刹之中，竟有如此雅士。住持真乃隐世高人。"

辨才和尚问道："先生喜爱王羲之书法？"

"不仅喜爱，简直是爱不释手，王羲之的真迹随身携带，只是不知住持也好此道，今天不曾带在身边。"萧翼有些惋惜地说。

辨才和尚惊问道："先生有王羲之的真迹？"

"留在绍兴城学馆之中，今天不曾带在身边。"

"啊！"辨才和尚显得很失望。

萧翼瞟了辨才和尚一眼说："大师不必失望，下次上山，在下一定将王羲之的真迹带上来，让大师一睹为快。"

辨才和尚高兴地作揖道："老衲先在这里谢过了！"

萧翼下山之时，辨才和尚一直将他送至山门，一再嘱咐，一定要再上山来，萧翼满口应承。下山的路上，心情格外高兴，因为今天他顺利地同辨才和尚扯上了关系，照此发展下去，完成皇上交办的任务大有希望。

数日后，萧翼再上会稽山，刚进入永欣寺，小和尚上前揖首道："阿弥陀佛，萧施主好！"

"小和尚好，辨才大师可在寺中？"

"住持在经房诵经，施主请随我来！"

萧翼随小和尚来到经房，辨才和尚刚诵读完一段《金刚经》，见小和尚领萧翼进了经房，连忙离座道："阿弥陀佛，萧施主贵客，请坐！"

萧翼坐下后，乘小和尚沏茶之机，扫视了一下经房，除辨才和尚身边的桌子上堆着一摞经书外，墙边一排木架上，也摆着不少的经书，四周的墙上，贴着抄写的经文，他在抄写的经文下慢慢地转了一圈，夸赞道："这些经文条幅，笔力不俗，颇有王羲之之遗风，想必都是出自大师之手？"

"老衲对王羲之的书法，只识皮毛，未见精髓，只是揣摩而已，让萧施主见笑了。萧施主上次说的王羲之真迹，可曾带来？"

萧翼回到桌边，将刚才小和尚沏的茶挪到一边，从袖中取出两个卷轴，神秘地对辨才说："大师你看，这就是王羲之的手笔，货真价实。"

辨才和尚取过卷轴，打开一看，果然是王羲之的两封信札，仔细看了一会说："果然是王羲之的真迹，实在是难得。"

萧翼指着墙上辨才和尚书写的经文道："大师书写的经文，很多地方颇有王羲之的遗风，这一'点'我看就有七八分像了，想必大师经常临摹王羲之的字帖吧？"

辨才大师也是一时高兴而忘乎所以，忘情地说："本寺也收藏了一幅王羲之真迹……"话刚出口，他就后悔了，抬手打了自己一嘴巴。

萧翼假装关心地说："山上有蚊虫吗？"

"刚才被蚊子咬了一口。"辨才和尚懊恼地说。

"大师所藏王羲之真迹，可否也让在下一饱眼福？"

辨才和尚心里虽然一百个不愿意，但泼水难收，话已出口，想不承认也不行，况且人家已经将王羲之的真迹率先拿出来，自己既然亲口说有王羲之的真迹，不拿出来，似有些于理不合，只好说道："施主稍等片刻，老衲去去就来。"说罢进了内间密室。

萧翼轻手轻脚地踱到密室门口，透过门缝，看到辨才和尚取下墙上的一幅条幅，突然，他听到外面有脚步声，立即转身来到桌边，假装看桌上的字帖。

不一会，辨才和尚手拿一个素绢包裹回到经房，将包裹放在桌子上，小心翼翼打开包裹，取出一件书帖摊放在桌子上，萧翼一看，正是王羲之的《兰亭序》，心里虽然狂喜，但却不露声色，仔细看了看，有些失望地摆摆头说："这就是大师所说的王羲之的珍品？"

"有问题吗？"辨才和尚紧张地问。

萧翼指着《兰亭序》上的几个字道："大师你看，这几个字貌似神不似，你看这一点，实在是与王羲之的真迹相差甚远，此帖恐怕是一赝品。"

辨才和尚很生气地说："此帖是老衲的师傅智永和尚亲传，他是王羲之的七世孙，《兰亭序》是他的家传，焉能有假？"

"智永和尚是王羲之的七世孙不假，但这并不能证明此帖就是《兰亭序》的真迹！王羲之书写《兰亭序》至今已有二百多年，中间相隔几代人，或许有人做了手脚也说不定！"

两人正在为《兰亭序》的真假争持不下，一个小和尚来报，说山下的卢员外家要做法事。辨才和尚对小和尚道:"叫他们稍等片刻,老衲马上就去!"

萧翼见辨才和尚有事,识趣地说:"住持有事,在下告辞!"

"今天老衲实在有事,施主明天再来如何?"

"明天学馆有事,后天一定来,行吗?"

"好的,老衲不送了!"

萧翼告辞老和尚,出了永欣寺,一个人悠闲自在地向山下走去。走近半山腰一个凉亭旁,进去坐了一会,远远看见辨才和尚同几个小和尚,带着做法事的全套道具向山下走去,他走出凉亭,故意慌里慌张地向山上跑去,迎上辨才和尚,气喘吁吁地说:"大师,在下的字帖遗在经房。"

"啊!"辨才和尚边走边说道,"老衲要下山做法事,你自己去取好了。"

萧翼看着远去的辨才和尚,会心地笑了。由于刚从经房出来,再次进入经房,是一件很正常的事情,寺中的和尚点点头,算是打了招呼,谁也没有阻拦或跟他到经房的意思。萧翼一个人大摇大摆地进了经房。见自己的两封信札还在桌子上,《兰亭序》却不见踪影,他迅速地扫视了一下四周,见没有人注意他,一闪入了密室,紧张地将密室扫视一遍,直接来到挂在墙上的条幅旁,伸手取下墙上的条幅,谁知条幅后面的墙壁同四周似乎没有什么区别,他不甘心地伸手在墙上拍了拍,听到一种"嘭嘭"的声音,再在墙上其他的地方拍了几下,传出的是"啪啪"的声音,再在条幅后面的墙上拍了两下,传出的仍然是"嘭嘭"的声音,根据声音判断,条幅后面是空的,他用力推了一下,墙壁有所松动,再通过几个方向试了几下,终于打开了一个小门,展现在眼前的是一个小壁柜,素绢包裹就放在里面,他飞快地取出包裹,打开素绢,取出《兰亭序》塞入袖中,重新将包裹包好放进壁柜,关上柜门,挂好条幅,一闪出了密室,扫视一下四周,见没有人注意经房,信步出了经房,若无其事地同小和尚点点头,走出永欣寺。

辨才和尚做完法事回到永欣寺,已经是半夜时分,他询问寺中小和尚,萧施主走了没有,小和尚回答说早就走了。他放下法事道具,快步来到密室,取下墙上的条幅,打开壁柜,看到素绢包裹完好无损地放在里面,这才松了一口气,关上柜门,挂上条幅,准备转身离去,想了想,觉得不放心,重新取下条幅,打开壁柜,从壁柜内取出素绢包裹,小心翼翼地打开包裹一看,辨才和尚惊呆了，因为包裹里什么也没有。不用问，他就知道这件事情是谁干的，大叫道："好一个衣冠禽兽！"

有诗为证：

> 君王爱帖原无错，错在派人去行窃。
> 堂堂朝廷一御史，竟是偷鸡摸狗客。

第51章　梁上君子

李世民手捧《兰亭序》，喜悦之情溢于言表。他将房玄龄、长孙无忌、魏徵、萧翼及书法名家冯承素、欧阳询、褚遂良、虞世南、阎立本等召到两仪殿，兴奋地对大家宣布，他得到了王羲之的真迹《兰亭序》，并叫萧翼向大家说说得宝经过。

萧翼犹豫了半天，还是将得到《兰亭序》的过程如实地说了一遍。

大家纷纷夸赞萧翼足智多谋。魏徵两眼盯着萧翼，一言不发。房玄龄觉得奇怪，不解地问道："魏大人，为何不讲话呀？"

魏徵看了他一眼，还是不作声。

"魏徵，怎么回事？"李世民问道。

魏徵冷笑一声，还是不说话。

"有话就讲吗！为何冷笑！"李世民脸上有些挂不住了。

"真的要臣讲？"

李世民似乎觉得有些不对劲，但话已出口，也不便收回。

"陛下梦寐以求的《兰亭序》，今日如愿以偿，臣在这里恭贺了！"

"应该的，应该的！"李世民哈哈大笑。

魏徵转向萧翼作揖道："萧御史立此旷世奇功，可贺，佩服！"

萧翼不知魏徵葫芦里到底卖的什么药，笑眯眯地还了一揖，算是回答。

"陛下！"魏徵一脸肃容地说，"《兰亭序》来路不正，臣要参萧翼一本！"

本来是一个很热闹的场面，魏徵从中插这么一杠，大家顿时傻眼了。

李世民不解地问："萧翼有勇有谋，智取《兰亭序》，朕正要给予赏赐，你为何要参他？"

"好一个有勇有谋，智取《兰亭序》，梁上君子罢了！"

"魏徵，你……"萧翼跳了起来。

"别插话，让他说。"李世民一脸的不高兴，摆摆手。

萧翼怏怏地闭口不言，狠狠地瞪了魏徵一眼。

"陛下肃正朝纲，整顿吏治，以德治天下。萧翼身为朝廷大臣，为取得陛下欢心，视大唐律法于不顾，行鸡鸣狗盗之事，偷窃永欣寺的镇寺之宝《兰亭序》。陛下，你说臣这一本该参不该参？"好一个魏徵，他不但狠狠地参了萧翼一本，同时也将李世民拉了进来，意思是：陛下，你也脱离不了干系，你身为一国之君，难道连这个道理也不懂吗？

李世民愣在当场，一言不发。在场的各位大臣也都目瞪口呆，你看看我，我看看你，谁也不敢出声。他们心里都知道，魏徵说得有理。

房玄龄说："萧翼赴江南，是你举荐的吧！"

"对呀！"李世民好像也找到了理由，"这个主意还是你出的呢！"

"臣举荐他，是要他凭智慧、通过合法途径获取《兰亭序》，并不是要他去偷，如果要偷，雇一个江洋大盗即可，何必要朝廷大臣呢？"魏徵话锋一转说，"不过，我自请罚俸半年，以作误荐的惩罚。"

"罚俸半年，老婆孩子喝西北风去呀？"李世民调侃地说。

"想来臣还不至于饿死吧！"

"《兰亭序》怎么办？"李世民问道。

"《兰亭序》是赃物，陛下实在是要收藏的话，最好是给在场的各位大臣发一笔封口费，叫大家千万不要将这件事说出去了。还要给绍兴知府发一道圣旨，叫他们不要受理永欣寺辨才和尚《兰亭序》失窃的报案，否则，追查到皇宫里来，那可就纸包不住火了。"

"你说《兰亭序》是赃物，又叫朕留下，这不是害朕吗？"

"《兰亭序》是旷世之宝，万金难求，陛下既然得之，赃物又何妨？"

"朕虽然很想得到《兰亭序》，但如此得法，似乎有些不妥吧！"

"陛上也觉不妥？"

李世民点点头，算是回答。

"臣有一个办法，可保陛下能永久收藏《兰亭序》。"

"什么办法？"

"将《兰亭序》还给辨才和尚。"

"还给辨才和尚？"

第 51 章 梁上君子

"然后再通过正当途径取得此帖。"

"这件事就交给你办。"

"臣办不了这件事，但有一人，可担当此任。"

"谁？"李世民迫切地问，在场各位大臣的目光一齐射向魏徵，等候他的回答。

"解铃还需系铃人。"魏徵指着萧翼说，"此事还得萧大人走一趟。"

萧翼气呼呼地道："要去你自己去，何必又要扯上我。"

李世民有些幸灾乐祸地望着魏徵，故意不发一言，在场的各位一时也不知所措。

"萧大人，你不要好心当作驴肝肺哟！"

萧翼作揖道："你的好心我领教了！"

"萧大人，你身为朝廷大臣，真的愿意背上偷窃之名吗？堂堂的朝廷大臣，竟然是一个梁上君子，你这个监察御史还能当吗？"

"这……"萧翼一时语塞。

"我之所以推荐你，是想给你一个机会，让你将功补过，你如果能顺利地通过正当途径拿回《兰亭序》，我会再向皇上奏一本。"

"这要看朕准不准！"李世民故意幸灾乐祸地说。

"除非陛下不想要《兰亭序》。"

李世民故意不理不睬。

"可惜呀！监察御史竟是梁上君子，大唐皇帝收藏赃物。"魏徵转身问杜正伦，"知起居事，这件事情该怎么记？"

知起居事是史官，负责将皇帝的一言一行记录在案，编成《起居注》以传后世。李世民在贞观之初创导开明政治，命令三品以上官员入朝奏事，要让谏官随行，史官在侧记事，他所说的史官就是知起居事。

杜正伦答道："我的职责是记言，陛下和大臣说了什么话，做了什么事，如实记载而已。"

魏徵看着李世民，意思是说：史官就在这里，一定会将这件事记下来。

李世民自知理亏，只好求助地看了房玄龄一眼，房玄龄会意地站出来说："魏大人，陛下刚才只不过是同你开个玩笑，有什么好主意，你还是说吧！"

魏徵向李世民问了一句："真的吗？陛下！"

李世民笑了笑，算是回答。

"那我就说了？"魏徵故意问道。

"说吧，说吧，啰嗦什么？"李世民不耐烦地说。

"如果萧大人能顺利地拿回《兰亭序》……"

李世民抢着说："朕还是要赏他。"

"将功补过，功过两抵。"

"那还是你去吧！"萧翼赌气地说。

"假如我去了，监察御史这把椅子的脚可就断了哟！"魏徵调侃地说。

"你……"萧翼跳了起来。

房玄龄解围道："解铃还需系铃人，此话不错，恐怕只有麻烦萧大人再走一趟了。"

"萧翼，你就再走一趟吧！《兰亭序》你是怎样带去的，就怎么给朕带回来，少了一个角，朕拿你是问。记住，这次可不得授人以柄。"李世民扫了一眼魏徵，转身入了后堂。

会稽山的山路上，众衙役簇拥着两乘官轿向永欣寺行进，前面官轿坐的是钦差大臣萧翼，后面官轿坐的是绍兴知府刘子贵。早在三天以前，绍兴府就知会了永欣寺。

辨才和尚得知钦差大臣和绍兴府知府要来永欣寺上香，安排小和尚将上山的道路和寺庙里里外外打扫得干干净净。听到外面的鸣锣开道声，立即带领寺庙里的僧人迎出山门。

萧翼和刘子贵也远远地下了官轿，大步向寺庙走来，辨才和尚迎上前去："阿弥陀佛，老衲率本寺全体僧众迎候钦差和知府大人！"

知府刘子贵显然与辨才和尚相熟，主动上前介绍说："辨才大师，这是钦差萧大人！"

辨才和尚抬头一看，觉得这位钦差大人眼熟，以为自己眼花了，抬手揉了揉，仔细一看，心里想，这不就是那个偷走《兰亭序》的窃贼吗？怎么成了钦差？刘子贵可不知他们的过节，上前道："愣着干什么，前面带路呀！"

大家刚进寺内，萧翼对知府耳语了几句，直接向寺内禅房走去。刘子贵来到辨才大师身边道："辨才大师，走，到后面去说话。"

辨才和尚随刘子贵来到禅房，萧翼见辨才和尚进了禅房，从袖中取出一个卷轴，双手递上道："辨才大师，前次看到《兰亭序》爱不释手，带回住所准备临摹一份，不想皇上急召本官回京，来不及归还字帖，让大师受惊了。"

辨才和尚也不说话，接过卷轴，打开一看，果然是本寺的《兰亭序》，轻轻地吐了一口气，作揖道："多谢钦差大人，不知大人有急事缠身，差点引起了老衲的误会。"

"都是本官的不是，让大师操心了！"

"完璧归赵，大师该放心了吧？"知府刘子贵问道。

"老衲本善于相人，萧大人天庭饱满，地角方圆，是个富贵相，绝不是偷鸡摸狗之辈，根本就不担心，更谈不上不放心了。"辨才和尚见《兰亭序》失而复得，竟自夸自己识人起来。

"不过，本官也给大师带来一个不小的麻烦。"

辨才大师紧张地问："什么事？"

"本官将《兰亭序》带回京城，不想被皇上看到了，皇上见到《兰亭序》，爱不释手，一定要留下，本官对皇上说：此帖非臣之物，臣实在做不了主。皇上问，是谁的，本官说是永欣寺辨才大师的。"

"你真的是这样讲的？"辨才大师痛苦地说，"完了、完了，萧大人，你害死老衲了！"

"怎么回事？"萧翼明知故问。

"皇上曾召老衲进京，多次要高价购买《兰亭序》，老衲拒不承认持有《兰亭序》，你说此帖是老衲的，老衲不是犯了欺君之罪吗？这该如何是好哟！"

萧翼向知府刘子贵使了个眼色，刘子贵上前劝道："辨才大师不必犯难，本官倒有个主意，能使你渡过此关。"

"大人有何良策？"

"大师如果能忍痛割爱，这件事就好办了。"

"《兰亭序》是尊师智永大师的传家之宝，二百多年来从不示人，如果在老衲手中失去，九泉之下，老衲将有何面目去见师尊啊！"

刘子贵献计道："以本官之见，大师不如变被动为主动。"

"此话怎讲？"

"普天之下，莫非王土，率土之滨，莫非王臣。大师虽为方外之人，如果皇上真要此物，圣旨一到，你给也得给，不给也得给，与其这样，大师干脆主动将《兰亭序》献给皇上，皇上一高兴，说不定还有重赏呢！"

"大师如果将《兰亭序》献给朝廷，本官可在皇上面前举荐大师到长安城的慈恩寺谋个职位，你看如何？"

辨才和尚摇摇头说。

"如果不想离开永欣寺，朝廷可拨一笔巨款，重修永欣寺，你看如何？"

辨才和尚真的为难了，如果答应献出，则有负恩师重托，如果坚持不给，能保得住吗？怪只怪自己不该将《兰亭序》出示于人，致使自己身陷进退两难的境地。

绍兴知府刘子贵适时地说道："辨才大师，迟得不如早得，早得不如现得，机不可失，时不再来哟！到时落了个人财两空，悔之晚矣！"

"罢了！罢了！"辨才和尚无奈地说。

"大师可有了主意？"萧翼问道。

"老衲愿将《兰亭序》献给皇上！"

"大师可愿到长安慈恩寺去？"

"恩师将《兰亭序》托付于老衲，老衲无能，保不住，如果再弃永欣寺而去，九泉之下，还有何面目再见恩师？"

"好，本官将面奏皇上，拨款一百万，重修永欣寺。"萧翼说，其实，这些都是出京之前，李世民早就许诺了的。

李世民得到《兰亭序》，爱不释手，朝夕观览，并召冯承素、虞世南、褚遂良等书法名家摹拓十本赐给近臣，后来，又找来当时有名的拓帖能手多人，采用双线勾填的方法，分别拓印了几个版本。

双线勾填法，又叫双勾描、双勾描勒，就是用很薄且透明的纸罩在上面，先把笔划的两边描上，然后填上墨，双勾描也是因这种描摹而得名。

据说李世民死后，将《兰亭序》真迹作为陪葬品带进了昭陵。后人再也无缘看到《兰亭序》的真迹，流传后世的《兰亭序》并不是王羲之真迹，大多是那时由李世民组织人临摹和拓印的，其中最逼真的是冯承素摹本，因帖前后印有唐中宗李显"神龙"年号，小印各半，故又称为"神龙本"。

后人有诗咏叹萧翼二下江南：

两下江南为名帖，一去一来身份改。
先是充着梁上客，再去摇身变钦差。

第 52 章　皇后临终箴主

长孙皇后身为国母，天性仁厚、贤德，生活俭朴，喜欢读书，虽不曾干预朝政，却也常同李世民谈古论今，劝诫李世民抑恶扬善，提出不少好的建议，并为李世民采纳。贞观六年（632 年），魏徵因进谏逆鳞而触圣怒，李世民失去控制、动了杀机，她适时地站出来劝谏皇上，以国母身份保护着她的臣子。

皇后执掌后宫，对宫女这样的下人，也是关爱有加，不吝照抚。

有一次，李世民罢朝回后宫，跨进宫门与一名正欲出门的宫女撞个满怀，宫女手中的托盘摔落地上，茶杯摔得粉碎，残茶溅得满地都是，李世民双脚溅满了水，龙袍下摆沾了不少茶叶。在场的太监、宫女见宫女闯了大祸，全都惊呆了。长孙皇后也看到了这一幕。李世民本就因刑部出了点问题而生气，回到后宫又遇到这种不快之事，气不打一处来，伸手打了呆若木鸡的宫女一巴掌："来人！"

两名侍奉太监应声而至。

"把这个奴才推出去斩了！"

长孙皇后见李世民一脸怒容，知道他心情不好，回到后宫才迁怒于宫女，正欲起身训诫犯错的宫女，不想皇上盛怒之下口谕已出，犯错宫女命悬一线。

"慢！"长孙皇后佯装恼怒地走来，冲着呆若木鸡的宫女斥责道，"该死的奴才，本宫平时是怎样教你们的，毛手毛脚，还不快给皇上请罪！"

宫女如梦方醒，惊惶失措地跪下，战战兢兢地说："奴才该死！皇上饶命！"

长孙皇后对闻声而至的几名太监呵斥道："将这个奴才捆了，拖下去听候处置！"

皇后的话，就是懿旨，不过，这个懿旨却悄悄地改了皇上的口谕，李世民说的是"拖出去斩了"，皇后说的是"拖下去听候处置"，一字之差，可是人命关天。

长孙皇后接下来又满脸堆笑地劝道："陛下息怒，别跟下人生气，为这点小事气坏了身子不值。"接着俯下身，弹去溅在李世民龙袍上的茶叶。站起来对站在一旁的宫女道："愣着干什么？还不快侍候皇上更衣！把地上收拾干净！"

　　宫女们立即行动起来，有的帮李世民脱下溅湿了的龙袍，有的去内间拿来替换衣服，有的清扫弄脏了的地板。

　　李世民换好衣服，仍是余怒未消，一名宫女端上刚沏好的热茶："皇上请用茶！"

　　李世民接过茶杯，放在茶几上。长孙皇后满脸堆笑地问道："此许小事，何必生这么大的气呀？"

　　"那些人就知道阿谀奉承，不干实事！"李世民怒气未消地说。

　　长孙皇后见李世民说到政事，没有回话，乘机说道："陛下日理万机，国家大事都忙不过来，何必为下人生气呢？臣妾执掌后宫，宫女有失，是臣妾不教之过，些许小事，不劳陛下费心，还是交由臣妾按宫规处置吧！何必动用国法呢？"

　　李世民看了皇后一眼，没有作声。

　　皇后接着说："如果按大唐例律处罚，宫女只是过失，不至于问斩吧？"

　　"好吧，这件事就交给皇后处置。"李世民意识到刚才对宫女的处罚过重，干脆就让皇后处理。

　　"谢主隆恩！"长孙皇后笑着说。

　　可想而知，皇后处理，一定是免了宫女死罪，至于活罪如何，不得而知，但总比丢了性命强。宫女闯下的滔天大祸，就这样被长孙皇后消化于无形。

　　此后，后宫再未出现枉滥刑罚的事情。

　　宫中自妃嫔以下，凡有疾病，皇后皆亲自探视，并拿自己的药物饮食供其服用，宫中人人都爱戴皇后。皇后训诫几个儿子，常常以谦虚节俭为主。太子的乳母遂安夫人曾对皇后说，东宫的器物用具较少，请求皇后奏请皇上增加一些。皇后不允许，说："身为太子，考虑之事应在于德行不立，声名不扬，为何要追求太多的器用之物呢？"

　　有慈母的教诲，众皇子多能循规蹈矩，不敢越雷池，李世民从不为此分心。

第52章 皇后临终箴主

李世民征战一生，身患多种疾病，皇后精心侍候，常常昼夜不离身边。并经常将毒药系在衣带上，她常对人说："皇上如有不测，我也不能独活。"

皇后患气喘病多年，自随李世民幸九成宫受惊后，病情更加沉重。贞观十年（636年），病情进一步恶化，宫中御医精心调治，也未见病情好转，沉重的病情将一个天姿国色的美皇后折磨得十分憔悴。

在皇后身边服侍的太子李承乾面对日渐消瘦的母后，心如刀绞，他哭泣地密奏道："母后，该用的药都用了，母后凤体却未见好，儿臣要奏请父皇，大赦天下、度俗人出家，为母后积德，乞求上天保佑母后早日康复。"

"死生有命，人力岂能改变？"病床上的长孙皇后上气不接下气地说。

"母后，你就答应孩儿吧！祈祷上天，一定会为你添寿。"

长孙皇后回答说："行善积德便有福祉，我素来积善修德，不是为恶之人，从来没有做过亏心事，胡乱求福有什么用呢？大赦是国家大事，不可轻言，不必为我一妇人而乱天下之法！"

太子不敢上奏，私下找房玄龄说明情况。

房玄龄关心地问："太医看了吗？怎么说？"

"太医束手无策！"

"有这样严重？"房玄龄吃惊地问。

李承乾乞求道："房宰相能否奏请父皇大赦天下，度人入道，为母后积德？"

"皇后意下如何？"

"母后不答应，我是背着母后来找房宰相的。"

房玄龄说："太子殿下请放心，微臣一定要向皇上力荐此事，求上天保佑皇后。"

这一天早朝，房玄龄出班奏道："陛下，臣有本要奏！"

"请讲！"李世民坐在龙椅有些精神不振。

"皇后凤体不调，臣奏请陛下大赦天下，度人入道，为皇后祈福添寿。"

李世民与皇后是结发夫妻，十分恩爱，听到房玄龄提到皇后的病情，百感交集，不由掩面而泣。魏徵随即出班附和道："陛下，臣也赞成房宰相的意见，大赦天下，为皇后祈福添寿。"

皇后病重的消息早已在朝野传开，上至文武百官，下至黎民百姓，都为皇后的病情担忧,甚至有人昼夜烧香,为皇后祈福。群臣听到房玄龄奏请和魏徵的附和,也纷纷表示赞同。

"大家心意如此,朕替皇后谢谢大家!但大赦天下是国家大事,是否要从长计议?"以李世民的想法,只要能使皇后的病情好转,要他做什么他都愿意,只是大赦天下事关重大,所以他一时难下决心。

群臣七嘴八舌,请李世民大赦天下,为皇后祈福。

朝廷大赦天下的消息很快就传遍后宫,宫女们奔走相告。

长孙皇后大惊,从病榻上爬起来,对身边的宫女道:"快,扶我起来,我要见皇上!"

"皇后,你重病在身,见不得风!"宫女带着哭腔劝道。

皇后不听宫女的劝告,拖着风吹即倒的病体,在宫女的搀扶下来到弘文殿求见李世民。

李世民大吃一惊,连忙赶上前去扶着皇后道:"皇后,有什么事,派人讲一声,朕即刻就到,何必亲自拖着病体到这里来呀?"

长孙皇后咳了咳道:"臣妾听说皇上要大赦天下为臣妾祈福,可有此事?"

"这是朝政之事,皇后就不要管了!"李世民苦笑着说。

"如果是朝政,臣妾自当不管,但皇上如此兴师动众,却是为了臣妾一人,臣妾岂能心安?"

"皇后,这事不用管,朕自有分寸。"李世民对宫女道,"快,扶皇后回后宫休息。"

"皇上如果不答应臣妾,臣妾就不走了!"皇后说罢,坐在宫女搬来的椅子上。

李世民动情地说:"皇后,你这又是何苦呢?"

"皇上,死生有命,富贵在天,阎王要人三更走,不会留人到五更,你就不必为臣妾一人坏了国家的法度呀!"长孙皇后有气无力地刚说完,又猛烈地咳了起来。

"好、好,朕依你,走,朕送你回后宫!"

贞观十年(636年)六月,长孙皇后已病入膏肓,当时房玄龄因事遭到处罚受谴赋闲在家。弥留之际,她对李世民说:"房玄龄跟随陛下时间最长,小

第52章 皇后临终箴主

心谨慎,做事缜密,不曾有一丝泄露,实在是忠心耿耿、不可多得的干臣,如果没有大错,皇上不要抛弃他。"

贤德皇后在她生命即将走到尽头的时候,考虑的不是个人身后之事,仍然以国母的身份关心她的臣子,坦露一个伟大母亲宽宏的襟怀。

李世民拉着皇后的手,泣不成声地说:"朕知道了,朕马上下旨,命房玄龄官复原职。"

"古人说:'家有诤子,不败其家;国有诤臣,不亡其国。'臣妾去了,今后就没有人提醒陛下了,陛下一定要记住这句话呀!"长孙皇后语重心长地说。

"嗯!"李世民顺从地应了一声。

"魏徵博古通今,洞察秋毫,只是性格有些倔强,但却是一个千古难得的诤臣,有时他的言词确实很激烈,很难听,但却是出于一片忠心,良药苦口利于病,忠言逆耳利于行,不要动不动就说杀了这个田舍翁,他可是贞观一宝啊!"

"这个朕知道,杀了田舍翁,只不过是气话而已,这多年来,朕对魏徵的话,不都是言听计从吗?"

"如果没有房玄龄等能臣辅佐,没有魏徵这样的诤臣时刻提醒,陛下很难治理好国家,贞观盛世,他们功不可没。"长孙皇后说到这里又猛烈地咳了起来。

李世民忙接过宫女递过来的热茶,左手挽住皇后的腰,右手端着茶杯给皇后喂了一口茶,然后将茶杯交给身边的宫女,接过宫女手中的手帕,抹去皇后流到口边的茶水。

长孙皇后继续说道:"欲使大唐长盛不衰,皇上一定要亲君子、远小人、纳忠谏、弃谗言,臣妾活着的时候虽从不干预朝政,但有时也提醒,我死之后,就没有人常在皇上身边提醒了,皇上可不要忘了啊!"

李世民抽泣地道:"朕知道!朕知道!"

"臣妾还有个请求。"长孙皇后满怀期待地望着李世民。

"有何要求只管说,朕无不答应。"

"长孙家族并无甚大功勋、德行,只是臣妾有缘与皇上结为夫妻,他们沾亲带故得到禄位,既然不是因德行而升至高位,便容易遭灭顶之灾,要使其子孙得以保全,臣妾恳求陛下,不要安置长孙家族中人担任朝廷要职,只是以外戚身份定期朝见皇上就够了。陛下如果有心照看,给一个散官闲职就可以了。"

李世民万万没有想到，皇后会提出这个要求，如果是要求照看她的族人，他一定满口答应，对于这个要求，他有些犹豫了。

"皇上……"长孙皇后见皇上没有回答，轻轻地叫了一声。

"好、好，朕答应你！"为了稳定皇后的情绪，李世民只好违心地答应了。

长孙皇后脸上露出满意的笑容，继续说道："自古圣贤都崇尚俭朴节省，唯无道之世，才大兴土木建造墓地，耗费大量的人力、物力、财力，为智者所耻。我活着的时候无益于人，死后也不可以害人，请陛下不要为我建陵墓而浪费国家之财，只要依山做坟，瓦木为随葬器物就可以了。如此，就是陛下对我的最大纪念。"

听到皇后如此说，寝宫哭声一片。

长孙皇后又说："臣妾希望陛下亲君子，疏小人，纳忠谏，弃谗言，节省劳役，禁止游猎……"长孙皇后似乎没有说完，但却永远闭上了眼睛。

贞观十年（636年）六月二十一日，一代贤后，怀着一颗母爱之心，怀着对人生的无比眷恋乘鹤仙去。同年十一月，李世民下令，将皇后葬于昭陵，丧事遵皇后遗愿，一切从简。

长孙皇后逝去，李世民失去一位贤妻，整个国家也遭到莫大的损失，这种损失，非一般人所能见。有人说，李世民其实只是贞观之治的一个中心人物，那个年代，真正的灵魂寄托在长孙皇后身上。她用一种母性的慈爱和怜悯，呵护那个年代和贞观君臣。世人一直认为帝父后母，但自长孙氏以后，中国的耿直之臣，再也没有谁能像魏徵和房玄龄那样，得到过哪位皇后真正如母爱般至死都不曾忘记的照抚。长孙氏圆满了中国乾坤学说"父天母地"的女性形象。她的死，却又过早地结束了这一切。长孙皇后在世之时，后宫诸般事务料理得井井有条，李世民根本就不必为后宫之事分心，专心致志地治理朝政。当这位贤惠的国母撒手人寰之后，后宫失去了掌舵人，曾经是长孙皇后照料的大唐后宫妃嫔、子女，都一股脑儿地丢给了李世民。以长孙皇后逝去为界，贞观纪年被分为前后两段，两段的不同，却是那样的明显。贞观之治的中心人物李世民，也由洒脱豪放的前半生，走进了家事纷扰、负担重重的晚年。有道是：

仁慈国母侍君侧，荫庇良臣箴夫君。

第52章 皇后临终箴主

天不假年乘鹤去，从此皇室不太平。

李世民雄心勃勃，善于纳谏，励精图治，在皇后去世之后，却意志消沉。虽然也纳谏，却没有以前那样爽快；虽也励精图治，却没有以前那样勤政。因为他的精力很大一部分都分到处理后宫的家务事中去。李世民是人，不是神，他也有七情六欲，也有喜怒哀乐，在夜深人静的时候，也想有一个人倾诉，长孙皇后活着的时候，就是李世民倾诉的对象，长孙皇后仙去后，他就再也没有找到这样一个对象，因而再也没有册立皇后。有人说，他是故意将皇后之位空着，以示对长孙皇后的怀念。也有人说，他遍察宫中嫔妃，发觉她们都只是自己性生活的伴侣，没有一人能像长孙皇后那样，做一个称职的国母。长孙皇后在他的心目中，简直就是理想的化身，是无可替代的，于是一直到死，他再也没有找到一个称心如意的皇后，他就让皇后这个位子一直空着，从此不再立后。

长孙皇后仙逝后，李世民对她无比眷恋，由于国事繁重，他不可能常到昭陵去探望逝去的贤妻。就命人在御花园中筑起一座高高的瞭望塔，每天早晚，他都一个人登塔面向昭陵远眺，致使朝政一度荒废。

这一天，他拉着魏徵一同登上瞭望塔，指着远处的昭陵道："魏徵，你看，那就是昭陵，是皇后长眠的地方！"

"臣老眼昏花，看不清楚。"魏徵好像不理解李世民的心情。

李世民以为魏徵真的没有看见，一脸认真地指着昭陵说："你再看看，那一片山峦，那一片树林，那就是昭陵，皇后就睡在那里！"

"真的吗？老臣怎么没有看见？要是陛下在这塔上能看一眼太上皇的献陵，或许老臣的视力会好起来，能看得到昭陵也说不定！"原来，魏徵是婉转劝谏，说李世民心中只有皇后之昭陵而无高祖李渊之献陵，而真正的目的则是责怪李世民不该因眷念皇后而误国事。

李世民听出了魏徵的弦外之音，叹了口气道："魏徵哟！你真的不知道朕的思念之苦吗？"

"陛下，皇后是一位贤达通慧的国母，臣也知道，贞观初，陛下将微臣打入天牢，皇后在陛下面前为臣讨过圣旨。贞观六年，臣听说陛下对臣动了杀机，也是皇后御前劝谏，才使臣逃过一劫。臣对皇后也是感恩戴德，但九泉之下的皇后,绝不愿意看到陛下为思念她而荒废国事啊!"

李世民无奈,只得收回远眺妻坟的目光,同魏徵一起走下瞭望塔,几天后,瞭望塔被拆去,房玄龄也复了职。

有诗为证:

贤皇后乘鹤西去,唐皇室不再太平。
魏玄成劝君节哀,李世民难得安宁。

第53章　巧谏

长孙皇后生有三个儿子：太子李承乾、魏王李泰、晋王李治。

魏王李泰聪敏绝伦，好士爱文，李世民对他更是宠爱，特批他就府设置文学馆，可以召士子入府吟诗作赋，讨论文章。李泰腰粗腹大，体态肥大，行走没有一般人灵便，行君臣参拜之礼，也比常人费力，李世民特批他乘小车上朝。贞观九年（635年），李世民曾到延康坊探视魏王府，下诏免去延康坊百姓当年的赋税，这大概就是爱屋及乌吧！

这一天，李泰乘车从延康坊出发，经殖业坊而入朱雀大街，左转向朱雀门走去，府丁簇拥左右，格外风光。

文武百官见到魏王的车驾，步行的靠边站定，坐轿的靠边停轿让道，路人更是避得远远的。恰在此时，从朱雀街对面的安仁坊的巷子里出来一乘官轿，右转也上了朱雀街，同魏王的车驾一个在街左，一个在街右，几乎是并排而行，魏王的府丁大喝道："站住！"

街对面的官轿应声停下来，魏王的府丁横过朱雀街，赶到街对面官轿边，对轿夫扬手就是一耳光："瞎了狗眼，竟敢与魏王抢道？"

挨打的轿夫停下轿，正欲反抗，轿内一位身着紫服的朝廷官员走下轿，见是魏王代步小车，忙对轿夫训斥道："不知礼数的奴才，见了魏王殿下的车驾怎不让道？"说罢又来到魏王的车前拱手一揖，"魏王殿下，下官乃工部侍郎苏世长，正在轿中考虑问题，拉下轿帘没有看轿外，轿夫不知是魏王殿下的车驾，没有让道，多有冒犯，请殿下不要见怪！"

李泰虽与苏世长没有交往，但也闻其名，知他是朝廷三品官员，刚才他的府丁也打了对方的轿夫，他不想做得太过分，掀开车帘说："苏大人，刚才是下人过分了，请不要见怪！"转头对家丁呵斥道，"该死的奴才，不得对苏大人无礼！还不快走，耽误早朝，拿你是问。"

本来，苏世长同李泰发生摩擦的事情没有闹大，有人却把这件事告诉了李世民，添油加醋地说："朝廷三品大员在朱雀街同魏王抢道，发生争执，这是大不敬，对魏王不敬，就是对皇室不敬。"李世民龙颜大怒。

次日，朝中的三品以上的官员全都接到旨意：齐政殿议事。大家来到齐政殿，相互询问何事召见，但谁也不能回答谁，正在这时，忽听到一声："皇上驾到！"

群臣见皇上驾临，俯伏于地："吾皇万岁！万岁！万万岁！"

"平身！"李世民怒气冲冲地一挥手。

群臣站起来，看到皇上怒气冲冲的样子，都是丈二和尚摸不着头脑，不知皇上为何发脾气。

李世民坐下后，怒气冲冲地说："朕今天将你们召到齐政殿，有话要问你们，以前的天子就是天子，现在的天子就不是天子吗？以前天子的儿子是天子的儿子，现在天子的儿子就不是天子的儿子吗？"

群臣被李世民劈头盖脸的一阵质问弄得莫名其妙，他们不知道李世民为何突然要问这样的问题。虽然李世民有发脾气的时候，但没有看到如此震怒过。

李世民见群臣没人出声，大声说："隋文帝的时候，皇子亲王是何等神气，何等威风，满朝文武，谁敢不敬他们三分？即使是宰臣，常常要受到皇子的羞辱和操纵，谁敢不服？"

群臣听到这里，似乎听出了一点眉目，可能是哪位大臣得罪了哪位皇子，才使皇上如此震怒。正在这时，李世民又大吼道："朕问你们，难道魏王就不是帝王的儿子吗？朕不过不想听任皇子们横行霸道，平时对他们有所约束，想不到有的人得寸进尺，竟然在大街上公然蔑视魏王，朕如果放纵诸皇子胡来，难道就不能羞辱你们吗？"

李世民说到这里，已经气得脸上铁青，坐在御坐上大口大口地喘气，两眼仍然怒视着群臣，满殿鸦雀无声，大家连大气都不敢出。

表面上看，李世民之怒是为魏王被大臣轻视而发，表现的是一种舐犊之情，实质上，反映了堂堂的大唐皇帝、一代圣君在盛怒之下也有发昏的时候。因为刚才盛怒之下对大臣们训斥，完全像是乡间恶霸地痞的蛮横斗狠、威胁恫吓之词，哪有半点帝王的气概、涵养、气度和水平？

房玄龄可不敢这样想，他完全被圣上的训斥所震慑，惊魂未定，六神无主，忙伏地请罪："臣等该死，平日不该轻视魏王，有失君臣礼数。"

群臣都学房玄龄，纷纷叩头谢罪。魏徵始终保持清醒头脑，不但不跪，反而冲着李世民大声说："陛下，臣有话要说。"

李世民一愣，手一挥道："有什么话？说吧！"

"臣认为，当今的大臣们，没有人敢轻薄魏王。"

"事情明摆着，还要抵赖？岂有此理！"李世民仍然是怒形于色。

"从礼典上讲，大臣是皇上之臣，皇子是皇上之子。古人说：臣子、臣子，他们的关系是并列的，他们的地位是相等的，不应有贵贱、高下之分。"

"一派胡言！"李世民反驳道。

"《春秋》就曾记载：'王人虽微贱，列于诸侯之上，诸侯用之为公，即是公；用之为卿，即是卿。若不为公卿，即下士于诸侯也。'说的就是这个意思。"

魏徵进谏，从来不直视皇上，李世民坐在龙椅之上，两眼死死地瞪着魏徵。魏徵见李世民没有开口，接着说道："今三品以上，相当于古代的公卿，都是天子的辅政大臣，陛下一贯对他们都是特别尊敬和礼遇。即使他们小有不是，魏王凭什么随便污辱他们？如果国家的礼仪常伦可以不讲，国法纲纪可以不要，那就另当别论。可如今是圣明天子时代，是礼仪复兴的社会，魏王怎么可以随便折辱大臣，这不是无法无天、无君无父吗？隋文帝骄溺他的儿子们，使得他们无法无天，为非作歹，最后落得不是因罪被废，就是因罪被杀的悲惨下场，隋文帝的做法是前车之鉴，教训深刻，是个坏榜样，难道陛下要效亡隋之法吗？"

魏徵的口气虽然平和，措词却很激烈，甚至还含有质问的语气。在群臣不知所措、纷纷伏地请罪的时候，他能临危不惧，义正词严，同怒发冲冠的李世民唱对台戏。古人有言，子不跟父斗，臣不与君斗，否则，必将是凶多吉少。大臣们无不为魏徵捏了一把汗。然而，事情的进展却大大出乎人们的意料之外。

一时冲动、头脑发热的李世民遭此猛喝，犹如冷水淋头、醍醐灌顶，发昏的头脑一下子清醒过来，潜意识地感觉到，一股巨大的无形压力扑面而来。虽然说魏徵当众顶撞，令他脸上确实有些挂不住，然而，他的火却再也发不出来，这不是有人用手堵住了他的嘴，而是魏徵高超的劝谏语言使他有火不能发。

魏徵的谏言，有着高超的语言技巧，首先，他运用一个"钳"字诀，抓住李世民刚才一席话的弱点，运用逻辑学中的二难推理设了一个套，这个套如同一个无形的绳索，套住了李世民的咽喉，有火不能发。

魏徵谏言的高超巧妙之处在于：

其一，拿皇上来压魏王，以皇上对大臣特别敬重为前提，你一个小亲王的地位能胜过皇上吗？怎么能对大臣无礼、动辄加辱呢？且不论李世民平时是否非常尊重大臣，魏徵给他带上一个尊重大臣的高帽子，李世民是推不掉的，如果他要反驳和否定，结果是不尊重大臣，那他就会陷入更大的被动，因此，他必须默认魏徵给他戴上的这顶高帽子。接下来的结果就是，既然皇上都非常尊重大臣，那魏王凭什么随意折辱大臣呢？

其二，偷梁换柱、转移话题。本来，李世民发火的原因是大臣不尊重魏王，那么讨论的话题就是"是否真的有大臣欺负或轻蔑魏王"和"魏王可不可以被轻蔑和欺负"，如果就这个话题继续下去，无论群臣如何赔罪，李世民的火气不但难以消除，还有可能越烧越旺，那局面将不可收拾。魏徵巧妙地运用"钳"字诀，抓住李世民在气头上所讲的"隋文帝的时候，一品以下大臣均被亲王们所羞辱操纵，难道魏王不是帝王的儿子吗？朕不过不想听任皇子们横行霸道，听说三品以上大臣都轻视他们，朕如果放纵他们胡来，难道不能羞辱你们吗"所出现的漏洞，切换主题，进行质问，一下子就使李世民没了火气。

其三，拿否定性的前提来推断皇上不敢承担的结论，从而使肯定性的结论自然成立。"如果国家的礼仪常伦可以不讲，国法纲纪可以不要，那就另当别论。可如今是圣明天子时代，是礼仪复兴的社会，魏王怎么可以随便折辱大臣，无法无天、无君无父呢？"先是假设纪纲废坏的时代，才会出现亲王任意凌辱大臣的现象，如果李世民承认现有是纪纲废坏，那么亲王就可以折辱大臣，那大臣也就自认倒霉，什么都不用说了，而现在是圣明天子时代，是礼仪复兴的社会，那就不能允许亲王胡作非为了。这种逻辑，将李世民推向一个二难的矛盾之中，即你是一个昏庸的皇帝，如今是一个纪纲废坏、不讲伦理的社会，那么，魏王折辱大臣，大臣就无话可说，否则，魏王就不应折辱大臣。李世民当然不会承认自己是一个昏庸之君，纪纲也应该遵守，既然这样，魏王折辱大臣也就错了。

李世民是一个以武定天下的皇帝，没有接受太平天子那种从小就接受的正统的皇室教育，对皇帝应当遵守的规范知不甚详，也不知道皇权行使的限度在哪里，但他毕竟是一代圣君，有一个聪明的脑袋，具有治理好国家的强烈欲望，经过一阵急速的思索，马上意识到自己刚才太冲动，说话无礼、霸道。他不惜

第53章 巧谏

收敛天子的龙威,立即顺着魏徵给他搭好的梯子下来,以求扭转和消除刚才的恶劣态度在臣僚中形成的极坏影响。态度上来了个一百八十度的大转弯,堆下笑脸、转怒为喜地对群臣说:"魏徵所言,条条在理,朕不得不服。朕因私情溺爱儿子而忘记公义,刚才恼怒的时候,自己觉得有道理,听到魏徵的一番话,才知道朕错了。身为君主,讲话怎能如此轻率呢?"接着,他话锋一转,"房玄龄!"

"臣在!"房玄龄跪在地上回答。

"你与魏徵,同为朕的股肱之臣,每当朕考虑不周,处事不周时,魏徵总能直言进谏,而你却总是逆来顺受,是何道理?"

李世民现炒热卖,刚才魏徵偷梁换柱、转移话题,使他陷入不得不当廷认错、不得不虚心纳谏的境地。如今他也转换话题,质问房玄龄,使自己尽快地摆脱尴尬的局面。

"臣知错了!"房玄龄惶恐不安,只好赶紧认错,其实,他也只有认错这一条路可走,别无他途。

"平身吧!大家都平身吧!"李世民口气缓和了许多,"不要总是臣知错、臣知错的了。"

"魏徵接旨!"李世民叫道。

"臣恭聆圣谕!"

"赏赐你绢一千匹,以表你直言进谏之功!"

"臣谢主隆恩!"魏徵连忙叩拜谢恩。

后人有诗咏叹:

圣主舐犊智也昏,乱发淫威骂群臣。
大唐天子少涵养,逆鳞棒喝唯魏徵。

第54章　皇子也害民

　　洛阳苑是御用狩猎场，李世民一口气射杀了四头野猪，骑在马上正洋洋得意时，一头急红了眼的野猪突然向他冲了过来。

　　唐俭翻身下马，挥剑拦住野猪的去路。野猪见有人挡路，转头扑向唐俭，唐俭同野猪斗在一处。

　　李世民雄心大发，抛弃手中弓箭，抽出腰中佩剑，翻身下马，挥剑砍向野猪，野猪正同唐俭搏斗，不提防有人在后面偷袭，被李世民砍个正着，倒在地上弹了几下便断气了。

　　李世民回头对唐俭笑着说："天策长史，没看见朕将要杀掉野兽吗？为何如此害怕？"

　　唐俭答道："汉高祖从马上得天下，却不以马上治天下；陛下以神威圣武平定四方，怎能对一头野兽再逞威风呢？这是匹夫之勇，非天子所为呀！"

　　李世民一愣，立即醒悟过来，高兴地说："说得好，从此以后，朕将停止捕猎，专事政务。"

　　京城西郊有座山叫燕山，山峦葱葱郁郁，连绵数十里，山上怪石林立，飞禽走兽出没其间，是一个天然的猎场，公子王孙，皇亲国戚，经常到这里打猎。

　　这一天，燕山脚下来了一群狩猎者，领头的是一位十七八岁的英俊少年，只见他骑着一匹高大的蒙古马，虎头包金的马镫，苏州锦缎制作的马鞍，身着青色锦织箭袍，肩披貂皮斗篷，腰悬镶金缀玉的弓壶、箭囊，眉宇间流溢着一股傲气，举手投足，显示出一种不同常人的气派。

　　一骑马来到英俊少年旁边，毕恭毕敬地说："吴王殿下，今天狩猎的阵式如何排？"

第54章 皇子也害民

原来,马上英俊少年是三皇子吴王李恪,驱马上前询问的是长史权万纪。李恪善骑射,有文武才,深得李世民所爱,李世民常对人说,恪儿有文武才,像朕。由于得到李世民的夸赞,李恪的声望颇高。

李恪指着前方问道:"大家看到前面那道沟壑吗?"

"看到了!"

"今天的狩猎场就选这条沟壑。"他指着身边一名牙将道,"吴明。"

"末将听令!"吴明应声而出。

"你带一拨人绕过对面那道山梁,从正面向沟壑逼进,将兽群逼进沟壑,以响箭为号,本王带领人马从山口向里包抄。"

"末将遵令!"吴明立即带领一队人马进山去了。

"宋大鹏、郭明达。"

"末将听令!"

"你们二人各率一队人马,从沟壑两边的山梁包抄,兽群过来后,只可摇旗呐喊,将它们逼进沟壑。"

"末将遵令!"二人答罢,各带着人马向左右两边山中驰去。

三队人马出发后,李恪带着剩下的人马慢慢地向山口运动。

狩猎在很大程度上是娱乐消遣,但却是一种战术的演练,你看李恪调兵遣将,有驱兽的,有包抄的,有严阵以待的,等待兽群进入伏击圈后一举击之,完全像打仗一样排兵布阵。

沟壑右边半山腰间有棵树,树上系着一根粗麻绳,绳索的另一头延伸到峭壁,一名采药人腰系绳索悬在峭壁上专心采药,不时将采到的药材抛向身后的背篓。

左边山梁的半山腰,两个樵夫,一个在树下捆柴,一个在树上砍枯枝,树上的人突然叫道:"二黑子,有人进山打猎来了,正在四处包抄,别叫他们把我们当野兽打了。"

"真的吗?谁打猎如此莽撞,不清山就开始狩猎,不知道山上有人吗?"树下的二黑子有些抱怨地说。

"说也没有用,快,上树来,别真的被他们当野兽打了。"树上的樵夫催促道。

树下的二黑子丢下手中的柴禾，手脚并用地爬上树，坐在树梢上观看。

李恪带领权万纪和众家丁，驱马来到沟壑的入口处便勒马不前，估计是在等信号。

野兔、獐、鹿等野兽三三两两地从山林里、山坡上向沟壑逃窜，两边山坡上也不时传来呼叫声和敲击声，突然，一支响箭从对面山腰上破空而起。

守候在山口的李恪催马向山沟逼近，权万纪和众家将弃马步行，他们手持刀、枪、棍、棒，成扇形跟在李恪的马后。突然，一只肥胖的野兔从山坡的灌木丛中窜出来，李恪左手持弓，右手搭箭，轻展猿背，"嗖"的一声射出一箭，眨眼间，奔跑的野兔应声而倒。家将们齐声欢呼："射中了！射中了！"

两个樵夫坐在树上，看着狩猎，倒也别有一番情趣。这时，惊人的事情发生了。只见沟壑对面峭壁上的药农，背着满满一背篓药材，手拉绳索一步一步向崖顶攀登，到了峭壁顶端，双手抓住崖上一棵小树，艰难地攀了上去，正在崖顶狩猎的李恪见悬崖边的草丛晃动，以为是野兽从草丛中出来，示意大家不要出声，持弓搭箭静候在那里，采药人刚翻上峭壁，李恪便轻展猿背，"嗖"地一箭射出，不偏不倚，正中采药人肩膀，采药人惨叫一声，从悬崖顶上摔了下去，由于有绳索系在腰间，整个人悬在峭壁上左右晃荡。

"不好！"权万纪听到惨叫声，惊叫道，"殿下，好像射中了人。"

"什么？射中人了？"李恪大惊失色。

权万纪赶到悬崖，见崖边撒满了刚采下的新鲜药材，伸头向下一看，悬崖边一棵树上系着一根绳索，绳索的另一头吊着一个人正在悬崖下左右晃荡，连忙叫来众人，三下五除二地将悬崖下的人拉上来，权万纪伸手在拉上来的人的鼻孔上一试说："殿下，还有气，没死。"

"等什么，快想办法救治！"李恪从马上跳下来，急得团团转。

权万纪向四周看了看道："殿下，卑职看了一下，山上没人。"

"没人又怎么样？"李恪反问道。

"咱们走吧！没人知道。"权万纪到底是卑鄙小人，伤了人后不是想到如何救治，而是想着如何逃避责任。

"那怎么能行，伤人逃逸，可是罪加一等，快看看，伤者有无性命之忧。"

正在这时，痛得龇牙咧嘴的药农开口了："你们是哪路的呀？狩猎为何不清山？"

第 54 章 皇子也害民

"老人家，对不起，误伤了你，我们带你去医治吧？"李恪不安地说。

"嗯！这还像是人话，刚才有人说，要弃老夫而去，这个人的心怎么这样毒呀？"采药人躺在地上断断续续地说。

一旁的权万纪听老人骂他，恨不得一刀杀了他，却又不敢动手。

"快将老人家扶起来。"李恪对家丁说。

两名家丁放下兵器，将采药人扶起来。采药人坐起来后，伸伸脖子，甩甩手，见未伤到筋骨，从腰包掏出一块白布按在肩膀的箭头旁边，右手握住箭杆，一咬牙拔出箭头，再从腰包里取出一个药瓶，将瓶中的药粉倒在伤口上，取出一根长布条，在家丁的帮助下将伤口包扎好，叹了一口气道："死不了。"

李恪见药农已无性命之忧，向身边的一名牙将点点头，那名牙将从怀里掏出几串铜钱递给采药人："老人家，这些钱给你，拿去养伤吧！你家在哪里？"

药农指指不远处一个村落道："就是那个小山村。"

"你们两人送老人家回家。"李恪转身对其他人道，"今天出师不利，算了，打马回府。"

对面山梁上的两个樵夫将这一切都看在眼里，听在耳里。他们知道，这伙人领头的是一个叫吴王殿下的人，打猎误伤人后，有人要弃伤者而去，吴王殿下没有答应，后来给了伤者一些钱，将伤者送回家。他们到城里卖柴的时候，将这件事作为趣闻说了出去。

山坡上，一队人马逐鹿于丛林之中，野猪、獐、狼、鹿等各种野兽在丛林中拼命地奔跑，一位身着华服的少年公子骑在马背上大声叫道："拦住，别让兽群跑出了包围圈。"

众人听到少年公子的喊叫，分别截住各个路口，不让兽群跑出包围圈。一位年约五十、身着绿色官服的官员见兽群正向自己守护的山口冲来，忙带着身边的人扑上去，欲拦住外窜的兽群，一不小心，被树桩绊倒在地，半天爬不起来，眼看兽群逃出包围圈冲进山脚一片庄稼地。身着华服的少年公子骑着马冲上来，扬起手中的马鞭抽向地上的官员，骂道："没用的奴才，叫你截住这个路口，别让兽群冲出包围圈，还是没有拦住。"

倒地官员顺势跪在地上道："蜀王殿下，奴才该死！奴才该死！"

华服少年理也不理，骑着马冲向庄稼地。一名随从上前扶起地上的官员："老爷，你好歹也是一个七品县令，蜀王怎能如此残暴，说打就打呀！"

"别说了,谁叫他是王爷呢?"跪在地上的官员爬起来,看着华服少年带着众人在百姓的庄稼地里横冲直撞,禾苗被马蹄踏进泥里,无奈地说:"这便如何是好,狩猎一次,禾稼糟蹋一片,再来几次,百姓就要喝西北风了。"

蜀王李愔是当朝六皇子,他与吴王李恪乃一母所生。李愔于贞观五年封为梁王,七年授襄州刺史。十年改封蜀王,转益州都督。李愔生性凶暴,狩猎无度,每次狩猎,都要带上一大帮人,并命令所属县令轮流作陪。像今天这样的情形,是司空见惯之事。

朝堂上,侍御史柳范出班奏道:"陛下,臣有本要奏!"
"有何本要奏?"李世民坐问道。
"臣要弹劾吴王李恪。"
李世民吃惊地问道:"为何要弹劾吴王?"
"吴王前几天狩猎伤人,差点出了人命。身为王子,竟如此草菅人命,臣要弹劾他。"
"有这种事?"李世民问道。
"千真万确。"
"你说朕的这些儿子,尽给朕添乱。"李世民大声道,"传朕的旨意,免去吴王李恪的官职,削减食封三百户。"
柳范继续说道:"臣还要弹劾权万纪。"
"为何又要弹劾权万纪?"
"权万纪侍奉吴王,吴王误伤人后,他不想法救人,反而劝吴王弃伤者而去,此种行为太过卑劣,故臣要弹劾他。"
李世民怒气冲冲地说:"长史权万纪事奉恪儿,不能匡偏正讹,论罪当处死。"
堂下群臣见皇上如此重处权万纪,虽觉处罚有些过分,但谁也不敢出声。唯魏徵出班奏道:"陛下,不可!"
"为什么?"李世民怒气未消。
"权万纪跟随吴王,吴王出错,权万纪有责任,但罪不至死。"
"你不是常说权万纪是小人吗?如此小人留他何用?"李世民反问道。
"臣是就事论事,不是以个人好恶奏事,虽然不齿权万纪的为人,但也无

第54章　皇子也害民

意将他处死。如果权万纪因为这件事被处死，房玄龄就要死几次了！"魏徵的话一出口，大家惊得目瞪口呆。

房玄龄脸色大变，怒斥道："魏徵，你是不是疯了？平白无故地怎么扯到我身上来了？我哪里得罪你了？"

"魏徵，你不要信口雌黄！"李世民也警告说。

魏徵对群臣的态度视而不见，对房玄龄、李世民的话充耳不闻，继续说道："房玄龄事奉陛下，并不能阻止陛下狩猎。如果说权万纪不能阻止吴王狩猎当死，房玄龄难道能活吗？"

"岂有此理！"李世民勃然大怒，起身拂袖而去。

次日，李世民责问魏徵："你为什么总要当面羞辱朕？"

魏徵答道："陛下仁德明察，我不敢不尽愚忠直谏。如果陛下在盛怒之下办了错事，事后一定要后悔的，但杀人的事不比其他，圣旨一下，人头落地，待陛下平静下来觉得办错了要后悔时，已来不及了。陛下难道忘了张蕴古之事吗？因此，臣当众直谏。虽然有逆鳞之嫌，但为情势所迫，不得不如此，请陛下恕臣不敬之罪。"

李世民哈哈大笑道："朕昨天不该对你发脾气。"

恰在此时，值事太监呈上益州密使传来的奏疏。

李世民看罢，脸色剧变，怒气冲冲地说："顽劣之子，气死朕也！"

魏徵不知发生了什么事，又不好多问，静静地站在那里。

李世民伤心地说："禽兽经过调教还可以取乐于人，矿石经过冶炼可以成方圆之器，为何蜀王李愔竟不如禽兽、铁石呢！朕的这些儿子，怎么都这样不争气呀？"

"陛下不要生气，别气坏了身子。"魏徵从李世民的话中听出了点眉目，肯定是蜀王李愔又惹祸了。

"你看看，朕的儿子在外面做了些什么！"李世民将刚才的密折递给魏徵，"不是狩猎伤人，就是损坏庄稼，天下百姓知道了，该如何看朕？"

魏徵接过奏折飞快地浏览一遍，自言自语地说："真是太过分了，辛苦一年的庄稼，就这样白白地糟蹋了。"

"来人，传朕的旨意！"李世民叫道。

值事太监应声而至。

"将蜀王李愔的封邑减半,贬为虢州刺史!"李世民怒气冲冲地说。

值事太监答应一声,退了出去。

李世民对魏徵道:"朕的几个儿子,实在令朕失望,真该要请几个好老师教教他们。"

谏议大夫褚遂良奏道:"皇子稚嫩,不知从政、治政之道,不应该让他们执掌一州之政,不如将他们留在京师,待学有所成之后,再派遣到地方去治政管民。"

李世民不以为然,仅召回一二皇子应付一下而已。

后人有诗咏叹:

皇子不晓锄禾苦,挞官伤稼毁民食。
若非密使上奏疏,不知祸害到几时。

第 55 章 拜师礼

李世民想为魏王李泰聘请一个好老师，考虑再三，觉得礼部尚书王珪无论是人品还是学识都属上乘，准备聘请他做魏王李泰的老师。

王珪原为门下省侍中，贞观七年因泄露禁中事被贬为同州刺史，第二年又召回京师，出任礼部尚书。

李世民在聘任王珪之前，曾征询黄门侍郎韦挺的意见。

韦挺说："王珪博学多才，为人正直，陛下选他为魏王师，所得其人。"

"魏王拜师，有些什么样的礼？"李世民问道。

"拜师！拜师！"韦挺回答说，"当然要行跪拜之礼！"

"还有呢？"

"拜师后，见师，要有见师之礼。"

"好！好！好！"李世民连连点头，表示赞同。

李世民在后宫召见魏王李泰，对他说："泰儿，父皇替你聘一位贤儒为老师。"

"谁呀？"李泰问道。

"礼部尚书王珪。"

"父皇为何要选王珪呀？他有何过人之处？"

"王珪自幼孤贫，无不良嗜好，志量沉深，能安于贫贱，为人处事光明磊落，交友谨慎，是当今的鸿儒，是一个恰当人选。"

"父皇对王珪如此称赞，儿臣倒想见识见识王珪其人。"李泰对王珪产生了好奇。

"不过，有句话必须说在前头。"李世民说。

"什么话？"

"你虽为皇子，但礼不可废，对于王珪，必须行拜师之礼，此后无论何时、何地、何种场合相见，也必须行拜见礼，免得别人说，皇家子弟缺了教养。"

"有这个必要吗？"魏王有些不满地说。

"不仅要这样，今后，你对待王珪，犹如侍奉父皇一样，不可怠慢！"

"这……"李泰有些犹豫不决。

"怎么？不愿意？"李世民追问了一句。

"儿臣要看王珪是否有这个能耐，如果是个庸才，无真才实学，就不必如此麻烦了。"李泰非泛泛之辈，在众皇子中，学识、文才，当推他为首，正因为如此，他也是个眼界很高的人，一般的人进不了他的法眼。

"王珪侍奉父皇多年，父皇对他的为人非常了解。此人忠孝两全，性情耿直，博古通今，是时之鸿儒，足以充任皇儿之师。"李世民见李泰有些不相信王珪的学识与人品，进一步强调。

李泰见父皇再三叮嘱，回答道："儿臣遵旨就是了。"

李泰拜师这天，李世民一身便装，以为人父的身份来到延康坊魏王府。

礼部司仪宣布拜师礼开始后，请王珪就座。

王珪迈脚步走进大厅，走向正中一把紫红色花雕椅，大方地坐下。李世民坐在旁边临时摆设的龙椅上见证这一幕。

"请魏王行拜师之礼！"司仪见王珪坐定，大声说道。

"慢！"李泰打断了司仪的话。

大家以为发生了什么事，吃惊地看着李泰，李泰不慌不忙地说："王大人，本王在拜师之前，有一事不明，请王大人解惑。"

"魏王有何问题，但说无妨。"王珪早就听说李泰很有才华，观他的气色，估计是不服而有刁难之意，但他艺高人胆大，丝毫没有畏惧之意。

在场所有人，不知李泰到底搞什么名堂，但谁也不便出来阻挠，只好静候事态发展。

"请问王大人，何为忠孝？"李泰不露声色，口气平和地问。

王珪指着李世民说："陛下是你的君主，作为臣子，你侍奉君主，当思尽忠；陛下又是你的父亲，作为儿子，你侍奉父亲，当思尽孝。忠孝之道，是安身立命之本。可以立身，可以成名。活在世上，可以享天佑；逝去，余芳可以垂千古。"

第55章 拜师礼

"忠孝二字,已经领教了!"李泰双手一揖,"敢问王大人,从何处学起?"

李世民见李泰还要继续问下去,脸上有些挂不住了,心里想,哪有学生考老师的道理,这可是拜师之礼呀!他呼地一下站起来:"泰儿!"

"陛下且慢!"王珪打断李世民的话头,对李泰说:"汉东平王苍说,为善最乐,愿魏王谨记勿忘。"

"乐善,善精神至;乐恶,恶精神至",此乃道家观点,其意是善恶取决于人的性情爱好,即人的主观意愿、情趣和喜好,对人的善恶形成有着很重要作用。因此,道家主张扬善抑恶。

在儒、道并行的当时,这种观点是为人们广泛接受的。王珪无疑也是崇尚这种观点的人。

李世民见王珪如此教育自己的儿子,很是喜慰,对身边的人说:"泰儿从此可以无过了。"

"老师在上,请受学生拜师之礼!"李泰心服口服,面露喜色,推金山,倒玉柱,翻身跪伏地上,恭恭敬敬地向王珪行拜师之礼。

王珪并不客套,稳稳当当地坐在椅子上,心安理得地以师道自居,承受李泰之拜。

李世民悬着的心总算落地了。

魏王李泰行拜师礼,礼部尚书王珪甘而受之,这件事传遍了京城。仁者见仁,智者见智,有人说王珪故意摆谱以提高自己的身价,也有人说,学生向老师行拜师之礼,是遵循礼法,王珪这样做,捍卫了礼法的尊严。

太子少师李纲去世了,李世民想选一个更好的太子少师来训导太子李承乾。这一天,魏徵进宫奏事,李世民问魏徵:"魏王泰拜师之事听说了吗?"

"这件事京城已传得沸沸扬扬,当然知道。"魏徵随口答道。

"你认为此事如何?"李世民问道。

"不错!"

"怎么不错?"李世民本想听到诸如圣上礼贤下士的赞誉,不想魏徵却冒出这样一句话,心里不免有些失望。

"一个行拜师之礼,一个以师道自居,遵循礼法,当然不错。"魏徵若无其事地说。

在魏徵看来，魏王拜师，王珪受礼，是一件很正常的事情，不必大惊小怪。大家将这件事当着逸闻来说，就是因为过去的很多事办得有违礼法，才使一件很正常的事变成了新闻。这才是真的不正常。

"果然有大家风范。"李世民笑了笑，"朕想替太子找一位老师，你看谁合适？"

"选太子少师？"

"对，太子少师。"

"太子是国家储君，太子少师的人选，要权衡一二。"魏徵谨慎地说。

李世民很认真地说："自古以来，太子的老师最难挑选。周成王幼年即位，周公旦、召公奭为傅保，左右都是贤人，足够用来增长仁义，政治达到太平，被称为圣明君主。而秦朝胡亥，秦始皇宠爱有加，任命赵高作他的老师，赵高教胡亥以刑法，等到胡亥篡夺帝位之后，就诛功臣，杀亲戚，残酷暴烈不止。秦朝很快就灭亡了。由此说来，人的善恶确实是从亲近的人那里学来的。"

"近朱者赤，近墨者黑，说的就是这个道理。"魏徵附和道。

"朕二十岁交游的人，只有柴绍、窦诞等人而已，他们不是有很多长处的人。现在朕做了皇帝，成为一国之君，治理天下，虽然赶不上尧舜的圣明，但也避免了孙皓、高纬般的残暴。从这一点看，又不是从亲近的人那里学来，这又是什么原因呢？"李世民问道。

魏徵解释说："中等才智的人，可以同他做善事，也可以同他做恶事；然而，上等才智的人，有着独特的思维方式，有超强的感知，自然不会受其影响。陛下是天子，是从上天那里接受使命，平定战乱的圣君。"

"啊！"李世民惊叹一声，似有所思。

魏徵接着说："不过，经书上也说过'远离淫靡的音乐，疏淡奸邪的小人'，却是至真之理。亲信的人之间，尤其应该谨慎才好。"

"说得好！说得好！"李世民连连称赞，"朕欲命你为太子少师……"

"不、不、不，臣的身体不行，恐难当此任。"魏徵打断了李世民的话头。

"不要推得一干二净，朕的诏书也拟好了，只等用印。"李世民拿出一份未用印的草诏。

"臣向陛下举荐一人吧！"

"谁？"李世民问道。

"房玄龄。"

第55章 拜师礼

"房玄龄?"李世民反问道。

"对,就是房玄龄。"

"为何要推荐房玄龄?"李世民问道。

"房玄龄是陛下潜龙秦王府时十八学士之一,学识、人品陛下非常了解,不必臣多说。关键是,贞观以来,房玄龄一直任左仆射之职,朝廷未设尚书令,左仆射是百官之首,实际的第一宰相,他辅佐陛下治理朝政,深识治国之道,这正是太子需要学习的。"

太子少师,既是一个官职,也是一种荣誉,太子他日登上皇位,太子少师就是皇帝的老师,地位也就非同一般。魏徵并不考虑这些,他是认为房玄龄出任太子少师比他更适合,同时,他的身体也确实不好,故此推荐房玄龄出任太子少师。

李世民听从魏徵的建议,正式任命房玄龄为太子少师,圣旨下达之后,房玄龄一刻也没有停,连夜上表请辞。房玄龄认为,自己任尚书左仆射一职多年,儿子房遗爱娶皇上的女儿高阳公主为妻,女儿嫁给韩王为妃,深恐富贵至极反招灾祸,于是上表请求解除所任机要职务,李世民不答应。房玄龄再次执意请辞,李世民仍然不准,并手诏说:"任命房玄龄为太子少师,再不应允,便是抗旨。"

房玄龄推脱不了,只好就任太子少师。

李世民择定吉日,指示礼部司仪在东宫安排一个拜师仪式。

吉日这天,李世民来到东宫参加太子拜师之礼,左等右等,不见房玄龄,便派人传召房玄龄。

房玄龄幼习儒家学说,崇尚儒家君君、臣臣、父父、子子之道,太子为储君,自己是臣子,臣子接受太子之拜,有违儒家礼法,不愿受拜,所以下朝后并没有去东宫受拜师礼。尽管李世民派人召他到东宫受拜,他甘冒抗旨之嫌,坚意不往。

有人说房玄龄这是谦让之风,也有人说房玄龄太过儒腐。

后人有诗咏叹王珪、房玄龄两种截然不同的做法:

皇子拜师择鸿儒,儒家礼法总相通。
纳拜避拜两相异,各人理解皆不同。

第 56 章　赋诗西苑楼

洛阳飞山宫竣工，李世民决定东巡洛阳。

贞观十一年（637年）二月，东巡队伍浩浩荡荡离开长安，日行夜宿，似游山玩水一般，李世民高兴地对大家说："你们看，四海升平，百姓安居乐业，朕终于实现了贞观盛世。"

魏徵见李世民得意的模样，心显隐忧，指着路边一棵大树说："陛下你看那棵树，在阳光的照射下，是不是还有阴影？"

"你是说朕做得还不够？"

"陛下自登基以来，励精图治，勤政为民，不愧一代明君。"房玄龄恭维地说。

"不一定！"魏徵摇摇头说，"陛下在金銮殿上，听到的只是赞歌，民间疾苦知之甚少，这次东巡，沿途各州县都收到廷报，地方官员要政绩，谁愿意把残破不全的房屋、面带菜色、衣不蔽体的百姓展现给皇上看呀？"

李世民不相信魏徵的话，休息的时候召见沿途州县官员，询问他们今年收成如何？百姓生活过得怎样？

地方官员异口同声地回答，近年频岁丰稔，百姓家给人足，国泰民安，天下太平，百姓安居乐业。

"魏徵，听见了吗？"李世民哈哈大笑。

"听见了！"魏徵回答。

"有何感触？"李世民问。

"溢美之词！"

"什么？"李世民有些不高兴了。

"陛下，臣可否问地方官几个问题？"魏徵说道。

"问吧！"

第56章 赋诗西苑楼

魏徵清了清嗓子道："各位父母官，你们谁能保证没有在官道两边清道？"

所谓清道，就是面子工程，将官道两边的破房子拆掉，饥民赶走，李世民看到的都是阳光的一面。

地方官们面面相觑，谁也不敢回答，因为皇上东巡之前，他们确实清了道。如果回答是，就是弄虚作假，有欺君之罪；如果回答不是，查实了仍然有欺君之罪。无论怎样回答，都逃脱不了干系，只好统统缄口，谁也不出声。

"不回答就是默认。"魏徵体贴地说，"我不是责怪大家，只是想证明一个事实，皇上登基以来，励精图治，确实已现贞观盛世，但盛世之下，仍有饿殍，阳光之下，还有阴影。如果不看到这些，一味唱赞歌，躲在赞歌声中睡大觉，盛世能长久吗？"

"那阴影又在哪里？"李世民问道。

"在陛下看不到的地方。"

"啊……"李世民突然问房玄龄，"前面的路线怎么走？"

"过义马、渑池，沿官道进入东都洛阳。"房玄龄回答。

"改道，从寿安县走。"李世民出人意料地临时作出决定。

房玄龄有些为难地说："这怎么行，沿途州县都是安排好了的，如此一改，不就乱套了吗？再说，寿安也没有陛下落宿的地方哟！"

"寿安不是有个显仁宫吗？朕就是不想看这些事先安排好了的东西。"

房玄龄狠狠地瞪了魏徵一眼，显然，他在怪魏徵多事。

显仁宫管事廖莫游接到圣驾过境的通知时，东巡队伍离寿安仅一天的路程了，在这么短的时间内，要做好接待皇上的工作，除非他是神仙。

李世民改道之后，沿途看到的，除了饥民，还是饥民，这才相信魏徵所言不假。到达显仁宫后，看到粗劣的菜肴，顿时没了胃口，大声喊道："供膳官？"

负责膳食的太监不知发生了什么事，慌忙跑了过来。

"你看看，这是什么菜？"李世民责问道。

负责膳食的太监慌忙跪下奏道："皇上，今天临时改道寿安县，准备不足。"

"叫显仁宫管事的来见朕。"

廖莫游候在门外，听到传召，立即就进来了，由于过分紧张，脚下被门槛绊了一下，一个踉跄险些跌倒，他顺势跪在地上，颤抖地说："皇上，臣是显仁宫管事廖莫游。"

347

李世民指着桌上的菜肴说:"你看看,不是鱼,就是肉,就不能有点别的吗?"

廖莫游非常委屈,满以为能得到嘉奖,不想却落得吃力不讨好,他知道皇上要山珍海味,但小小寿安县,仓促之间到哪里去弄这些东西?心里这样想,嘴上不敢说,只是趴在地上颤抖地说:"臣该死!臣该死!"

"知道有罪就好办。"李世民大声说道,"这里用不着你了,回家种田去吧!"

"皇上!"廖莫游大声说,"臣有话要说。"

李世民惊异地问:"有何话说?"

"皇上可知道这顿饭花了多少钱吗?"

李世民睁大眼睛看着廖莫游,一言不发,他想看看,这个小小的七品官到底想说什么。

廖莫游见皇上虽然没有说话,但也没有制止他说下去,鼓足勇气说:"显仁宫虽是行宫,但皇上自登基以来,从来没有行幸显仁宫,前几年尚书省下文将显仁宫交给寿安县托管,寿安是个小县、穷县,赋税收入除上缴朝廷和宫苑的正常维护费外,官员与衙役的薪俸都难保证,就是这样的饭菜,也是寿安县寅年吃了卯年粮才挤出来的。"

李世民转头问房玄龄:"是这样吗?"

"尚书省是下文将显仁宫交给寿安县管理,但不能以此为由来推卸招待不周的责任。"房玄龄管理国家事务虽然说是一个好手,但对皇上的旨意向来都是逆来顺受,从不敢触犯龙鳞,因此,他也是就事论事,并没有替廖莫游开脱罪责。

"陛下!"魏徵站起来说,"臣有话要说。"

李世民看了魏徵一眼说:"有什么话?"

"陛下因膳食不好而责罚宫苑管事,我真的有些担心。"

"有什么担心?"李世民反问道,"在其位,谋其政,显仁宫是行宫,就得负责朕的膳食供应,没有做好就是渎职,渎职就要受到处罚,难道有错吗?"

"洛州是陛下昔日征战的地方,此次行幸洛州,一定会加恩这里的百姓。然而,城郭之人未蒙恩泽,宫苑管事却已获罪,这恐怕不是陛下行幸洛州的本意。"魏徵话锋一转说,"当年隋炀帝巡游,每到一个地方,地方官因献食不精而遭到责罚,闹得人心惶惶,众叛亲离。这是陛下耳闻目睹之事,难道陛下要效法隋炀帝吗?"

第56章 赋诗西苑楼

魏徵的话不仅震惊了全场,更震撼了李世民。

李世民最痛恨的是隋朝暴政,最不齿的是隋炀帝的骄奢淫逸。他动情地说:"朕从前经过这里,买饭而食,租房而宿,如今供奉如此,竟然还嫌膳食太粗,如果不是魏徵进谏,朕的错就大了。廖莫游,朕错怪你了。"

廖莫游见皇上竟然向他这个七品小吏认错,感动得痛哭流涕,抽泣地说:"皇上,下官无能,竟然连一顿像样的饭菜都拿不出来,臣罪该万死啊!"

李世民下座,亲自把廖莫游扶了起来。

李世民到达洛阳,下榻于翠微宫。

次日,李世民率群臣泛舟积翠池,赐宴西苑楼。酒席间,推杯换盏,热闹非凡。酒至半酣,李世民提议咏诗为乐!

房玄龄建议李世民先来一首。

近侍早就备好了文房四宝,李世民站起来,挽起袍袖,略一思索,便写下了一首《赋尚书》:

赋尚书

崇文时驻步,东观还停辇。
辍膳玩三坟,晖灯披五典。
寒心睹肉林,飞魄看沉湎。
纵情昏主多,克己明君鲜。
灭身资累恶,成名由积善。
既承百王末,战兢随岁转。

《赋尚书》虽然是临场之作,透过此诗,可以看到一位渴望励精图治的明君对前朝太多的昏君痛心疾首的情态;一位明君在充分地意识到了守业的艰难之后,那种特有的战战兢兢、如履薄冰的心态;同时也透出一派圣君的风度。

李世民放下笔,近侍双手提起宣纸,将诗展现给百官看。

大厅里立即爆发出一片掌声。文武百官中不乏博学鸿儒之士,在赞叹李世民书法的同时,也佩服他的文采。

李世民喜欢王羲之的书法,平时有闲暇,练的也是王羲之的书法,这首《赋尚书》书写得老练飘逸,颇有王羲之书法的神韵。自我欣赏了一番,接过《赋尚书》,

举起问道："谁要？"

李世民的御座是临时设置的，不似金銮殿上的御座高高在上，离群臣很近。赏宴的都是三品以上的大臣，见皇帝赐字，乘着酒兴一拥而上，散骑常侍刘洎情急之下，跨步登上御座，从李世民手里抢过字幅。众人扑了个空。不知谁说了一声："刘洎登御床，罪当死，请服法！"

刘洎听后，顿时害怕起来，手攥字幅，可怜巴巴地看着李世民。

李世民哈哈大笑道："昔闻婕妤辞辇，今见常侍登床。免了吧！"

刘洎双手捧着字幅，跪在地，激动地说："谢主隆恩！"

李世民大叫道："各位卿家，谁来和朕一首？"

大臣们你看看我，我看看你，没有人敢站出来，魏徵一挽袍袖道："我来！"

"好！大家正欲再睹魏大人的文采！"有人马上接着说。之所以说再睹，是因为贞观五年皇上幸九成宫时，君臣们已领教了魏徵奉旨撰写的《醴泉铭》的文采，所以才有了再睹之说。

李世民做了个请的架势："请吧！"

魏徵也不推辞，挽起袍袖，走近案桌，拿起狼毫，慢慢地蘸上浓墨，蘸墨的过程，也是构思的过程，待墨汁蘸好，腹稿也就打成了，只见他蹲着马步，左手轻轻地放在案桌上的宣纸，右手奋笔疾书，顷刻间，一首《赋西汉》一挥而就：

赋西汉

受降临轵道，争长赴鸿门。
驱传渭桥上，观兵细柳屯。
夜宴经柏谷，朝游出杜原。
终藉叔孙礼，方知皇帝尊。

表面上看，魏徵写的是《赋西汉》，实际上是借汉朝的故事规劝李世民，意思是说，你反对纵情当然很对，可是你深夜举办宴会，每天一早出游，这不正是纵情的表现吗？仅仅是口头上反对还不够，重要的是要落实到行动上。作为天子，就是要以礼约束自己的行为。表面上看，说的是汉朝的天子，实质上，则是婉转地批评李世民的某些言行不一之处。诗旨归于讽谏，但却体现了魏徵以天下为己任、劝君至善的诤臣本色。

第56章 赋诗西苑楼

在场群臣知道魏徵的《赋西汉》实有所指，有人偷偷地看了李世民一眼，担心皇上不高兴。李世民当然也明白魏徵的诗意，内心责怪魏徵不该在这个时候扫兴，转念一想，魏徵说的也不无道理，于是脸带笑容地说："魏徵每有所言，必定要约朕以礼。这首《赋西汉》和得好，朕留下了。"

《赋尚书》和《赋西汉》虽是君臣一唱一和的宴饮之作，在艺术上没有突出特色，不足道，但意关宏旨，内容雅正，体现了贤君与直臣的气度胸襟，具有很强的政治功利性。

有诗为证：

圣君赋诗意非常，渴望图治展胸襟。
贤臣和诗惊四座，借古喻今讽谏君。

第57章　居安思危

魏徵随李世民巡幸洛阳回长安后，心中有一种隐忧，虽然在积翠池以《赋西汉》讽谏了李世民，仍然有些意犹未尽。恰在此时，李世民下诏，命"百官上封言事，极言得失"，鼓励文武百官就朝廷的得失出谋划策。他经过深思熟虑，对李世民近来言行的一些变化，进行深刻的分析，提出自己的意见，连上四疏，其中犹以论时政的第二疏影响最大，这就是历史上著名的《十思疏》：

十思疏

臣闻求木之长者，必固其根本；欲流之远者，必浚其泉源；思国之安者，必积其德义。源不深而岂望流之远，根不固而何求木之长，德不厚而思国之治，虽在下愚，知其不可，而况于明哲乎？人君当神器之重，居域中之大，将崇极天之峻，永保无疆之休。不念于居安思危，戒贪以俭，德不处其厚，情不胜其欲，斯亦伐根以求木茂，塞源而欲流长者也。

凡百元首，承天景命，莫不殷忧而道著，功成而德衰。有善始者实繁，能克终者盖寡。岂其取之易而守之难乎？昔取之而有余，今守之而不足，何也？夫在殷忧必竭诚以待下；既得志则纵情以傲物。竭诚则吴越为一体，傲物则骨肉为行路。虽董之以严刑，振之以威怒，终苟免而不怀仁，貌恭而不心服。怨不在大，可畏惟人。载舟覆舟，所宜深慎。奔车朽索，其可忽乎？

君人者，诚能见可欲则思知足以自戒，将有所作则思知止以安人，念高危则思谦冲而自牧，惧满溢则思江海下百川，乐盘游则思三驱以为度，忧懈怠则思慎始而敬终，虑壅蔽则思虚心以纳下，想谗邪则思正身以黜恶，恩所加则思无因喜以谬赏，罚所及则思无因怒而滥刑。

总此十思，弘兹九德。简能而任之，择善而从之，则智者尽其谋，勇者竭其力，仁者播其惠，信者效其忠。文武争驰，君臣无事，可以尽豫游之乐，可以养松乔之寿，鸣琴垂拱，不言而化。何必劳神苦思，代下司职，役聪明之耳目，亏无为之大道哉！

《十思疏》绝非凿空之论，而是体国情、深切时弊的剀切之言，披肝沥胆、直言不讳的刚正之辞。

"十思"即人君处世待人的十条规范。因骈偶句两两相对，所以这十点规范又可归纳为五个方面：一、二"思"指戒欲安民，三、四"思"指谦冲戒骄，五、六"思"指慎乐勤政，七、八"思"指纳谏黜恶，九、十"思"指赏罚适度。

《十思疏》是一篇抽象而理性的论文，字里行间，无不渗透着作者的忧国忧民之情，无不体现作者对德治仁政社会的美好前景的赞美和向往。

李世民毕竟是一位有作为的君主，他"披览忘倦，每达宵分"，反复读魏徵所上四疏，心灵的震撼前所未有，他亲书《答魏徵手诏》，肯定魏徵的奏疏，承认自己有失察之处。一篇《答魏徵手诏》，体现出一位睿智帝王少见的胸襟气度。他在手诏中解释了"失思"之原因：近年以来，祸衅既极，又丧佳偶，灾难接踵而来，悲伤已极。凡有感情的人，谁能不为此哀痛！自此以来，心情焦虑，神情恍惚，食不甘味，卧而难寝，是以三思万虑，或失毫厘。刑赏之乖，实由于此。

君臣二人，一个是"虚衿靖志，敬仁德音"的明君，一个是犯颜正谏、直言不讳的良臣。彼此肝胆相照，协力同心，使得《十思疏》成为政论文的千古名篇，流传于世，为万世楷模。

次年，魏徵再次上疏进谏，这就是《十渐不克终疏》，其文如下：

十渐不克终疏

臣观自古帝王受图定鼎，皆欲传之万代，贻厥孙谋。故其垂拱岩廊，布政天下。其语道也，必先淳朴而抑浮华；其论人也，必贵忠良而鄙邪佞；言制度也，则绝奢靡而崇俭约；谈物产也，则重谷帛而贱珍奇。然受命之初，皆遵之以成治；稍安之后，多反之而败俗。其故何哉？岂不以居万乘之尊，有四海之富，出言而莫己逆，所为而人必从，公道溺于私情，礼节亏于嗜欲故也？语曰："非知之难，行之惟难；非行之难，终之斯难。"所言信矣。

伏惟陛下，年甫弱冠，大拯横流，削平区宇，肇开帝业。贞观之初，时方克壮，抑损嗜欲，躬行节俭，内外康宁，遂臻至治。论功则汤、武不足方，语德则尧、舜未为远。臣自擢居左右，十有余年，每侍帷幄，屡奉明旨。常许仁义之道，守之而不失；俭约之志，终始而不渝。一言兴邦，斯之谓也。德音在耳，敢忘之乎？而顷年以来，稍乖曩志，敦朴之理，渐不克终。谨以所闻，列之如左：

陛下贞观之初，无为无欲，清静之化，远被遐荒。考之于今，其风渐堕，听言则远超于上圣，论事则未逾于中主。何以言之？汉文、晋武俱非上哲，汉文辞千里之马，晋武焚雉头之裘。今则求骏马于万里，市珍奇于域外，取怪于道路，见轻于戎狄，此其渐不克终，一也。

昔子贡问理人于孔子，孔子曰："懔乎若朽索之驭六马。"子贡曰："何畏哉？"子曰："不以道导之，则吾雠也，若何其无畏？"故《书》曰："民惟邦本，本固邦宁。"为人上者奈何不敬？陛下贞观之始，视人如伤，恤其勤劳，爱民犹子，每存简约，无所营为。顷年以来，意在奢纵，忽忘卑俭，轻用人力，乃云："百姓无事则骄逸，劳役则易使。"自古以来，未有百姓逸乐而致倾败者也，何有逆畏其骄逸而故欲劳役者哉？恐非兴邦之至言，岂安人之长算？此其渐不克终，二也。

陛下贞观之初，损己以利物，至于今日，纵欲以劳人，卑俭之迹岁改，骄侈之情日异。虽忧人之言不绝于口，而乐身之事实切于心。或时欲有所营，虑人致谏，乃云："若不为此，不便我身。"人臣之情，何可复争？此直意在杜谏者之口，岂曰择善而行者乎？此其渐不克终，三也。

立身成败，在于所染，兰芷鲍鱼，与之俱化，慎乎所习，不可不思。陛下贞观之初，砥砺名节，不私于物，惟善是与，亲爱君子，疏斥小人。今则不然，轻亵小人，礼重君子。重君子也，敬而远之；轻小人也，狎而近之。近之则不见其非，远之则莫知其是。莫知其是，则不间而自疏；不见其非，则有时而自昵。昵近小人，非致理之道；疏远君子，岂兴邦之义？此其渐不克终，四也。

《书》曰："不作无益害有益，功乃成；不贵异物贱用物，民乃足。犬马非其土性不畜，珍禽奇兽弗育于国。"陛下贞观之初，动遵尧、舜，捐金抵璧，反朴还淳。顷年以来，好尚奇异，难得之货，无远不臻，珍玩之作，无时能止。上好奢靡而望下敦朴，未之有也。末作滋兴，而求丰实，其不可得亦已明矣。此其终不克终，五也。

贞观之初，求贤如渴，善人所举，信而任之，取其所长，恒恐不及。近岁以来，

第57章 居安思危

由心好恶，或从善举而用之，或一人毁而弃之，或积年任而用之，或一朝疑而远之。夫行有素履，事有成迹，所毁之人，未必可信于所举，积年之行，不应顿失于一朝。君子之怀，蹈仁义而弘大德；小人之性，好谗佞以为身谋。陛下不审察其根源，而轻为之臧否，是使守道者日疏，干求者日进。所以人思苟免，莫能尽力。此其渐不克终，六也。

陛下初登大位，高居深视，事惟清静，心无嗜欲，内除毕弋之物，外绝畋猎之源。数载之后，不能固志，虽无十旬之逸，或过三驱之礼。遂使盘游之娱，见讥于百姓，鹰犬之贡，远及于四夷。或时教习之处，道路遥远，侵晨而出，入夜方还。以驰骋为欢，莫虑不虞之变，事之不测，其可救乎？此其渐不克终，七也。

孔子曰："君使臣以礼，臣事君以忠。"然则君之待臣，义不可薄。陛下初践大位，敬以接下，君恩下流，臣情上达，咸思竭力，心无所隐。顷年以来，多所忽略。或外官充使，奏事入朝，思睹阙庭，将陈所见，欲言则颜色不接，欲请又恩礼不加，间因所短，诘其细过，虽有聪辩之略，莫能申其忠款。而望上下同心，君臣交泰，不亦难乎？此其渐不克终，八也。

傲不可长，欲不可纵，乐不可极，志不可满。四者，前王所以致福，通贤以为深诫。陛下贞观之初，孜孜不怠，屈己从人，恒若不足。顷年以来，微有矜放，恃功业之大，意蔑前王，负圣智之明，心轻当代，此傲之长也。欲有所为，皆取遂意，纵或抑情从谏，终是不能忘怀，此欲之纵也。志在嬉游，情无厌倦，虽未全妨政事，不复专心治道，此乐将极也。率土乂安，四夷款服，仍远劳士马，问罪遐裔，此志将满也。亲狎者阿旨而不肯言，疏远者畏威而莫敢谏，积而不已，将亏圣德。此其渐不克终，九也。

昔陶唐、成汤之时，非无灾患，而称其圣德者，以其有始有终，无为无欲，遇灾则极其忧勤，时安则不骄不逸故也。贞观之初，频年霜旱，畿内户口并就关外，携负老幼，来往数千，曾无一户逃亡、一人怨苦，此诚由识陛下矜育之怀，所以至死无携贰。顷年已来，疲于徭役，关中之人，劳弊尤甚。杂匠之徒，下日悉留和雇；正兵之辈，上番多别驱使。和市之物不绝于乡闾，递送之夫相继于道路。既有所弊，易为惊扰，脱因水旱，谷麦不收，恐百姓之心，不能如前日之宁帖。此其渐不克终，十也。

臣闻"祸福无门，唯人所召"、"人无衅焉，妖不妄作"。伏惟陛下统天御宇十有三年，道洽寰中，威加海外，年谷丰稔，礼教聿兴，比屋喻于可封，菽粟同于水火。暨乎今岁，天灾流行。炎气致旱，乃远被于郡国；凶丑作孽，忽近起于毂下。夫天何言哉？垂象示诫，斯诚陛下惊惧之辰，忧勤之日也。若见诫而惧，择善而从，同周文之小心，追殷汤之罪己，前王所以致理者，勤而行之，今时所以败德者，思而改之，与物更新，易人视听，则宝祚无疆，普天幸甚，何祸败之有乎？然则社稷安危，国家治乱，在于一人而已。当今太平之基，既崇极天之峻；九仞之积，犹亏一篑之功。千载休期，时难再得，明主可为而不为，微臣所以郁结而长叹者也。

臣诚愚鄙，不达事机，略举所见十条，辄以上闻圣听。伏愿陛下采臣狂瞽之言，参以刍荛之议，冀千虑一得，袭职有补，则死日生年，甘从斧钺。

《十渐不克终疏》用鲜明的对比，有力的事实和论证，剖析了自贞观以来的前后变化，希望李世民居安思危，善始慎终，振作精神，励精图治，继续发展贞观之治。

李世民读罢此疏，震动很大，在不久的朝会上，当着群臣之面对魏徵说："自得公疏，反复研寻，深觉词强理直，遂列为屏障，朝夕瞻仰。又寻付史司，冀千载之下识君臣之义。"并赏赐魏徵黄金十斤，马二匹。

此后，《十渐不克终疏》被书写在太极殿的屏风上，李世民朝夕阅读，借以激励自己。

李世民能"慎终如始"，一直保持"贞观之风"，与魏徵敢谏有很大的关系。

有人说，魏徵之《十思疏》《十渐不克终疏》是千古绝唱，但有一件事却没有说，是魏徵没有发现，还是故意视而不见，无人得出结论。

后人有诗咏叹魏徵频上疏：

常忧国事频上疏，居安思危多匡救。
尚有一事未闻谏，莫非诤相遗罅漏？

第58章　武则天进宫

李世民素性好色，虽然非常怀念长孙皇后，但他毕竟是天子，他离不开女人，见有漂亮的女人，从来不肯放过，弟妇杨氏，隋后萧氏，一股脑儿收入后宫，妃嫱嫔御，不可胜数。徐贤妃秀外慧中，才名卓著，李世民召为才人，累迁至贤妃，始终宠眷不衰；吴王恪的母亲，是隋炀帝的女儿，隋亡后辗转入宫，也得恩宠；齐王佑的母亲阴妃、蒋王的母亲王妃、越王的母亲阿燕妃、纪王的母亲韦妃，都是李世民的佳眷。

有人向李世民进言，说已故武士彟有一女，美貌非凡，如果能将此女召进宫，一定能为后宫增色不少。武士彟是跟随李渊从太原起兵的开国功臣，李世民当年征战沙场，同这些武德老臣都很熟悉，早就听说武士彟有个女儿貌美如花，只是无缘相见，现在有人重提此女，唤起了旧日的记忆，特下诏召武士彟的女儿进宫。

武士彟的女儿名则天、讳曌。其实，则天并不是武氏之名，后来武氏篡唐号周，自称则天皇帝，乳名失传；相传古代也无"曌"字，"曌"字也是由武氏杜撰而来，以日月悬空自拟，因名为"曌"。

武则天生于武德七年（624年）正月二十三日，母亲杨氏是隋朝宗室宰相杨达之女。武则天还在襁褓中时，武士彟曾请当时的相术名家袁天罡为全家人相面，袁天罡先给夫人杨氏相面，端详一番后对武士彟说："夫人骨法清奇，必生贵子。"

武士彟将子女召至客厅，请袁天罡逐个相面，袁天罡先给两个儿子元庆、元爽相面后说："这两个儿子都是保家之主，官可至三品。"

武则天还在襁褓中，穿男孩子的衣服，袁天罡仔细察看后，有些不放心地说:"这个儿子神气爽彻,实在不易知详,让他试着走走看。"

乳母将武则天放在地上,让她扶着墙壁行走,挪了几步,袁天罡大惊道:"小公子神采不凡,龙睛凤颔,地角天颜,此乃伏羲之相,实在是富贵之极,大福大贵啊!"说罢,又转到侧面端详一番,情不自禁地叹惜道:"可惜是个男孩,如果是个女儿身,更贵不可言,将来必定位尊九五,贵为天子……"

袁天罡的话把武士彟的魂都吓掉了,赶快重金打发了袁天罡,叫他不要再说,也不可对外人道。不过,武士彟并不相信袁天罡的话,心里想,是男是女都没看出来,还谈什么位尊九五,贵为天子?

武则天长大成人后,乳母将当年袁天罡相面之事当作一件趣事告诉她,说者无心,听者有意,武则天将这件事记在心里,深信不疑。

武则天的童年时代,因为父亲外任,一直随父亲到处游历。在利州都督任上,一住就是五年。这一时期,家庭生活和美、幸福。贞观九年,唐高祖李渊去世,武士彟还在荆州都督任上,听说太上皇去世,悲痛过度,竟然呕血而死。武士彟去世后,武则天的生活发生了很大变化。

武士彟的原配夫人相里氏,生有两个儿子,长子元庆,次子元爽,继娶杨氏,生下三女,长女嫁贺兰氏,次女就是武曌。武曌的两个异母兄长武元庆、武元爽和堂兄弟武惟良、武怀运对她们母女很薄情,武则天母女势单力薄,受尽冷遇。武则天性格刚强,不堪忍受其兄的冷眼,少不得发生口角,这给她的内心蒙上了一层阴影。武则天寡情残忍的性格,大概与这种自幼遭受的家庭冷遇有很大关系。

武母杨氏突然接到敕文,大为悲泣,将爱女搂在怀中,边哭边嘱咐,似有诀别之感。武则天却谈笑自若,劝母亲不要悲泣,能进宫见天子,是她的福气。

武则天带着母亲的嘱咐,怀着满腔的希望,同传旨太监一起进宫。进宫的第二天,武则天在太监总管的引领下谒见皇上。她泰然自若,盈盈下拜,娇滴滴地说:"臣妾武则天拜见皇上,祝皇上万岁!万岁!万万岁!"

李世民见此女如此识礼,龙心大悦,连声说:"平身!平身!"

武则天起身站立,李世民见此女果然是芙蓉颜面,豆蔻年华,体态丰腴,亭亭玉立,问她芳龄,不过二七,身子恰已颀长,仿佛有二八之形。略问数语,对答如流,言语也很得体,最动人的是那一双俏眼,妩媚之中透出一股灵气,百啭娇喉,仿佛有一股无形的吸引力,更何况李世民素性渔色,更是心猿意马,

第58章 武则天进宫

龙颜大悦，立即封武则天为才人。

唐朝旧制，皇后之下，有贵妃、淑妃、德妃、贤妃各一人，为夫人，正一品；昭仪、昭容、昭媛、修仪、修容、修媛、充仪、充容、充媛各一人，为九嫔，正二品；婕妤九人，正三品；美人九人，正四品；才人九人，正五品。此后还有御女、采女等，人数、官品都有规定。

才人为正五品，是后宫品级最低的内官，职掌宫中的食宿燕寝等事。对于这些，武则天已心满意足。能进皇宫，就迈开了人生重要的一步，被皇上选为才人，她能不满足吗？至于她最终的追求是什么，这恐怕是她心中的秘密，她不会轻易将这个秘密泄露出来。

本来，李世民当天就想将武则天召进后宫侍寝，因有要事处理，将召寝武则天之事暂时放下，此后几天一直为突厥犯境之事忙碌，召寝武则天之事一拖再拖。

这一天国事已了，李世民心情格外舒畅，兴致也不错。身穿一件白纱中单，外罩一件天青蹙飞龙背心，头带白纱幞头，一身便装，显得格外精神，在侍奉太监的陪同下，穿过御花园中的长廊，走过一段铺着鹅卵石的甬道，忽然听到假山后传来一阵银铃般的笑声，回头一看，突然见一团红乎乎的东西飞过来，差一点碰到他的面颊。跟在身后的侍奉太监眼明手快，一挥手中拂尘，将来物打落在地，低头一看，原来是一个扎着羽毛的毽子。

踢毽子是唐时女子常玩的一种游戏，无论是民间，还是皇宫，都玩这个游戏，特别是宫中女子，更是乐此不疲。因为踢毽子一来可以游戏以度时光，二来可以健身以保持身材苗条。

正在李世民一愣神之际，随着一阵笑声，从假山后闪出一个朱衣少女，朱衣少女闪出假山，突然看见李世民站在面前，调皮地做了个鬼脸，跪伏于地，银铃般的笑声变成了娇滴滴的问候："皇上万岁，万万岁！"

不知是用力过猛还是真的没有跪好，朱衣少女跪下便侧倒在地，而倒的地方恰巧就在李世民的脚下，她没有立即爬起来向皇上行礼，而是向皇上瞟了一眼，娇羞地低下头。

李世民笑了，看着脚边的少女说："平身吧！不必多礼！"

朱衣少女一脸娇羞，低低地、像是自言自语似的说："奴婢武则天参见陛下！"

李世民只是觉得匍匐在脚边的女子十分可爱，却没有料到就是进宫不久的武则天，下意识地伸出双手将跪在地上的武则天扶起来。躬身的一刹那，看见了武则天敞胸低领衫后那羊脂玉般的胸脯和如水莲般娇羞的脸。

　　武则天借李世民挽扶之力顺势站起，不知是脚跪麻了还是有意如此，一个踉跄向前扑倒，李世民顺手一拦，恰巧倒在怀里。

　　李世民搂抱着温柔的娇躯，内心涌出一种难有的快意，眼中闪出一丝异样的光，侍奉太监将这些看在眼里。

　　武则天将头深深地埋在李世民的怀里，内心像小鹿一样突突地跳。她多么盼望地球就此不转，时间就定格在这一瞬间，让她能永远躺在这个男人的怀抱里，得到他的爱抚和呵护。

　　李世民看着怀中娇羞万种的武则天，心里也是意马心猿，忍不住腾出右手理了理武则天散乱的鬓发，低下头、轻轻地、用只有武则天一个人能听到的声音说："朕今晚要了你！"

　　晚上，武则天被召入后宫，宫女们将这位新贵人送进皇上的卧室，请她坐在睡榻上，笑着说："武贵人，稍候片刻，皇上就到！"

　　武则天似乎没有听到宫女的声音，瞪着一双好奇的眼光东张西望，窗帘是黄色的，天棚是黄色的，床上的被褥，连墙壁也是黄色的，简直就是一个黄色的世界。黄色，是皇家御用之色，平民百姓不准擅用；黄色，是高贵之色，在平民的眼里，具有很神秘的色彩。

　　在嫔妃成群，佳丽三千，美女如云的后宫，只有皇上一个男人，太监虽不是女人，但也不是男人，不是女人、也不是男人的人是不能人道的，因此，偌大一个后宫，成群的美艳姣娃，哪一个不是伸着脖子盼望能被皇上召入后宫侍寝。想是一回事，能不能实现又是另外一回事，武则天进宫才几天，便被皇上召来侍寝，真是羡煞了众佳丽。

　　正当武则天好奇地东张西望时，李世民进了寝宫，几名宫女见皇上进来，向武则天做了个鬼脸，悄无声息地退了出去，顺手将门带上。

　　武则天知道皇上进来了，慢慢地转过身来，侧身一揖，羞答答、嫣然一笑道："奴婢向皇上请安！"

　　李世民满面春风地展开双臂向武则天走去，武则天毫无怯意，顺势扑倒在李世民的怀里。

御榻上，罗帐拉下，娇小女娃，倒是很解风月，先替皇上宽衣解带，然后自脱罗裳，李世民尚恐她禁受不起，偏她纵体入怀，毫无怯意，更逗起了李世民的兴趣，少不得春风一度，花蕊渗红……

次日辰时，李世民起床上朝，想那武则天昨晚是兴奋过度，直到此时仍然还在朦胧的睡梦之中，只见她酥胸半露，玉臂微屈，眉黛春浓，满脸都是笑容。李世民越看越爱，越爱越看，忍不住上前在武则天的脸上吻了一口，武则天从睡梦中惊醒，一个翻身坐起来，使得玉体裸露。她连忙拉上被子围在身上，撒娇地轻叫一声："皇上……"

"睡吧！朕要上朝，下朝后再来陪你。"李世民伸手替武则天盖好被子，随手在她脸上摸了一把说，"风情无限，媚态万千啊！朕赐你一个芳名，叫媚娘吧！"

李世民上朝以后，传下口谕，赐武则天新名媚娘，命居住福绥宫。此后很长一段时间内，他都在福绥宫过夜，由武媚娘侍寝。由于新得贵人，李世民迷恋床笫之事，常常使例行的早朝延时，有时甚至干脆不上朝。

李世民对典籍非常熟悉，想必也知道商纣王因妲己而丧邦，周幽王因褒姒而失国的历史，他万万没有想到，他此刻深深迷恋着的武媚娘，是他大唐江山的一个天大祸患，在他之后不久，金銮殿上坐着的人，竟是这个武媚娘。

群臣看在眼里，谁也不敢出声。

这一天，魏徵同太常博士李淳风恰巧在朱雀门相遇，李淳风见左右无人，将魏徵拉至兴道坊的一座茶楼里，选了一个最靠边的茶座坐下来，待茶童沏好茶退走后，李淳风端起茶杯道："魏大人请！"

魏徵微笑着问："李大人该不会是有什么事吧？"

"有事，也没有事，只是有一事不甚明白，想请教魏大人。"

"李大人有话尽管说。"魏徵问道。

李淳风压低声音道："皇上召武媚娘进宫，迷恋女色，魏大人向来是敢言直谏，不知为何对此却缄口不言？"

"你呢？你为何不上言？"魏徵不露声色地说。

"我一不是谏官，二不是宰臣，哪轮到我说话呀？"李淳风反问道。

"话既至此，我也有一事请教。"

"魏大人有话尽管问，何谈请教。"

"武媚娘其人，你可曾见过？"魏徵问道。

"见过一次。"

"可曾替她相过面？"

"匆匆一瞥，永志不忘。"

"有何特别之处吗？"魏徵紧张地问。

"龙睛凤额，地角天颜，乃伏羲之相，贵不可言。"李淳风压低声音说。

"如此说来，当年袁天罡为此女相面，也非虚言了？"魏徵问道。

"我也曾问过袁天罡，他既不肯定，也不否定。"

魏徵想了想道："这就是了，他不肯定答复，是因为他心有所虑；不否定，表示默认。"

"魏大人是相信袁天罡与下官的话？"

"我也修道多年，易学之术虽不精通，却也略知皮毛，武媚娘的面相，是平生仅见，实在是天人之表，他日……哎！不说也罢！"

"啊！"李淳风惊叹一声。

"天命所归，岂可多言？"魏徵反问道。

李淳风默默地点点头，魏徵轻轻地说："今天之言，天知、地知、你知、我知。"

"稍有不慎，便会惹来杀身之祸，是吗？"李淳风轻声问道。

"既然知道，何必又有此问？"

"伙计，付账。"李淳风放下几枚铜钱，同魏徵一起先后出了茶楼。

后人有诗咏叹李世民召武则天进宫：

商纣丧邦本狐媚，周幽失国因褒姒。

唐帝好色遗隐患，怀拥武媚祸有时。

第 59 章　君王赐佩刀

贞观十二年（638年）春正月，李世民召房玄龄、魏徵、长孙无忌、王珪于两仪殿议事，太子李承乾在太子席上陪听，显得一副无精打采的样子。

王珪起身道："陛下，臣有事要奏。"

"说吧！"李世民抬抬手。

"臣以为，朝廷三品以上官员途中遇见亲王，要下车给亲王让道，这不符合礼仪。"

"怎么？"李世民反问，"你们做了三品大员，有了地位，就想轻视朕的儿子吗？"

王珪见李世民突然动怒，不知所措，向魏徵投过求助的眼光。

魏徵立即说道："关于三品官员同亲王礼仪的问题，以前曾议论过，臣以为，自古以来，在京师的亲王，位列三公，等同三品。吏部尚书、左、右仆射、侍中、中书令，都是三品以上大臣，属九卿、八座，他们遇见亲王都要下轿行礼、让道，实在是有失礼仪。臣曾翻遍典籍，历史上并无此先例，然而，我朝却大行其道，实在是有些不能理解。"

李世民见李承乾无精打采的样子，不满地说道："太子，读书的时间到了，你去读书吧，这里没你的事了。"

魏徵看着离去的李承乾，有一种不祥的预感。

李世民见太子离去，对三位侍臣道："人之存亡难以预料，如果太子不幸早亡，谁能断定哪个王子会是你们的君主呢？你们怎能轻视他们呢？"

魏徵道："殷商有兄终弟及之义，但自周代以来，都是子孙相承，立嫡必长，太子是储君，是继承皇位的当然人选，父亲的兄弟，儿子的兄弟，都是不可以继承皇位的。这样做，就是要杜绝庶子觊觎皇位，堵塞祸乱的根源，这是治国者要深以为戒的。陛下刚才责问王珪，是一时气愤之词，不可让群臣与庶民知道，否则就要遭来非议。"

李世民听到魏徵此言，脸色突变："魏徵，你是说玄武门之事吗？"

皇位问题一直是李世民心中最为敏感的问题，多年来，他一直害怕别人说玄武门之事，因为他的皇位是经过玄武门之变、杀兄屠弟、以武力夺取的。他害怕别人指责他的皇位来得不正，这也是他一个不为人道的心病。魏徵说到立嫡必长、长幼有别，自然而然地就使他想到玄武门之变，认为魏徵是暗指他通过杀掉太子夺取皇位，刺中了他最为敏感的神经，故脸色大变。

魏徵动情地说："陛下，玄武门之事已过去十多年了，你心里为何总是放不下呢？陛下当时同隐太子和齐王已势同水火，箭在弦上，不得不发。且陛下自登基以来，励精图治，已出现贞观盛世，证明陛下是一代明君，这都是天下臣民有目共睹的。陛下难道真的要使大唐代代都有一次玄武门事件吗？"

李世民听罢大吃一惊，房玄龄、王珪也都瞪着大眼睛看着魏徵。他们万万没有想到，魏徵竟直接面对玄武门之变，并不回避。

李世民竟然没有发怒，而且还同意废除三品以上官员遇亲王下马让道的规定。稍停片刻又问道："你们几个人都是侍臣，朕问你们，朕的几个儿子，谁贤？"

几位大臣你望望我，我看看你，谁也不想回答这个问题，眼看就要冷场。

"臣等愚昧，不能尽知其能，知子莫若父，诸位亲王谁优谁劣，谁正谁邪，陛下比谁都清楚，何必要为难我们呢？"魏徵反应敏捷，轻描淡写地将球踢还给李世民。

长孙无忌同房玄龄漫步在御花园的长廊中，长孙无忌道："房大人，今天说到亲王礼仪，皇上先遣走太子，这是个不好的预兆呀！"

房玄龄回答说："近来皇上对太子的态度似乎越来越冷淡了，太子走后，皇上又说那样一番话，真的使人有些不理解。"

"皇上对魏王泰似乎特别器重，允许他就府设置文学馆，任其召士子入府吟诗作赋，讨论文学，后又命他主编《括地志》，这中间是不是另有玄机？"长孙无忌思索着说。

"嗯！圣君之心，高深莫测，这方面我并不比你高明呀！"

长孙无忌忧虑地说："太子和魏王同是皇后所出，都是我的外甥，皇上的态度如此暧昧，我担心会出乱子。"

第59章 君王赐佩刀

"这同当年玄武门之事的情形如出一辙，难道历史又会重演？"房玄龄也很担心。

长孙无忌接着说："你再看，辅佐魏王的有：礼部尚书王珪、黄门侍郎韦挺、中侍御史崔仁师、中书侍郎岑文本、工部尚书杜楚客，还有你的公子散骑常侍房遗爱，已达太子的规格。再看看太子这边：你是左仆射，为太子詹事；给事中张玄素为太子少师；国子祭酒孔颖达、给事中杜正伦为太子右庶子；中书侍郎于志宁为太子左庶子；还有杜如晦的儿子、驸马都尉杜荷，侯君集的女婿、东宫千牛卫贺兰楚石。除你是左仆射外，其他人都没有实权，而你又政务缠身，无暇顾及东宫之事。"

房玄龄说："东宫太子的规格稍逊魏王府，这也是皇上的旨意，朝野有所议论，也不是空穴来风。"

长孙无忌着急地说："你也要偏向于魏王吗？这是不可以的。废长立幼，有乱礼法，乃取祸之根源。"

"决定权在皇上那里，你我左右得了吗？"房玄龄有些无奈。

"真的令人担忧呀！"长孙无忌叹了口气。

三月，李世民以皇孙降生，在东宫宴请五品以上大臣。御膳房执事太监指挥差役、小太监抬着三十余桌已经摆好了山珍海味的水陆全席进殿，布座安席，李世民率先入席，文武百官依次入席。

李世民高兴地对大家说："朕喜得皇孙，今天特赐宴东宫，以示庆贺，大家干了此杯！"

"皇子多已长大成人，而陛下尚无皇孙。今东宫先诞首嫡，致使龙脉有延，这是天大的喜事。上至朝中百官，下至黎民百姓，无不欢欣鼓舞、俯首以庆。"房玄龄举杯道，"各位同僚，请端起酒杯，共同祝贺陛下喜得皇孙。"

"好！好！好！"李世民连说三声，举杯一饮而尽，"君子抱孙不抱子，此是社稷之庆，公等又助朕尽饮，朕真的很高兴呀！今天可不拘小节，开怀畅饮。"

"好！为陛下喜得皇孙干杯！"文武百官见李世民言不拘小节，一齐举杯随声附和。

李世民招招手道："玄龄、魏徵，你们过来。"

房玄龄、魏徵来到李世民身边，李世民拉着房玄龄的手对群臣说："贞观以前，跟随朕平定天下，夷凶克乱，周旋艰辛，以房玄龄的功劳最大。"

房玄龄慌忙跪下谢恩。

李世民解下悬挂在腰间的一把包金嵌玉的佩刀道:"玄龄,这把佩刀是朕随身之物,今天就赐给你,朕希望你继续率百官辅佐朕治理朝政,为天下苍生造福。"

房玄龄双手接过佩刀:"谢陛下恩赐,臣愿为陛下效犬马之劳,万死不辞。"

"平身!"

房玄龄起来,仍然站在李世民的身边。

李世民拉着魏徵的手对群臣说:"贞观以来,忠言进谏,纠正朕的过失,参议制定治国大计,主要是魏徵的功劳。古之名臣,无出其右,没有谁能比得上魏徵。"

魏徵亦跪下谢恩:"谢陛下褒奖!"

李世民说罢,解下悬在腰间的另一把包金嵌玉的佩刀道:"魏徵,这把佩刀是朕随身之物,赐给你,希望你继续向朕进言,时刻纠察朕之过失。"

魏徵连忙跪下接过佩刀:"臣谢主隆恩!"

"平身!"

文武百官见房玄龄、魏徵得到皇上的夸奖和赏赐,纷纷投来羡慕的目光。

李世民面对群臣问道:"魏徵与诸葛亮谁贤?"

中书侍郎岑文本道:"诸葛亮举一国之政,对内能治理国家保人民安居乐业,对外能行兵打仗,威震敌胆。见称今古,无人能出其右。魏徵虽然不能事事尽兼,但忧国如家,忠言正谏,朝夕孜孜,古人确实无出其右。但还是不能与诸葛亮相比。"

李世民摇摇头说:"魏徵蹈履仁义,唯以道德为务,无所欺负;鞠躬尽瘁辅佐朕,必欲使朕至于尧、舜之上。诸葛亮的所作所为,并没有超过魏徵,所不如者,唯行师用兵而已。"

岑文本脸含愧色地说:"陛下说得好,臣失言了。"

李世民对魏徵说:"魏徵,你说说看,朕治理国政与往年相比如何?"

李世民问话的目的很明显,就是暗示魏徵,希望通过魏徵之口来歌颂他的丰功伟绩,一来鼓励群臣的信心,二来也可活跃一下宴会热闹与喜庆的气氛。一般人定会顺竹竿子爬,对皇上的政绩大夸特夸一通。魏徵可不是一般人,他是千古名臣,绝不阿谀奉承,时刻注视着李世民的一举一动,深恐一时疏忽而致铸成大错,明知李世民此刻最想听到什么,但当他看到李世民有点得意忘形的神色，将到口边的颂词吞了回去，想给李世民泼点冷水，让他清醒清醒。思索一阵，满脸肃容，恭恭敬敬地说："陛下威德加于四方，远远超过贞观初年，但人心向背与悦服，恐怕就不及贞观初年。"

李世民不解地问："远方民族畏惧皇威羡慕圣德，所以前来归服，如果说不如以前，则何以至此？"

"陛下以前以天下未能大治为忧虑，所以注意修德行义，每天都有新的作为，如今既得到治理又较安定，所以说不如以前勤勉了。"魏徵答道。

"朕现在的做法与往年相比，有什么区别吗？"

魏徵回答道："贞观初年，陛下惟恐臣下不谏，常常引导和鼓励臣下进谏；三年以后，陛下纳谏从流，胸纳百川，常为臣下的进谏而高兴；近两年来，陛下对臣下的谏言冷淡多了，虽然接受，显得也很勉强，其实心里并不是很乐意，纳谏时总显得有些无奈，常常面有难色。"

李世民反问："你凭什么这样说朕，有何证据？"

魏徵道："陛下以前曾想杀掉元律师，孙伏伽认为依法不当处死，陛下不但接受了孙伏伽的劝谏，而且还赐给他兰陵公主的花园，价值百万。有人说：'赏赐太厚重了。'陛下说：'朕即皇位以来，还没有一位直言敢谏之人，所以要重赏，借以提倡和鼓励敢谏之士。'这是陛下在贞观初年引导人们进谏的典型事例。几年后，司户柳雄假冒隋朝所授官资，陛下要杀掉他，又采纳戴胄的谏言而作罢。这是陛下能够比较高兴地纳谏的例子。近几年，情况有了变化，贞观八年，皇甫德参上书，惹得陛下大为不快，甚至要以诽谤罪处罚他。其实，臣下上奏，语言不激烈，很难引起皇上的注意，若过激，则又会惹人不愉快，确实有点像诽谤。当时，陛下虽然听从了臣的劝告，没有治皇甫德参的罪，但臣看得出来，陛下接纳臣的劝谏很勉强，内心并不是很高兴。这是陛下难于受谏的例子。"

群臣见魏徵说得如此直率，都替魏徵捏了一把汗。

李世民听后感慨地说："确实如先生所言，除了先生，没有谁能对朕说出这样的话，人最难的就是自觉自悟，先生不说这些，朕还以为自己始终如一地做得很好，并没有发生变化。听先生的一席谈，朕犹如醍醐灌顶，冷水淋头，头脑清醒多了，回想起来，实在是有些后怕。希望先生能始终保持这份直谏的忠心，时刻提醒朕，纠察朕之过失，使朕能时刻保持冷静的头脑。"

魏徵见李世民态度诚恳，端起桌上的酒杯说道："陛下，今天是皇孙诞生宴，臣说得太多,冲淡了主题,臣自罚一杯。祝贺陛下喜得龙孙。"

后人有诗咏叹李世民赐佩刀嘉奖房玄龄、魏徵:

贞观以前房玄龄,贞观之始唯魏徵。
左膀右臂辅圣主,卸下佩刀赐功臣。

第60章　透过现象看本质

贞观中后期，大唐国势日益强盛，四夷臣服，万邦来朝，李世民有了成就感、满足感，有了一种舍我其谁的气势。心态的变化，促成了封建时代君王专制统治的固有特征在他的身上逐渐地显露出来。贞观初那个广征谏言、胸纳百川、不耻下问、虚心求教的李世民逐渐消失了，继之而起的是一个威容严肃而不容侵犯、君临天下而不可一世的李世民。

太极殿临朝，两仪殿议政，李世民高高在上，骄满之情溢于言表。群臣心理上有一股无形的压力，时刻担心触犯圣怒，朝堂议事缄口不言，过去常有谏言者进谏少了，原本少有谏言者则更是闭口不言事。李世民无论是太极殿接见群臣，还是两仪殿与侍臣议事，常常是唱独角戏。群臣都尽量少说话，过去的群言堂，变成了一言堂。

贞观初期那种充满活力的机制渐渐消失了，开国之初的那种良好的政治氛围和君臣之间那种和谐的关系也正在蜕变。魏徵最不愿意看到的事情还是发生了。

李世民属于那种创业开国类的君主，文韬武略，天聪圣睿早已名满天下，也为臣下所熟悉。登上帝位之后，大刀阔斧整治朝纲，肃正吏治，很少运用南面之术来对待群臣。

李世民天生睿智，但怎么样做好一个皇帝，怎么样治理一个国家，他并没有经验，甚或是一窍不通，相对于手下那些博学鸿儒们，有些方面他还差得太远。因此就有了开国之初广征谏言、胸纳百川、不耻下问、虚心求教的李世民。

李世民见群臣缄默，心里很着急，同时也很困惑，不知道问题到底出在哪里。

魏徵少时便属意纵横，对南面之术颇有研究，但他是一个受儒、道之学熏陶浸染较深的人，幼时受父亲的教诲、鸿儒书院纯正的儒学教育，使他的人生观和价值取向是相当纯正的儒家精神。他所渴望的是安宁的社会、稳定的秩序，渴望人间的淳朴、诚信、仁爱和温馨。希望政治上干干净净，君臣之间磊磊落落、清清白白。正因为如此，他在辅佐一代圣君李世民时，所体现出的是一种大公无私、刚直不阿、坦荡磊落、忠诚老实的风范。他以自己纯洁和崇高的政治热情去不懈地呼唤着政治的纯洁和崇高。因此，尽管他对政治谙熟的程度在当时已是无人能出其右，但并不热衷于提倡和贡献他很在行的南面之术。

魏徵也看到了群臣缄默的事实，心里很着急，他开始在"道心惟微"上琢磨和观察李世民的一言一行，以求找出个中缘由。

李世民在困惑之时，想起了他素来"敬之重之，同于师傅，不以人臣处之"的魏徵。这一天，他在两仪殿召见魏徵，单刀直入地说："朕有一事很困惑，请先生教朕。"

"何事使陛下如此困惑呀？"

"近段时期，朝中大臣为什么都不议论朝政了？"

魏徵道："陛下虚心纳谏，就一定会有人上书言事。古人有言：未得到信任而谏者，担心人说是诽谤；取得信任而不谏者，则是担心进谏有失而失去信任。不同的人有不同的想法：懦弱之人，怀忠直而不能言；被君主疏远之人，担心不受信任而不敢说；心中只考虑个人利益之人，因时刻惦记着自己的利害而不愿意说；所以朝臣中便出现了这种缄默不言、随波逐流、苟且偷安的现象。"

李世民道："确实是这样，朕也经常在考虑这个问题，朕如果开怀纳谏，你们能够极尽所言吗？"

"话虽这样说，但真正做起来却很难。"魏徵说道。

"为什么？"李世民不解地问。

"近两年来，陛下听不进谏言，有时虽然勉强纳谏，内心还是不服，有时甚至脸上都表现出来了。"魏徵是在婉转地责怪李世民"听之道"的修养不够。

李世民两眼瞪着魏徵，一言不发。

魏徵进一步提醒说："陛下对大的事情较为宽容，对小的过失却过于计较，有时爱憎过于分明，这不是治政之道。"

李世民仍然是若有所思，一言不发。

魏徵继续说："陛下天资睿智，洞察秋毫，表现得太能干、太强大。"

"难道不行吗？"李世民反问。

"这并不是一件好事，一个人能力再强大，精力再旺盛，也只有一个脑袋，

第 60 章　透过现象看本质

一双手，就是累死了，也难撑起一个国家的统治。"

"那朕要如何做才好呢？"李世民真的是在向魏徵这个老师虚心求教了。

"要想治理好整个国家，就必须要调动众多臣下的积极性，使每一个臣子都能竭诚尽智，为陛下效犬马之劳，这样才能达到事半功倍的效用。"

"继续说下去。"李世民感兴趣地说。

"只有达到老子所说'挫其锐，解其忿，和其光，同其尘'，才算是'玄明'，否则就是昏庸，而不是英明。君王不要具体地去过问微末之事，要让群臣各有职分，各司其职，自己高居其上，看着他们做就是了。"这里，魏徵在有意无意地向李世民灌输南面之术中的"道心惟微"的理念。

"如何观察呢？"李世民再问。

"以暗观明，以静制动，以无为察有为。贵则观其所举，富则观其所养，居则观其所好，习则观其所言，穷则观其所不受，贱则观其所不为。这样，对不同的人，就可以做到：因其才以取之，审其能以任之，用其所长，避其所短。充分地发挥每一个人的积极性，这样就能够很轻松地治理好国家。"魏徵滔滔不绝地说。

"这就是你说的纵横之术、南面之术、驭人之术吗？"李世民问道。

魏徵不置可否，笑而不答。

后人有诗咏叹：

群臣缄口君心忧，找来魏徵问缘故。
原是皇威太强盛，少了治国南面术。

贞观十五年（641 年）七月，李世民决定派遣特使出使西突厥。这一天，李世民在两仪殿召见几位大臣，其中一位就是左领军将军张大师。李世民端坐在御座上，对张大师道："张大师，朕召你来，是有一件事要交给你去办。"

"不知是何事，微臣愿听差遣。"张大师站起来说。

"朕委你为大唐特使，出使西突厥。"

"出使西突厥的任务是什么？"张大师问。

"任务有两个，一是代表朝廷持旌节，就沙钵罗叶护已得名位，册立他为西突厥可汗，赐给鼓和大旗。"

"第二个任务呢？"

"二是市马。多年征战，朝廷战马紧缺，你这次出使西域，要带足金银财物，在沿途经过的各国大量的购买马匹。买马的事，朕已经和兵部打了招呼。"

"臣领旨！"

魏徵见李世民如此安排，立即站起来说："陛下，臣有话要说。"

"有什么话，说吧！"李世民今天心情似乎很好，爽快地就答应。

"臣以为，陛下遣使西域，一使两事，表面上看似乎很划算，实则两件事都难如愿。"

"为什么？"李世民吃惊地问。

"朝廷派员出使西突厥，是代表大唐去册封沙钵罗叶护为可汗，可汗之位尚未确定，而使者却在沿途做生意，沙钵罗叶护就会对大唐朝廷的诚意有所怀疑。"

"为什么怀疑大唐的诚意？"

"沙钵罗叶护会认为，大唐使者不是专程前去册封他为可汗，而是去做生意，去买马的，册封可汗只是附带的一件事情。这样，他对朝廷册封他为可汗就不那么感恩戴德了，甚至还会产生怨恨心理。"

"啊……"李世民若有所悟。

"沿途各国知道此事，以为大唐薄义重利，西域番邦之人素来耿直，他如果认为你是薄义之人，就不会轻易地同你市马，如此，市马也有可能成为一厢情愿。"

李世民和众人都陷入了深思。

"昔汉文帝时，有人献千里马，汉文帝说：我凶行日三十里，吉行日五十里，銮舆在前，属车在后，我独乘千里马又有何用？于是，他赏卖马者往返途中的所费而返之。汉光武帝时，有人进献千里马及宝剑，光武帝用马驾鼓车，宝剑则赐给勇士。陛下凡所施为，皆邈逾三王之上，为何此事欲为孝文、光武之下呢？又魏文帝欲求市西域大珠，苏则说：'若陛下惠及四海，则不求自至，求而得之，不足为贵。'陛下纵不能慕汉文之高行，能不畏苏则之言吗？"

"魏徵言之有理。"李世民大声说。

"若西突厥安定，则各国自然也就同大唐修好，这样，好马不用买，自然会送上门来。出使西突厥应为专使，不可附带市马之事。"

李世民哈哈大笑，指了指其他的大臣："你们怎么都没有想到这一层呢？"

"臣等愚昧。"大臣口头这样说，心里却想：命令是你发出的，你为什么没有想到呢？

"张大师！"

"臣恭聆圣谕！"张大师毕恭毕敬地说。

"你这次就作为特使，出使西突厥，就一件事，代表朝廷册封沙钵罗叶护为可汗。"

"臣领旨！"

后人有诗咏叹李世民遣使西突厥：

遣使册封又市马，一举两得算计深。
可惜目光太短浅，顾此失彼两难成。

第 61 章　皇储之争

太子李承乾渐渐长大成人了，常常因游玩狩猎而荒废学业，左庶子于志宁、右庶子孔颖达、张玄素等屡加规谏，不但没有效果，反而遭到太子的责难。

李世民听说右庶子张玄素在东宫多次行谏，特地提升他为银青光禄大夫，行左庶子职，以资鼓励。

这一天，李承乾在宫中击鼓为乐，张玄素再次劝阻，太子怒视张玄素一眼，命人将鼓从鼓架上取下来丢在地上，取过一根大棒，当着张玄素的面，将鼓砸碎，负气地说："我将鼓砸毁了，左庶子满意了吧？"

张玄素劝谏道："朝廷遴选我们辅佐太子，右庶子孔颖达、赵弘志，都是非常有才能的人，如今动辄数月不见宫中臣属，他们怎么能帮助太子呢？东宫中只有女人，不知是否有像樊姬待楚庄王那样贤惠的呢？"

"樊姬？"李承乾好奇地问，"樊姬是什么人，很漂亮吗？"

张玄素耐着性子说："樊姬是春秋时楚庄王的夫人。当初的楚庄王，左拥郑姬，右抱越女，是一个荒淫无度的昏君。后来樊姬劝谏他。他说：'三年不鸣，一鸣惊人。'于是，楚庄王奋发图强。可是，却常用人不当，樊姬就帮助他识别人才，将有才能的人才提拔重用，楚庄王也就成为有作为的君王。"

"啊！"李承乾无所谓地说，"知道了，还有事吗？"

张玄素见太子下了逐客令，只好无奈地退出东宫。

李承乾有个男宠，本是太常寺的一个歌童，召进宫后，经常唱一些淫秽的歌曲，并和太子互换衣服穿，最后发展到同寝共卧，李承乾给他取名"称主"。

于志宁反复劝谏，太子不听，还故意将宦官带随左右，任意胡为。

这一天，李承乾一跛一跛地来到皇厩，命令驾驭手将皇上御用快马"踏雪

第61章 皇储之争

无痕"牵来,驾驭手有些为难,犹豫了一下,李承乾怒吼道:"站着干什么?我的话没有听见吗?"

驾驭手见太子发怒,只好将御马牵给李承乾,躬身蹬在马的身边,让李承乾踏在背上上马。李承乾正欲挥鞭驰马,突然有一人抓住马缰,李承乾猛挥一鞭,抽在拉缰人的身上,怒喝道:"找死。"

抓缰阻马者不是别人,正是太子詹事于志宁。于志宁挨了一鞭,并没有松开手中的缰绳,大声劝谏道:"太子殿下,现在是以文治国,读书才是正道。"

"读书的事还要我亲自做吗?你们先读,读了后告诉我就行了。光读不练,不是成了纸上谈兵吗?"李承乾怒吼,"滚开,别扫兴。"

于志宁抓住缰绳,继续苦谏道:"太子殿下,你如此不自律,事情一定会越来越不妙。"

李承乾反问道:"什么不妙?"

"陛下说过,太子之位不是铁打的,不是不能废的。"于志宁补了一句,"这是我亲耳听到的。"

李承乾坐在马上,怒视着于志宁,一言不发。

于志宁继续说:"魏王开文学馆,亲自编撰《括地志》,这才是正途。不怕不识货,就怕货比货,太子殿下,你要三思啊!"于志宁说罢,松开手中的缰绳。

李承乾跳下马,冲着站在一旁的贺兰楚石大声说:"不玩了,回宫。"

东宫里,李承乾对门客张思政、纥干承基道:"于志宁太麻烦了,你们两人去将他解决了。"

纥干承基问道:"解决到什么程度?"

"我不想看见他,要他永远说不了话。"李承乾目露凶光。

于志宁身着素服麻衣,躺在苫席上,席地而卧,翻来覆去地睡不着。张思政、纥干承基两人手持利刃,躲藏在窗外,小声嘀咕道:"堂堂太子詹事,朝廷二品大员,竟然清贫到如此地步,这是个好官啊!杀这样的好官,要遭天谴的。"或许是良心发现,两人竟然不忍下手,悄悄从原路退了出去,于志宁捡了一条命。

李承乾从此更加淫荡纵欲。

魏王李泰素怀夺嫡之心,乘太子失德之时,格外礼贤下士,司马苏勖建议他著书立说。李泰不解地问:"寡人贵为亲王,地位显贵,不愁名利,为何要著书立说?"

"古代的贤王都要招徕学者著书立说,若大功告成,既可增加王爷在皇上心目中的分量,也可在群臣面前树立起一个儒雅王爷的形象。历朝历代,亲王无数,能做到这一点的可是凤毛麟角。"

"这个建议很有创意。"李泰有些动心。

苏勖道:"好处还不止这些。"

"还有什么好处?"

"王爷可乘编书之机,招揽人才为己用,乘机扩大势力,且还不会引起他人的怀疑。一举三得。"

李泰采纳了苏勖的建议,向李世民奏请修撰《括地志》。

李世民知道李泰爱好文学,喜欢与文人学者交友,原以为是其兴趣所至,乍一听说李泰要著书立说,当然很高兴,颁特旨,允许魏王就府设立文学馆,任由招揽学者来馆研究学问。

魏王广泛延请天下俊彦贤才,一时间文人学者趋之若鹜,纷至沓来,魏王府门庭若市,人才济济。人多了,费用开支也就大了,每月的费用支出直线上升,他向父皇奏请增加月供。

李世民毫不犹豫地诏令有司,增加魏王府的月供。如此一来,魏王府的月供超过了东宫。

谏议大夫褚遂良上表,奏称魏王府的月供超过东宫,不合礼法。

李世民会错了意,以为褚遂良说太子的月供过少,于是又下一道诏谕,太子所用库物,任其支用,有司不得限制。

十六年(642年)春,魏王李泰的《括地志》编写完成。他欲用《括地志》作为敲门砖,投石问路,掂量一下自己在父皇心目中的地位。

两仪殿里,李世民翻阅《括地志》,魏王恭敬地站在一边,眼巴巴地看着李世民,等待他的评价。

房玄龄与长孙无忌一前一后地进来,李世民举起手中的《括地志》高兴地说:"玄龄、无忌,你们看,这是朕的儿子编撰的著作,朕的儿子当中,总算出了一个有学问的人。"

"父皇,儿臣正准备编撰第二部著作呢!"魏王毕恭毕敬地说。

第61章 皇储之争

"好呀！有何困难只管说，父皇替你想办法。"

"儿臣遵照父皇旨意，招贤纳士，专心修书，只是月供有限，常有捉襟见肘之感。"

"啊！"李世民想了想，"这件事好办，朕叫有司增加魏王府的物料供给。"

"谢父皇！"李泰见父皇很爽快地答应增加物料供给，心里很高兴，试探地说，"儿臣秉承父皇旨意，就府设置文学馆，招纳天下文学之士讨论文章，研究儒家经典，只是延康坊的魏王府太小了，文人学子来来去去，实在有些拥挤。"

"啊！这倒是个问题，魏王府旁边还有空地基吗？叫户部拨资金，添加两间如何？"

"再建实在有些麻烦，皇宫内不是还有现成的地方闲着吗？"李泰打起了小算盘。

"哪个地方空着？"李世民反问道。

"武德殿。"李泰轻声说。

李世民是一代圣君，李泰心里的这点小九九当然瞒不过他，这是步步为营，图谋夺嫡呀！心里虽然这样想，脸上并未表露出来，略加思索，似如梦初醒地说："啊！朕倒忘了有这个地方，武德殿空着也是空着，你就搬进武德殿吧！朕的身体近来越来越差，你搬进武德殿，读书侍驾，也可帮朕起草诏书，做些文字工作。"

"谢父皇！"魏王惊喜地跪下谢恩。

唐朝旧制，除东宫太子外，皇子封王后，必须搬出皇宫设府而居。魏王府设在皇城外长安城的延康坊，武德殿则在皇宫之内太极宫之东，东宫之西。太极宫是皇上居住和理政的地方，太子的宫殿设在皇上居住的东面，故称东宫，魏王能从皇城外重新搬进皇宫内居住，有与东宫太子并驾齐驱之意，魏王心里当然欣喜若狂，只是表面上没有表露出来而已。

"起来吧！这里没你的事了，去吧！"

"陛下，这样不行呀！"房玄龄待魏王出去后，着急地说。

"自古以来，诸皇子除太子外，成人封王，就得搬出皇宫别开府第，今魏王既已开府，再搬回皇宫，有违礼法。"长孙无忌也出面劝阻。

"都是朕的儿子，住在皇宫又有何妨？"

"陛下……"房玄龄欲再次劝止。

"这件事就这样定了，不必再奏。"李世民一挥手，打断了房玄龄的话头。

"那就按陛下的意思办吧！"长孙无忌无奈地说。

"好了，都平身吧！"

房玄龄、长孙无忌转身欲离去。

"无忌，你留一下。"李世民叫道。

长孙无忌停下来，房玄龄离去。

"看情形，你对魏王搬进武德殿是持反对意见，为何又要拥护朕的决定呢？"李世民问道。

"臣赞成陛下的意见，是为维护陛下的尊严，但臣的心里还是不同意。太子和魏王都是臣的外甥，臣并不担心陛下百年之后皇权旁落，而是担心又会出现皇位之争。"

"太子实在不争气，花天酒地，声色犬马，不求上进，百年之后，朕能放心地将天下交给他吗？"李世民反问道。

"太子少师张玄素是一个很好的老师，当太子的老师仅两年时间，等他慢慢地调教，再说，房玄龄不是也兼任太子詹事吗？他也可以教太子治国之道。"长孙无忌说。

"张玄素学富五车，教太子确实绰绰有余，但太子目中无人，张玄素的话他根本就听不进去。他以为太子之位是铁打的，朕不能废他。"

"陛下，不可轻言废立之事啊！"

"朕问你，河对岸有个果园，园中硕果累累，河中间唯有一人驾着一艘船驶向对岸，你说说看，这个人有什么想法？"李世民问道。

长孙无忌不知此话何意，脱口而出："反正果园的果子没有人同他抢，慢慢来吧！"

"假如说又来了一艘船呢？原先的人又怎么想？"

"当然担心果园里的果子被别人抢去。"

"那结果呢？"李世民问道。

"奋力划船，抢先登岸摘果子吧！"

"知道了就好。"

"臣不知陛下用心良苦。"长孙无忌感叹地说。

第61章 皇储之争

次日早朝，李世民在太极殿接见群臣，魏徵出班道："陛下，臣有本要奏！"

"魏徵有何本只管奏来。"李世民说。

"听说陛下下旨，令魏王迁居武德殿，可有此事？"魏徵语气平和。

"确有其事，魏王刚撰写了一部《括地志》，下面还要撰写其他的著作，魏王府太窄小，朕让他搬进武德殿，一来可以解决用房不足问题，二来也可以帮助朕做一些文字工作，这是两全其美之事。"

"此殿在宫城之中，房屋宽敞且又闲着，魏王进驻武德殿，往来奏事，极为方便。"魏徵还是慢慢腾腾地说。

"正是，魏王奏事，就比住在延康坊方便多了。"李世民喜形于色。

"魏王是陛下的爱子，陛下一定想使魏王得到安全。经常要抑其骄奢，不处嫌疑之地。"

李世民心里感到纳闷，这个魏徵不是说有事要奏吗？怎么尽找些朕爱听的话说，葫芦里到底卖的什么药？尽管心里有疑问，口头上还是说："正是、正是。"

"武德殿在太极殿之东，东宫之西，当年海陵王（原齐王元吉）就住在武德殿，现在又叫魏王搬进武德殿，朝野之人该怎么想？有人说咸，也有人说淡，说多了，总有些烦心，人言可畏哟！"

"这……"李世民犹豫了。

"魏王的本意，是想安宁，绝对不想自己处在一个风口浪尖之上，若住进武德殿，立即就身处漩涡之中，想躲也躲不开。本来，陛下宠爱魏王，才使魏王搬进武德殿，现在反而使魏王因宠而心有所惧，那与陛下的本意不是背道而驰吗？臣奏请陛下成人之美，让魏王搬出武德殿，一来避免一些闲言碎语，二来魏王也能安心写书，岂不是两全其美吗？"

魏徵对皇上的进谏，似乎没有以前的那股锐气，然而，所说的话却是入情合理，绵里藏针，其对李世民的震撼，丝毫不输于过去那种咄咄逼人的谏言。

魏徵说的这些，李世民当然也想到了，因为他让魏王搬进武德殿，是一步棋呀！如今被魏徵在朝堂上这么一闹，这步逼太子奋起的棋就不能再下了。他"嚯"地一下站起来："传朕口谕，魏王立即搬出武德殿，仍回延康坊魏王府居住。"

房玄龄、长孙无忌等站班大臣百思不得其解，自己向皇上进言，皇上断然拒之，魏徵进谏，皇上却乐而受之。其实他们自己应该明白，魏徵的说话艺术比他们高明得多。

"都给本王摆好,手脚快一些,搞得乱七八糟的。"魏王面对搬到武德殿又再搬回来的物什,冲着家丁们大发脾气。

长孙无忌进了魏王府,魏王李泰立即上前行礼:"舅舅来了,快请坐!"

"怎么,没有进武德殿就发脾气,是吧?"长孙无忌问道。

"都是那个魏徵,他怎么那么爱管闲事,本王住进武德殿与他何干,为何要出面阻挠?父皇也是,就像卤水点豆腐,为何偏要听他的?"魏王满腹牢骚,甚至还带有一种愤恨。

"魏徵这是救你,知道吗?"长孙无忌责备地说。

"本王不领他的情,总有一天本王得势之时,一定不会同这个臭老头子善罢甘休。"魏王仍然是怒气未消。

"你动点脑子好不好,亏你还自称饱读诗书,这样浅显的道理也不明白,再这样口无遮拦,迟早是会引火烧身。"长孙无忌发出了警告,很显然,他对这个外甥已经很不满了。

后人有诗咏叹魏王泰借书邀宠:

魏王假书邀圣宠,君王心欢赐新宅。
无奈诤相力谏止,已颁圣旨收回来。

第62章 谁来做太子师

李承乾接到"领用府库器物不受限制"的诏令后,大喜过望,认为自己的东宫之位仍然非常稳固,那颗悬着的心重新回归原位。没有了精神负担,心情宽松多了,心情一松,心中的邪念又起,挥霍起来变本加厉,肆无忌惮。他从左藏库调出五万钱,花二万钱在永乐坊修建一个大型斗鸡场,又花三万钱在紧邻皇宫东边来庭坊买了一处民宅改造成宫外别院,再从工部调去工匠物料进行装修,从内务府调出皇家御用的红木家具,将来庭坊别院装饰得如同宫殿。在夜深人静时,带上心腹偷偷潜出皇宫,化装成公子王孙,到长安城最繁华的地方寻花问柳,有时干脆将相好带到来庭坊别院淫乱。

张玄素见皇太子挥霍无度,上书谏阻说:"昔周武帝平定山东,隋文帝统一江南,勤俭爱民,皆为一代名主。有子不肖,才使社稷灭亡。圣上因与太子殿下是父子,行事兼有家、国,所应用器物,不为限制,圣旨未逾六旬,用物已过七万,骄奢淫逸之极,还有比这更过分的吗?况且东宫臣属与正直之士,未闻在侧;群邪奇技淫巧,充斥深宫。从外面远看,已经看到了这些失误;内中深宫隐秘之事,更是无可胜计。苦药利病,苦言利行,应当居安思危,日慎一日,节糜费以成俭德,则不胜幸甚!"

这一天,张玄素上早朝,走到东宫门前,这时,从小巷子走出三个穿短衣、戴便帽的人,张玄素并不在意,继续向前走,当与小巷子走出的三人相近时,其中一人突然从怀中抽出一条大马棰,向张玄素脑门击下,口中却叫道:"叫你多管闲事!"

张玄素本能地一闪,棰略偏,没有击中顶门,但还是击中了脑壳,顿时打得头破血流,大叫一声,晕倒在地。

朝臣闻声赶来施救，好不容易将他叫醒，再看那行凶之人，早已逃得无影无踪。

贞观十六年（642年），六十三岁的魏徵年老体衰，患病卧床不起。这次病发已有多日。这一天，侍妾美娟正坐在病床边给魏徵喂药，忽听一声："圣旨到！"话音刚落，一名传旨太监、一名御医和几名随从已走进家门。

魏徵听说有圣旨到，慌忙推开侍妾，欲下床跪接圣旨，传旨太监说："皇上口谕，魏徵疾病缠身，不必行跪接之礼！"

魏徵费力地从床上坐起来，哽咽地说："谢主隆恩！"

传旨太监展开手中的黄绫圣旨念道："奉天承运，皇帝诏曰：数日不见，忧愤甚深，私自思来，朕的过错多矣。言语有差错，行为也有差错，古人有言：无镜可以鉴须眉，这句话很有道理。本欲亲临府第探望，又恐更添烦扰。爱卿如果听到，或看到什么，请封状进来。"

"臣接旨！"魏徵双手举过头顶，接过传旨太监递过来的圣旨。

"皇上口谕：若有奏疏，可着传旨官带回。魏大人，可有奏疏呈上？"

"请公公稍坐片刻，本官即刻拟好奏疏。"魏徵对一旁侍候的儿子叔玉道："快奉茶，招待公公。"

叔玉答应一声去了。

侍妾美娟备好文房四宝，在书架上取下一份空白折子放在案几上，然后扶魏徵下床，随行御医放下手中药箱，上前扶住魏徵说："魏大人，待下官给魏大人把脉诊治后再写吧！"

魏徵咳了咳，声音颤抖地说："写好奏折再说吧！"

御医和侍妾美娟一左一右地将魏徵搀扶到案几旁。魏徵略一思索，颤巍巍地提笔写道："帝王所重在乎定君臣、明父子、正夫妇，三者不可乱，这样才能内外安宁。臣闻近来弟子冒犯老师，奴婢轻视主子，下属多蔑视上级，都是有原因的，此风不可长啊！陛下临朝听政，常常将公正挂在嘴边，退朝后之所作所为，却又常拘私情，担心群臣私下议论，却又频发圣怒，横施神威，欲盖弥彰，如此有何好处呢？帝王大如天地，信如四时，诸葛亮，小国之臣，犹能开诚心，布公道，今之为政，未能平心，常有失公道。心所爱，虽邪不以为非；心所嫌，虽正不见其是。居人上者，其身正，不令而行；其身不正，虽令亦不从。

第62章 谁来做太子师

无论办什么事情,都要套私情,托关系,走后门,即使是很小的事情,亦在所难免,上行下效,已成为习惯。

魏徵放下笔,拿起刚写好的奏疏看了看,卷起来递给传旨太监:"有劳公公。"

传旨太监接过奏折,对御医道:"快,替魏大人把脉!"

两仪殿里,传旨太监向李世民呈上魏徵的奏疏。

李世民接过放在御案上,眼睛却看着御医,问道:"魏大人的病怎么样?"

"魏大人脉相紊乱,一时难以确诊,臣已给魏大人开了几帖药,暂时可以稳住病情,到底如何诊治,待臣与御医们商量后再定。"御医小心地说。

"用御药房最好的药,一定要治好魏徵的病,朕不能没有他。"御医转身欲走,李世民手一挥,"慢!"

"皇上有何吩咐?"御医站住问道。

"将新罗国进贡的西洋参拿出来给魏徵服用。"

"皇上的身体也不好,那是留给皇上用的。"

"先给魏徵用了再说。"

"皇上!"御医有些担心。

"去吧!去吧!就按朕说的办。"李世民说罢,迫不及待地拿起御案上的奏折细看,过了一会,轻声地说:"好,魏徵说得太好了!"一抬头,见传旨太监似有话要说,问道,"还有事吗?"

"陛下!奴才有句话如鲠在喉,不得不说。"传旨太监面色凝重地说。

李世民一阵紧张,忙放下手中的奏折说道:"说吧!"

"奴才第一次到魏特进府邸,所见所闻,实在出人意料。"

"什么事?"

"魏大人虽为朝廷重臣,所住宅院却非常狭小,连厅堂也没有,同普通平民的住宅没有任何区别。"

"真有此事?"

"不仅住宅窄小,所用家具什物也十分粗陋,真想不到,堂堂宰相府邸,竟然如此简陋。"

"朕愧对魏徵哟!"李世民长叹一声,靠在龙椅上,"通知内务府,鸿筑小殿停建,将用于鸿筑小殿的建筑材料拿去,给魏徵家建造一个厅堂。限期五日完成。"

"奴才遵旨！"

魏徵上表谢恩，李世民手诏答道："朕如此待你，是为黎民百姓与国家，并不是为朕一人，何必言谢。"

李世民在魏徵患病的日子里，无论是太极殿听政，还是两仪殿议事，似乎总有种落寞之感，仔细想来，原来是少了一个斗口的，以前那种臣谏君喝、叮叮弹弹的场景不见了。对魏徵思念之情油然而生，又手诏重闻：

近来疹病何似，渐得可未。卿患日久，言面已赊，理国立家，方知难耳。比日自为，劳思委顿，始验任人则逸，自任则劳，非虚言也。此怀公想知之，可以意得，书何尽心，略而言耳。

八月十四日，李世民在太极殿召见群臣，面对丹墀下之群臣说："各位臣工，朕想问一下，目前朝廷政务中，有什么事最为急迫？"

谏议大夫褚遂良说："如今四方安定，唯太子与诸王名分的确定最为紧要。"

"言之有理，朕也在想这个问题。"

"陛下，太子与诸王的名分其实早已确定，只是陛下态度有些暧昧，这才导致事情的复杂化。"房玄龄出班奏道。

"陛下，当断不断，必有后患，长此下去，臣担心……"长孙无忌说到这里，突然刹住不说了。

长孙无忌本来想说"担心历史重演"，满殿文武百官也都知道长孙无忌想说什么，只是所有的人心里都明白，历史重演指的是玄武门之变，而玄武门之变是皇上的忌讳。因为玄武门之变就是亲王之间为争夺皇位而互相残杀的一个重大历史事件，李世民虽然借这次事件消灭了主宰天下的劲敌，但也扮演了一个杀兄屠弟的不光彩的角色。因此，玄武门之变一直是心头的阴影。

正当大家提心吊胆、担心皇上大发雷霆的时候，李世民说话了："你不就是想说历史重演吗？"

李世民见长孙无忌惶恐不安地看着自己，反问道："你们不就是想说太子不修德，朕对魏王宠爱有加吗？够了，够了，朕不想听这些。"

第62章 谁来做太子师

李世民扫视群臣一眼，大声说："东宫的侍臣都干啥去了？拿了朝廷的俸禄，却不能替朕分忧。"

房玄龄、杜正伦、孔颖达、张玄素等东宫侍臣一齐跪下道："臣等无能，臣等有罪！"

"都平身吧！就知道说有罪，难道不能说点别的吗？"李世民厌恶地一挥手，"看来朕要再给太子找一位老师了。"

堂下几位重臣不自觉地向后退了退，害怕选到自己，因为他们知道，太子不修德已是积习难改，张玄素街头遭袭，有人怀疑是太子指使人干的，只是没有证据而已。

"当今朝臣中，忠直者没有人能超过魏徵，朕要托六尺之孤，寄百里之命，拜魏徵为太子少师，让天下人都知道朕的心愿，杜绝天下人心中之疑。"

"魏徵乃博学鸿儒，忠直有加，堪称太子少师的最佳人选。"房玄龄立即出班附和。

"好，这件事就这样定了。"李世民说。

两仪殿里，李世民正在同几个近臣议事，突见魏徵颤巍巍地走进来，立即起身惊叫道："魏徵，病好了吧？如果未好利索，就不要硬撑，有事递个折子上来就行了。"

魏徵见皇上如此关心自己，感动得流下两行热泪，嗫嚅地说："臣有事要当面启禀，才拖着病体进宫的。"

"有何事要奏？坐下来说话。"李世民亲自搬过椅子扶魏徵坐下。

"臣病体沉疴，实难担太子少师的重任，臣恳求陛下，太子少师一职还是另选他人吧！"

"魏徵哟！太子顽劣，朕遍寻群臣，唯有你才是最合适的人选，你就别负朕望了。"李世民真诚地说。

"陛下，不是臣偷懒，臣的身体确实不行，实在难当此任呀！"

"魏徵，你真的要朕给你下跪吗？"李世民话刚说完，真的推金山、倒玉柱地跪在魏徵面前。

魏徵惊慌失措地从椅子上滚落在地，跪在李世民对面，哭泣着说："陛下，君不跪臣，你怎么能这样，你这不是要折煞老臣吗？"

在场几位侍臣见李世民跪下，也都连忙陪跪在地上。

李世民两眼含泪道："太子乃社稷之本，必须有师傅，要挑选忠正之士作为辅弼。周幽王、晋献公，废嫡立庶，有国行此，国必危；有家行此，家必败。汉高祖几废太子，赖商山四皓辅助，才得以保住太子之位。朕命你为太子少师，就是要借你的学识、威望以及对大唐江山社稷的赤胆忠心来教导太子，影响太子，使太子能振作起来。朕知道你有病在身，不必亲到东宫教授，朕命太子定期到府求教，爱卿可以躺在床上铺佐太子。你难道不能体量朕的一片苦心吗？"

"陛下，快起来，臣答应你了。"

李世民拉魏徵一同站起来："魏徵，朕知道你身体不好，实在不该给你增加这样重的担子，真的难为你了，朕实在没有办法呀！"

刚从地上站起来的房玄龄羞愧地低下了头。因为他是现任太子少师，不能教好太子，他自己觉得愧疚。

魏徵拉着李世民的手，颤抖地说道："陛下，别说了，老臣知道了。"

"来人！"侍奉太监立即过来，李世民接着说，"送魏大人回家。"

后人有诗咏叹魏徵进宫辞太子师：

太子无德少教养，皇帝心急寻老师。
魏徵进宫拒皇恩，君王跪臣责难辞。

第63章 一代帝师

东宫里，李承乾同心腹贺兰楚石、纥干承基对坐而饮，贺兰楚石高兴地说："太子殿下，皇上命特进魏徵为太子少师，这可是喜事！"

"何喜之有？"

"魏徵是大唐第一谏臣，学贯古今，堪称帝师，皇上对他也是'敬之重之，同于师傅，不以人臣处之'，皇上命魏徵为太子少师，其用意不言而喻。"贺兰楚石喜形于色地说。

"对呀！这可是个好的兆头。"纥干承基也在一旁鼓动。

"魏徵算什么？他只不过是内黄县一个乡巴佬，耍嘴皮子而已。"李承乾轻蔑地说，"论学识，父皇潜龙秦王府时的十八学士人人都是博学鸿儒，谁也不比魏徵差；直言谏君，哗众取宠而已。"

贺兰楚石说："殿下此言差矣！魏徵博古通今，乃士林鸿儒，主持国史馆修史，秘书省那么多文学巨匠，都得听从于他。其学识非一般人可及，他做殿下的老师，殿下一定会受益匪浅。"

"孤王才不稀罕呢！若父皇让位，孤王照样能当皇帝。"太子不屑地说。

"殿下切不可如此说，圣上天聪睿智，皇权独运，四夷臣服，万邦来朝，满朝文武，没有谁能像魏徵这样长盛不衰地受宠。圣上在魏徵面前言听计从，魏徵在朝廷中的地位无人可及。"纥干承基说。

"是呀！有人说，魏徵与皇上是卤水点豆腐，一物降一物呢！"贺兰楚石说。

几个人正说得起劲，忽听一声喊："太子殿下接旨！"

贺兰楚石、纥干承基赶紧退出，李承乾跪下接旨。

传旨太监进来宣道："皇上口谕，太子殿下马上到两仪殿，皇上立等。钦此！"

"臣接旨！"李承乾站起身，紧张地问传旨太监，"公公，父皇如此急召，到底有何事？"

"奴才不知，太子殿下，去了就知道了。"太监一挥拂尘，转身欲去。

李承乾向避在一边的纥干承基示意，纥干承基连忙出来塞给传旨太监几串铜钱："公公，拿去喝茶！"

传旨太监笑眯眯地接过铜钱，附在李承乾耳边轻声说："皇上要带太子殿下去魏特进府邸，令太子殿下登门拜师，探视魏徵的病情。"说罢，大踏步出了东宫。

魏徵卧在睡榻上，看起来十分虚弱，侍妾美娟在脸盆里拿起热脸巾拧了一把，替魏徵擦脸，魏徵的大儿子叔玉端着一个热气腾腾药碗进来，边走边轻轻地叫着："父亲，起来喝药！"

美娟上前接过叔玉手中的药碗，叔玉来到睡榻边脱去鞋，翻身上床，搀起父亲靠在自己的身上，侍妾左手托住药碗，右手握住汤匙，勺起药液轻轻地吹了吹，喂进魏徵的口里，三个人相互配合，慢慢地喝药。

"皇上驾到！"

这是传旨太监的声音，魏徵听此声的第一反应就是："叔玉，快，将朝服取来！"

"不必了，你还是躺在床上吧！"话音刚落，李世民已经迈步进了卧室。

魏徵见圣上亲临，翻身滚下床，伏在地上说："臣魏徵接驾！"

李世民上前搀住魏徵："魏爱卿有病在身，不必拘礼！"

"臣不知陛下驾到，未曾接驾，请陛下恕罪！"魏徵坚持跪伏在地行叩拜之礼。

李世民对身后的太子道："快，将魏爱卿扶到床上去。"

李承乾走上前，叔玉也上前，一同将魏徵扶上床，靠墙坐好。

美娟拉了拉棉被，将魏徵的下身盖好，然后退到一边，暗暗地瞟了李世民一眼，不料正好同李世民的眼光碰在一起，美娟低下了头。

李世民却如电击身，心里如打翻的五味瓶，不知是何滋味。

原来，侍妾美娟就是长孙皇后当年的贴身侍女，十六年前，李世民借下棋为名，作为赌注赏给魏徵，实际上是在魏徵身边安插一个密探，时刻监视魏徵的言行举止。十六年来，美娟一直侍候在魏徵身边。当初李世民与美娟约定，魏徵有任何不轨之举，都要立即进宫禀报。这件事连逝去的长孙皇后也不知情，

第63章 一代帝师

只有李世民与美娟之间的约定。

十六年过去了,美娟没有进宫向李世民提供一条信息,不禀报,就是无须报,不报就是报,即魏徵对皇上忠心耿耿。

长孙皇后活着时,还常将美娟召进宫叙主仆之情。后来,李世民对魏徵渐渐放心了,召回的次数也就少了。长孙皇后去世后,李世民再也没有召见美娟。今天突然相见,勾起了李世民与她之间这个尘封已久的秘密。李世民看看美娟,又看看魏徵,心里有了一种负疚感,有了一种要向美娟给予补偿的冲动,于是问道:"魏爱卿,你的正室夫人现在是何身份?"

"蒙陛下恩典,内人是二品诰命夫人!"魏徵不知李世民问话之意。

李世民手指美娟:"这位呢?"

"这是陛下赐的侧室,难道陛下忘记了?"

"当然记得,魏爱卿可曾给她名分?"李世民问道。

魏徵看看美娟,又看看李世民,有些内疚地说:"未给她什么名分。"

李世民想了想道:"魏夫人接旨!"

侍妾美娟慌忙跪下:"奴婢听旨!"

"朕封你为二品诰命夫人!凤冠霞帔待朕回宫后即差人送来。"

"谢主隆恩!"美娟跪在地上,不住地颤抖,轻轻地哭泣。

"魏爱卿是朕的第一谏臣,十多年来你侍奉在侧,功不可没,朕封你为二品诰命,是对你功劳的肯定,皇后在天之灵若有知,也会同意朕的做法,你将这份情记在心里就是了。"

李世民实际是在暗示,朕派你做卧底这件事,你要永远埋藏在心底。

美娟当然明白李世民的暗示,哭着说:"奴婢知道,奴婢一定将皇上的恩泽铭记于心。"

李世民办完这件事,算是了却一番心愿。接着对外喊道:"将朕带来的东西拿进来。"

几名太监手托李世民赏赐给魏徵的物品进来,这些物品有:素色屏风、素色被褥、几案、手杖等一应物品。

李世民深情地说:"朕知你俭朴,故这次赏赐的都是素色之物,爱卿一定会喜欢。"

"臣谢陛下赏赐。"魏徵又欲下床谢恩,被李世民制止了。

李世民对李承乾道:"承乾,过来拜师!"

"少师，学生向你行礼了！"李承乾跪在魏徵病床前，恭恭敬敬地行了拜师礼。

魏徵道："玉儿，快将太子殿下扶起来！"

叔玉上前将跪在地上的太子搀起来。

"今后，太子定期到府请教，卿卧而教即可。"李世民吩咐道。

"臣一定不负陛下之托！"魏徵感激涕零。

李世民对魏徵的礼遇程度，不仅使魏徵举家上下受宠若惊，同时也对李承乾的震动不小，只知道魏徵是父皇的宠臣，没想到魏徵在父皇心中地位竟如此之重，他在心里捉摸，一定要将这个老头子巴结好，说不定他能在父皇面前替自己说些好话，到时就不愁太子之位不稳了。

李承乾行过简单的拜师礼后，李世民对随行太医道："你们来给魏大人号脉。"

几名御医中一人过来，叔玉搬条凳子放在床边，御医坐在凳子上，魏徵伸出一只手，御医一手反搭在魏徵的手上仔细把脉。李世民关注地看了魏徵一眼，对旁边站着的御医道："从今天起，太医院每天要派御医前来探视病情，随时向朕禀报。"

御医答道："臣遵旨！"

"李安俨。"李世民又叫道。

中郎将李安俨从外面应声而入："臣在！"

"从今天起，你就住在太子少师家，协助他的家人照顾魏大人，缺什么，着有司随时送来，有何动静，随时禀报朕。"

"臣遵旨！"李安俨退出。

御医号完脉，将魏徵的手塞进被窝，李世民关心地问："怎么样？"

号脉的御医说："魏大人劳累过度，积劳成疾，需要静养，如何用药，臣等要商量后再定。"

"好，你们都退到院外去，朕要同魏徵单独说几句话。"

太子、魏徵的家人、御医等众人悉数退出。众人心里想，连堂屋都不让站，皇上与魏徵说的事情一定是绝密之事。

李世民见大家退出，起身关好门，来到魏徵床边坐定，轻声问道："魏徵，朕要问你两个问题，你可要如实回答。"

魏徵见李世民如此慎重，脸色凝重地说："臣在陛下面前，从来就是尽展无隐。"

李世民道:"朕克己为政,仰企前烈。至于积德、累仁、丰功、厚利,四者常以为称首,朕皆庶几自勉。人苦不能自见,不知朕之所行,何等优劣?"

魏徵回答说:"德、仁、功、利,陛下兼而行之。然则内平祸乱,外除戎狄,是陛下之功;安诸黎元,各有生业,是陛下之利。由此言之,功利居多,惟德与仁,愿陛下自强不息,必可致也。"

李世民提出了四个方面的问题,即:积德、累仁、丰功、厚利。魏徵认为李世民功、利还可以,但德、仁两个方面做得还不够,但这位风烛残年的老人此刻却不想让李世民难堪,他一改过去那种直来直去的进谏方式,语重心长地说:"功利居多,惟德与仁,愿陛下自强不息,必可致也。"婉转地说出德和仁两个方面还做得不够。真是难为了这位铮铮铁骨的谏臣诤相。

李世民当然明白魏徵的意思,感激地看了魏徵一眼,真诚地说:"谢谢你了,老师!"

魏徵见李世民称他为老师,大吃一惊,惶恐地说:"陛下,你不可折煞老臣!"

"不,十多年来,朕的心里,一直视你为师,只是口中未说出而已。若非你的谆谆教诲、匡正朕之过失,贞观之世可能又是另一番景象,你是当之无愧的帝师。"李世民推心置腹地说。

魏徵哭着说:"老臣担当不起。"

李世民接着说:"朕还有一个问题要问你,你可要如实回答。"

"陛下请讲!"

"朕的几个儿子,谁能继承大统?"

"知子莫若父,陛下为何要微臣回答这个问题?"

"谁叫你是帝师呢?"

魏徵见推辞不过,手捋胡须说道:"太子不修德,实在令人忧。魏王功利心太强,前景难以预料。皇子之间明争暗斗,臣担心历史悲剧会在陛下的儿子身上重演。这件事陛下绝不可等闲视之。"

"正因为如此,朕才请教于你。"

"太子与魏王之争已形同水火,陛下态度又很暧昧,这是很危险的。"

"朕难下决心啊!"

"道家有言,争是争,不争也是争,这是争的最高境界。皇子之中有这样的人啊！"魏徵仍未说明是谁。

李世民却已胸中有数，脸露喜色地说："明白了。"

这一天，李安俨飞马来报，言魏徵病情加重，李世民大吃一惊，立即前去探视。

李世民带上太子和衡山公主赶到魏徵家，魏徵已穿上朝服，扎上玉带，静静地躺在床上等候皇上驾临。李世民见魏徵如此模样，悲伤不已，上前握住魏徵的手，噙着热泪问道："先生有何要求？有何话需要交待？说出来，朕一定照办。"

魏徵拼尽最后一丝力气说："嫠不恤纬，而忧宗周之亡。"意即寡妇不愁织布的纬线少，只是担心周朝的灭亡，就是不发愁别的小事，只担忧国家的兴亡。

李世民听了魏徵的临终之言，感动得泪流满面，在场的诸王、太子、公主、魏徵的家人，全都失声恸哭。李世民将衡山公主拉到魏徵病床前说："先生，朕决定把衡山公主许配给你的儿子叔玉，你看看你的儿媳吧！"

魏徵欲起身致谢，但身子不听使唤，李世民扶住他，亲手扶住他的头，指着衡山公主说："看看你的儿媳妇！"

魏徵两眼望着衡山公主，脸上露出了笑容。

后人有诗咏叹到：

病体沉苛君探视，真情流露称帝师。
诤相已近黄泉路，心系社稷仍有思。

第 64 章　凌烟阁挂像

夜色朦胧，万籁俱寂。

李世民在寝宫酣睡，忽闻夜空传来一阵优雅的天籁渺音，一忽儿东，一忽儿西，一忽儿飘到头顶，一忽儿又飞向远方，他忍不住翻身下床，走出寝宫，纵身跃上屋脊，举目眺望四周，皇宫、皇城乃至整个长安城，都是万籁俱寂，了无声息，偶尔传来几声犬吠，随之又恢复寂静。不见天籁之音来处，恰在此时，渺音又起。他听得很清楚，此音不在地上，而是来自天际，抬头仰望，一朵祥云从遥远的天际飘然而至，渐渐地逼近长安、逼近皇城，当祥云飘到皇宫的上空，忽然停滞不前。

李世民正觉奇异，忽见云朵上站着一名老道，只见他左手持着拂尘，右手捻着胡须，李世民大吃一惊，那不是魏徵吗？他怎么跑到云朵上去了？李世民大声呼叫道："魏徵，魏爱卿，你怎么站在云朵上？快下来！快下来！"

魏徵站在云朵上，沉声回答："我乃天上玉皇大帝驾前人曹使者，受玉帝指派，到人间辅佐大唐真命天子一十八载，今朝期满，要回天庭向玉帝缴旨，贫道就此陛辞。"说罢，不等李世民回话，飘然而去。

"魏徵、魏爱卿，你别走，朕离不开你！"

天空中，魏徵脚踏祥云，伴着天籁之音，越飞越高，越飘越远。

李世民站在屋顶上，放声大哭道："魏爱卿，你别走，朕离不开你呀！朕离不开你呀！"由于悲哀过度，忘了是站在屋脊上，脚下一滑，从屋顶上摔了下来。

"哎呀！"李世民惊叫一声。

寝宫门外，两名宫女、太监正坐在那里打瞌睡，李世民的叫声，将他们从朦胧的睡梦中惊醒，他们慌忙站起来，快步走进寝宫，见李世民满头大汗、惊魂未定地坐在御榻上，身后的枕头湿了一大片，忙轻声叫道："皇上！皇上！"

李世民惊骇地看着刚进门的太监、宫女，神色紧张地问："朕这是在哪里？"

"皇上在寝宫里呀！"一名宫女回答。

李世民低头一看，枕头湿了一片，才知道刚才是南柯一梦。他心里有种不祥的预感，连忙问道："现在是什么时候？"

外面传来几声梆子声，太监答道："现在已是寅时。"

李世民回想到梦中的情景，睡意全无，连忙叫道："快，替朕更衣！"

宫女上前替李世民更衣，口中却说："皇上，现在刚至寅时，离上朝时间尚早，再睡一会吧！"

李世民不回答宫女的问话，对侍奉太监说："传朕的口谕，速派人到魏徵家里去看看，有何情况，报与朕知。"一名太监传旨去了。

李世民在太监的侍候下洗漱完毕，刚才出去传旨的太监神色慌张进来，颤声说道："皇上，大事不好！"

"怎么样？"李世民紧张地问。"魏大人昨夜仙逝！"

李世民闻此噩耗，惊得一下子瘫坐在睡榻之上，两眼发呆，半天说不出话来，太监、宫女慌作一团，捶背的捶背，揉胸的揉胸，好半天才缓过气来。

李世民痛心疾首地说："魏徵呀！魏爱卿，你真的离朕而去？朕不能没有你呀！"

"皇上请节哀，人死不能复生啊！"太监、宫女们劝道。

贞观十七年（643年）正月十七日凌晨，一代诤相魏徵乘鹤仙去。大唐江山的擎天白玉柱、驾海紫金梁就此坍塌。

李世民一抹眼泪说："传朕的口谕，所有宰臣，都去魏徵府邸！起驾！朕要去看望魏徵。"

李世民御驾来到宣平坊，巷子里已经停了几乘官轿，其中一顶紫色呢绒官轿停在魏徵的家门口，这是房玄龄的官轿。

侍奉太监赶前一步，站在魏徵的家门口道："皇上驾到！"

魏徵的夫人裴氏听到皇上驾到，吩咐大儿子叔玉率三个弟弟上前迎驾，叔玉率领几个弟弟上前跪下说："臣恭迎圣驾！"

"大家都平身！快起来！"李世民顺手扶起叔玉，快步向魏徵的卧室走去。

魏徵身着官服，静静地躺在睡榻上，好像睡着一般，两眼半睁半闭，似还有话要说。

第64章 凌烟阁挂像

"魏徵呀！既已仙去，为何还不瞑目？你就安心地去吧！朕会记住你的。"李世民伸手抹了一下魏徵的眼睛，让魏徵的眼睛闭上，继续说道，"十八年了，你向朕进谏数十万言，句句都是金玉良言，虽然有时说的话很伤朕的自尊心，但朕知道你是为了大唐江山社稷，朕虽然有时呵斥你，但事后也觉后悔，你说的事，朕都——照办，绝无懈怠。你现在撒手西去，今后，谁来匡正朕之过失？"

李世民说到这里，痛哭失声。

魏徵的几个儿子跪在李世民的脚边，叩谢皇恩。现场哭声一片。

前不久才被封为二品诰命夫人的美娟，上前劝道："皇上，人死不能复生，节哀吧！"

李世民看到美娟一眼，又触起心事，面对魏徵的遗体又哭诉道："武德年间，你曾建议隐太子杀掉朕，朕对此一直耿耿于怀，曾有置你于死地之念，但你是经天纬地的济世之才，哪一位君王舍得拒绝？朕以理智战胜感情，容纳了你，你不负朕望，偃武兴文的主张是你最先提出，抚民以静的国策，也是你的观点，你不仅是朕的良臣，还是朕的老师呀！魏徵，你是真正的帝王师啊！"

李世民说到这里，欲在魏徵遗体前下跪。魏徵的几个儿子慌忙从地上爬起来，搀住李世民，大儿子叔玉哭着说："皇上，使不得！"

跪在稍后的房玄龄也从地上站起来，来到李世民身边说："皇上，君不跪臣呀！你还是节哀吧！"说罢，将李世民搀扶到客厅坐下。

堂屋里，院门外，亲王、大臣跪了一大片，他们齐声道："请皇上节哀！"

李世民挥挥手说："大家都平身吧！"群臣陆续从地上站起来。李世民向夫人裴氏问道："魏夫人，魏爱卿临走之时，留下什么话没有？"

裴氏含泪从袖中抽出一张写满字的纸条，双手举过头顶，抽泣着说："这是亡夫临走前留下的绝笔。"

房玄龄上前接过，递给李世民，李世民举目一看，见是一份没来得及修改誊抄的奏章，尽管字迹潦草，但还是认得清楚，随手递给房玄龄，颤声说道："念！"

房玄龄接过奏章，抑扬顿挫地念道：

天下之事，有善有恶。任善人则国安，用恶人则国乱。公卿之内，情有爱憎，憎者唯见其恶，爱者唯见其善。爱憎之间，所宜详慎。若爱而知其恶，憎而知其善，去邪勿疑，任贤勿贰，可以兴矣。

"魏徵，忠臣、良臣也，临终竟还不忘向朕进言！"李世民掩面而泣。在场群臣也都痛哭失声。

李世民对大家说："传朕旨意！"

"臣等恭聆圣谕！"大家不约而同地跪下听旨。

"你们要将魏徵遗表书写在笏板上，天天诵读，将魏徵的诤谏之风发扬光大，朕有过，必谏；朕有错，必纠。钦此！"

"臣等遵旨！"群臣齐声回答。

"平身！"李世民手一抬，接着道："房玄龄！""臣在！"房玄龄出班答道。

"拟旨！"早有人准备好书案，呈上文房四宝，房玄龄取过狼毫、醮好墨，等待李世民说话。

"集中人力，将魏徵的谏言汇集成书。"李世民想了想，"书名就叫《魏郑公谏录》，以使魏徵诤谏之风范流传于世。钦此！"

房玄龄文不加点，一挥而就。

"成立魏徵治丧专班，令皇太子于西华堂主持丧礼致哀，在朝亲王、文武百官凡九品以上者，全体赴丧，为魏徵送行。令晋王李治宣读祭文。赠魏徵司空衔、相州都督，谥文贞公。出殡时，赐宫中羽葆仪仗队和鼓吹手，班剑四十人送行。赐给绢布千端，米粟千石，陪葬昭陵。钦此！"

御用羽葆仪仗队和鼓吹，班剑四十人，这是亲王级葬礼的待遇。

魏徵夫人裴氏跪在李世民的面前，哭泣着说："陛下，魏徵生平俭素，今以一品礼葬，羽仪太盛。此非亡者所愿，请收回成命。"

"魏徵乃朕的股肱之臣，与朕亦师亦友，以一品礼葬，不过分。"李世民坚持不让。

"陛下，魏徵素来俭朴，以一品礼葬，他在九泉之下，恐怕也于心不安。魏徵临终有言，他死之后，用一辆马车，送往荒郊葬之即可。"裴氏哭泣着，长跪不起。

"你这又是何苦呢？"李世民见裴氏长跪不起，无奈地答应了裴氏的请求。

魏徵出殡之日，在朝亲王，京师九品以上的文武百官奉诏至西华堂为魏徵送行。太子李承乾主祭，晋王李治宣敕祭文。

魏徵的灵柩，以白布相围，无文采之饰，以一车相载，送往昭陵陪葬。

长安城百姓纷纷来到街头，为魏徵送行。

第 64 章　凌烟阁挂像

李世民登上御苑中西楼，望着渐渐远去的灵柩车，失声痛哭，悲哀至极，不能自已，一时心血来潮，欲作一首哀诗，以志纪念，侍奉太监忙备好应用之物，李世民提笔泼墨，望送作诗一首《望送魏徵葬》：

望送魏徵葬

闾阖总金鞍，上林移玉辇。
野郊怆新别，河桥非旧饯。
惨日映峰沉，愁云随盖转。
哀笳时断续，悲旌乍舒卷。
望望情何极，浪浪泪空泫。
无复昔时人，芳春共谁遣。

诗中表达了他对这位诤相的无比哀痛和留恋。

几天后，李世民命人为魏徵制碑，亲自将《望送魏徵葬》书在石碑上，命工匠刻在石碑上，并命晋王李治前去致祭，将此御制墓碑立在魏徵的墓前。

魏徵逝世，李世民痛惜不已，数天后，他又亲率侍臣登凌烟阁，观看魏徵的画像。

凌烟阁是御苑太液池畔的一座楼阁。楼本不大，此前也没有什么名气，只因大唐皇帝李世民为纪念帮助他打天下、治理朝政的有功之臣，命当时的大画家阎立本将二十四功臣的肖像画出来，挂在此阁之内，使得凌烟阁成为千古之名阁。后世有言：

凌烟阁挂像，金銮殿称臣。

说的就是贞观年间李世民将二十四位开国功臣的画像悬挂于凌烟阁之事。这是历朝历代英雄豪杰、文人志士梦寐以求的圣地。

凌烟阁重檐歇山顶，灰筒瓦绿剪边，上有精雕细镂的浮雕，表现功臣们奋力杀敌、为国战斗的场面。浮雕在阳光的照耀下，在斑驳阴影的映衬下，更加突出，更显辉煌。阁内的素壁上，悬挂着大画家阎立本所画的大唐二十四功臣的画像，这些功臣是：

赵国公长孙无忌，河间元王李孝恭，蔡国公杜如晦，郑国公魏徵，梁国公房玄龄，申国公高士廉，鄂国公尉迟恭，卫国公李靖，宋国公萧瑀，褒国公段志玄，夔国公刘弘基，蒋国公屈突通，郧国公殷开山，谯国公柴绍，邳国公长孙顺德，郧国公张亮，陈国公侯君集，郯国公张公谨，卢国公程知节，永兴公虞世南，邢国公刘政会，莒国公唐俭，英国公李勣，胡国公秦叔宝。

贤相们都头戴进贤冠，猛将们都腰佩大羽箭，一个个神态兼备，栩栩如生。观此贤相名臣的画像，使人从内心深处萌发出一种肃然起敬之感。

李世民率侍臣登凌烟阁，瞻仰已逝之功臣画像和活着的功臣尊容，心里也是激动不已，走到魏徵遗像前，驻足不前，久久地凝视，想到魏徵当廷抗诤的音容，情不自禁地泪流满面，见旁边的案桌上有摆好了的文房四宝，走到桌边，边哭边吟、边吟边写，一首《悼魏徵》跃然纸上：

悼魏徵

劲筱逢霜摧美质，台星失位夭良臣。
惟当掩泣云台上，空对余形无复人。

《悼魏徵》的字里行间，饱含一代圣君李世民对一代诤相魏徵的赞誉、哀叹和怀念。

太极殿上，李世民扫视站立于丹墀之下的文武百官，独不见魏徵慷慨直谏的身影，心里倍感思念，哀声叹道：

夫以铜为镜，可以正衣冠；以古为镜，可以知兴替；以人为镜，可以明得失。朕常保此三镜，以防己过。今魏徵徂逝，遂亡一镜矣。

有七言诗二首，权作大唐诤相——魏徵之终篇：

生逢乱世命本衰，几度沉浮运才来。
属意纵横佐圣主，铁骨诤相载史册。

诤臣善终史少有，圣君虚怀亦非常。
君臣同台竞表演，悠悠千古留绝唱。